# SIGM. FREUD

# GESAMMELTE WERKE

CHRONOLOGISCH GEORDNET

ACHTER BAND

WERKE AUS DEN
JAHREN 1909–1913

FISCHER TASCHENBUCH VERLAG

Unter Mitwirkung von Marie Bonaparte,
Prinzessin Georg von Griechenland
herausgegeben von
Anna Freud

E. Bibring  W. Hoffer  E. Kris  O. Isakower

Veröffentlicht im Fischer Taschenbuch Verlag GmbH
Frankfurt am Main 1999, November 1999

© 1943 Imago Publishing Co., Ltd., London
Alle Rechte, insbesondere die der Übersetzung, vorbehalten
durch S. Fischer Verlag, Frankfurt am Main
Druck und Bindung: Clausen & Bosse, Leck
Printed in Germany
ISBN 3-596-50300-0 (Kassette)

# ÜBER PSYCHOANALYSE

FÜNF VORLESUNGEN, GEHALTEN ZUR ZWANZIGJÄHRIGEN
GRÜNDUNGSFEIER DER CLARK UNIVERSITY
IN WORCESTER, MASS., SEPTEMBER 1909

Herrn **G. Stanley Hall,** Ph.D., L.L.D.

**Präsidenten der Clark University
Professor der Psychologie und Pädagogik**

**in Dankbarkeit zugeeignet**

# I

Meine Damen und Herren! Es ist mir ein neuartiges und verwirrendes Gefühl, als Vortragender vor Wißbegierigen der Neuen Welt zu stehen. Ich nehme an, daß ich diese Ehre nur der Verknüpfung meines Namens mit dem Thema der Psychoanalyse verdanke, und beabsichtige daher, Ihnen von Psychoanalyse zu sprechen. Ich will es versuchen, Ihnen in gedrängtester Kürze einen Überblick über die Geschichte der Entstehung und weiteren Fortbildung dieser neuen Untersuchungs- und Heilmethode zu geben.

Wenn es ein Verdienst ist, die Psychoanalyse ins Leben gerufen zu haben, so ist es nicht mein Verdienst.[1] Ich bin an den ersten Anfängen derselben nicht beteiligt gewesen. Ich war Student und mit der Ablegung meiner letzten Prüfungen beschäftigt, als ein anderer Wiener Arzt, Dr. Josef B r e u e r,[2] dieses Verfahren zuerst an einem hysterisch erkrankten Mädchen anwendete (1880 bis 1882). Mit dieser Kranken- und Behandlungsgeschichte wollen wir uns nun zunächst beschäftigen. Sie finden dieselbe ausführlich dargestellt in den später von B r e u e r und mir veröffentlichten „Studien über Hysterie".[3]

---

1) [*Zusatz 1923:*] Vgl. aber hiezu die Äußerung in „Zur Geschichte der psychoanalytischen Bewegung" (1914; enthalten im Band X der Gesammelten Werke), mit welcher ich mich uneingeschränkt zur Verantwortung für die Psychoanalyse bekenne.

2) Dr. Josef B r e u e r, geb. 1842; korrespondierendes Mitglied der k. Akademie der Wissenschaften, bekannt durch Arbeiten über die Atmung und zur Physiologie des Gleichgewichtssinnes.

3) Studien über Hysterie, Wien, 1895. 4. Aufl., 1922. [Enthalten in Bd. I. dieser Gesamtausgabe.] Stücke meines Anteils an diesem Buche sind von Dr. A. A. Brill

Vorher nur noch eine Bemerkung. Ich habe nicht ohne
Befriedigung erfahren, daß die Mehrzahl meiner Zuhörer nicht
dem ärztlichen Stande angehört. Besorgen Sie nun nicht, daß es
besonderer ärztlicher Vorbildung bedarf, um meinen Mitteilungen
zu folgen. Wir werden allerdings ein Stück weit mit den Ärzten
gehen, aber bald werden wir uns absondern und Dr. Breuer
auf einen ganz eigenartigen Weg begleiten.

Dr. Breuers Patientin, ein einundzwanzigjähriges, geistig hoch-
begabtes Mädchen, entwickelte im Verlaufe ihrer über zwei Jahre
ausgedehnten Krankheit eine Reihe von körperlichen und seelischen
Störungen, die es wohl verdienten, ernst genommen zu werden.
Sie hatte eine steife Lähmung der beiden rechtsseitigen Extremitäten
mit Unempfindlichkeit derselben, zeitweise dieselbe Affektion an
den Gliedern der linken Körperseite, Störungen der Augen-
bewegungen und mannigfache Beeinträchtigungen des Seh-
vermögens, Schwierigkeiten der Kopfhaltung, eine intensive Tussis
nervosa, Ekel vor Nahrungsaufnahme und einmal durch mehrere
Wochen eine Unfähigkeit zu trinken trotz quälenden Durstes,
eine Herabsetzung des Sprechvermögens, die bis zum Verlust der
Fähigkeit fortschritt, ihre Muttersprache zu sprechen oder zu
verstehen, endlich Zustände von Abwesenheit, Verworrenheit,
Delirien, Alteration ihrer ganzen Persönlichkeit, denen wir unsere
Aufmerksamkeit später werden zuwenden müssen.

Wenn Sie von einem solchen Krankheitsbilde hören, so werden
Sie, auch ohne Ärzte zu sein, der Annahme zuneigen, daß es
sich um ein schweres Leiden, wahrscheinlich des Gehirns, handle,
welches wenig Aussicht auf Herstellung biete und zur baldigen
Auflösung der Kranken führen dürfte. Lassen Sie sich indes von
den Ärzten belehren, daß für eine Reihe von Fällen mit so
schweren Erscheinungen eine andere und weitaus günstigere

---

in New York ins Englische übertragen worden (Selected papers on Hysteria and
other Psychoneuroses by S. Freud, Nr. 4 der „Nervous and Mental Disease Mono-
graph Series", New York, Third enlarged edition 1920).

Auffassung berechtigt ist. Wenn ein solches Krankheitsbild bei einem jugendlichen weiblichen Individuum auftritt, dessen lebenswichtige innere Organe (Herz, Niere) sich der objektiven Untersuchung normal erweisen, das aber heftige gemütliche Erschütterungen erfahren hat, und wenn die einzelnen Symptome in gewissen feineren Charakteren von der Erwartung abweichen, dann nehmen die Ärzte einen solchen Fall nicht zu schwer. Sie behaupten, daß dann nicht ein organisches Leiden des Gehirns vorliegt, sondern jener rätselhafte, seit den Zeiten der griechischen Medizin Hysterie benannte Zustand, der eine ganze Anzahl von Bildern ernster Erkrankung vorzutäuschen vermöge. Sie halten dann das Leben für nicht bedroht und eine selbst vollkommene Herstellung der Gesundheit für wahrscheinlich. Die Unterscheidung einer solchen Hysterie von einem schweren organischen Leiden ist nicht immer sehr leicht. Wir brauchen aber nicht zu wissen, wie eine Differentialdiagnose dieser Art gemacht wird; uns mag die Versicherung genügen, daß gerade der Fall von B r e u e r s Patientin ein solcher ist, bei dem kein kundiger Arzt die Diagnose der Hysterie verfehlen wird. Wir können auch an dieser Stelle aus dem Krankheitsbericht nachtragen, daß ihre Erkrankung auftrat, während sie ihren zärtlich geliebten Vater in seiner schweren, zum Tode führenden Krankheit pflegte, und daß sie infolge ihrer eigenen Erkrankung von der Pflege zurücktreten mußte.

Soweit hat es uns Vorteil gebracht, mit den Ärzten zu gehen, und nun werden wir uns bald von ihnen trennen. Sie dürfen nämlich nicht erwarten, daß die Aussicht eines Kranken auf ärztliche Hilfeleistung dadurch wesentlich gesteigert wird, daß die Diagnose der Hysterie an die Stelle des Urteils auf ernste organische Hirnaffektion tritt. Gegen die schweren Erkrankungen des Gehirns ist die ärztliche Kunst in den meisten Fällen ohnmächtig, aber auch gegen die hysterische Affektion weiß der Arzt nichts zu tun. Er muß es der gütigen Natur überlassen, wann und wie sie seine hoffnungsvolle Prognose verwirklichen will.[1]

Mit der Erkennung der Hysterie wird also für den Kranken wenig geändert; desto mehr ändert sich für den Arzt. Wir können beobachten, daß er sich gegen den hysterischen ganz anders einstellt als gegen den organisch Kranken. Er will dem ersteren nicht dieselbe Teilnahme entgegenbringen wie dem letzteren, da sein Leiden weit weniger ernsthaft ist und doch den Anspruch zu erheben scheint, für ebenso ernsthaft zu gelten. Aber es wirkt noch anderes mit. Der Arzt, der durch sein Studium so vieles kennen gelernt hat, was dem Laien verschlossen ist, hat sich von den Krankheitsursachen und Krankheitsveränderungen, z. B. im Gehirn eines an Apoplexie oder Neubildung Leidenden, Vorstellungen bilden können, die bis zu einem gewissen Grade zutreffend sein müssen, da sie ihm das Verständnis der Einzelheiten des Krankheitsbildes gestatten. Vor den Details der hysterischen Phänomene läßt ihn aber all sein Wissen, seine anatomisch-physiologische und pathologische Vorbildung im Stiche. Er kann die Hysterie nicht verstehen, er steht ihr selbst wie ein Laie gegenüber. Und das ist nun niemandem recht, der sonst auf sein Wissen so große Stücke hält. Die Hysterischen gehen also seiner Sympathie verlustig; er betrachtet sie wie Personen, welche die Gesetze seiner Wissenschaft übertreten, wie die Rechtgläubigen die Ketzer ansehen; er traut ihnen alles mögliche Böse zu, beschuldigt sie der Übertreibung und der absichtlichen Täuschung, Simulation; und er bestraft sie durch die Entziehung seines Interesses.

Diesen Vorwurf hat nun Dr. Breuer bei seiner Patientin nicht verdient; er schenkte ihr Sympathie und Interesse, obwohl er ihr anfangs nicht zu helfen verstand. Wahrscheinlich erleichterte

---

[1] Ich weiß, daß diese Behauptung heute nicht mehr zutrifft, aber im Vortrage versetze ich mich und meine Hörer zurück in die Zeit vor 1880. Wenn es seither anders geworden ist, so haben gerade die Bemühungen, deren Geschichte ich skizziere, daran einen großen Anteil.

sie es ihm auch durch die vorzüglichen Geistes- und Charaktereigenschaften, für die er in der von ihm abgefaßten Krankengeschichte Zeugnis ablegt. Seine liebevolle Beobachtung fand auch bald den Weg, der die erste Hilfeleistung ermöglichte.

Es war bemerkt worden, daß die Kranke in ihren Zuständen von Absenz, psychischer Alteration mit Verworrenheit, einige Worte vor sich hin zu murmeln pflegte, welche den Eindruck machten, als stammten sie aus einem Zusammenhange, der ihr Denken beschäftigte. Der Arzt, der sich diese Worte berichten ließ, versetzte sie nun in eine Art von Hypnose und sagte ihr jedesmal diese Worte wieder vor, um sie zu veranlassen, daß sie an dieselben anknüpfe. Die Kranke ging darauf ein und reproduzierte so vor dem Arzt die psychischen Schöpfungen, die sie während der Absenzen beherrscht und sich in jenen vereinzelt geäußerten Worten verraten hatten. Es waren tieftraurige, oft poetisch schöne Phantasien, — Tagträume würden wir sagen, — die gewöhnlich die Situation eines Mädchens am Krankenbett seines Vaters zum Ausgangspunkt nahmen. Hatte sie eine Anzahl solcher Phantasien erzählt, so war sie wie befreit und ins normale seelische Leben zurückgeführt. Das Wohlbefinden, das durch mehrere Stunden anhielt, wich dann am nächsten Tage einer neuerlichen Absenz, welche auf dieselbe Weise durch Aussprechen der neu gebildeten Phantasien aufgehoben wurde. Man konnte sich dem Eindrucke nicht entziehen, daß die psychische Veränderung, die sich in den Absenzen äußerte, eine Folge des Reizes sei, der von diesen höchst affektvollen Phantasiebildungen ausging. Die Patientin selbst, die um diese Zeit ihres Krankseins merkwürdigerweise nur englisch sprach und verstand, gab dieser neuartigen Behandlung den Namen *„talking cure"* oder bezeichnete sie scherzhaft als *„chimney sweeping"*.

Es ergab sich bald wie zufällig, daß man durch solches Reinfegen der Seele noch mehr erreichen könne als vorübergehende Beseitigung der immer wiederkehrenden seelischen Trübungen.

Es ließen sich auch Leidenssymptome zum Verschwinden bringen, wenn in der Hypnose unter Affektäußerung erinnert wurde, bei welchem Anlaß und kraft welches Zusammenhanges diese Symptome zuerst aufgetreten waren. „Es war im Sommer eine Zeit intensiver Hitze gewesen und Patientin hatte sehr arg durch Durst gelitten; denn, ohne einen Grund angeben zu können, war es ihr plötzlich unmöglich geworden, zu trinken. Sie nahm das ersehnte Glas Wasser in die Hand, aber sowie es die Lippen berührte, stieß sie es weg wie ein Hydrophobischer. Dabei war sie offenbar für diese paar Sekunden in einer Absenz. Sie lebte nur von Obst, Melonen u. dgl., um den qualvollen Durst zu mildern. Als das etwa sechs Wochen gedauert hatte, räsonierte sie einmal in der Hypnose über ihre englische Gesellschafterin, die sie nicht liebte, und erzählte dann mit allen Zeichen des Abscheus, wie sie auf deren Zimmer gekommen sei, und da deren kleiner Hund, das ekelhafte Tier, aus einem Glas getrunken habe. Sie habe nichts gesagt, denn sie wollte höflich sein. Nachdem sie ihrem steckengebliebenen Ärger noch energisch Ausdruck gegeben, verlangte sie zu trinken, trank ohne Hemmung eine große Menge Wasser und erwachte aus der Hypnose mit dem Glas an den Lippen. Die Störung war damit für immer verschwunden."[1]

Gestatten Sie, daß ich Sie bei dieser Erfahrung einen Moment aufhalte! Niemand hatte noch ein hysterisches Symptom durch solche Mittel beseitigt und war dabei so tief in das Verständnis seiner Verursachung eingedrungen. Es mußte eine folgenschwere Entdeckung werden, wenn sich die Erwartung bestätigen ließ, daß noch andere, daß vielleicht die Mehrzahl der Symptome bei der Kranken auf solche Weise entstanden und auf solche Weise aufzuheben war. B r e u e r scheute die Mühe nicht, sich davon zu überzeugen, und forschte nun planmäßig der Pathogenese der anderen und ernsteren Leidenssymptome nach. Es war wirklich so; fast alle Symptome waren so entstanden als Reste, als

---
1) Studien über Hysterie, 4. Aufl., p. 26.

Niederschläge, wenn Sie wollen, von affektvollen Erlebnissen, die wir darum später „psychische Traumen" genannt haben, und ihre Besonderheit klärte sich durch die Beziehung zu der sie verursachenden traumatischen Szene auf. Sie waren, wie das Kunstwort lautet, durch die Szenen, deren Gedächtnisreste sie darstellten, d e t e r m i n i e r t, brauchten nicht mehr als willkürliche oder rätselhafte Leistungen der Neurose beschrieben zu werden. Nur einer Abweichung von der Erwartung sei gedacht. Es war nicht immer ein einziges Erlebnis, welches das Symptom zurückließ, sondern meist waren zahlreiche, oft sehr viele ähnliche, wiederholte Traumen zu dieser Wirkung zusammengetreten. Diese ganze Kette von pathogenen Erinnerungen mußte dann in chronologischer Reihenfolge reproduziert werden, und zwar umgekehrt, die letzte zuerst und die erste zuletzt, und es war ganz unmöglich, zum ersten und oft wirksamsten Trauma mit Überspringung der später erfolgten vorzudringen.

Sie werden gewiß noch andere Beispiele von Verursachung hysterischer Symptome als das der Wasserscheu durch den Ekel vor dem aus dem Glas trinkenden Hund von mir hören wollen. Ich muß mich aber, wenn ich mein Programm einhalten will, auf sehr wenige Proben beschränken. So erzählt B r e u e r, daß ihre Sehstörungen sich auf Anlässe zurückführten „in der Art, daß Patientin mit Tränen im Auge, am Krankenbett sitzend, plötzlich vom Vater gefragt wurde, wieviel Uhr es sei, undeutlich sah, sich anstrengte, die Uhr nahe ans Auge brachte, und nun das Zifferblatt sehr groß erschien (Makropsie und Strabismus conv.); oder Anstrengungen machte, die Tränen zu unterdrücken, damit sie der Kranke nicht sehe".[1] Alle pathogenen Eindrücke stammten übrigens aus der Zeit, da sie sich an der Pflege des erkrankten Vaters beteiligte. „Einmal wachte sie nachts in großer Angst um den hochfiebernden Kranken und in Spannung, weil von Wien ein Chirurg zur Operation erwartet wurde. Die Mutter hatte sich

---

1) Studien über Hysterie, 4. Aufl., p. 31.

für einige Zeit entfernt, und Anna saß am Krankenbette, den rechten Arm über die Stuhllehne gelegt. Sie geriet in einen Zustand von Wachträumen und sah, wie von der Wand her eine schwarze Schlange sich dem Kranken näherte, um ihn zu beißen. (Es ist sehr wahrscheinlich, daß auf der Wiese hinter dem Hause wirklich einige Schlangen vorkamen, über die das Mädchen schon früher erschrocken war, und die nun das Material der Halluzination abgaben.) Sie wollte das Tier abwehren, war aber wie gelähmt; der rechte Arm, über die Stuhllehne hängend, war ‚eingeschlafen', anästhetisch und paretisch geworden, und als sie ihn betrachtete, verwandelten sich die Finger in kleine Schlangen mit Totenköpfen (Nägel). Wahrscheinlich machte sie Versuche, die Schlange mit der gelähmten rechten Hand zu verjagen, und dadurch trat die Anästhesie und Lähmung derselben in Assoziation mit der Schlangenhalluzination. Als diese verschwunden war, wollte sie in ihrer Angst beten, aber jede Sprache versagte, sie konnte in keiner sprechen, bis sie endlich einen englischen Kindervers fand und nun auch in dieser Sprache fortdenken und beten konnte."[1] Mit der Erinnerung dieser Szene in der Hypnose war auch die seit Beginn der Krankheit bestehende steife Lähmung des rechten Armes beseitigt und die Behandlung beendigt.

Als ich eine Anzahl von Jahren später die Breuersche Untersuchungs- und Behandlungsmethode an meinen eigenen Kranken zu üben begann, machte ich Erfahrungen, die sich mit den seinigen vollkommen deckten. Bei einer etwa vierzigjährigen Dame bestand ein Tic, ein eigentümlich schnalzendes Geräusch, das sie bei jeder Aufregung und auch ohne ersichtlichen Anlaß hervorbrachte. Es hatte seinen Ursprung in zwei Erlebnissen, denen gemeinsam war, daß sie sich vornahm, jetzt ja keinen Lärm zu machen, und bei denen wie durch eine Art von Gegenwillen gerade dieses Geräusch die Stille durchbrach; das eine Mal, als sie ihr krankes Kind endlich mühselig eingeschläfert hatte und

[1] l. c., p. 30.

sich sagte, sie müsse jetzt ganz still sein, um es nicht zu wecken, und das andere Mal, als während einer Wagenfahrt mit ihren beiden Kindern im Gewitter die Pferde scheu wurden, und sie sorgfältig jeden Lärm vermeiden wollte, um die Tiere nicht noch mehr zu schrecken.[1] Ich gebe dieses Beispiel anstatt vieler anderer, die in den „Studien über Hysterie" niedergelegt sind.[2]

Meine Damen und Herren, wenn Sie mir die Verallgemeinerung gestatten, die ja bei so abgekürzter Darstellung unvermeidlich ist, so können wir unsere bisherige Erkenntnis in die Formel fassen: **Unsere hysterisch Kranken leiden an Reminiszenzen.** Ihre Symptome sind Reste und Erinnerungssymbole für gewisse (traumatische) Erlebnisse. Ein Vergleich mit anderen Erinnerungssymbolen auf anderen Gebieten wird uns vielleicht tiefer in das Verständnis dieser Symbolik führen. Auch die Denkmäler und Monumente, mit denen wir unsere großen Städte zieren, sind solche Erinnerungssymbole. Wenn Sie einen Spaziergang durch London machen, so finden Sie vor einem der größten Bahnhöfe der Stadt eine reich verzierte gotische Säule, das *Charing Cross*. Einer der alten Plantagenetkönige im XIII. Jahrhundert, der den Leichnam seiner geliebten Königin Eleanor nach Westminster überführen ließ, errichtete gotische Kreuze an jeder der Stationen, wo der Sarg niedergestellt wurde, und *Charing Cross* ist das letzte der Denkmäler, welche die Erinnerung an diesen Trauerzug erhalten sollten.[3] An einer anderen Stelle der Stadt, nicht weit von London Bridge, erblicken Sie eine modernere, hochragende Säule, die kurzweg *The Monument* genannt wird. Sie soll zur Erinnerung an das große Feuer mahnen, welches im Jahre 1666 dort in der Nähe ausbrach und

---

[1] l. c., 4. Aufl., p. 43 u. 46.
[2] Eine Auswahl aus diesem Buche, vermehrt durch einige spätere Abhandlungen über Hysterie, liegt gegenwärtig in einer englischen, von Dr. A. A. Brill in New York besorgten Übersetzung vor.
[3] Vielmehr die spätere Nachbildung eines solchen Denkmals. Der Name *Charing* selbst soll, wie mir Dr. E. Jones mitteilte, aus den Worten *Chère reine* hervorgegangen sein.

einen großen Teil der Stadt zerstörte. Diese Monumente sind also Erinnerungssymbole wie die hysterischen Symptome; soweit scheint die Vergleichung berechtigt. Aber was würden Sie zu einem Londoner sagen, der heute noch vor dem Denkmal des Leichenzuges der Königin Eleanor in Wehmut stehen bliebe, anstatt mit der von den modernen Arbeitsverhältnissen geforderten Eile seinen Geschäften nachzugehen oder sich der eigenen jugendfrischen Königin seines Herzens zu erfreuen? Oder zu einem anderen, der vor dem „Monument" die Einäscherung seiner geliebten Vaterstadt beweinte, die doch seither längst soviel glänzender wiedererstanden ist? So wie diese beiden unpraktischen Londoner benehmen sich aber die Hysterischen und Neurotiker alle; nicht nur, daß sie die längst vergangenen schmerzlichen Erlebnisse erinnern, sie hängen noch affektvoll an ihnen, sie kommen von der Vergangenheit nicht los und vernachlässigen für sie die Wirklichkeit und die Gegenwart. Diese Fixierung des Seelenlebens an die pathogenen Traumen ist einer der wichtigsten und praktisch bedeutsamsten Charaktere der Neurose.

Ich gebe Ihnen gern den Einwand zu, den Sie jetzt wahrscheinlich bilden, indem Sie an die Krankengeschichte der Breuerschen Patientin denken. Alle ihre Traumen entstammten ja der Zeit, da sie den kranken Vater pflegte, und ihre Symptome können nur als Erinnerungszeichen für seine Krankheit und seinen Tod aufgefaßt werden. Sie entsprechen also einer Trauer, und eine Fixierung an das Andenken des Verstorbenen ist so kurze Zeit nach dem Ableben desselben gewiß nichts Pathologisches, entspricht vielmehr einem normalen Gefühlsvorgang. Ich gestehe Ihnen dieses zu; die Fixierung an die Traumen ist bei der Patientin Breuers nichts Auffälliges. Aber in anderen Fällen, wie in dem von mir behandelten Tic, dessen Veranlassungen um mehr als fünfzehn und zehn Jahre zurücklagen, ist der Charakter des abnormen Haftens am Vergangenen sehr deutlich und die Patientin Breuers hätte ihn wahrscheinlich gleichfalls entwickelt, wenn sie nicht so kurze Zeit nach dem Erleben der Traumen und der Entstehung der Symptome zur **kathartischen** Behandlung gekommen wäre.

Wir haben bisher nur die Beziehung der hysterischen Symptome zur Lebensgeschichte der Kranken erörtert; aus zwei weiteren Momenten der Breuerschen Beobachtung können wir aber auch einen Hinweis darauf gewinnen, wie wir den Vorgang der Erkrankung und der Wiederherstellung aufzufassen haben. Fürs erste ist hervorzuheben, daß die Kranke Breuers fast in allen pathogenen Situationen eine starke Erregung zu unterdrücken hatte, anstatt ihr durch die entsprechenden Affektzeichen, Worte und Handlungen, Ablauf zu ermöglichen. In dem kleinen Erlebnis mit dem Hund ihrer Gesellschafterin unterdrückte sie aus Rücksicht auf diese jede Äußerung ihres sehr intensiven Ekels; während sie am Bette des Vaters wachte, trug sie beständig Sorge, dem Kranken nichts von ihrer Angst und ihrer schmerzlichen Verstimmung merken zu lassen. Als sie später diese selben Szenen vor ihrem Arzt reproduzierte, trat der damals gehemmte Affekt mit besonderer Heftigkeit, als ob er sich solange aufgespart hätte, auf. Ja, das Symptom, welches von dieser Szene erübrigt war, gewann seine höchste Intensität, während man sich seiner Verursachung näherte, um nach der völligen Erledigung derselben zu verschwinden. Andererseits konnte man die Erfahrung machen, daß das Erinnern der Szene beim Arzte wirkungslos blieb, wenn es aus irgendeinem Grunde einmal ohne Affektentwicklung ablief. Die Schicksale dieser Affekte, die man sich als verschiebbare Größen vorstellen konnte, waren also das Maßgebende für die Erkrankung wie für die Wiederherstellung. Man sah sich zur Annahme gedrängt, daß die Erkrankung darum zustande kam, weil den in den pathogenen Situationen entwickelten Affekten ein normaler Ausweg versperrt war, und daß das Wesen der Erkrankung darin bestand, daß nun diese „eingeklemmten" Affekte einer abnormen Verwendung unterlagen. Zum Teil blieben sie als dauernde Belastungen des Seelenlebens und Quellen beständiger Erregung für dasselbe bestehen; zum Teil erfuhren sie eine Umsetzung in ungewöhnliche körperliche Innervationen und Hemmungen, die sich als die körperlichen Symptome des Falles darstellten. Wir haben für diesen letzteren Vorgang den Namen der „hysterischen Konversion" geprägt. Ein gewisser Anteil unserer seelischen Erregung wird ohnedies normalerweise auf die Wege der körperlichen Innervation geleitet und ergibt das, was wir als „Ausdruck der Gemütsbewegungen" kennen. Die hysterische Konversion übertreibt nun diesen Anteil des Ablaufes eines mit Affekt besetzten seelischen Vorganges; sie entspricht einem weit intensiveren, auf neue Bahnen geleiteten Ausdruck der Gemütsbewegung. Wenn ein Strombett in zwei Kanälen fließt, so wird eine Überfüllung des einen stattfinden, sobald die Strömung in dem anderen auf ein Hindernis stößt.

Sie sehen, wir sind im Begriffe, zu einer rein psychologischen Theorie der Hysterie zu gelangen, in welcher wir den Affektvorgängen den ersten Rang anweisen. Eine zweite Beobachtung Breuers nötigt uns nun, in der Charakteristik des krankhaften Geschehens den Bewußtseinszuständen eine große Bedeutung einzuräumen. Die Kranke Breuers zeigte mannigfaltige seelische Verfassungen, Zustände von Abwesenheit, Verworrenheit und Charakterveränderung neben ihrem Normalzustand. Im Normalzustand wußte sie nun nichts von jenen pathogenen Szenen und von deren Zusammenhang mit ihren Symptomen; sie hatte diese Szenen vergessen oder jedenfalls den pathogenen Zusammenhang zerrissen. Wenn man sie in die Hypnose versetzte, gelang es nach Aufwendung beträchtlicher Arbeit, ihr diese Szenen ins Gedächtnis zurückzurufen, und durch diese Arbeit des Wiedererinnerns wurden die Symptome aufgehoben. Man wäre in großer Verlegenheit, wie man diese Tatsache deuten sollte, wenn nicht die Erfahrungen und Experimente des Hypnotismus den Weg dazu gewiesen hätten. Durch das Studium der hypnotischen Phänomene hat man sich an die anfangs befremdliche Auffassung gewöhnt, daß in einem und demselben Individuum mehrere seelische Gruppierungen möglich sind, die ziemlich unabhängig voneinander bleiben können, voneinander „nichts wissen", und die das Bewußtsein alternierend an sich reißen. Fälle solcher Art, die man als *double conscience* bezeichnet, kommen gelegentlich auch spontan zur Beobachtung. Wenn bei solcher Spaltung der Persönlichkeit das Bewußtsein konstant an den einen der beiden Zustände gebunden bleibt, so heißt man diesen den b e w u ß t e n Seelenzustand, den von ihm abgetrennten den u n b e w u ß t e n. In den bekannten Phänomenen der sogenannten posthypnotischen Suggestion, wobei ein in der Hypnose gegebener Auftrag sich später im Normalzustand gebieterisch durchsetzt, hat man ein vorzügliches Vorbild für die Beeinflussungen, die der bewußte Zustand durch den für ihn unbewußten erfahren kann, und nach diesem Muster gelingt es allerdings, sich die Erfahrungen bei der Hysterie zurechtzulegen. B r e u e r entschloß sich zur Annahme, daß die hysterischen Symptome in solchen besonderen seelischen Zuständen, die er h y p n o i d e nannte, entstanden seien. Erregungen, die in solche hypnoide Zustände hineingeraten, werden leicht pathogen, weil diese Zustände nicht die Bedingungen für einen normalen Ablauf der Erregungsvorgänge bieten. Es entsteht also aus dem Erregungsvorgang ein ungewöhnliches Produkt, eben das Symptom, und dieses ragt wie ein Fremdkörper in den Normalzustand hinein, dem dafür die Kenntnis der hypnoiden pathogenen Situation abgeht. Wo ein Symptom besteht, da findet sich auch eine Amnesie, eine Erinnerungslücke, und die Ausfüllung dieser Lücke schließt die Aufhebung der Entstehungsbedingungen des Symptoms in sich ein.

Ich fürchte, daß Ihnen dieses Stück meiner Darstellung nicht sehr durchsichtig erschienen ist. Aber haben Sie Nachsicht, es handelt sich um neue und schwierige Anschauungen, die vielleicht nicht viel klarer gemacht werden können; ein Beweis dafür, daß wir mit unserer Erkenntnis noch nicht sehr weit vorgedrungen sind. Die Breuersche Aufstellung der **hypnoiden** Zustände hat sich übrigens als hemmend und überflüssig erwiesen und ist von der heutigen Psychoanalyse fallen gelassen worden. Sie werden später wenigstens andeutungsweise hören, welche Einflüsse und Vorgänge hinter der von Breuer aufgestellten Schranke der hypnoiden Zustände zu entdecken waren. Sie werden auch mit Recht den Eindruck empfangen haben, daß die Breuersche Forschung Ihnen nur eine sehr unvollständige Theorie und unbefriedigende Aufklärung der beobachteten Erscheinungen geben konnte, aber vollkommene Theorien fallen nicht vom Himmel, und Sie werden mit noch größerem Recht mißtrauisch sein, wenn Ihnen jemand eine lückenlose und abgerundete Theorie bereits zu Anfang seiner Beobachtungen anbietet. Eine solche wird gewiß nur das Kind seiner Spekulation sein können und nicht die Frucht voraussetzungsloser Erforschung des Tatsächlichen.

## II

Meine Damen und Herren! Etwa gleichzeitig, während Breuer mit seiner Patientin die „*talking cure*" übte, hatte Meister Charcot in Paris jene Untersuchungen über die Hysterischen der Salpêtrière begonnen, von denen ein neues Verständnis der Krankheit ausgehen sollte. Diese Resultate konnten damals in Wien noch nicht bekannt sein. Als aber etwa ein Dezennium später Breuer und ich die vorläufige Mitteilung über den psychischen Mechanismus hysterischer Phänomene veröffentlichten, welche an die kathartische Behandlung bei Breuers erster Patientin anknüpfte, da befanden wir uns ganz im Banne der Charcotschen Forschungen. Wir stellten die pathogenen Erlebnisse unserer Kranken als psychische Traumen jenen körperlichen Traumen gleich, deren Einfluß auf hysterische Lähmungen Charcot festgestellt hatte, und Breuers Aufstellung der hypnoiden Zustände ist selbst nichts anderes als ein Reflex der Tatsache, daß Charcot jene traumatischen Lähmungen in der Hypnose künstlich reproduziert hatte.

Der große französische Beobachter, dessen Schüler ich 1885/86 wurde, war selbst psychologischen Auffassungen nicht geneigt; erst sein Schüler P. Janet versuchte ein tieferes Eindringen in die besonderen psychischen Vorgänge bei der Hysterie, und wir folgten seinem Beispiele, als wir die seelische Spaltung und den Zerfall der Persönlichkeit in das Zentrum unserer Auffassung rückten. Sie finden bei Janet eine Theorie der Hysterie, welche den in

Frankreich herrschenden Lehren über die Rolle der Erblichkeit und der Degeneration Rechnung trägt. Die Hysterie ist nach ihm eine Form der degenerativen Veränderung des Nervensystems, welche sich durch eine angeborene Schwäche der psychischen Synthese kundgibt. Die hysterisch Kranken seien von Anfang an unfähig, die Mannigfaltigkeit der seelischen Vorgänge zu einer Einheit zusammenzuhalten, und daher komme die Neigung zur seelischen Dissoziation. Wenn Sie mir ein banales, aber deutliches Gleichnis gestatten, J a n e t s Hysterische erinnert an eine schwache Frau, die ausgegangen ist, um Einkäufe zu machen, und nun mit einer Menge von Schachteln und Paketen beladen zurückkommt. Sie kann den ganzen Haufen mit ihren zwei Armen und zehn Fingern nicht bewältigen, und so entfällt ihr zuerst ein Stück. Bückt sie sich, um dieses aufzuheben, so macht sich dafür ein anderes los usw. Es stimmt nicht gut zu dieser angenommenen seelischen Schwäche der Hysterischen, daß man bei ihnen außer den Erscheinungen verminderter Leistung auch Beispiele von teilweiser Steigerung der Leistungsfähigkeit, wie zur Entschädigung, beobachten kann. Zur Zeit, als B r e u e r s Patientin ihre Muttersprache und alle anderen Sprachen bis auf Englisch. vergessen hatte, erreichte ihre Beherrschung des Englischen eine solche Höhe, daß sie imstande war, wenn man ihr ein deutsches Buch vorlegte, eine tadellose und fließende englische Übersetzung desselben vom Blatt herunterzulesen.

Als ich es später unternahm, die von B r e u e r begonnenen Untersuchungen auf eigene Faust fortzusetzen, gelangte ich bald zu einer anderen Ansicht über die Entstehung der hysterischen Dissoziation (Bewußtseinsspaltung). Eine solche, für alles weitere entscheidende Divergenz mußte sich notwendigerweise ergeben, da ich nicht wie J a n e t von Laboratoriumsversuchen, sondern von therapeutischen Bemühungen ausging.

Mich trieb vor allem das praktische Bedürfnis. Die kathartische Behandlung, wie sie B r e u e r geübt hatte, setzte voraus, daß man den Kranken in tiefe Hypnose bringe, denn nur im hypnotischen Zustand fand er die Kenntnis jener pathogenen Zusammenhänge, die ihm in seinem Normalzustand abging. Nun war mir die Hypnose als ein launenhaftes und sozusagen mystisches Hilfsmittel bald unliebsam geworden; als ich aber die Erfahrung machte, daß es mir trotz aller Bemühungen nicht gelingen wollte, mehr als einen Bruchteil meiner Kranken in den hypnotischen Zustand zu versetzen, beschloß ich, die Hypnose aufzugeben und die kathartische Behandlung von ihr unabhängig zu machen. Weil ich den psychischen Zustand meiner meisten Patienten nicht nach meinem Belieben verändern konnte, richtete ich mich darauf ein, mit ihrem Normalzustand zu arbeiten. Das schien allerdings vorerst ein sinn- und aussichtsloses Unternehmen zu sein. Es war die Aufgabe gestellt, etwas vom Kranken zu erfahren, was man nicht wußte und was er selbst nicht wußte; wie konnte man hoffen, dies doch in Erfahrung zu bringen? Da kam mir die Erinnerung an einen sehr merkwürdigen und lehrreichen Versuch zu Hilfe, den ich bei Bernheim in Nancy mitangesehen hatte. Bernheim zeigte uns damals, daß die Personen, welche er in hypnotischen Somnambulismus versetzt und in diesem Zustand allerlei hatte erleben lassen, die Erinnerung an das somnambul Erlebte doch nur zum Schein verloren hatten, und daß es möglich war, bei ihnen diese Erinnerungen auch im Normalzustand zu erwecken. Wenn er sie nach den somnambulen Erlebnissen befragte, so behaupteten sie anfangs zwar, nichts zu wissen, aber wenn er nicht nachgab, drängte, ihnen versicherte, sie wüßten es doch, so kamen die vergessenen Erinnerungen jedesmal wieder.

So machte ich es also auch mit meinen Patienten. Wenn ich mit ihnen bis zu einem Punkte gekommen war, an dem sie behaupteten, nichts weiter zu wissen, so versicherte ich ihnen, sie wüßten es doch, sie sollten es nur sagen, und ich getraute mich der Behauptung, daß die Erinnerung die richtige sein würde, die ihnen in dem Moment käme, da ich meine Hand auf ihre Stirne legte. Auf diese Weise gelang es mir, ohne Anwendung der Hypnose, von den Kranken alles zu erfahren, was zur Herstellung des Zusammenhanges zwischen den vergessenen pathogenen Szenen und den von ihnen erübrigten Symptomen erforderlich war. Aber es war ein mühseliges, ein auf die Dauer erschöpfendes Verfahren, das sich für eine endgültige Technik nicht eignen konnte.

Ich gab es jedoch nicht auf, ohne aus den dabei gemachten Wahrnehmungen die entscheidenden Schlüsse zu ziehen. Ich hatte es also bestätigt gefunden, daß die vergessenen Erinnerungen nicht verloren waren. Sie waren im Besitze des Kranken und bereit, in Assoziation an das von ihm noch Gewußte aufzutauchen, aber irgendeine Kraft hinderte sie daran, bewußt zu werden, und nötigte sie, unbewußt zu bleiben. Die Existenz dieser Kraft konnte man mit Sicherheit annehmen, denn man verspürte eine ihr entsprechende Anstrengung, wenn man sich bemühte, im Gegensatz zu ihr die unbewußten Erinnerungen ins Bewußtsein des Kranken einzuführen. Man bekam die Kraft, welche den krankhaften Zustand aufrecht erhielt, als Widerstand des Kranken zu spüren.

Auf diese Idee des Widerstandes habe ich nun meine Auffassung der psychischen Vorgänge bei der Hysterie gegründet. Es hatte sich als notwendig zur Herstellung erwiesen, diese Widerstände aufzuheben; vom Mechanismus der Heilung aus konnte man sich jetzt ganz bestimmte Vorstellungen über den Hergang bei der Erkrankung bilden. Dieselben Kräfte, die sich heute als Widerstand dem Bewußtmachen des Vergessenen widersetzten, mußten seinerzeit dieses Vergessen bewirkt und die betreffenden pathogenen Erlebnisse aus dem Bewußtsein gedrängt haben. Ich nannte diesen von mir supponierten Vorgang Verdrängung und betrachtete ihn als erwiesen durch die unleugbare Existenz des Widerstandes.

Man konnte sich aber auch die Frage vorlegen, welches diese Kräfte und welche die Bedingungen der Verdrängung seien, in der wir nun den pathogenen Mechanismus der Hysterie erkennen. Eine vergleichende Untersuchung der pathogenen Situationen, die man durch die kathartische Behandlung kennen gelernt hatte, gestattete hierauf Antwort zu geben. Bei all diesen Erlebnissen hatte es sich darum gehandelt, daß eine Wunschregung aufgetaucht war, welche in scharfem Gegensatze zu den sonstigen Wünschen des Individuums stand, sich als unverträglich mit den ethischen und ästhetischen Ansprüchen der Persönlichkeit erwies. Es hatte einen kurzen Konflikt gegeben, und das Ende dieses inneren Kampfes war, daß die Vorstellung, welche als der Träger jenes unvereinbaren Wunsches vor dem Bewußtsein auftrat, der Verdrängung anheimfiel und mit den zu ihr gehörigen Erinnerungen aus dem Bewußtsein gedrängt und vergessen wurde. Die Unverträglichkeit der betreffenden Vorstellung mit dem Ich des Kranken war also das Motiv der Verdrängung; die ethischen und anderen Anforderungen des Individuums waren die verdrängenden Kräfte. Die Annahme der unverträglichen Wunschregung oder die Fortdauer des Konflikts hätten hohe Grade von Unlust hervorgerufen; diese Unlust wurde durch die Verdrängung erspart, die sich in solcher Art als eine der Schutzvorrichtungen der seelischen Persönlichkeit erwies.

Ich will Ihnen anstatt vieler einen einzigen meiner Fälle erzählen, in welchem Bedingungen und Nutzen der Verdrängung deutlich genug zu erkennen sind. Freilich muß ich für meinen Zweck auch diese Krankengeschichte verkürzen und wichtige Voraussetzungen derselben beiseite lassen. Ein junges Mädchen, welches kurz vorher den geliebten Vater verloren hatte, an dessen Pflege sie beteiligt gewesen war, — eine Situation analog der bei der Patientin B r e u e r s — brachte, als ihre ältere Schwester sich verheiratete, dem neuen Schwager eine besondere Sympathie entgegen, die sich leicht als verwandtschaftliche Zärtlichkeit maskieren konnte. Diese Schwester erkrankte bald und starb, während die Patientin mit ihrer Mutter abwesend war. Die

Abwesenden wurden eiligst zurückgerufen, ohne in sichere Kenntnis des schmerzlichen Ereignisses gesetzt zu werden. Als das Mädchen an das Bett der toten Schwester trat, tauchte für einen kurzen Moment eine Idee in ihr auf, die sich etwa in den Worten ausdrücken ließe: Jetzt ist er frei und kann mich heiraten. Wir dürfen als sicher annehmen, daß diese Idee, welche die ihr selbst nicht bewußte intensive Liebe zum Schwager ihrem Bewußtsein verriet, durch den Aufruhr ihrer Gefühle im nächsten Moment der Verdrängung überliefert wurde. Das Mädchen erkrankte an schweren hysterischen Symptomen, und als ich sie in Behandlung genommen hatte, stellte es sich heraus, daß sie jene Szene am Bette der Schwester und die in ihr auftretende häßlich-egoistische Regung gründlich vergessen hatte. Sie erinnerte sich daran in der Behandlung, reproduzierte den pathogenen Moment unter den Anzeichen heftigster Gemütsbewegung und wurde durch diese Behandlung gesund.

Vielleicht darf ich Ihnen den Vorgang der Verdrängung und deren notwendige Beziehung zum Widerstand durch ein grobes Gleichnis veranschaulichen, das ich gerade aus unserer gegenwärtigen Situation herausgreifen will. Nehmen Sie an, hier in diesem Saale und in diesem Auditorium, dessen musterhafte Ruhe und Aufmerksamkeit ich nicht genug zu preisen weiß, befände sich doch ein Individuum, welches sich störend benimmt und durch sein ungezogenes Lachen, Schwätzen, Scharren mit den Füßen meine Aufmerksamkeit von meiner Aufgabe abzieht. Ich erkläre, daß ich so nicht weiter vortragen kann, und daraufhin erheben sich einige kräftige Männer unter Ihnen und setzen den Störenfried nach kurzem Kampfe vor die Tür. Er ist also jetzt „verdrängt" und ich kann meinen Vortrag fortsetzen. Damit aber die Störung sich nicht wiederhole, wenn der Herausgeworfene versucht, wieder in den Saal einzudringen, rücken die Herren, welche meinen Willen zur Ausführung gebracht haben, ihre Stühle an die Türe an und etablieren sich so als „Widerstand" nach vollzogener Verdrängung. Wenn Sie nun noch die beiden Lokalitäten hier als das „Bewußte" und das „Unbewußte" aufs Psychische übertragen, so haben Sie eine ziemlich gute Nachbildung des Vorganges der Verdrängung vor sich.

Sie sehen nun, worin der Unterschied unserer Auffassung von der Janetschen gelegen ist. Wir leiten die psychische Spaltung nicht von einer angeborenen Unzulänglichkeit des seelischen Apparates zur Synthese ab, sondern erklären sie dynamisch durch den Konflikt widerstreitender Seelenkräfte, erkennen in ihr das Ergebnis eines aktiven Sträubens der beiden psychischen Gruppierungen gegeneinander. Aus unserer Auffassung erheben sich nun neue Fragestellungen in großer Anzahl. Die Situation des psychischen Konflikts ist ja eine überaus häufige, ein Bestreben des Ichs, sich peinlicher Erinnerungen zu erwehren, wird ganz regelmäßig beobachtet, ohne daß es zum Ergebnis einer seelischen Spaltung führte. Man kann den Gedanken nicht abweisen, daß es noch anderer Bedingungen bedarf, wenn der Konflikt die Dissoziation zur Folge haben soll. Ich gebe Ihnen auch gern zu, daß wir mit der Annahme der Verdrängung nicht am Ende, sondern erst am Anfang einer psychologischen Theorie stehen, aber wir können nicht anders als schrittweise vorrücken und müssen die Vollendung der Erkenntnis weiterer und tiefer eindringender Arbeit überlassen.

Unterlassen Sie auch den Versuch, den Fall der Patientin Breuers unter die Gesichtspunkte der Verdrängung zu bringen. Diese Krankengeschichte eignet sich hiezu nicht, weil sie mit Hilfe der hypnotischen Beeinflussung gewonnen worden ist. Erst wenn Sie die Hypnose ausschalten, können Sie die Widerstände und Verdrängungen bemerken und sich von dem wirklichen pathogenen Vorgang eine zutreffende Vorstellung bilden. Die Hypnose verdeckt den Widerstand und macht ein gewisses seelisches Gebiet frei zugänglich, dafür häuft sie den Widerstand an den Grenzen dieses Gebietes zu einem Walle auf, der alles Weitere unzugänglich macht.

Das Wertvollste, was wir aus der Breuerschen Beobachtung gelernt haben, waren die Aufschlüsse über den Zusammenhang der Symptome mit den pathogenen Erlebnissen oder psychischen Traumen, und nun dürfen wir nicht versäumen, diese Einsichten vom Standpunkte der Verdrängungslehre zu würdigen. Man sieht zunächst wirklich nicht ein, wie man von der Verdrängung aus zur Symptombildung gelangen kann. Anstatt eine komplizierte theoretische Ableitung zu geben, will ich an dieser Stelle auf unser früher gebrauchtes Bild für die Verdrängung zurückgreifen. Denken Sie daran, mit der Entfernung des störenden Gesellen und der Niederlassung der Wächter vor der Türe braucht die Angelegenheit nicht beendigt zu sein. Es kann sehr wohl geschehen, daß der Herausgeworfene, der jetzt erbittert und ganz rücksichtslos geworden ist, uns weiter zu schaffen gibt. Er ist zwar nicht mehr unter uns, wir sind seine Gegenwart, sein höhnisches Lachen, seine halblauten Bemerkungen los geworden, aber in gewisser Hinsicht ist die Verdrängung doch erfolglos gewesen, denn er führt nun draußen einen unerträglichen Spektakel auf, und sein Schreien und mit den Fäusten an die Türe Pochen hemmt meinen Vortrag mehr als früher sein unartiges Benehmen. Unter diesen Verhältnissen würden wir es mit Freuden begrüßen müssen, wenn etwa unser verehrter Präsident Dr. Stanley Hall die Rolle des Vermittlers und Friedensstifters übernehmen wollte. Er würde mit dem ungebärdigen Gesellen draußen sprechen und dann sich an uns mit der Aufforderung wenden, ihn doch wieder einzulassen, er übernehme die Garantie, daß jener sich jetzt besser betragen werde. Auf Dr. Halls Autorität hin entschließen wir uns dazu, die Verdrängung wieder aufzuheben, und nun tritt wieder Ruhe und Frieden ein. Es ist dies wirklich keine umpassende Darstellung der Aufgabe, die dem Arzt bei der psychoanalytischen Therapie der Neurosen zufällt.

Um es jetzt direkter zu sagen: Wir kommen durch die Untersuchung der hysterisch Kranken und anderer Neurotiker zur

Überzeugung, daß ihnen die Verdrängung der Idee, an welcher
der unerträgliche Wunsch hängt, **mißlungen** ist. Sie haben
sie zwar aus dem Bewußtsein und aus der Erinnerung getrieben
und sich anscheinend eine große Summe Unlust erspart, **aber
im Unbewußten besteht die verdrängte Wunschregung weiter**, lauert auf eine Gelegenheit, aktiviert zu
werden, und versteht es dann, eine entstellte und unkenntlich
gemachte **Ersatzbildung** für das Verdrängte ins Bewußtsein
zu schicken, an welche sich bald dieselben Unlustempfindungen
knüpfen, die man durch die Verdrängung erspart glaubte. Diese
Ersatzbildung für die verdrängte Idee — das **Symptom** — ist
gegen weitere Angriffe von seiten des abwehrenden Ichs gefeit,
und an Stelle des kurzen Konflikts tritt jetzt ein in der Zeit
nicht endendes Leiden. An dem Symptom ist neben den Anzeichen
der Entstellung ein Rest von irgendwie vermittelter Ähnlichkeit
mit der ursprünglich verdrängten Idee zu konstatieren; die
Wege, auf denen sich die Ersatzbildung vollzog, lassen sich
während der psychoanalytischen Behandlung des Kranken aufdecken, und zu seiner Heilung ist es notwendig, daß das Symptom
auf diesen nämlichen Wegen wieder in die verdrängte Idee
übergeführt werde. Ist das Verdrängte wieder der bewußten
Seelentätigkeit zugeführt, was die Überwindung beträchtlicher
Widerstände voraussetzt, so kann der so entstandene psychische
Konflikt, den der Kranke vermeiden wollte, unter der Leitung
des Arztes einen besseren Ausgang finden, als ihn die Verdrängung
bot. Es gibt mehrere solcher zweckmäßigen Erledigungen, welche
Konflikt und Neurose zum glücklichen Ende führen, und die im
einzelnen Falle auch miteinander kombiniert erzielt werden
können. Entweder wird die Persönlichkeit des Kranken überzeugt,
daß sie den pathogenen Wunsch mit Unrecht abgewiesen hat
und veranlaßt, ihn ganz oder teilweise zu akzeptieren, oder dieser
Wunsch wird selbst auf ein höheres und darum einwandfreies
Ziel geleitet (was man seine **Sublimierung** heißt), oder man

erkennt seine Verwerfung als zu Recht bestehend an, ersetzt aber den automatischen und darum unzureichenden Mechanismus der Verdrängung durch eine Verurteilung mit Hilfe der höchsten geistigen Leistungen des Menschen; man erreicht seine bewußte Beherrschung.

Verzeihen Sie mir, wenn es mir nicht gelungen ist, Ihnen diese Hauptgesichtspunkte der nun P s y c h o a n a l y s e genannten Behandlungsmethode klarer faßlich darzustellen. Die Schwierigkeiten liegen nicht nur in der Neuheit des Gegenstandes. Welcher Art die unverträglichen Wünsche sind, die sich trotz der Verdrängung aus dem Unbewußten vernehmbar zu machen verstehen, und welche subjektiven oder konstitutionellen Bedingungen bei einer Person zutreffen müssen, damit sich ein solches Mißlingen der Verdrängung und eine Ersatz- oder Symptombildung vollziehe, darüber werden noch einige spätere Bemerkungen Aufschluß geben.

## III

Meine Damen und Herren! Es ist nicht immer leicht die Wahrheit zu sagen, besonders wenn man kurz sein muß, und so bin ich heute genötigt, eine Unrichtigkeit zu korrigieren, die ich in meinem letzten Vortrag vorgebracht habe. Ich sagte Ihnen, wenn ich unter Verzicht auf die Hypnose in meine Kranken drang, mir doch mitzuteilen, was ihnen zu dem eben behandelten Problem einfiele — sie wüßten ja doch alles angeblich Vergessene, und der auftauchende Einfall werde gewiß das Gesuchte enthalten — so machte ich tatsächlich die Erfahrung, daß der nächste Einfall meines Kranken das Richtige brachte und sich als die vergessene Fortsetzung der Erinnerung erwies. Nun, das ist nicht allgemein richtig; ich habe es nur der Abkürzung halber so einfach dargestellt. In Wirklichkeit traf es nur die ersten Male zu, daß sich das richtige Vergessene durch einfaches Drängen von meiner Seite einstellte. Setzte man das Verfahren fort, so kamen jedesmal Einfälle, die nicht die richtigen sein konnten, weil sie nicht passend waren, und die die Kranken selbst als unrichtig verwarfen. Das Drängen brachte hier keine weitere Hilfe, und man konnte wieder bedauern, die Hypnose aufgegeben zu haben.

In diesem Stadium der Ratlosigkeit klammerte ich mich an ein Vorurteil, dessen wissenschaftliche Berechtigung Jahre später durch C. G. Jung in Zürich und seine Schüler erwiesen wurde. Ich muß behaupten, es ist manchmal recht nützlich, Vorurteile zu haben. Ich brachte eine hohe Meinung von der Strenge der Determinierung seelischer Vorgänge mit und konnte nicht daran glauben, daß ein Einfall des Kranken, den er bei gespannter Aufmerksamkeit produzierte, ganz willkürlich und außer Beziehung zu der von uns gesuchten vergessenen Vorstellung sei; daß er mit dieser nicht identisch war, ließ sich aus der vorausgesetzten psychologischen Situation befriedigend erklären. In dem behandelten Kranken wirkten zwei Kräfte gegeneinander, einerseits sein bewußtes Bestreben, das in seinem Unbewußten vorhandene Vergessene ins Bewußtsein zu ziehen, andererseits der uns bekannte Widerstand, der sich gegen solches Bewußtwerden des Verdrängten oder seiner Abkömmlinge sträubte. War dieser Widerstand gleich Null oder sehr gering, so wurde das Vergessene ohne Entstellung bewußt; es lag also nahe, anzunehmen, daß die Entstellung des Gesuchten um so größer ausfallen werde, je größer der Widerstand gegen das Bewußtwerden des Gesuchten sei. Der Einfall des Kranken, der anstatt des Gesuchten kam, war also selbst entstanden wie ein Symptom; er war eine neue, künstliche und ephemere Ersatzbildung für das Verdrängte, und demselben um so unähnlicher, eine je größere Entstellung er unter dem Einfluß des Widerstandes erfahren hatte. Er mußte aber doch eine gewisse Ähnlichkeit mit dem Gesuchten aufweisen, kraft seiner Natur als Symptom, und bei nicht zu intensivem Widerstand mußte es möglich sein, aus dem Einfall das verborgene Gesuchte zu erraten. Der Einfall mußte sich zum verdrängten Element verhalten wie eine Anspielung, wie eine Darstellung desselben in indirekter Rede.

Wir kennen auf dem Gebiete des normalen Seelenlebens Fälle, in denen analoge Situationen wie die von uns angenommene auch ähnliche Ergebnisse liefern. Ein solcher Fall ist der des Witzes. Durch die Probleme der psychoanalytischen Technik bin ich denn auch genötigt worden, mich mit der Technik der Witzbildung zu beschäftigen. Ich will Ihnen ein einziges solches Beispiel erläutern, übrigens einen Witz in englischer Sprache.

Die Anekdote erzählt:[1] Zwei wenig skrupulösen Geschäftsleuten war es gelungen, sich durch eine Reihe recht gewagter Unternehmungen ein großes Vermögen zu erwerben, und nun ging ihr Bemühen dahin, sich der guten Gesellschaft aufzudrängen. Unter anderem erschien es ihnen als ein zweckmäßiges Mittel, sich von dem vornehmsten und teuersten Maler der Stadt, dessen Bilder als Ereignisse betrachtet wurden, malen zu lassen. Auf einer großen Soiree wurden die kostbaren Bilder zuerst gezeigt, und die beiden Hausherren führten selbst den einflußreichsten Kunstkenner und Kritiker zur Wand des Salons, an welcher die beiden Porträts nebeneinander aufgehängt waren, um ihm sein bewunderndes Urteil zu entlocken. Der sah die Bilder lange Zeit an, schüttelte dann den Kopf, als ob er etwas vermissen würde, und fragte bloß, auf den freien Raum zwischen den beiden Bildern deutend: „*And where is the Saviour?*" Ich sehe, Sie lachen alle über diesen guten Witz, in dessen Verständnis wir nun eindringen wollen. Wir verstehen, daß der Kunstkenner sagen will: Ihr seid ein Paar Spitzbuben, wie die, zwischen denen man den Heiland ans Kreuz hängte. Aber er sagt es nicht; anstatt dessen äußert er etwas, was zunächst sonderbar unpassend und nicht dazugehörig scheint, was wir aber im nächsten Moment als eine A n s p i e l u n g auf die von ihm beabsichtigte Beschimpfung und als einen vollgültigen Ersatz für dieselbe erkennen. Wir können nicht erwarten, daß sich beim Witz alle die Verhältnisse wiederfinden lassen, die wir bei der Entstehung des Einfalles bei unseren Patienten vermuten, aber auf die Identität in der Motivierung von Witz und Einfall wollen wir Gewicht legen. Warum sagt unser Kritiker den beiden Spitzbuben nicht direkt, was er ihnen sagen möchte? Weil neben seinem Gelüste, es ihnen unverhüllt ins Gesicht zu sagen, sehr gute Gegenmotive in ihm wirksam sind. Es ist nicht ungefährlich, Leute zu beleidigen, bei

---

[1] Der Witz und seine Beziehung zum Unbewußten. Wien 1905, 3. Aufl., 1921, p. 60. (Enthalten in Bd. VI dieser Gesamtausgabe.)

denen man zu Gaste ist, und die über die kräftigen Fäuste einer zahlreichen Dienerschaft verfügen. Man kann leicht jenem Schicksal verfallen, das ich im vorigen Vortrag in eine Analogie mit der „Verdrängung" brachte. Aus diesem Grunde bringt der Kritiker die beabsichtigte Beschimpfung nicht direkt, sondern in entstellter Form als eine „Anspielung mit Auslassung" zum Ausdruck, und dieselbe Konstellation verschuldet es nach unserer Meinung, daß unser Patient, anstatt des gesuchten Vergessenen, einen mehr oder minder entstellten Ersatzeinfall produziert.

Meine Damen und Herren! Es ist recht zweckmäßig, eine Gruppe von zusammengehörigen, mit Affekt besetzten Vorstellungselementen nach dem Vorgange der Züricher Schule (Bleuler, Jung u. a.) als einen „Komplex" zu bezeichnen. Wir sehen also, wenn wir bei einem Kranken von dem letzten, was er noch erinnert, ausgehen, um einen verdrängten Komplex zu suchen, so haben wir alle Aussicht, diesen zu erraten, wenn uns der Kranke eine genügende Anzahl seiner freien Einfälle zur Verfügung stellt. Wir lassen also den Kranken reden, was er will, und halten an der Voraussetzung fest, daß ihm nichts anderes einfallen kann, als was in indirekter Weise von dem gesuchten Komplex abhängt. Erscheint Ihnen dieser Weg, das Verdrängte aufzufinden, allzu umständlich, so kann ich Ihnen wenigstens die Versicherung geben, daß er der einzig gangbare ist.

Wenn wir diese Technik ausüben, so werden wir noch durch die Tatsache gestört, daß der Kranke häufig innehält, in Stockungen gerät und behauptet, er wisse nichts zu sagen, es falle ihm überhaupt nichts ein. Träfe dies zu und hätte der Kranke recht, so wäre unser Verfahren wiederum als unzulänglich erwiesen. Allein eine feinere Beobachtung zeigt, daß ein solches Versagen der Einfälle eigentlich nie eintritt. Dieser Anschein kommt nur dadurch zustande, daß der Kranke den wahrgenommenen Einfall unter dem Einfluß der Widerstände, die sich in verschiedene kritische Urteile über den Wert des Einfalls kleiden, zurückhält

oder wieder beseitigt. Man schützt sich dagegen, indem man ihm
dieses Verhalten vorhersagt und von ihm fordert, daß er sich um
diese Kritik nicht kümmere. Er soll unter völligem Verzicht auf
solche kritische Auswahl alles sagen, was ihm in den Sinn kommt,
auch wenn er es für unrichtig, für nicht dazugehörig, für unsinnig
hält, vor allem auch dann, wenn es ihm unangenehm ist, sein
Denken mit dem Einfall zu beschäftigen. Durch die Befolgung
dieser Vorschrift sichern wir uns das Material, welches uns auf
die Spur der verdrängten Komplexe führt.

Dieses Material von Einfällen, welche der Kranke geringschätzend
von sich weist, wenn er unter dem Einflusse des Widerstandes
anstatt unter dem des Arztes steht, stellt für den Psychoanalytiker
gleichsam das Erz dar, dem er mit Hilfe von einfachen Deutungs-
künsten seinen Gehalt an wertvollem Metall entzieht. Wollen Sie
sich bei einem Kranken eine rasche und vorläufige Kenntnis der
verdrängten Komplexe schaffen, ohne noch auf deren Anordnung
und Verknüpfung einzugehen, so bedienen Sie sich dazu der
Prüfung mit dem Assoziationsexperiment, wie sie Jung[1]
und seine Schüler ausgebildet haben. Dies Verfahren leistet dem
Psychoanalytiker so viel wie die qualitative Analyse dem Chemiker;
es ist in der Therapie der neurotisch Kranken entbehrlich, unentbehrlich aber zur objektiven Demonstration der Komplexe und bei
der Untersuchung der Psychosen, die von der Züricher Schule so
erfolgreich in Angriff genommen worden ist.

Die Bearbeitung der Einfälle, welche sich dem Patienten ergeben,
wenn er sich der psychoanalytischen Hauptregel unterwirft, ist
nicht das einzige unserer technischen Mittel zur Erschließung des
Unbewußten. Dem gleichen Zwecke dienen zwei andere Verfahren,
die Deutung seiner Träume und die Verwertung seiner Fehl- und
Zufallshandlungen.

Ich gestehe Ihnen, meine geehrten Zuhörer, daß ich lange
geschwankt habe, ob ich Ihnen anstatt dieser gedrängten Über-

[1] C. G. Jung. Diagnostische Assoziationsstudien, I. Bd., 1906.

sicht über das ganze Gebiet der Psychoanalyse nicht lieber eine ausführliche Darstellung der Traumdeutung bieten soll.[1] Ein rein subjektives und anscheinend sekundäres Motiv hat mich davon zurückgehalten. Es erschien mir fast anstößig, in diesem praktischen Zielen zugewendeten Lande als „Traumdeuter" aufzutreten, ehe Sie noch wissen konnten, auf welche Bedeutung diese veraltete und verspottete Kunst Anspruch erheben kann. Die Traumdeutung ist in Wirklichkeit die Via Regia zur Kenntnis des Unbewußten, die sicherste Grundlage der Psychoanalyse und jenes Gebiet, auf welchem jeder Arbeiter seine Überzeugung zu gewinnen und seine Ausbildung anzustreben hat. Wenn ich gefragt werde, wie man Psychoanalytiker werden kann, so antworte ich, durch das Studium seiner eigenen Träume. Mit richtigem Takt sind alle Gegner der Psychoanalyse bisher einer Würdigung der „Traumdeutung" ausgewichen oder haben mit den seichtesten Einwendungen über sie hinwegzukommen getrachtet. Wenn Sie im Gegenteile die Lösungen der Probleme des Traumlebens anzunehmen vermögen, werden Ihnen die Neuheiten, welche die Psychoanalyse Ihrem Denken zumutet, keine Schwierigkeiten mehr bieten.

Vergessen Sie nicht, daß unsere nächtlichen Traumproduktionen einerseits die größte äußere Ähnlichkeit und innere Verwandtschaft mit den Schöpfungen der Geisteskrankheit zeigen, andererseits aber mit der vollen Gesundheit des Wachlebens verträglich sind. Es ist keine paradoxe Behauptung, daß, wer jenen „normalen" Sinnestäuschungen, Wahnideen und Charakteränderungen Verwunderung anstatt Verständnis entgegenbringt, auch nicht die leiseste Aussicht hat, die abnormen Bildungen krankhafter Seelenzustände anders als im laienhaften Sinne zu begreifen. Zu diesen Laien dürfen Sie heute getrost fast alle Psychiater zählen. Folgen Sie mir nun auf einen flüchtigen Streifzug durch das Gebiet der Traumprobleme.

---

[1] Die Traumdeutung, 1900 (7. Aufl. 1922; enthalten in Bd. II u. III dieser Gesamtausgabe).

## Dritte Vorlesung

Wir pflegen, wenn wir erwacht sind, die Träume so verächtlich zu behandeln, wie der Patient die Einfälle, die der Psychoanalytiker von ihm fordert. Wir weisen sie aber auch von uns ab, indem wir sie in der Regel rasch und vollständig vergessen. Unsere Geringschätzung gründet sich auf den fremdartigen Charakter selbst jener Träume, die nicht verworren und unsinnig sind, und auf die evidente Absurdität und Sinnlosigkeit anderer Träume; unsere Abweisung beruht sich auf die ungehemmt schamlosen und unmoralischen Strebungen, die in manchen Träumen offen zutage treten. Das Altertum hat diese Geringschätzung der Träume bekanntlich nicht geteilt. Die niederen Schichten unseres Volkes lassen sich in der Wertschätzung der Träume auch heute nicht irre machen; sie erwarten von ihnen wie die Alten die Enthüllung der Zukunft.

Ich bekenne, daß ich kein Bedürfnis nach mystischen Annahmen zur Ausfüllung der Lücken unserer gegenwärtigen Erkenntnis habe, und darum habe ich auch nie etwas finden können, was eine prophetische Natur der Träume bestätigte. Es läßt sich viel andersartiges, was auch wunderbar genug ist, über die Träume sagen.

Zunächst, nicht alle Träume sind dem Träumer wesensfremd, unverständlich und verworren. Wenn Sie die Träume jüngster Kinder, von eineinhalb Jahren an, Ihrer Betrachtung unterziehen wollen, so finden sie dieselben ganz simpel und leicht aufzuklären. Das kleine Kind träumt immer die Erfüllung von Wünschen, die der Tag vorher in ihm erweckt und nicht befriedigt hat. Sie bedürfen keiner Deutungskunst, um diese einfache Lösung zu finden, sondern nur der Erkundigung nach den Erlebnissen des Kindes am Vortag (Traumtag). Es wäre nun gewiß die befriedigendste Lösung des Traumrätsels, wenn auch die Träume der Erwachsenen nichts anderes wären als die der Kinder, Erfüllungen von Wunschregungen, die ihnen der Traumtag gebracht hat. So ist es auch in Wirklichkeit; die Schwierigkeiten, welche dieser Lösung im

Wege stehen, lassen sich durch eine eingehendere Analyse der Träume schrittweise beseitigen.

Da ist vor allem die erste und gewichtigste Einwendung, daß die Träume Erwachsener gewöhnlich einen unverständlichen Inhalt haben, der am wenigsten etwas von Wunscherfüllung erkennen läßt. Die Antwort lautet hier: Diese Träume haben eine Entstellung erfahren; der psychische Vorgang, der ihnen zugrunde liegt, hätte ursprünglich ganz anderen Ausdruck in Worten finden sollen. Sie müssen den **manifesten Trauminhalt**, wie Sie ihn am Morgen verschwommen erinnern und mühselig, anscheinend willkürlich, in Worte kleiden, unterscheiden von den **latenten Traumgedanken**, die Sie im Unbewußten als vorhanden anzunehmen haben. Diese Traumentstellung ist derselbe Vorgang, den Sie bei der Untersuchung der Bildung hysterischer Symptome kennen gelernt haben; sie weist auch darauf hin, daß das gleiche Gegenspiel der seelischen Kräfte bei der Traumbildung wie bei der Symptombildung beteiligt ist. Der manifeste Trauminhalt ist der entstellte Ersatz für die unbewußten Traumgedanken, und diese Entstellung ist das Werk von abwehrenden Kräften des Ichs, Widerständen, welche den verdrängten Wünschen des Unbewußten den Zugang zum Bewußtsein im Wachleben überhaupt verwehren, in der Herabsetzung des Schlafzustandes aber wenigstens noch so stark sind, daß sie ihnen eine verhüllende Vermummung aufnötigen. Der Träumer erkennt dann den Sinn seiner Träume ebensowenig, wie der Hysterische die Beziehung und Bedeutung seiner Symptome.

Daß es latente Traumgedanken gibt, und daß zwischen ihnen und dem manifesten Trauminhalt wirklich die eben beschriebene Relation besteht, davon überzeugen Sie sich bei der Analyse der Träume, deren Technik mit der psychoanalytischen zusammenfällt. Sie sehen von dem scheinbaren Zusammenhang der Elemente im manifesten Traum ganz ab und suchen sich die Einfälle zusammen, die sich bei freier Assoziation nach der psychoanalytischen Arbeitsregel zu jedem einzelnen Traumelement ergeben. Aus diesem Material erraten Sie die latenten Traumgedanken ganz so, wie Sie aus den Einfällen des Kranken zu seinen Symptomen und Erinnerungen seine versteckten Komplexe erraten haben. An den so gefundenen latenten Traumgedanken ersehen Sie ohne weiteres, wie vollberechtigt die Rückführung der Träume Erwachsener auf die Kinderträume ist. Was sich jetzt als der eigentliche Sinn des Traumes dem manifesten Trauminhalt substituiert, das ist immer klar verständlich, knüpft an die Lebenseindrücke des Vortages an, erweist sich als eine Erfüllung unbefriedigter Wünsche. Den manifesten Traum, den Sie aus der Erinnerung beim Erwachen kennen, können Sie dann nur beschreiben als eine verkappte Erfüllung verdrängter Wünsche.

Sie können durch eine Art von synthetischer Arbeit jetzt auch Einsicht nehmen in den Prozeß, der die Entstellung der unbewußten Traumgedanken zum manifesten Trauminhalt herbeigeführt hat. Wir heißen diesen Prozeß die „Traumarbeit". Derselbe verdient unser vollstes theoretisches Interesse, weil wir an ihm wie sonst nirgends studieren können, welche ungeahnten psychischen Vorgänge im Unbewußten, oder genau ausgedrückt, zwischen zwei gesonderten psychischen Systemen wie dem Bewußten und dem Unbewußten, möglich sind. Unter diesen neu erkannten psychischen Vorgängen heben sich die der Verdichtung und der Verschiebung auffällig heraus. Die Traumarbeit ist ein Spezialfall der Einwirkungen verschiedener seelischer Gruppierungen aufeinander, also der Erfolge der seelischen Spaltung, und sie scheint in allem Wesentlichen identisch mit jener Entstellungsarbeit, welche die verdrängten Komplexe bei mißglückender Verdrängung in Symptome verwandelt.

Sie werden ferner bei der Analyse der Träume, am überzeugendsten Ihrer eigenen, mit Verwunderung die ungeahnt große Rolle entdecken, welche Eindrücke und Erlebnisse früher Jahre der Kindheit auf die Entwicklung des Menschen nehmen. Im

Traumleben setzt das Kind im Menschen gleichsam seine Existenz mit Erhaltung all seiner Eigentümlichkeiten und Wunschregungen, auch der im späteren Leben unbrauchbar gewordenen, fort. Mit unabweislicher Macht drängt sich Ihnen auf, durch welche Entwicklungen, Verdrängungen, Sublimierungen und Reaktionsbildungen aus dem ganz anders veranlagten Kinde der sogenannt normale Mensch, der Träger und zum Teil das Opfer der mühsam errungenen Kultur, hervorgeht.

Auch darauf will ich Sie aufmerksam machen, daß wir bei der Analyse der Träume gefunden haben, das Unbewußte bediene sich, insbesondere für die Darstellung sexueller Komplexe, einer gewissen Symbolik, die zum Teil individuell variabel, zum anderen Teil aber typisch festgelegt ist, und die sich mit der Symbolik zu decken scheint, die wir hinter unseren Mythen und Märchen vermuten. Es wäre nicht unmöglich, daß die letzteren Schöpfungen der Völker ihre Aufklärung vom Traume her empfangen könnten.

Endlich muß ich Sie mahnen, daß Sie sich nicht durch den Einwand irre machen lassen, das Vorkommen von Angstträumen widerspreche unserer Auffassung des Traumes als Wunscherfüllung. Abgesehen davon, daß auch diese Angstträume der Deutung bedürfen, ehe man über sie urteilen kann, muß man ganz allgemein sagen, daß die Angst nicht so einfach am Trauminhalt hängt, wie man's sich ohne weitere Kenntnis mit Rücksicht auf die Bedingungen der neurotischen Angst vorstellt. Die Angst ist eine der Ablehnungsreaktionen des Ichs gegen stark gewordene verdrängte Wünsche, und daher auch im Traume sehr gut erklärlich, wenn die Traumbildung sich zu sehr in den Dienst der Erfüllung dieser verdrängten Wünsche gestellt hat.

Sie sehen, die Traumerforschung wäre an sich durch die Aufschlüsse gerechtfertigt, die sie über sonst schwer wißbare Dinge liefert. Wir sind aber im Zusammenhange mit der psychoanalytischen Behandlung der Neurotiker zu ihr gelangt. Nach dem bisher Gesagten können Sie leicht verstehen, wie die Traumdeutung, wenn sie nicht durch die Widerstände des Kranken allzusehr erschwert wird, zur Kenntnis der versteckten und verdrängten Wünsche des Kranken und der von ihnen genährten Komplexe führt, und ich kann zur dritten Gruppe von seelischen Phänomenen übergehen, deren Studium zum technischen Mittel für die Psychoanalyse geworden ist.

Es sind dies die kleinen Fehlleistungen normaler wie nervöser Menschen, denen man sonst keine Bedeutung beizulegen pflegt, das Vergessen von Dingen, die sie wissen könnten und andere Male auch wirklich wissen (z. B. das zeitweilige Entfallen von Eigennamen), das Versprechen in der Rede, das sich uns selbst so häufig ereignet, das analoge Verschreiben und Verlesen, das Vergreifen bei Verrichtungen und das Verlieren oder Zerbrechen von Gegenständen u. dgl., lauter Dinge, für die man eine psychische Determinierung sonst nicht sucht, und die man als zufällige Ergebnisse, als Erfolge der Zerstreutheit, Unaufmerksamkeit und ähnlicher Bedingungen unbeanständet passieren läßt. Dazu kommen noch die Handlungen und Gesten, welche die Menschen ausführen, ohne sie überhaupt zu bemerken, geschweige denn, daß sie ihnen seelisches Gewicht beilegten, wie das Spielen, Tändeln mit Gegenständen, das Summen von Melodien, das Hantieren am eigenen Körper und an dessen Bekleidung und ähnliches.[1] Diese kleinen Dinge, die Fehlleistungen wie die Symptom- und Zufallshandlungen sind nicht so bedeutungslos, wie man durch eine Art von stillschweigendem Übereinkommen anzunehmen bereit ist. Sie sind durchaus sinnvoll, aus der Situation, in der sie vorfallen, meist leicht und sicher zu deuten, und es stellt sich heraus, daß sie wiederum Impulsen und Absichten Ausdruck geben, die zurückgestellt, dem eigenen Bewußtsein verborgen werden sollen, oder daß sie geradezu den

---

1) Zur Psychopathologie des Alltagslebens, 1905; 10. Aufl. 1924.

nämlichen verdrängten Wunschregungen und Komplexen entstammen, die wir bereits als die Schöpfer der Symptome und die Bildner der Träume kennen gelernt haben. Sie verdienen also die Würdigung von Symptomen, und ihre Beachtung kann wie die der Träume zur Aufdeckung des Verborgenen im Seelenleben führen. Mit ihrer Hilfe verrät der Mensch in der Regel die intimsten seiner Geheimnisse. Wenn sie besonders leicht und häufig zustandekommen, selbst beim Gesunden, dem die Verdrängung seiner unbewußten Regungen im ganzen gut gelungen ist, so haben sie es ihrer Geringfügigkeit und Unscheinbarkeit zu danken. Aber sie dürfen hohen theoretischen Wert beanspruchen, da sie uns die Existenz der Verdrängung und Ersatzbildung auch unter den Bedingungen der Gesundheit erweisen.

Sie merken es bereits, daß sich der Psychoanalytiker durch einen besonders strengen Glauben an die Determinierung des Seelenlebens auszeichnet. Für ihn gibt es in den psychischen Äußerungen nichts Kleines, nichts Willkürliches und Zufälliges; er erwartet überall dort eine ausreichende Motivierung, wo man gewöhnlich eine solche Forderung nicht erhebt; ja er ist auf eine **mehrfache Motivierung** desselben seelischen Effekts vorbereitet, während unser angeblich eingeborenes Kausalbedürfnis sich mit einer einzigen psychischen Ursache für befriedigt erklärt.

Halten Sie nun zusammen, was wir an Mitteln zur Aufdeckung des Verborgenen, Vergessenen, Verdrängten im Seelenleben besitzen, das Studium der hervorgerufenen Einfälle der Patienten bei freier Assoziation, ihrer Träume und ihrer Fehl- und Symptomhandlungen; fügen Sie noch hinzu die Verwertung anderer Phänomene, die sich während der psychoanalytischen Behandlung ergeben, über die ich später unter dem Schlagwort der „Übertragung" einige Bemerkungen machen werde, so werden Sie mit mir zu dem Schlusse kommen, daß unsere Technik bereits wirksam genug ist, um ihre Aufgabe lösen zu können, um das pathogene psychische Material dem Bewußtsein zuzuführen und so die durch die Bildung von Ersatzsymptomen hervorgerufenen Leiden zu beseitigen. Daß wir während der therapeutischen Bemühungen unsere Kenntnis vom Seelenleben der normalen und der kranken Menschen bereichern und vertiefen, kann gewiß nur als ein besonderer Reiz und Vorzug dieser Arbeit eingeschätzt werden.

Ich weiß nicht, ob Sie den Eindruck gewonnen haben, daß die Technik, durch deren Arsenal ich Sie eben geführt habe, eine besonders schwierige ist. Ich meine, sie ist dem Gegenstande, den sie bewältigen soll, durchaus angemessen. Aber so viel ist sicher, daß sie nicht selbstverständlich ist, daß sie erlernt werden muß wie die histologische oder die chirurgische. Es wird Sie vielleicht verwundern zu erfahren, daß wir in Europa eine Menge von Urteilen über die Psychoanalyse von Personen gehört haben, die von dieser Technik nichts wissen und sie nicht anwenden, und dann von uns wie im Hohne verlangen, wir sollten ihnen die Richtigkeit unserer Resultate beweisen. Es sind unter diesen Widersachern gewiß auch Personen, denen wissenschaftliche Denkweise sonst nicht fremd ist, die z. B. ein Ergebnis mikroskopischer Untersuchung nicht darum verwerfen würden, weil es am anatomischen Präparat nicht mit freiem Auge zu bestätigen ist, und nicht eher, als bis sie den Sachverhalt selbst mit Hilfe des Mikroskops beurteilt haben. Aber in Sachen der Psychoanalyse liegen die Verhältnisse wirklich ungünstiger für die Anerkennung. Die Psychoanalyse will das im Seelenleben Verdrängte zur bewußten Anerkennung bringen, und jeder, der sie beurteilt, ist selbst ein Mensch, der solche Verdrängungen besitzt, vielleicht sie nur mühsam aufrecht erhält. Sie muß also bei ihm denselben Widerstand hervorrufen, den sie bei den Kranken weckt, und dieser Widerstand hat es leicht, sich in intellektuelle Ablehnung zu verkleiden und Argumente herbeizuziehen, ähnlich wie die, welche wir bei unseren Kranken mit der psychoanalytischen

Grundregel abwehren. Wie bei unseren Kranken, so können wir auch bei unseren Gegnern häufig eine sehr auffällige affektive Beeinflussung des Urteilsvermögens im Sinne einer Herabsetzung konstatieren. Der Dünkel des Bewußtseins, der zum Beispiel den Traum so geringschätzig verwirft, gehört zu den stärksten Schutzeinrichtungen, die in uns ganz allgemein gegen das Durchdringen der unbewußten Komplexe vorgesehen sind, und darum ist es so schwierig, die Menschen zur Überzeugung von der Realität des Unbewußten zu bringen und sie Neues kennen zu lehren, was ihrer bewußten Kenntnis widerspricht.

## IV

Meine Damen und Herren! Sie werden nun zu wissen verlangen, was wir mit Hilfe der beschriebenen technischen Mittel über die pathogenen Komplexe und verdrängten Wunschregungen der Neurotiker in Erfahrung gebracht haben.

Nun, vor allem eines: Die psychoanalytische Forschung führt mit wirklich überraschender Regelmäßigkeit die Leidenssymptome der Kranken auf Eindrücke aus ihrem Liebesleben zurück, zeigt uns, daß die pathogenen Wunschregungen von der Natur erotischer Triebkomponenten sind, und nötigt uns anzunehmen, daß Störungen der Erotik die größte Bedeutung unter den zur Erkrankung führenden Einflüssen zugesprochen werden muß, und dies zwar bei beiden Geschlechtern.

Ich weiß, diese Behauptung wird mir nicht gern geglaubt. Selbst solche Forscher, die meinen psychologischen Arbeiten bereitwillig folgen, sind geneigt zu meinen, daß ich den ätiologischen Anteil der sexuellen Momente überschätze, und wenden sich an mich mit der Frage, warum denn nicht auch andere seelische Erregungen zu den beschriebenen Phänomenen der Verdrängung und Ersatzbildung Anlaß geben sollen. Nun, ich kann antworten: Ich weiß nicht, warum sie es nicht sollten, habe auch nichts dagegen, aber die Erfahrung zeigt, daß sie solche Bedeutung nicht haben, daß sie höchstens die Wirkung der sexuellen Momente unterstützen, nie aber die letzteren ersetzen können. Dieser Sachverhalt wurde von mir nicht etwa theoretisch postuliert; noch in den 1895 mit Dr. J. Breuer publizierten Studien über Hysterie stand ich nicht auf diesem Standpunkte; ich mußte mich zu ihm bekehren, als meine Erfahrungen zahlreicher wurden und tiefer in den Gegenstand eindrangen. Meine Herren! Es befinden sich hier unter Ihnen einige meiner nächsten Freunde und Anhänger, die die Reise nach Worcester mit mir gemacht haben. Fragen Sie bei ihnen an und Sie werden hören, daß sie alle der Behauptung von der maßgebenden Bedeutung der sexuellen Ätiologie zuerst vollen Unglauben entgegenbrachten, bis sie durch ihre eigenen analytischen Bemühungen genötigt wurden, sie zu der ihrigen zu machen.

Die Überzeugung von der Richtigkeit des in Rede stehenden Satzes wird durch das Benehmen der Patienten nicht gerade erleichtert. Anstatt uns die Auskünfte über ihr Sexualleben bereitwillig entgegenzubringen, suchen sie dieses mit allen Mitteln zu verbergen. Die Menschen sind überhaupt nicht aufrichtig in sexuellen Dingen. Sie zeigen ihre Sexualität nicht frei, sondern tragen eine dicke Oberkleidung aus — Lügengewebe zu ihrer Verhüllung, als ob es schlechtes Wetter gäbe in der Welt der Sexualität. Und sie haben nicht unrecht, Sonne und Wind sind in unserer Kulturwelt der sexuellen Betätigung wirklich nicht günstig; eigentlich kann niemand von uns seine Erotik frei den anderen enthüllen. Wenn Ihre Patienten aber erst gemerkt haben, daß sie sich's in Ihrer Behandlung behaglich machen dürfen, dann legen sie jene Lügenhülle ab, und dann erst sind Sie in der Lage, sich ein Urteil über unsere Streitfrage zu bilden. Leider sind auch die Ärzte in ihrem persönlichen Verhältnis zu den Fragen des Sexuallebens vor anderen Menschenkindern nicht bevorzugt, und viele von ihnen stehen unter dem Banne jener Vereinigung von Prüderie und Lüsternheit, welche das Verhalten der meisten „Kulturmenschen" in Sachen der Sexualität beherrscht.

Lassen Sie uns nun in der Mitteilung unserer Ergebnisse fortfahren. In einer anderen Reihe von Fällen führt die psychoanalytische Erforschung die Symptome allerdings nicht auf sexuelle, sondern auf banale traumatische Erlebnisse zurück. Aber diese Unterscheidung wird durch einen anderen Umstand bedeutungslos. Die zur gründlichen Aufklärung und endgültigen Herstellung eines Krankheitsfalles erforderliche Analysenarbeit macht nämlich in keinem Falle bei den Erlebnissen der Erkrankungszeit halt, sondern sie geht in allen Fällen bis in die Pubertät und in die frühe Kindheit des Erkrankten zurück, um erst dort auf die für die spätere Erkrankung bestimmenden Eindrücke und Vorfälle zu stoßen. Erst die Erlebnisse der Kindheit geben die Erklärung für die Empfindlichkeit gegen spätere Traumen, und nur durch die Aufdeckung und Bewußtmachung dieser fast regelmäßig vergessenen Erinnerungsspuren erwerben wir die Macht zur Beseitigung der Symptome. Wir gelangen hier zu dem gleichen Ergebnis wie bei der Erforschung der Träume, daß es die unvergänglichen, verdrängten Wunschregungen der Kindheit sind, die ihre Macht zur Symptombildung geliehen haben, ohne welche die Reaktion auf spätere Traumen normal verlaufen wäre. Diese mächtigen Wunschregungen der Kindheit dürfen wir aber ganz allgemein als sexuelle bezeichnen.

Jetzt bin ich aber erst recht Ihrer Verwunderung sicher. Gibt es denn eine infantile Sexualität? werden Sie fragen. Ist das Kindesalter nicht vielmehr die Lebensperiode, die durch das Fehlen des Sexualtriebes ausgezeichnet ist? Nein, meine Herren, es ist gewiß nicht so, daß der Sexualtrieb zur Pubertätszeit in die Kinder fährt wie im Evangelium der Teufel in die Säue. Das Kind hat seine sexuellen Triebe und Betätigungen von Anfang an, es bringt sie mit auf die Welt, und aus ihnen geht durch eine bedeutungsvolle, an Etappen reiche Entwicklung die sogenannte normale Sexualität des Erwachsenen hervor. Es ist nicht einmal schwer, die Äußerungen dieser kindlichen Sexualbetätigung zu beobachten; es gehört vielmehr eine gewisse Kunst dazu, sie zu übersehen oder wegzudeuten.

Durch die Gunst des Schicksals bin ich in die Lage versetzt, einen Zeugen für meine Behauptungen aus Ihrer Mitte selbst anzurufen. Ich zeige Ihnen hier die Arbeit eines Dr. Sanford Bell, die 1902 im „American Journal of Psychology" abgedruckt worden ist. Der Autor ist ein Fellow der Clark University, desselben Instituts, in dessen Räumen wir jetzt stehen. In dieser Arbeit, betitelt: *A preliminary study of the emotion of love between the sexes*, die drei Jahre vor meinen „Drei Abhandlungen zur Sexualtheorie" erschienen ist, sagt der Autor ganz so, wie ich Ihnen eben sagte: *The emotion of sex-love . . . does not make its appearance for the first time at the period of adolescence, as has been thought.* Er hat, wie wir in Europa sagen würden, im amerikanischen Stil gearbeitet, nicht weniger als 2500 positive Beobachtungen im Laufe von 15 Jahren gesammelt, darunter 800 eigene. Von den Zeichen, durch die sich diese Verliebtheiten kundgeben, äußert er: *The unprejudiced mind in observing these manifestations in hundreds of couples of children cannot escape referring them to sex origin. The most exacting mind is satisfied when to these observations are added the confessions of those who have as children experienced the emotion to a marked degree of intensity, and whose memories of childhood are relatively distinct.* Am meisten aber werden diejenigen von Ihnen, die an die infantile Sexualität nicht glauben wollten, überrascht sein zu hören, daß unter diesen früh verliebten Kindern nicht wenige sich im zarten Alter von drei, vier und fünf Jahren befinden.

Ich würde mich nicht wundern, wenn Sie diesen Beobachtungen eines engsten Landsmannes eher Glauben schenken würden als den meinigen. Mir selbst ist es vor kurzem geglückt, aus der Analyse eines fünfjährigen, an Angst leidenden Knaben, die dessen eigener Vater kunstgerecht mit ihm vorgenommen,[1] ein ziemlich

---

[1] Analyse der Phobie eines fünfjährigen Knaben (Jahrbuch für psychoanalytische und psychopathologische Forschungen. Bd. I, 1. Hälfte, 1909. Enthalten in Bd. VII dieser Gesamtausgabe).

vollständiges Bild der somatischen Triebäußerungen und der seelischen Produktionen auf einer frühen Stufe des kindlichen Liebeslebens zu gewinnen. Und ich darf Sie daran erinnern, daß mein Freund Dr. C. G. Jung Ihnen in diesem Saale vor wenigen Stunden die Beobachtung eines noch jüngeren Mädchens vorlas, welches aus dem gleichen Anlaß wie mein Patient — bei der Geburt eines Geschwisterchens — fast die nämlichen sinnlichen Regungen, Wunsch- und Komplexbildungen, mit Sicherheit erraten ließ. Ich verzweifle also nicht daran, daß Sie sich mit der anfänglich befremdlichen Idee der infantilen Sexualität befreunden werden, und möchte Ihnen noch das rühmliche Beispiel des Züricher Psychiaters E. Bleuler vorhalten, der noch vor wenigen Jahren öffentlich äußerte, „er stehe meinen sexuellen Theorien ohne Verständnis gegenüber", und seither die infantile Sexualität in ihrem vollen Umfang durch eigene Beobachtungen bestätigt hat.[1]

Wenn die meisten Menschen, ärztliche Beobachter oder andere, vom Sexualleben des Kindes nichts wissen wollen, so ist dies nur zu leicht erklärlich. Sie haben ihre eigene infantile Sexualbetätigung unter dem Drucke der Erziehung zur Kultur vergessen und wollen nun an das Verdrängte nicht erinnert werden. Sie würden zu anderen Überzeugungen gelangen, wenn sie die Untersuchung mit einer Selbstanalyse, einer Revision und Deutung ihrer Kindheitserinnerungen beginnen würden.

Lassen Sie die Zweifel fallen und gehen Sie mit mir an eine Würdigung der infantilen Sexualität von den frühesten Jahren an.[2] Der Sexualtrieb des Kindes erweist sich als hoch zusammengesetzt, er läßt eine Zerlegung in viele Komponenten zu, die aus verschiedenen Quellen stammen. Er ist vor allem noch unabhängig von der Funktion der Fortpflanzung, in deren Dienst er sich

---

[1] Bleuler, Sexuelle Abnormitäten der Kinder. Jahrbuch der Schweizerischen Gesellschaft für Schulgesundheitspflege, IX, 1908.
[2] Drei Abhandlungen zur Sexualtheorie (Wien 1905; 5. Auflage 1922. Enthalten in Band V dieser Gesamtausgabe).

später stellen wird. Er dient der Gewinnung verschiedener Arten von Lustempfindung, die wir nach Analogien und Zusammenhängen als Sexuallust zusammenfassen. Die Hauptquelle der infantilen Sexuallust ist die geeignete Erregung bestimmter, besonders reizbarer Körperstellen, außer den Genitalien der Mund-, After- und Harnröhrenöffnung, aber auch der Haut und anderer Sinnesoberflächen. Da in dieser ersten Phase des kindlichen Sexuallebens die Befriedigung am eigenen Körper gefunden und von einem fremden Objekt abgesehen wird, heißen wir die Phase nach einem von Havelock Ellis geprägten Wort die des Autoerotismus. Jene für die Gewinnung von sexueller Lust bedeutsamen Stellen nennen wir erogene Zonen. Das Ludeln oder Wonnesaugen der kleinsten Kinder ist ein gutes Beispiel einer solchen autoerotischen Befriedigung von einer erogenen Zone aus; der erste wissenschaftliche Beobachter dieses Phänomens, ein Kinderarzt namens Lindner in Budapest, hat es bereits richtig als Sexualbefriedigung gedeutet und dessen Übergang in andere und höhere Formen der Sexualbetätigung erschöpfend beschrieben.[1] Eine andere Sexualbefriedigung dieser Lebenszeit ist die masturbatorische Erregung der Genitalien, die eine so große Bedeutung für das spätere Leben behält und von vielen Individuen überhaupt nie völlig überwunden wird. Neben diesen und anderen autoerotischen Betätigungen äußern sich sehr frühzeitig beim Kinde jene Triebkomponenten der Sexuallust oder, wie wir gern sagen, der Libido, die eine fremde Person als Objekt zur Voraussetzung nehmen. Diese Triebe treten in Gegensatzpaaren auf, als aktive und passive; ich nenne Ihnen als die wichtigsten Vertreter dieser Gruppe die Lust, Schmerzen zu bereiten (Sadismus), mit ihrem passiven Gegenspiel (Masochismus), und die aktive und passive Schaulust, von welch ersterer später die Wißbegierde abzweigt, wie von letzterer der Drang zur künstlerischen und schauspielerischen Schaustellung. Andere Sexualbetätigungen des

---

1) Jahrbuch für Kinderheilkunde, 1879.

*Vierte Vorlesung* 47

Kindes fallen bereits unter den Gesichtspunkt der Objektwahl, bei welcher eine fremde Person zur Hauptsache wird, die ihre Bedeutung ursprünglich Rücksichten des Selbsterhaltungstriebes verdankt. Der Geschlechtsunterschied spielt aber in dieser kindlichen Periode noch keine ausschlaggebende Rolle; Sie können so jedem Kinde, ohne ihm unrecht zu tun, ein Stück homosexueller Begabung zusprechen.

Dieses zerfahrene, reichhaltige, aber dissoziierte Sexualleben des Kindes, in welchem der einzelne Trieb unabhängig von jedem anderen dem Lusterwerbe nachgeht, erfährt nun eine Zusammenfassung und Organisation nach zwei Hauptrichtungen, so daß mit Abschluß der Pubertätszeit der definitive Sexualcharakter des Individuums meist fertig ausgebildet ist. Einerseits unterordnen sich die einzelnen Triebe der Oberherrschaft der Genitalzone, wodurch das ganze Sexualleben in den Dienst der Fortpflanzung tritt und die Befriedigung ersterer nur noch als Vorbereitung und Begünstigung des eigentlichen Sexualaktes von Bedeutung bleibt. Anderseits drängt die Objektwahl den Autoerotismus zurück, so daß nun im Liebesleben alle Komponenten des Sexualtriebes an der geliebten Person befriedigt werden wollen. Aber nicht alle ursprünglichen Triebkomponenten werden zu einem Anteil an dieser endgültigen Feststellung des Sexuallebens zugelassen. Noch vor der Pubertätszeit sind unter dem Einfluß der Erziehung äußerst energische Verdrängungen gewisser Triebe durchgesetzt und seelische Mächte, wie Scham, Ekel, Moral, hergestellt worden, welche diese Verdrängungen wie Wächter unterhalten. Kommt dann im Pubertätsalter die Hochflut der sexuellen Bedürftigkeit, so findet sie an den genannten seelischen Reaktions- oder Widerstandsbildungen Dämme, welche ihr den Ablauf in die sogenannten normalen Wege vorschreiben und es ihr unmöglich machen, die der Verdrängung unterlegenen Triebe neu zu beleben. Es sind besonders die koprophilen, das heißt die mit den Exkrementen zusammenhängenden Lustregungen der Kindheit, welche von der

Verdrängung am gründlichsten betroffen werden, und ferner die Fixierung an die Personen der primitiven Objektwahl.

Meine Herren! Ein Satz der allgemeinen Pathologie sagt aus, daß jeder Entwicklungsvorgang die Keime der pathologischen Disposition mit sich bringt, insofern er gehemmt, verzögert werden oder unvollkommen ablaufen kann. Dasselbe gilt für die so komplizierte Entwicklung der Sexualfunktion. Sie wird nicht bei allen Individuen glatt durchgemacht und hinterläßt dann entweder Abnormitäten oder Dispositionen zu späterer Erkrankung auf dem Wege der Rückbildung (Regression). Es kann geschehen, daß nicht alle Partialtriebe sich der Herrschaft der Genitalzone unterwerfen; ein solcher unabhängig gebliebener Trieb stellt dann das her, was wir eine Perversion nennen, und was das normale Sexualziel durch sein eigenes ersetzen kann. Es kommt, wie bereits erwähnt, sehr häufig vor, daß der Autoerotismus nicht völlig überwunden wird, wovon die mannigfaltigsten Störungen in der Folge Zeugnis ablegen. Die ursprüngliche Gleichwertigkeit beider Geschlechter als Sexualobjekte kann sich erhalten, und daraus wird sich eine Neigung zur homosexuellen Betätigung im reifen Leben ergeben, die sich unter Umständen zur ausschließlichen Homosexualität steigern kann. Diese Reihe von Störungen entspricht den direkten Entwicklungshemmungen der Sexualfunktion; sie umfaßt die Perversionen und den gar nicht seltenen allgemeinen Infantilismus des Sexuallebens.

Die Disposition zu den Neurosen ist auf andere Weise von einer Schädigung der Sexualentwicklung abzuleiten. Die Neurosen verhalten sich zu den Perversionen wie das Negativ zum Positiv; in ihnen sind dieselben Triebkomponenten als Träger der Komplexe und Symptombildner nachweisbar wie bei den Perversionen, aber sie wirken hier vom Unbewußten her; sie haben also eine Verdrängung erfahren, konnten sich aber derselben zum Trotze im Unbewußten behaupten. Die Psychoanalyse läßt uns erkennen, daß überstarke Äußerung dieser Triebe in sehr frühen Zeiten zu einer Art von partieller **Fixierung** führt, die nun einen schwachen Punkt im Gefüge der Sexualfunktion darstellt. Stößt die Ausübung der normalen Sexualfunktion im reifen Leben auf Hindernisse, so wird die Verdrängung der Entwicklungszeit gerade an jenen Stellen durchbrochen, wo die infantilen Fixierungen stattgefunden haben.

Sie werden jetzt vielleicht den Einwand machen: Aber das ist ja alles nicht Sexualität. Ich gebrauchte das Wort in einem viel weiteren Sinne, als Sie gewohnt sind, es zu verstehen. Das gebe ich Ihnen gern zu. Aber es fragt sich, ob nicht vielmehr Sie das Wort in viel zu engem Sinne gebrauchen, wenn Sie es auf das Gebiet der Fortpflanzung einschränken. Sie opfern dabei das Verständnis der Perversionen, den Zusammenhang zwischen Perversion, Neurose und normalem Sexualleben, und setzen sich außerstande, die leicht zu beobachtenden Anfänge des somatischen und seelischen Liebeslebens der Kinder nach ihrer wahren Bedeutung zu erkennen. Wie immer Sie aber über den Wortgebrauch entscheiden wollen, halten Sie daran fest, daß der Psychoanalytiker die Sexualität in jenem vollen Sinne erfaßt, zu dem man durch die Würdigung der infantilen Sexualität geleitet wird.

Kehren wir nun nochmals zur Sexualentwicklung des Kindes zurück. Wir haben hier manches nachzuholen, weil wir unsere Aufmerksamkeit mehr den somatischen als den seelischen Äußerungen des Sexuallebens geschenkt haben. Die primitive Objektwahl des Kindes, die sich von seiner Hilfsbedürftigkeit ableitet, fordert unser weiteres Interesse heraus. Sie wendet sich zunächst allen Pflegepersonen zu, die aber bald hinter den Eltern zurücktreten. Die Beziehung der Kinder zu ihren Eltern ist, wie direkte Beobachtung des Kindes und spätere analytische Erforschung des Erwachsenen übereinstimmend dartun, keineswegs frei von Elementen sexueller Miterregung. Das Kind nimmt beide Elternteile und einen Teil besonders zum Objekt seiner erotischen Wünsche. Gewöhnlich folgt es dabei selbst einer Anregung der

Eltern, deren Zärtlichkeit die deutlichsten Charaktere einer, wenn auch in ihren Zielen gehemmten, Sexualbetätigung hat. Der Vater bevorzugt in der Regel die Tochter, die Mutter den Sohn; das Kind reagiert hierauf, indem es sich als Sohn an die Stelle des Vaters, als Tochter an die Stelle der Mutter wünscht. Die Gefühle, die in diesen Beziehungen zwischen Eltern und Kindern und in den daran angelehnten zwischen den Geschwistern untereinander geweckt werden, sind nicht nur positiver, zärtlicher, sondern auch negativer, feindseliger Art. Der so gebildete Komplex ist zur baldigen Verdrängung bestimmt, aber er übt noch vom Unbewußten her eine großartige und nachhaltige Wirkung aus. Wir dürfen die Vermutung aussprechen, daß er mit seinen Ausläufern den Kernkomplex einer jeden Neurose darstellt, und wir sind darauf gefaßt, ihn auf anderen Gebieten des Seelenlebens nicht minder wirksam anzutreffen. Der Mythus vom König Ödipus, der seinen Vater tötet und seine Mutter zum Weib gewinnt, ist eine noch wenig abgeänderte Offenbarung des infantilen Wunsches, dem sich späterhin die Inzestschranke abweisend entgegenstellt. Die Hamlet-Dichtung Shakespeares ruht auf demselben Boden des besser verhüllten Inzestkomplexes.

Um die Zeit, da das Kind von dem noch unverdrängten Kernkomplex beherrscht wird, setzt ein bedeutungsvolles Stück seiner intellektuellen Betätigung im Dienste der Sexualinteressen ein. Es beginnt zu forschen, woher die Kinder kommen, und errät in Verwertung der ihm gebotenen Anzeichen mehr von den wirklichen Verhältnissen, als die Erwachsenen ahnen können. Gewöhnlich hat die materielle Bedrohung durch ein neu angekommenes Kind, in dem es zunächst nur den Konkurrenten erblickt, sein Forscherinteresse geweckt. Unter dem Einfluß der in ihm selbst tätigen Partialtriebe gelangt es zu einer Anzahl von „infantilen Sexualtheorien", wie daß es beiden Geschlechtern das gleiche männliche Genitale zuspricht, daß es die Kinder durch Essen empfangen und durch das Ende des Darmes geboren werden läßt, und daß es den Verkehr der Geschlechter als einen feindseligen Akt, eine Art von Überwältigung erfaßt. Aber gerade die Unfertigkeit seiner sexuellen Konstitution und die Lücke in seinen Kenntnissen, die durch die Latenz des weiblichen Geschlechtskanals gegeben ist, nötigt den infantilen Forscher, seine Arbeit als erfolglos einzustellen. Die Tatsache dieser Kinderforschung selbst, sowie die einzelnen durch sie zutage geförderten infantilen Sexualtheorien bleiben von bestimmender Bedeutung für die Charakterbildung des Kindes und den Inhalt seiner späteren neurotischen Erkrankung.

Es ist unvermeidlich und durchaus normal, daß das Kind die Eltern zu Objekten seiner ersten Liebeswahl mache. Aber seine Libido soll nicht an diese ersten Objekte fixiert bleiben, sondern sie späterhin bloß zum Vorbild nehmen und von ihnen zur Zeit der definitiven Objektwahl auf fremde Personen hinübergleiten. Die A b l ö s u n g des Kindes von den Eltern wird so zu einer unentrinnbaren Aufgabe, wenn die soziale Tüchtigkeit des jungen Individuums nicht gefährdet werden soll. Während der Zeit, da die Verdrängung die Auslese unter den Partialtrieben der Sexualität trifft, und später, wenn der Einfluß der Eltern gelockert werden soll, der den Aufwand für diese Verdrängungen im wesentlichen bestritten hat, fallen der Erziehungsarbeit große Aufgaben zu, die gegenwärtig gewiß nicht immer in verständnisvoller und einwandfreier Weise erledigt werden.

Meine Damen und Herren! Urteilen Sie nicht etwa, daß wir uns mit diesen Erörterungen über das Sexualleben und die psychosexuelle Entwicklung des Kindes allzuweit von der Psychoanalyse und von der Aufgabe der Beseitigung nervöser Störungen entfernt haben. Wenn Sie wollen, können Sie die psychoanalytische Behandlung nur als eine fortgesetzte Erziehung zur Überwindung von Kindheitsresten beschreiben.

# V

Meine Damen und Herren! Mit der Aufdeckung der infantilen Sexualität und der Zurückführung der neurotischen Symptome auf erotische Triebkomponenten sind wir zu einigen unerwarteten Formeln über das Wesen und die Tendenzen der neurotischen Erkrankungen gelangt. Wir sehen, daß die Menschen erkranken, wenn ihnen infolge äußerer Hindernisse oder inneren Mangels an Anpassung die Befriedigung ihrer erotischen Bedürfnisse in der Realität versagt ist. Wir sehen, daß sie sich dann in die Krankheit flüchten, um mit ihrer Hilfe eine Ersatzbefriedigung für das Versagte zu finden. Wir erkennen, daß die krankhaften Symptome ein Stück der Sexualbetätigung der Person oder deren ganzes Sexualleben enthalten, und finden in der Fernhaltung von der Realität die Haupttendenz, aber auch den Hauptschaden des Krankseins. Wir ahnen, daß der Widerstand unserer Kranken gegen die Herstellung kein einfacher, sondern aus mehreren Motiven zusammengesetzt ist. Es sträubt sich nicht nur das Ich des Kranken dagegen, die Verdrängungen aufzugeben, durch welche es sich aus den ursprünglichen Anlagen herausgehoben hat, sondern auch die Sexualtriebe mögen nicht auf ihre Ersatzbefriedigung verzichten, solange es unsicher ist, ob ihnen die Realität etwas Besseres bieten wird.

Die Flucht aus der unbefriedigenden Wirklichkeit in das, was wir wegen seiner biologischen Schädlichkeit Krankheit nennen, was aber niemals ohne einen unmittelbaren Lustgewinn für den

Kranken ist, vollzieht sich auf dem Wege der Rückbildung (R e g r e s s i o n), der Rückkehr zu früheren Phasen des Sexuallebens, denen seinerzeit die Befriedigung nicht abgegangen ist. Diese Regression ist anscheinend eine zweifache, eine z e i t l i c h e, insofern die Libido, das erotische Bedürfnis, auf zeitlich frühere Entwicklungsstufen zurückgreift, und eine f o r m a l e, indem zur Äußerung dieses Bedürfnisses die ursprünglichen und primitiven psychischen Ausdrucksmittel verwendet werden. Beide Arten der Regression zielen aber auf die Kindheit und treffen zusammen in der Herstellung eines infantilen Zustandes des Sexuallebens.

Je tiefer Sie in die Pathogenese der nervösen Erkrankung eindringen, desto mehr wird sich Ihnen der Zusammenhang der Neurosen mit anderen Produktionen des menschlichen Seelenlebens, auch mit den wertvollsten derselben, enthüllen. Sie werden daran gemahnt, daß wir Menschen mit den hohen Ansprüchen unserer Kultur und unter dem Drucke unserer inneren Verdrängungen die Wirklichkeit ganz allgemein unbefriedigend finden und darum ein Phantasieleben unterhalten, in welchem wir durch Produktionen von Wunscherfüllungen die Mängel der Realität auszugleichen lieben. In diesen Phantasien ist sehr vieles von dem eigentlichen konstitutionellen Wesen der Persönlichkeit und auch von ihren für die Wirklichkeit verdrängten Regungen enthalten. Der energische und erfolgreiche Mensch ist der, dem es gelingt, durch Arbeit seine Wunschphantasien in Realität umzusetzen. Wo dies nicht gelingt infolge der Widerstände der Außenwelt und der Schwäche des Individuums, da tritt die Abwendung von der Realität ein, das Individuum zieht sich in seine befriedigendere Phantasiewelt zurück, deren Inhalt es im Falle der Erkrankung in Symptome umsetzt. Unter gewissen günstigen Bedingungen bleibt es ihm noch möglich, von diesen Phantasien aus einen anderen Weg in die Realität zu finden, anstatt sich ihr durch Regression ins Infantile dauernd zu entfremden. Wenn die mit der Realität verfeindete Person im Besitze der uns psychologisch noch rätselhaften künstlerischen Begabung ist, kann sie ihre Phantasien anstatt in Symptome in künstlerische Schöpfungen umsetzen, so dem Schicksal der Neurose entgehen und die Beziehung zur Realität auf diesem Umwege wiedergewinnen.[1] Wo bei bestehender Auflehnung gegen die reale Welt diese kostbare Begabung fehlt oder unzulänglich ist, da wird es wohl unvermeidlich, daß die Libido, der Herkunft der Phantasien folgend, auf dem Wege der Regression zur Wiederbelebung der infantilen Wünsche und somit zur Neurose gelangt. Die Neurose vertritt in unserer Zeit das Kloster, in welches sich alle die Personen zurückzuziehen pflegten, die das Leben enttäuscht hatte, oder die sich für das Leben zu schwach fühlten.

Lassen Sie mich an dieser Stelle das Hauptergebnis einfügen, zu welchem wir durch die psychoanalytische Untersuchung der Nervösen gelangt sind, daß die Neurosen keinen ihnen eigentümlichen psychischen Inhalt haben, der nicht auch beim Gesunden zu finden wäre, oder wie C. G. Jung es ausgedrückt hat, daß sie an denselben Komplexen erkranken, mit denen auch wir Gesunde kämpfen. Es hängt von quantitativen Verhältnissen, von den Relationen der miteinander ringenden Kräfte ab, ob der Kampf zur Gesundheit, zur Neurose oder zur kompensierenden Überleistung führt.

Meine Damen und Herren! Ich habe Ihnen die wichtigste Erfahrung noch vorenthalten, welche unsere Annahme von den sexuellen Triebkräften der Neurose bestätigt. Jedesmal wenn wir einen Nervösen psychoanalytisch behandeln, tritt bei ihm das befremdende Phänomen der sogenannten Übertragung auf, das heißt er wendet dem Arzte ein Ausmaß von zärtlichen, oft genug mit Feindseligkeit vermengten Regungen zu, welches in keiner realen Beziehung begründet ist und nach allen Einzelheiten seines Auftretens von den alten und unbewußt gewordenen Phantasiewünschen des Kranken abgeleitet werden muß. Jenes

---

1) Vgl. O. Rank, Der Künstler. Wien 1907, 2. Aufl. 1918.

Stück seines Gefühlslebens, das er sich nicht mehr in die Erinnerung zurückrufen kann, erlebt der Kranke also in seinem Verhältnisse zum Arzt wieder, und erst durch solches Wiedererleben in der „Übertragung" wird er von der Existenz wie von der Macht dieser unbewußten sexuellen Regungen überzeugt. Die Symptome, welche, um ein Gleichnis aus der Chemie zu gebrauchen, die Niederschläge von früheren Liebeserlebnissen (im weitesten Sinne) sind, können auch nur in der erhöhten Temperatur des Übertragungserlebnisses gelöst und in andere psychische Produkte übergeführt werden. Der Arzt spielt bei dieser Reaktion nach einem vortrefflichen Worte von S. Ferenczi[1] die Rolle eines **katalytischen Ferments**, das die bei dem Prozesse frei werdenden Affekte zeitweilig an sich reißt. Das Studium der Übertragung kann Ihnen auch den Schlüssel zum Verständnis der hypnotischen Suggestion geben, deren wir uns anfänglich als technisches Mittel zur Erforschung des Unbewußten bei unseren Kranken bedient hatten. Die Hypnose erwies sich damals als eine therapeutische Hilfe, aber als ein Hindernis der wissenschaftlichen Erkenntnis des Sachverhaltes, indem sie die psychischen Widerstände aus einem gewissen Gebiete wegräumte, um sie an den Grenzen desselben zu einem unübersteigbaren Wall aufzutürmen. Glauben Sie übrigens nicht, daß das Phänomen der Übertragung, über das ich Ihnen leider hier nur zu wenig sagen kann, durch die psychoanalytische Beeinflussung geschaffen wird. Die Übertragung stellt sich in allen menschlichen Beziehungen ebenso wie im Verhältnis des Kranken zum Arzte spontan her, sie ist überall der eigentliche Träger der therapeutischen Beeinflussung, und sie wirkt um so stärker, je weniger man ihr Vorhandensein ahnt. Die Psychoanalyse schafft sie also nicht, sie deckt sie bloß dem Bewußtsein auf, und bemächtigt sich ihrer, um die psychischen Vorgänge nach dem erwünschten Ziele zu lenken. Ich kann

---

[1] S. Ferenczi, Introjektion und Übertragung. Jahrbuch für psychoanalytische und psychopathologische Forschungen, I. Band, 2. Hälfte, 1909.

aber das Thema der Übertragung nicht verlassen ohne hervorzuheben, daß dieses Phänomen nicht nur für die Überzeugung des Kranken, sondern auch für die des Arztes entscheidend in Betracht kommt. Ich weiß, daß alle meine Anhänger erst durch ihre Erfahrungen mit der Übertragung von der Richtigkeit meiner Behauptungen über die Pathogenese der Neurosen überzeugt worden sind, und kann sehr wohl begreifen, daß man eine solche Sicherheit des Urteils nicht gewinnt, solange man selbst keine Psychoanalysen gemacht, also nicht selbst die Wirkungen der Übertragung beobachtet hat.

Meine Damen und Herren! Ich meine, es sind von der Seite des Intellekts besonders zwei Hindernisse gegen die Anerkennung der psychoanalytischen Gedankengänge zu würdigen: erstens die Ungewohntheit, mit der strengen und ausnahmslos geltenden Determinierung des seelischen Lebens zu rechnen, und zweitens die Unkenntnis der Eigentümlichkeiten, durch welche sich unbewußte seelische Vorgänge von den uns vertrauten bewußten unterscheiden. Einer der verbreitetsten Widerstände gegen die psychoanalytische Arbeit — bei Kranken wie bei Gesunden — führt sich auf das letztere der beiden Momente zurück. Man fürchtet, durch die Psychoanalyse zu schaden, man hat Angst davor, die verdrängten sexuellen Triebe ins Bewußtsein des Kranken zu rufen, als ob damit die Gefahr verbunden wäre, daß sie dann die höheren ethischen Strebungen bei ihm überwältigen könnten. Man merkt, daß der Kranke wunde Stellen in seinem Seelenleben hat, aber man scheut sich, dieselben zu berühren, damit sein Leiden nicht noch gesteigert werde. Wir können diese Analogie annehmen. Es ist freilich schonender, kranke Stellen nicht zu berühren, wenn man dadurch nichts anderes als Schmerz zu bereiten weiß. Aber der Chirurg läßt sich bekanntlich von der Untersuchung und Hantierung am Krankheitsherd nicht abhalten, wenn er einen Eingriff beabsichtigt, welcher dauernde Heilung bringen soll. Niemand denkt mehr daran, ihm die unvermeidlichen Beschwerden der Untersuchung oder die Reaktionserscheinungen der Operation zur Last zu legen, wenn diese nur ihre Absicht erreicht, und der Kranke durch die zeitweilige Verschlimmerung seines Zustandes eine endgültige Hebung desselben erwirbt. Ähnlich liegen die Verhältnisse für die Psychoanalyse; sie darf dieselben Ansprüche erheben wie die Chirurgie; der Zuwachs an Beschwerden, den sie dem Kranken während der Behandlung zumutet, ist bei guter Technik ungleich geringer, als was der Chirurg ihm auferlegt, und überhaupt gegen die Schwere des Grundleidens zu vernachlässigen. Der gefürchtete Endausgang aber einer Zerstörung des kulturellen Charakters durch die von der Verdrängung befreiten Triebe ist ganz unmöglich, denn diese Ängstlichkeit zieht nicht in Betracht, was uns unsere Erfahrungen mit Sicherheit gelehrt haben, daß die seelische und somatische Macht einer Wunschregung, wenn deren Verdrängung einmal mißlungen ist, ungleich stärker ausfällt, wenn sie unbewußt, als wenn sie bewußt ist, so daß sie durch das Bewußtmachen nur geschwächt werden kann. Der unbewußte Wunsch ist nicht zu beeinflussen, von allen Gegenstrebungen unabhängig, während der bewußte durch alles gleichfalls Bewußte und ihm Widerstrebende gehemmt wird. Die psychoanalytische Arbeit stellt sich also als ein besserer Ersatz für die erfolglose Verdrängung geradezu in den Dienst der höchsten und wertvollsten kulturellen Strebungen.

Welche sind überhaupt die Schicksale der durch die Psychoanalyse freigelegten unbewußten Wünsche, auf welchen Wegen verstehen wir es, sie für das Leben des Individuums unschädlich zu machen? Dieser Wege sind mehrere. Am häufigsten ist der Erfolg, daß dieselben schon während der Arbeit durch die korrekte seelische Tätigkeit der ihnen entgegenstehenden besseren Regungen aufgezehrt werden. Die V e r d r ä n g u n g wird durch eine mit den besten Mitteln durchgeführte V e r u r t e i l u n g ersetzt. Dies ist möglich, weil wir zum großen Teil nur Folgen aus früheren Entwicklungsstadien des Ichs zu beseitigen haben. Das Individuum brachte seinerzeit nur eine Verdrängung des unbrauchbaren Triebes zustande, weil es damals selbst noch unvollkommen organisiert und schwächlich war; in seiner heutigen Reife und Stärke kann es vielleicht das ihm Feindliche tadellos beherrschen. Ein zweiter Ausgang der psychoanalytischen Arbeit ist der, daß die aufgedeckten unbewußten Triebe nun jener zweckmäßigen Verwendung zugeführt werden können, die sie bei ungestörter Entwicklung schon früher hätten finden sollen. Die Ausrottung der infantilen Wunschregungen ist nämlich keineswegs das ideale Ziel der Entwicklung. Der Neurotiker hat durch seine Verdrängungen viele Quellen seelischer Energie eingebüßt, deren Zuflüsse für seine Charakterbildung und Betätigung im Leben sehr wertvoll gewesen wären. Wir kennen einen weit zweckmäßigeren Vorgang der Entwicklung, die sogenannte Sublimierung, durch welchen die Energie infantiler Wunschregungen nicht abgesperrt wird, sondern verwertbar bleibt, indem den einzelnen Regungen statt des unbrauchbaren ein höheres, eventuell nicht mehr sexuelles Ziel gesetzt wird. Gerade die Komponenten des Sexualtriebes sind durch solche Fähigkeit zur Sublimierung, zur Vertauschung ihres Sexualzieles mit einem entlegeneren und sozial wertvolleren, besonders ausgezeichnet. Den auf solche Weise gewonnenen Energiebeiträgen zu unseren seelischen Leistungen verdanken wir wahrscheinlich die höchsten kulturellen Erfolge. Eine frühzeitig vorgefallene Verdrängung schließt die Sublimierung des verdrängten Triebes aus; nach Aufhebung der Verdrängung ist der Weg zur Sublimierung wieder frei.

Wir dürfen es nicht versäumen, auch den dritten der möglichen Ausgänge der psychoanalytischen Arbeit ins Auge zu fassen. Ein gewisser Anteil der verdrängten libidinösen Regungen hat ein Anrecht auf direkte Befriedigung und soll sie im Leben finden. Unsere Kulturansprüche machen für die meisten der menschlichen Organisationen das Leben zu schwer, fördern dadurch die Abwendung von der Realität und die Entstehung der Neurosen, ohne einen Überschuß von kulturellem Gewinn durch dies Übermaß von Sexualverdrängung zu erzielen. Wir sollten uns nicht so weit überheben, daß wir das ursprünglich Animalische unserer Natur völlig vernachlässigen, dürfen auch nicht daran vergessen, daß die Glücksbefriedigung des einzelnen nicht aus den Zielen unserer Kultur gestrichen werden kann. Die Plastizität der Sexualkomponenten, die sich in ihrer Fähigkeit zur Sublimierung kundgibt, mag ja eine große Versuchung herstellen, durch deren immer weiter gehende Sublimierung größere Kultureffekte zu erzielen. Aber so wenig wir darauf rechnen, bei unseren Maschinen mehr als einen gewissen Bruchteil der aufgewendeten Wärme in nutzbare mechanische Arbeit zu verwandeln, so wenig sollten wir es anstreben, den Sexualtrieb in seinem ganzen Energieausmaß seinen eigentlichen Zwecken zu entfremden. Es kann nicht gelingen, und wenn die Einschränkung der Sexualität zu weit getrieben werden soll, muß es alle Schädigungen eines Raubbaues mit sich bringen.

Ich weiß nicht, ob Sie nicht Ihrerseits die Mahnung, mit welcher ich schließe, als eine Überhebung auffassen werden. Ich getraue mich nur der indirekten Darstellung meiner Überzeugung, indem ich Ihnen einen alten Schwank erzähle, von dem Sie die Nutzanwendung machen sollen. Die deutsche Literatur kennt ein Städtchen S c h i l d a, dessen Einwohnern alle möglichen klugen Streiche nachgesagt werden. Die Schildbürger, so wird erzählt, besaßen auch ein Pferd, mit dessen Kraftleistungen sie sehr zufrieden waren, an dem sie nur eines auszusetzen hatten, daß es soviel teuern Hafer verzehrte. Sie beschlossen, ihm diese Unart schonend abzugewöhnen, indem sie seine Ration täglich um mehrere Halme verringerten, bis sie es an die völlige Enthaltsamkeit gewöhnt hätten. Es ging eine Weile vortrefflich, das Pferd war bis auf einen Halm im Tag entwöhnt, am nächsten Tage sollte es endlich haferfrei arbeiten. Am Morgen dieses Tages wurde das tückische Tier tot aufgefunden; die Bürger von Schilda konnten sich nicht erklären, woran es gestorben war.

Wir werden geneigt sein zu glauben, das Pferd sei verhungert, und ohne eine gewisse Ration Hafer sei von einem Tier überhaupt keine Arbeitsleistung zu erwarten.

Ich danke Ihnen für die Berufung und für die Aufmerksamkeit, die Sie mir geschenkt haben.

# ZUR EINLEITUNG DER SELBSTMORD-DISKUSSION. SCHLUSSWORT

## ZUR EINLEITUNG
## DER SELBSTMORD-DISKUSSION

Meine Herren! Sie haben alle mit hoher Befriedigung das Plaidoyer des Schulmannes gehört, der die ihm teure Institution nicht unter dem Drucke einer ungerechtfertigten Anklage lassen will. Ich weiß aber, Sie waren ohnedies nicht geneigt, die Beschuldigung, daß die Schule ihre Schüler zum Selbstmord treibe, leichthin für glaubwürdig zu halten. Lassen wir uns indes durch die Sympathie für den Teil, dem hier unrecht geschehen ist, nicht zu weit fortreißen. Nicht alle Argumente des Herrn Vorredners erscheinen mir stichhaltig. Wenn die Jugendselbstmorde nicht bloß die Mittelschüler, sondern auch Lehrlinge u. a. betreffen, so spricht dieser Umstand an sich die Mittelschule nicht frei; er erfordert vielleicht die Deutung, daß die Mittelschule ihren Zöglingen die Traumen ersetzt, welche andere Adoleszenten in ihren anderen Lebensbedingungen finden. Die Mittelschule soll aber mehr leisten, als daß sie die jungen Leute nicht zum Selbstmord treibt; sie soll ihnen Lust zum Leben machen und ihnen Stütze und Anhalt bieten in einer Lebenszeit, da sie durch die Bedingungen ihrer Entwicklung genötigt werden, ihren Zusammenhang mit dem elterlichen Hause und ihrer Familie zu lockern. Es scheint mir unbestreitbar, daß sie dies nicht tut, und daß sie in vielen Punkten hinter ihrer Aufgabe zurückbleibt, Ersatz für die Familie zu bieten und Interesse für das Leben draußen in der Welt zu erwecken. Es ist hier nicht die

Gelegenheit zu einer Kritik der Mittelschule in ihrer gegenwärtigen Gestaltung. Vielleicht darf ich aber ein einziges Moment herausheben. Die Schule darf nie vergessen, daß sie es mit noch unreifen Individuen zu tun hat, denen ein Recht auf Verweilen in gewissen, selbst unerfreulichen Entwicklungsstadien nicht abzusprechen ist. Sie darf nicht die Unerbittlichkeit des Lebens für sich in Anspruch nehmen, darf nicht mehr sein wollen als ein Lebensspiel.

# SCHLUSSWORT
# DER SELBSTMORD-DISKUSSION

Meine Herren, ich habe den Eindruck, daß wir trotz all des wertvollen Materials, das hier vorgebracht wurde, zu einer Entscheidung über das uns interessierende Problem nicht gelangt sind. Wir wollten vor allem wissen, wie es möglich wird, den so außerordentlich starken Lebenstrieb zu überwinden, ob dies nur mit Hilfe der enttäuschten Libido gelingen kann, oder ob es einen Verzicht des Ichs auf seine Behauptung aus eigenen Ichmotiven gibt. Die Beantwortung dieser psychologischen Frage konnte uns vielleicht darum nicht gelingen, weil wir keinen guten Zugang zu ihr haben. Ich meine, man kann hier nur von dem klinisch bekannten Zustand der Melancholie und von deren Vergleich mit dem Affekt der Trauer ausgehen. Nun sind uns aber die Affektvorgänge bei der Melancholie, die Schicksale der Libido in diesem Zustande, völlig unbekannt, und auch der Daueraffekt des Trauerns ist psychoanalytisch noch nicht verständlich gemacht worden. Verzögern wir also unser Urteil, bis die Erfahrung diese Aufgabe gelöst hat.

# BEITRÄGE ZUR PSYCHOLOGIE DES LIEBESLEBENS

## I
Über einen besonderen Typus der Objektwahl beim Manne

## II
Über die allgemeinste Erniedrigung des Liebeslebens

# BEITRÄGE ZUR PSYCHOLOGIE
# DES LIEBESLEBENS

## I
## ÜBER EINEN BESONDEREN TYPUS DER OBJEKTWAHL BEIM MANNE

Wir haben es bisher den Dichtern überlassen, uns zu schildern, nach welchen „Liebesbedingungen" die Menschen ihre Objektwahl treffen, und wie sie die Anforderungen ihrer Phantasie mit der Wirklichkeit in Einklang bringen. Die Dichter verfügen auch über manche Eigenschaften, welche sie zur Lösung einer solchen Aufgabe befähigen, vor allem über die Feinfühligkeit für die Wahrnehmung verborgener Seelenregungen bei anderen und den Mut, ihr eigenes Unbewußtes laut werden zu lassen. Aber der Erkenntniswert ihrer Mitteilungen wird durch einen Umstand herabgesetzt. Die Dichter sind an die Bedingung gebunden, intellektuelle und ästhetische Lust sowie bestimmte Gefühlswirkungen zu erzielen, und darum können sie den Stoff der Realität nicht unverändert darstellen, sondern müssen Teilstücke desselben isolieren, störende Zusammenhänge auflösen, das Ganze mildern und Fehlendes ersetzen. Es sind dies Vorrechte der sogenannten „poetischen Freiheit". Auch können sie nur wenig

Interesse für die Herkunft und Entwicklung solcher seelischer Zustände äußern, die sie als fertige beschreiben. Somit wird es doch unvermeidlich, daß die Wissenschaft mit plumperen Händen und zu geringerem Lustgewinne sich mit denselben Materien beschäftige, an deren dichterischer Bearbeitung sich die Menschen seit Tausenden von Jahren erfreuen. Diese Bemerkungen mögen zur Rechtfertigung einer streng wissenschaftlichen Bearbeitung auch des menschlichen Liebeslebens dienen. Die Wissenschaft ist eben die vollkommenste Lossagung vom Lustprinzip, die unserer psychischen Arbeit möglich ist.

Während der psychoanalytischen Behandlungen hat man reichlich Gelegenheit, sich Eindrücke aus dem Liebesleben der Neurotiker zu holen, und kann sich dabei erinnern, daß man ähnliches Verhalten auch bei durchschnittlich Gesunden oder selbst bei hervorragenden Menschen beobachtet oder erfahren hat. Durch Häufung der Eindrücke infolge zufälliger Gunst des Materials treten dann einzelne Typen deutlicher hervor. Einen solchen Typus der männlichen Objektwahl will ich hier zuerst beschreiben, weil er sich durch eine Reihe von „Liebesbedingungen" auszeichnet, deren Zusammentreffen nicht verständlich, ja eigentlich befremdend ist, und weil er eine einfache psychoanalytische Aufklärung zuläßt.

1.) Die erste dieser Liebesbedingungen ist als geradezu spezifisch zu bezeichnen; sobald man sie vorfindet, darf man nach dem Vorhandensein der anderen Charaktere dieses Typus suchen. Man kann sie die Bedingung des „Geschädigten Dritten" nennen; ihr Inhalt geht dahin, daß der Betreffende niemals ein Weib zum Liebesobjekt wählt, welches noch frei ist, also ein Mädchen oder eine alleinstehende Frau, sondern nur ein solches Weib, auf das ein anderer Mann als Ehegatte, Verlobter, Freund Eigentumsrechte geltend machen kann. Diese Bedingung zeigt sich in manchen Fällen so unerbittlich, daß dasselbe Weib zuerst übersehen oder selbst verschmäht werden kann, solange es niemandem angehört, während es sofort Gegenstand der Verliebtheit wird, sobald es in eine der genannten Beziehungen zu einem anderen Manne tritt.

2.) Die zweite Bedingung ist vielleicht minder konstant, aber nicht weniger auffällig. Der Typus wird erst durch ihr Zusammentreffen mit der ersten erfüllt, während die erste auch für sich allein in großer Häufigkeit vorzukommen scheint. Diese zweite Bedingung besagt, daß das keusche und unverdächtige Weib niemals den Reiz ausübt, der es zum Liebesobjekt erhebt, sondern nur das irgendwie sexuell anrüchige, an dessen Treue und Verläßlichkeit ein Zweifel gestattet ist. Dieser letztere Charakter mag in einer bedeutungsvollen Reihe variieren, von dem leisen Schatten auf dem Ruf einer dem Flirt nicht abgeneigten Ehefrau bis zur offenkundig polygamen Lebensführung einer Kokotte oder Liebeskünstlerin, aber auf irgend etwas dieser Art wird von den zu unserem Typus Gehörigen nicht verzichtet. Man mag diese Bedingung mit etwas Vergröberung die der „Dirnenliebe" heißen.

Wie die erste Bedingung Anlaß zur Befriedigung von agonalen, feindseligen Regungen gegen den Mann gibt, dem man das geliebte Weib entreißt, so steht die zweite Bedingung, die der Dirnenhaftigkeit des Weibes, in Beziehung zur Betätigung der Eifersucht, die für Liebende dieses Typus ein Bedürfnis zu sein scheint. Erst wenn sie eifersüchtig sein können, erreicht die Leidenschaft ihre Höhe, gewinnt das Weib seinen vollen Wert, und sie versäumen nie, sich eines Anlasses zu bemächtigen, der ihnen das Erleben dieser stärksten Empfindungen gestattet. Merkwürdigerweise ist es nicht der rechtmäßige Besitzer der Geliebten, gegen den sich diese Eifersucht richtet, sondern neu auftauchende Fremde, mit denen man die Geliebte in Verdacht bringen kann. In grellen Fällen zeigt der Liebende keinen Wunsch, das Weib für sich allein zu besitzen, und scheint sich in dem dreieckigen Verhältnis durchaus wohl zu fühlen. Einer meiner Patienten, der unter den Seitensprüngen seiner Dame entsetzlich gelitten hatte, hatte doch gegen ihre Verheiratung nichts einzuwenden, sondern förderte diese mit allen Mitteln; gegen den Mann zeigte er dann durch Jahre niemals eine Spur von Eifersucht. Ein anderer typischer Fall war in seinen ersten Liebesbeziehungen allerdings sehr eifersüchtig gegen den Ehegatten gewesen und hatte die Dame genötigt, den ehelichen Verkehr mit diesem einzustellen; in seinen zahlreichen späteren Verhältnissen benahm er sich aber wie die anderen und faßte den legitimen Mann nicht mehr als Störung auf.

Die folgenden Punkte schildern nicht mehr die vom Liebesobjekt geforderten Bedingungen, sondern das Verhalten des Liebenden gegen das Objekt seiner Wahl.

3.) Im normalen Liebesleben wird der Wert des Weibes durch seine sexuelle Integrität bestimmt und durch die Annäherung an den Charakter der Dirnenhaftigkeit herabgesetzt. Es erscheint daher als eine auffällige Abweichung vom Normalen, daß von den Liebenden unseres Typus die mit diesem Charakter behafteten Frauen als **höchstwertige Liebesobjekte** behandelt werden. Die Liebesbeziehungen zu diesen Frauen werden mit dem höchsten psychischen Aufwand bis zur Aufzehrung aller anderen Interessen betrieben; sie sind die einzigen Personen, die man lieben kann, und die Selbstanforderung der Treue wird jedesmal wieder erhoben, so oft sie auch in der Wirklichkeit durchbrochen werden mag. In diesen Zügen der beschriebenen Liebesbeziehungen prägt sich überdeutlich der **zwanghafte** Charakter aus, welcher ja in gewissem Grade jedem Falle von Verliebtheit eignet. Man darf aber aus der Treue und Intensität der Bindung nicht die Erwartung ableiten, daß ein einziges solches Liebesverhältnis das Liebesleben der Betreffenden ausfülle oder sich nur einmal innerhalb desselben abspiele. Vielmehr wiederholen sich Leidenschaften dieser Art mit den gleichen Eigentümlichkeiten — die eine das genaue

Abbild der anderen — mehrmals im Leben der diesem Typus
Angehörigen, ja die Liebesobjekte können nach äußeren Bedingungen, z. B. Wechsel von Aufenthalt und Umgebung, einander
so häufig ersetzen, daß es zur Bildung einer langen Reihe
kommt.

4.) Am überraschendsten wirkt auf den Beobachter die bei den
Liebenden dieses Typus sich äußernde Tendenz, die Geliebte zu
„retten". Der Mann ist überzeugt, daß die Geliebte seiner
bedarf, daß sie ohne ihn jeden sittlichen Halt verlieren und rasch
auf ein bedauernswertes Niveau herabsinken würde. Er rettet sie
also, indem er nicht von ihr läßt. Die Rettungsabsicht kann sich
in einzelnen Fällen durch die Berufung auf die sexuelle Unverläßlichkeit und die sozial gefährdete Position der Geliebten rechtfertigen; sie tritt aber nicht minder deutlich hervor, wo solche
Anlehnungen an die Wirklichkeit fehlen. Einer der zum beschriebenen Typus gehörigen Männer, der seine Damen durch kunstvolle Verführung und spitzfindige Dialektik zu gewinnen verstand,
scheute dann im Liebesverhältnis keine Anstrengung, um die
jeweilige Geliebte durch selbstverfaßte Traktate auf dem Wege
der „Tugend" zu erhalten.

Überblickt man die einzelnen Züge des hier geschilderten
Bildes, die Bedingungen der Unfreiheit und der Dirnenhaftigkeit
der Geliebten, die hohe Wertung derselben, das Bedürfnis nach
Eifersucht, die Treue, die sich doch mit der Auflösung in eine
lange Reihe verträgt, und die Rettungsabsicht, so wird man eine
Ableitung derselben aus einer einzigen Quelle für wenig wahrscheinlich halten. Und doch ergibt sich eine solche leicht bei
psychoanalytischer Vertiefung in die Lebensgeschichte der in
Betracht kommenden Personen. Diese eigentümlich bestimmte
Objektwahl und das so sonderbare Liebesverhalten haben dieselbe
psychische Abkunft wie im Liebesleben des Normalen, sie entspringen aus der infantilen Fixierung der Zärtlichkeit an die
Mutter und stellen einen der Ausgänge dieser Fixierung dar. Im

normalen Liebesleben erübrigen nur wenige Züge, welche das mütterliche Vorbild der Objektwahl unverkennbar verraten, so zum Beispiel die Vorliebe junger Männer für gereiftere Frauen; die Ablösung der Libido von der Mutter hat sich verhältnismäßig rasch vollzogen. Bei unserem Typus hingegen hat die Libido auch nach dem Eintritt der Pubertät so lange bei der Mutter verweilt, daß den später gewählten Liebesobjekten die mütterlichen Charaktere eingeprägt bleiben, daß diese alle zu leicht kenntlichen Muttersurrogaten werden. Es drängt sich hier der Vergleich mit der Schädelformation des Neugeborenen auf; nach protrahierter Geburt muß der Schädel des Kindes den Ausguß der mütterlichen Beckenenge darstellen.

Es obliegt uns nun, wahrscheinlich zu machen, daß die charakteristischen Züge unseres Typus, Liebesbedingungen wie Liebesverhalten, wirklich der mütterlichen Konstellation entspringen. Am leichtesten dürfte dies für die erste Bedingung, die der Unfreiheit des Weibes oder des geschädigten Dritten, gelingen. Man sieht ohne weiteres ein, daß bei dem in der Familie aufwachsenden Kinde die Tatsache, daß die Mutter dem Vater gehört, zum unabtrennbaren Stück des mütterlichen Wesens wird, und daß kein anderer als der Vater selbst der geschädigte Dritte ist. Ebenso ungezwungen fügt sich der überschätzende Zug, daß die Geliebte die Einzige, Unersetzliche ist, in den infantilen Zusammenhang ein, denn niemand besitzt mehr als eine Mutter, und die Beziehung zu ihr ruht auf dem Fundament eines jedem Zweifel entzogenen und nicht zu wiederholenden Ereignisses.

Wenn die Liebesobjekte bei unserem Typus vor allem Muttersurrogate sein sollen, so wird auch die Reihenbildung verständlich, welche der Bedingung der Treue so direkt zu widersprechen scheint. Die Psychoanalyse belehrt uns auch durch andere Beispiele, daß das im Unbewußten wirksame Unersetzliche sich häufig durch die Auflösung in eine unendliche Reihe kundgibt, unendlich darum, weil jedes Surrogat doch die erstrebte Befriedigung vermissen läßt. So erklärt sich die unstillbare Fragelust der Kinder in gewissem Alter daraus, daß sie eine einzige Frage zu stellen haben, die sie nicht über ihre Lippen bringen, die Geschwätzigkeit mancher neurotisch geschädigter Personen aus dem Drucke eines Geheimnisses, das zur Mitteilung drängt, und das sie aller Versuchung zum Trotze doch nicht verraten.

Dagegen scheint die zweite Liebesbedingung, die der Dirnenhaftigkeit des gewählten Objekts, einer Ableitung aus dem Mutterkomplex energisch zu widerstreben. Dem bewußten Denken des Erwachsenen erscheint die Mutter gern als Persönlichkeit von unantastbarer sittlicher Reinheit, und wenig anderes wirkt, wenn es von außen kommt, so beleidigend, oder wird, wenn es von innen aufsteigt, so peinigend empfunden wie ein Zweifel an diesem Charakter der Mutter. Gerade dieses Verhältnis von schärfstem Gegensatze zwischen der „Mutter" und der „Dirne" wird uns aber anregen, die Entwicklungsgeschichte und das unbewußte Verhältnis dieser beiden Komplexe zu erforschen, wenn wir längst erfahren haben, daß im Unbewußten häufig in Eines zusammenfällt, was im Bewußtsein in zwei Gegensätze gespalten vorliegt. Die Untersuchung führt uns dann in die Lebenszeit zurück, in welcher der Knabe zuerst eine vollständigere Kenntnis von den sexuellen Beziehungen zwischen den Erwachsenen gewinnt, etwa in die Jahre der Vorpubertät. Brutale Mitteilungen von unverhüllt herabsetzender und aufrührerischer Tendenz machen ihn da mit dem Geheimnis des Geschlechtslebens bekannt, zerstören die Autorität der Erwachsenen, die sich als unvereinbar mit der Enthüllung ihrer Sexualbetätigung erweist. Was in diesen Eröffnungen den stärksten Einfluß auf den Neueingeweihten nimmt, das ist deren Beziehung zu den eigenen Eltern. Dieselbe wird oft direkt von dem Hörer abgelehnt, etwa mit den Worten: Es ist möglich, daß deine Eltern und andere Leute so etwas miteinander tun, aber von meinen Eltern ist es ganz unmöglich.

Als selten fehlendes Korollar zur „sexuellen Aufklärung" gewinnt der Knabe auch gleichzeitig die Kenntnis von der Existenz gewisser Frauen, die den geschlechtlichen Akt erwerbsmäßig ausüben und darum allgemein verachtet werden. Ihm selbst muß diese Verachtung ferne sein; er bringt für diese Unglücklichen nur eine Mischung von Sehnsucht und Grausen auf, sobald er weiß, daß auch er von ihnen in das Geschlechtsleben eingeführt werden kann, welches ihm bisher als der ausschließliche Vorbehalt der „Großen" galt. Wenn er dann den Zweifel nicht mehr festhalten kann, der für seine Eltern eine Ausnahme von den häßlichen Normen der Geschlechtsbetätigung fordert, so sagt er sich mit zynischer Korrektheit, daß der Unterschied zwischen der Mutter und der Hure doch nicht so groß sei, daß sie im Grunde das nämliche tun. Die aufklärenden Mitteilungen haben nämlich die Erinnerungsspuren seiner frühinfantilen Eindrücke und Wünsche in ihm geweckt und von diesen aus gewisse seelische Regungen bei ihm wieder zur Aktivität gebracht. Er beginnt die Mutter selbst in dem neugewonnenen Sinne zu begehren und den Vater als Nebenbuhler, der diesem Wunsche im Wege steht, von neuem zu hassen; er gerät, wie wir sagen, unter die Herrschaft des Ödipuskomplexes. Er vergißt es der Mutter nicht und betrachtet es im Lichte einer Untreue, daß sie die Gunst des sexuellen Verkehres nicht ihm, sondern dem Vater geschenkt hat. Diese Regungen haben, wenn sie nicht rasch vorüberziehen, keinen anderen Ausweg, als sich in Phantasien auszuleben, welche die Sexualbetätigung der Mutter unter den mannigfachsten Verhältnissen zum Inhalte haben, deren Spannung auch besonders leicht zur Lösung im onanistischen Akte führt. Infolge des beständigen Zusammenwirkens der beiden treibenden Motive, der Begehrlichkeit und der Rachsucht, sind Phantasien von der Untreue der Mutter die bei weitem bevorzugten; der Liebhaber, mit dem die Mutter die Untreue begeht, trägt fast immer die Züge des eigenen Ichs, richtiger gesagt, der eigenen, idealisierten, durch Altersreifung auf das Niveau des Vaters gehobenen Persönlichkeit. Was ich an anderer Stelle als „Familienroman" geschildert habe, umfaßt die vielfältigen Ausbildungen dieser Phantasietätigkeit und deren Verwebung mit verschiedenen egoistischen Interessen dieser Lebenszeit. Nach Einsicht in dieses Stück seelischer Entwicklung können wir es aber nicht mehr widerspruchsvoll und unbegreiflich finden, daß die Bedingung der Dirnenhaftigkeit der Geliebten sich direkt aus dem Mutterkomplex ableitet. Der von uns beschriebene Typus des männlichen Liebeslebens trägt die Spuren dieser Entwicklungsgeschichte an sich und läßt sich einfach verstehen als Fixierung an die Pubertätsphantasien des Knaben, die späterhin den Ausweg in die Realität des Lebens doch noch gefunden haben. Es macht keine Schwierigkeiten anzunehmen, daß die eifrig geübte Onanie der Pubertätsjahre ihren Beitrag zur Fixierung jener Phantasien geleistet hat.

Mit diesen Phantasien, welche sich zur Beherrschung des realen Liebeslebens aufgeschwungen haben, scheint die Tendenz, die Geliebte zu r e t t e n, nur in lockerer, oberflächlicher und durch bewußte Begründung erschöpfbarer Verbindung zu stehen. Die Geliebte bringt sich durch ihre Neigung zur Unbeständigkeit und Untreue in Gefahren, also ist es begreiflich, daß der Liebende sich bemüht, sie vor diesen Gefahren zu behüten, indem er ihre Tugend überwacht und ihren schlechten Neigungen entgegenarbeitet. Indes zeigt das Studium der Deckerinnerungen, Phantasien und nächtlichen Träume der Menschen, daß hier eine vortrefflich gelungene „Rationalisierung" eines unbewußten Motivs vorliegt, die einer gut geratenen sekundären Bearbeitung im Traume gleichzusetzen ist. In Wirklichkeit hat das R e t t u n g s- m o t i v seine eigene Bedeutung und Geschichte und ist ein selbständiger Abkömmling des Mutter- oder, richtiger gesagt, des

---

1) O. R a n k, Der Mythus von der Geburt des Helden, 1909. (Schriften zur angewandten Seelenkunde, Heft 5.) 2. Auflage 1922.

Elternkomplexes. Wenn das Kind hört, daß es sein Leben den Eltern **verdankt**, daß ihm die Mutter „**das Leben geschenkt**" hat, so vereinen sich bei ihm zärtliche mit großmannssüchtigen, nach Selbständigkeit ringenden Regungen, um den Wunsch entstehen zu lassen, den Eltern dieses Geschenk zurückzuerstatten, es ihnen durch ein gleichwertiges zu vergelten. Es ist, wie wenn der Trotz des Knaben sagen wollte: Ich brauche nichts vom Vater, ich will ihm alles zurückgeben, was ich ihn gekostet habe. Er bildet dann die **Phantasie, den Vater aus einer Lebensgefahr zu retten**, wodurch er mit ihm quitt wird, und diese Phantasie verschiebt sich häufig genug auf den Kaiser, König oder sonst einen großen Herrn und wird nach dieser Entstellung bewußtseinsfähig und selbst für den Dichter verwertbar. In der Anwendung auf den Vater überwiegt bei weitem der trotzige Sinn der Rettungsphantasie, der Mutter wendet sie meist ihre zärtliche Bedeutung zu. Die Mutter hat dem Kinde das Leben geschenkt, und es ist nicht leicht, dies eigenartige Geschenk durch etwas Gleichwertiges zu ersetzen. Bei geringem Bedeutungswandel, wie er im Unbewußten erleichtert ist — was man etwa dem bewußten Ineinanderfließen der Begriffe gleichstellen kann — gewinnt das Retten der Mutter die Bedeutung von: ihr ein Kind schenken oder machen, natürlich ein Kind, wie man selbst ist. Die Entfernung vom ursprünglichen Sinne der Rettung ist keine allzu große, der Bedeutungswandel kein willkürlicher. Die Mutter hat einem ein Leben geschenkt, das eigene, und man schenkt ihr dafür ein anderes Leben, das eines Kindes, das mit dem eigenen Selbst die größte Ähnlichkeit hat. Der Sohn erweist sich dankbar, indem er sich wünscht, von der Mutter einen Sohn zu haben, der ihm selbst gleich ist, das heißt, in der Rettungsphantasie identifiziert er sich völlig mit dem Vater. Alle Triebe, die zärtlichen, dankbaren, lüsternen, trotzigen, selbstherrlichen, sind durch den einen Wunsch befriedigt, **sein eigener Vater zu sein.** Auch das Moment der Gefahr ist bei dem Bedeutungswandel nicht verloren gegangen; der Geburtsakt selbst ist nämlich die Gefahr, aus der man durch die Anstrengung der Mutter gerettet wurde. Die Geburt ist ebenso die allererste Lebensgefahr wie das Vorbild aller späteren, vor denen wir Angst empfinden, und das Erleben der Geburt hat uns wahrscheinlich den Affektausdruck, den wir Angst heißen, hinterlassen. Der Macduff der schottischen Sage, den seine Mutter nicht geboren hatte, der aus seiner Mutter Leib geschnitten wurde, hat darum auch die Angst nicht gekannt.

Der alte Traumdeuter Artemidoros hatte sicherlich Recht mit der Behauptung, der Traum wandle seinen Sinn je nach der Person des Träumers. Nach den für den Ausdruck unbewußter Gedanken geltenden Gesetzen kann das „Retten" seine Bedeutung variieren, je nachdem es von einer Frau oder von einem Manne phantasiert wird. Es kann ebensowohl bedeuten: ein Kind machen = zur Geburt bringen (für den Mann) wie: selbst ein Kind gebären (für die Frau).

Insbesondere in der Zusammensetzung mit dem Wasser lassen sich diese verschiedenen Bedeutungen des Rettens in Träumen und Phantasien deutlich erkennen. Wenn ein Mann im Traume eine Frau aus dem Wasser rettet, so heißt das: er macht sie zur Mutter, was nach den vorstehenden Erörterungen gleichsinnig ist dem Inhalte: er macht sie zu seiner Mutter. Wenn eine Frau einen anderen (ein Kind) aus dem Wasser rettet, so bekennt sie sich damit wie die Königstochter in der Mosessage[1] als seine Mutter, die ihn geboren hat.

Gelegentlich enthält auch die auf den Vater gerichtete Rettungsphantasie einen zärtlichen Sinn. Sie will dann den Wunsch ausdrücken, den Vater zum Sohne zu haben, das heißt einen Sohn zu haben, der so ist wie der Vater. Wegen all dieser Beziehungen des Rettungsmotivs zum Elternkomplex bildet die Tendenz, die

---

1) Rank, l. c.

Geliebte zu retten, einen wesentlichen Zug des hier beschriebenen Liebestypus.

Ich halte es nicht für notwendig, meine Arbeitsweise zu rechtfertigen, die hier wie bei der Aufstellung der Analerotik darauf hinausgeht, aus dem Beobachtungsmaterial zunächst extreme und scharf umschriebene Typen herauszuheben. Es gibt in beiden Fällen weit zahlreichere Individuen, in denen nur einzelne Züge dieses Typus, oder diese nur in unscharfer Ausprägung festzustellen sind, und es ist selbstverständlich, daß erst die Darlegung des ganzen Zusammenhanges, in den diese Typen aufgenommen sind, deren richtige Würdigung ermöglicht.

## II

## ÜBER DIE ALLGEMEINSTE ERNIEDRIGUNG DES LIEBESLEBENS

1

Wenn der psychoanalytische Praktiker sich fragt, wegen welches Leidens er am häufigsten um Hilfe angegangen wird, so muß er — absehend von der vielgestaltigen Angst — antworten: wegen psychischer Impotenz. Diese sonderbare Störung betrifft Männer von stark libidinösem Wesen und äußert sich darin, daß die Exekutivorgane der Sexualität die Ausführung des geschlechtlichen Aktes verweigern, obwohl sie sich vorher und nachher als intakt und leistungsfähig erweisen können, und obwohl eine starke psychische Geneigtheit zur Ausführung des Aktes besteht. Die erste Anleitung zum Verständnis seines Zustandes erhält der Kranke selbst, wenn er die Erfahrung macht, daß ein solches Versagen nur beim Versuch mit gewissen Personen auftritt, während es bei anderen niemals in Frage kommt. Er weiß dann, daß es eine Eigenschaft des Sexualobjekts ist, von welcher die Hemmung seiner männlichen Potenz ausgeht, und berichtet manchmal, er habe die Empfindung eines Hindernisses in seinem Innern, die Wahrnehmung eines Gegenwillens, der die bewußte Absicht mit Erfolg störe. Er kann aber nicht erraten, was dies innere Hindernis ist und welche Eigenschaft des Sexualobjekts es zur Wirkung bringt. Hat er solches Versagen wiederholt erlebt, so urteilt er wohl in bekannter fehlerhafter Verknüpfung, die Erinnerung an das erste Mal habe als störende Angstvorstellung die Wiederholungen erzwungen; das erste Mal selbst führt er aber auf einen „zufälligen" Eindruck zurück.

Psychoanalytische Studien über die psychische Impotenz sind bereits von mehreren Autoren angestellt und veröffentlicht worden.[1] Jeder Analytiker kann die dort gebotenen Aufklärungen aus eigener ärztlicher Erfahrung bestätigen. Es handelt sich wirklich um die hemmende Einwirkung gewisser psychischer Komplexe, die sich der Kenntnis des Individuums entziehen. Als allgemeinster Inhalt dieses pathogenen Materials hebt sich die nicht überwundene inzestuöse Fixierung an Mutter und Schwester hervor. Außerdem ist der Einfluß von akzidentellen peinlichen Eindrücken, die sich an die infantile Sexualbetätigung knüpfen, zu berücksichtigen und jene Momente, die ganz allgemein die auf das weibliche Sexualobjekt zu richtende Libido verringern."[2]

Unterzieht man Fälle von greller psychischer Impotenz einem eindringlichen Studium mittels der Psychoanalyse, so gewinnt man folgende Auskunft über die dabei wirksamen psychosexuellen Vorgänge. Die Grundlage des Leidens ist hier wiederum — wie sehr wahrscheinlich bei allen neurotischen Störungen — eine Hemmung in der Entwicklungsgeschichte der Libido bis zu ihrer normal zu nennenden Endgestaltung. Es sind hier zwei Strömungen nicht zusammengetroffen, deren Vereinigung erst ein völlig normales Liebesverhalten sichert, zwei Strömungen, die wir als die **zärtliche** und die **sinnliche** voneinander unterscheiden können.

Von diesen beiden Strömungen ist die zärtliche die ältere. Sie stammt aus den frühesten Kinderjahren, hat sich auf Grund der

---

1) M. S t e i n e r: Die funktionelle Impotenz des Mannes und ihre Behandlung, 1907. — W. S t e k e l: In „Nervöse Angstzustände und ihre Behandlung", Wien 1908 (II. Auflage 1912). — F e r e n c z i: Analytische Deutung und Behandlung der psychosexuellen Impotenz beim Manne. (Psychiat.-neurol. Wochenschrift, 1908.)

2) W. S t e k e l: l. c., S. 191 ff.

Interessen des Selbsterhaltungstriebes gebildet und richtet sich auf die Personen der Familie und die Vollzieher der Kinderpflege. Sie hat von Anfang an Beiträge von den Sexualtrieben, Komponenten von erotischem Interesse mitgenommen, die schon in der Kindheit mehr oder minder deutlich sind, beim Neurotiker in allen Fällen durch die spätere Psychoanalyse aufgedeckt werden. Sie entspricht der **primären kindlichen Objektwahl**. Wir ersehen aus ihr, daß die Sexualtriebe ihre ersten Objekte in der Anlehnung an die Schätzungen der Ichtriebe finden, gerade so, wie die ersten Sexualbefriedigungen in Anlehnung an die zur Lebenserhaltung notwendigen Körperfunktionen erfahren werden. Die „Zärtlichkeit" der Eltern und Pflegepersonen, die ihren erotischen Charakter selten verleugnet („das Kind ein erotisches Spielzeug"), tut sehr viel dazu, die Beiträge der Erotik zu den Besetzungen der Ichtriebe beim Kinde zu erhöhen und sie auf ein Maß zu bringen, welches in der späteren Entwicklung in Betracht kommen muß, besonders wenn gewisse andere Verhältnisse dazu ihren Beistand leihen.

Diese zärtlichen Fixierungen des Kindes setzen sich durch die Kindheit fort und nehmen immer wieder Erotik mit sich, welche dadurch von ihren sexuellen Zielen abgelenkt wird. Im Lebensalter der Pubertät tritt nun die mächtige „sinnliche" Strömung hinzu, die ihre Ziele nicht mehr verkennt. Sie versäumt es anscheinend niemals, die früheren Wege zu gehen und nun mit weit stärkeren Libidobeträgen die Objekte der primären infantilen Wahl zu besetzen. Aber da sie dort auf die unterdessen aufgerichteten Hindernisse der Inzestschranke stößt, wird sie das Bestreben äußern, von diesen real ungeeigneten Objekten möglichst bald den Übergang zu anderen, fremden Objekten zu finden, mit denen sich ein reales Sexualleben durchführen läßt. Diese fremden Objekte werden immer noch nach dem Vorbild (der Imago) der infantilen gewählt werden, aber sie werden mit der Zeit die

Zärtlichkeit an sich ziehen, die an die früheren gekettet war. Der Mann wird Vater und Mutter verlassen — nach der biblischen Vorschrift — und seinem Weibe nachgehen, Zärtlichkeit und Sinnlichkeit sind dann beisammen. Die höchsten Grade von sinnlicher Verliebtheit werden die höchste psychische Wertschätzung mit sich bringen. (Die normale Überschätzung des Sexualobjekts von seiten des Mannes.)

Für das Mißlingen dieses Fortschrittes im Entwicklungsgang der Libido werden zwei Momente maßgebend sein. Erstens das Maß von realer Versagung, welches sich der neuen Objektwahl entgegensetzen und sie für das Individuum entwerten wird. Es hat ja keinen Sinn, sich der Objektwahl zuzuwenden, wenn man überhaupt nicht wählen darf oder keine Aussicht hat, etwas Ordentliches wählen zu können. Zweitens das Maß der Anziehung, welches die zu verlassenden infantilen Objekte äußern können, und das proportional ist der erotischen Besetzung, die ihnen noch in der Kindheit zuteil wurde. Sind diese beiden Faktoren stark genug, so tritt der allgemeine Mechanismus der Neurosenbildung in Wirksamkeit. Die Libido wendet sich von der Realität ab, wird von der Phantasietätigkeit aufgenommen (Introversion), verstärkt die Bilder der ersten Sexualobjekte, fixiert sich an dieselben. Das Inzesthindernis nötigt aber die diesen Objekten zugewendete Libido, im Unbewußten zu verbleiben. Die Betätigung der jetzt dem Unbewußten angehörigen sinnlichen Strömung in onanistischen Akten tut das Ihrige dazu, um diese Fixierung zu verstärken. Es ändert nichts an diesem Sachverhalt, wenn der Fortschritt nun in der Phantasie vollzogen wird, der in der Realität mißglückt ist, wenn in den zur onanistischen Befriedigung führenden Phantasiesituationen die ursprünglichen Sexualobjekte durch fremde ersetzt werden. Die Phantasien werden durch diesen Ersatz bewußtseinsfähig, an der realen Unterbringung der Libido wird ein Fortschritt nicht vollzogen.

Es kann auf diese Weise geschehen, daß die ganze Sinnlichkeit eines jungen Menschen im Unbewußten an inzestuöse Objekte gebunden oder, wie wir auch sagen können, an unbewußte inzestuöse Phantasien fixiert wird. Das Ergebnis ist dann eine absolute Impotenz, die etwa noch durch die gleichzeitig erworbene wirkliche Schwächung der den Sexualakt ausführenden Organe versichert wird.

Für das Zustandekommen der eigentlich sogenannten psychischen Impotenz werden mildere Bedingungen erfordert. Die sinnliche Strömung darf nicht in ihrem ganzen Betrag dem Schicksal verfallen, sich hinter der zärtlichen verbergen zu müssen, sie muß stark oder ungehemmt genug geblieben sein, um sich zum Teil den Ausweg in die Realität zu erzwingen. Die Sexualbetätigung solcher Personen läßt aber an den deutlichsten Anzeichen erkennen, daß nicht die volle psychische Triebkraft hinter ihr steht. Sie ist launenhaft, leicht zu stören, oft in der Ausführung inkorrekt, wenig genußreich. Vor allem aber muß sie der zärtlichen Strömung ausweichen. Es ist also eine Beschränkung in der Objektwahl hergestellt worden. Die aktiv gebliebene sinnliche Strömung sucht nur nach Objekten, die nicht an die ihr verpönten inzestuösen Personen mahnen; wenn von einer Person ein Eindruck ausgeht, der zu hoher psychischer Wertschätzung führen könnte, so läuft er nicht in Erregung der Sinnlichkeit, sondern in erotisch unwirksame Zärtlichkeit aus. Das Liebesleben solcher Menschen bleibt in die zwei Richtungen gespalten, die von der Kunst als himmlische und irdische (oder tierische) Liebe personifiziert werden. Wo sie lieben, begehren sie nicht, und wo sie begehren, können sie nicht lieben. Sie suchen nach Objekten, die sie nicht zu lieben brauchen, um ihre Sinnlichkeit von ihren geliebten Objekten fernzuhalten, und das sonderbare Versagen der psychischen Impotenz tritt nach den Gesetzen der „Komplexempfindlichkeit" und der „Rückkehr des Verdrängten" dann auf, wenn an dem zur Vermeidung des

Inzests gewählten Objekt ein oft unscheinbarer Zug an das zu vermeidende Objekt erinnert.

Das Hauptschutzmittel gegen solche Störung, dessen sich der Mensch in dieser Liebesspaltung bedient, besteht in der psychischen Erniedrigung des Sexualobjektes, während die dem Sexualobjekt normalerweise zustehende Überschätzung dem inzestuösen Objekt und dessen Vertretungen reserviert wird. Sowie die Bedingung der Erniedrigung erfüllt ist, kann sich die Sinnlichkeit frei äußern, bedeutende sexuelle Leistungen und hohe Lust entwickeln. Zu diesem Ergebnis trägt noch ein anderer Zusammenhang bei. Personen, bei denen die zärtliche und die sinnliche Strömung nicht ordentlich zusammengeflossen sind, haben auch meist ein wenig verfeinertes Liebesleben; perverse Sexualziele sind bei ihnen erhalten geblieben, deren Nichterfüllung als empfindliche Lusteinbuße verspürt wird, deren Erfüllung aber nur am erniedrigten, geringgeschätzten Sexualobjekt möglich erscheint.

Die in dem ersten Beitrag[1] erwähnten Phantasien des Knaben, welche die Mutter zur Dirne herabsetzen, werden nun nach ihren Motiven verständlich. Es sind Bemühungen, die Kluft zwischen den beiden Strömungen des Liebeslebens wenigstens in der Phantasie zu überbrücken, die Mutter durch Erniedrigung zum Objekt für die Sinnlichkeit zu gewinnen.

2

Wir haben uns bisher mit einer ärztlich-psychologischen Untersuchung der psychischen Impotenz beschäftigt, welche in der Überschrift dieser Abhandlung keine Rechtfertigung findet. Es wird sich aber zeigen, daß wir dieser Einleitung bedurft haben, um den Zugang zu unserem eigentlichen Thema zu gewinnen.

Wir haben die psychische Impotenz reduziert auf das Nichtzusammentreffen der zärtlichen und der sinnlichen Strömung im

---

1) S. 73 ff.

Liebesleben und diese Entwicklungshemmung selbst erklärt durch die Einflüsse der starken Kindheitsfixierungen und der späteren Versagung in der Realität bei Dazwischenkunft der Inzestschranke. Gegen diese Lehre ist vor allem eines einzuwenden: sie gibt uns zu viel, sie erklärt uns, warum gewisse Personen an psychischer Impotenz leiden, läßt uns aber rätselhaft erscheinen, daß andere diesem Leiden entgehen konnten. Da alle in Betracht kommenden ersichtlichen Momente, die starke Kindheitsfixierung, die Inzestschranke und die Versagung in den Jahren der Entwicklung nach der Pubertät bei so ziemlich allen Kulturmenschen als vorhanden anzuerkennen sind, wäre die Erwartung berechtigt, daß die psychische Impotenz ein allgemeines Kulturleiden und nicht die Krankheit einzelner sei.

Es läge nahe, sich dieser Folgerung dadurch zu entziehen, daß man auf den quantitativen Faktor der Krankheitsverursachung hinweist, auf jenes Mehr oder Minder im Beitrag der einzelnen Momente, von dem es abhängt, ob ein kenntlicher Krankheitserfolg zustandekommt oder nicht. Aber obwohl ich diese Antwort als richtig anerkennen möchte, habe ich doch nicht die Absicht, die Folgerung selbst hiemit abzuweisen. Ich will im Gegenteil die Behauptung aufstellen, daß die psychische Impotenz weit verbreiteter ist, als man glaubt, und daß ein gewisses Maß dieses Verhaltens tatsächlich das Liebesleben des Kulturmenschen charakterisiert.

Wenn man den Begriff der psychischen Impotenz weiter faßt und ihn nicht mehr auf das Versagen der Koitusaktion bei vorhandener Lustabsicht und bei intaktem Genitalapparat einschränkt, so kommen zunächst alle jene Männer hinzu, die man als Psychanästhetiker bezeichnet, denen die Aktion nie versagt, die sie aber ohne besonderen Lustgewinn vollziehen; Vorkommnisse, die häufiger sind, als man glauben möchte. Die psychoanalytische Untersuchung solcher Fälle deckt die nämlichen ätiologischen Momente auf, welche wir bei der psychischen Impotenz im engeren Sinne gefunden haben, ohne daß die symptomatischen Unterschiede zunächst eine Erklärung finden. Von den anästhetischen Männern führt eine leicht zu rechtfertigende Analogie zur ungeheuren Anzahl der frigiden Frauen, deren Liebesverhalten tatsächlich nicht besser beschrieben oder verstanden werden kann als durch die Gleichstellung mit der geräuschvolleren psychischen Impotenz des Mannes.[1]

Wenn wir aber nicht nach einer Erweiterung des Begriffes der psychischen Impotenz, sondern nach den Abschattungen ihrer Symptomatologie ausschauen, dann können wir uns der Einsicht nicht verschließen, daß das Liebesverhalten des Mannes in unserer heutigen Kulturwelt überhaupt den Typus der psychischen Impotenz an sich trägt. Die zärtliche und die sinnliche Strömung sind bei den wenigsten unter den Gebildeten gehörig miteinander verschmolzen; fast immer fühlt sich der Mann in seiner sexuellen Betätigung durch den Respekt vor dem Weibe beengt und entwickelt seine volle Potenz erst, wenn er ein erniedrigtes Sexualobjekt vor sich hat, was wiederum durch den Umstand mitbegründet ist, daß in seine Sexualziele perverse Komponenten eingehen, die er am geachteten Weibe zu befriedigen sich nicht getraut. Einen vollen sexuellen Genuß gewährt es ihm nur, wenn er sich ohne Rücksicht der Befriedigung hingeben darf, was er zum Beispiel bei seinem gesitteten Weibe nicht wagt. Daher rührt dann sein Bedürfnis nach einem erniedrigten Sexualobjekt, einem Weibe, das ethisch minderwertig ist, dem er ästhetische Bedenken nicht zuzutrauen braucht, das ihn nicht in seinen anderen Lebensbeziehungen kennt und beurteilen kann. Einem solchen Weibe widmet er am liebsten seine sexuelle Kraft, auch wenn seine Zärtlichkeit durchaus einem höherstehenden gehört. Möglicherweise ist auch die so häufig zu beobachtende Neigung von Männern der höchsten Gesellschaftsklassen, ein Weib aus

---

1) Wobei gerne zugestanden sein soll, daß die Frigidität der Frau ein komplexes, auch von anderer Seite her zugängliches Thema ist.

niederem Stande zur dauernden Geliebten oder selbst zur Ehefrau zu wählen, nichts anderes als die Folge des Bedürfnisses nach dem erniedrigten Sexualobjekt, mit welchem psychologisch die Möglichkeit der vollen Befriedigung verknüpft ist.

Ich stehe nicht an, die beiden bei der echten psychischen Impotenz wirksamen Momente, die intensive inzestuöse Fixierung der Kindheit und die reale Versagung der Jünglingszeit auch für dies so häufige Verhalten der kulturellen Männer im Liebesleben verantwortlich zu machen. Es klingt wenig anmutend und überdies paradox, aber es muß doch gesagt werden, daß, wer im Liebesleben wirklich frei und damit auch glücklich werden soll, den Respekt vor dem Weibe überwunden, sich mit der Vorstellung des Inzests mit Mutter oder Schwester befreundet haben muß. Wer sich dieser Anforderung gegenüber einer ernsthaften Selbstprüfung unterwirft, wird ohne Zweifel in sich finden, daß er den Sexualakt im Grunde doch als etwas Erniedrigendes beurteilt, was nicht nur leiblich befleckt und verunreinigt. Die Entstehung dieser Wertung, die er sich gewiß nicht gerne bekennt, wird er nur in jener Zeit seiner Jugend suchen können, in welcher seine sinnliche Strömung bereits stark entwickelt, ihre Befriedigung aber am fremden Objekt fast ebenso verboten war wie die am inzestuösen.

Die Frauen stehen in unserer Kulturwelt unter einer ähnlichen Nachwirkung ihrer Erziehung und überdies unter der Rückwirkung des Verhaltens der Männer. Es ist für sie natürlich ebensowenig günstig, wenn ihnen der Mann nicht mit seiner vollen Potenz entgegentritt, wie wenn die anfängliche Überschätzung der Verliebtheit nach der Besitzergreifung von Geringschätzung abgelöst wird. Von einem Bedürfnis nach Erniedrigung des Sexualobjekts ist bei der Frau wenig zu bemerken; im Zusammenhange damit steht es gewiß, wenn sie auch etwas der Sexualüberschätzung beim Manne Ähnliches in der Regel nicht zustande bringt. Die lange Abhaltung von der Sexualität und das Verweilen der Sinnlichkeit in der Phantasie hat für sie aber eine andere bedeutsame Folge. Sie kann dann oft die Verknüpfung der sinnlichen Betätigung mit dem Verbot nicht mehr auflösen und erweist sich als psychisch impotent, d. h. frigid, wenn ihr solche Betätigung endlich gestattet wird. Daher rührt bei vielen Frauen das Bestreben, das Geheimnis noch bei erlaubten Beziehungen eine Weile festzuhalten, bei anderen die Fähigkeit normal zu empfinden, sobald die Bedingung des Verbots in einem geheimen Liebesverhältnis wiederhergestellt ist; dem Manne untreu, sind sie imstande, dem Liebhaber eine Treue zweiter Ordnung zu bewahren.

Ich meine, die Bedingung des Verbotenen im weiblichen Liebesleben ist dem Bedürfnis nach Erniedrigung des Sexualobjekts beim Manne gleichzustellen. Beide sind Folgen des langen Aufschubes zwischen Geschlechtsreife und Sexualbetätigung, den die Erziehung aus kulturellen Gründen fordert. Beide suchen die psychische Impotenz aufzuheben, welche aus dem Nichtzusammentreffen zärtlicher und sinnlicher Regungen resultiert. Wenn der Erfolg der nämlichen Ursachen beim Weibe so sehr verschieden von dem beim Manne ausfällt, so läßt sich dies vielleicht auf einen anderen Unterschied im Verhalten der beiden Geschlechter zurückführen. Das kulturelle Weib pflegt das Verbot der Sexualbetätigung während der Wartezeit nicht zu überschreiten und erwirbt so die innige Verknüpfung zwischen Verbot und Sexualität. Der Mann durchbricht zumeist dieses Verbot unter der Bedingung der Erniedrigung des Objekts und nimmt daher diese Bedingung in sein späteres Liebesleben mit.

Angesichts der in der heutigen Kulturwelt so lebhaften Bestrebungen nach einer Reform des Sexuallebens ist es nicht überflüssig, daran zu erinnern, daß die psychoanalytische Forschung Tendenzen so wenig kennt wie irgendeine andere. Sie will nichts anderes als Zusammenhänge aufdecken, indem sie Offenkundiges auf Verborgenes zurückführt. Es soll ihr dann recht sein, wenn die Reformen sich ihrer Ermittlungen bedienen, um

Vorteilhafteres an Stelle des Schädlichen zu setzen. Sie kann aber nicht vorhersagen, ob andere Institutionen nicht andere, vielleicht schwerere Opfer zur Folge haben müßten.

3

Die Tatsache, daß die kulturelle Zügelung des Liebeslebens eine allgemeinste Erniedrigung der Sexualobjekte mit sich bringt, mag uns veranlassen, unseren Blick von den Objekten weg auf die Triebe selbst zu lenken. Der Schaden der anfänglichen Versagung des Sexualgenusses äußert sich darin, daß dessen spätere Freigebung in der Ehe nicht mehr voll befriedigend wirkt. Aber auch die uneingeschränkte Sexualfreiheit von Anfang an führt zu keinem besseren Ergebnis. Es ist leicht festzustellen, daß der psychische Wert des Liebesbedürfnisses sofort sinkt, sobald ihm die Befriedigung bequem gemacht wird. Es bedarf eines Hindernisses, um die Libido in die Höhe zu treiben, und wo die natürlichen Widerstände gegen die Befriedigung nicht ausreichen, haben die Menschen zu allen Zeiten konventionelle eingeschaltet, um die Liebe genießen zu können. Dies gilt für Individuen wie für Völker. In Zeiten, in denen die Liebesbefriedigung keine Schwierigkeiten fand, wie etwa während des Niederganges der antiken Kultur, wurde die Liebe wertlos, das Leben leer, und es bedurfte starker Reaktionsbildungen, um die unentbehrlichen Affektwerte wieder herzustellen. In diesem Zusammenhange kann man behaupten, daß die asketische Strömung des Christentums für die Liebe psychische Wertungen geschaffen hat, die ihr das heidnische Altertum nie verleihen konnte. Zur höchsten Bedeutung gelangte sie bei den asketischen Mönchen, deren Leben fast allein von dem Kampfe gegen die libidinöse Versuchung ausgefüllt war.

Man ist gewiß zunächst geneigt, die Schwierigkeiten, die sich hier ergeben, auf allgemeine Eigenschaften unserer organischen Triebe zurückzuführen. Es ist gewiß auch allgemein richtig, daß die psychische Bedeutung eines Triebes mit seiner Versagung steigt. Man versuche es, eine Anzahl der allerdifferenziertesten Menschen gleichmäßig dem Hungern auszusetzen. Mit der Zunahme des gebieterischen Nahrungsbedürfnisses werden alle individuellen Differenzen sich verwischen und an ihrer Statt die uniformen Äußerungen des einen ungestillten Triebes auftreten. Aber trifft es auch zu, daß mit der Befriedigung eines Triebes sein psychischer Wert allgemein so sehr herabsinkt? Man denke z. B. an das Verhältnis des Trinkers zum Wein. Ist es nicht richtig, daß dem Trinker der Wein immer die gleiche toxische Befriedigung bietet, die man mit der erotischen so oft in der Poesie verglichen hat und auch vom Standpunkte der wissenschaftlichen Auffassung vergleichen darf? Hat man je davon gehört, daß der Trinker genötigt ist, sein Getränk beständig zu wechseln, weil ihm das gleichbleibende bald nicht mehr schmeckt? Im Gegenteil, die Gewöhnung knüpft das Band zwischen dem Manne und der Sorte Wein, die er trinkt, immer enger. Kennt man beim Trinker ein Bedürfnis in ein Land zu gehen, in dem der Wein teurer oder der Weingenuß verboten ist, um seiner sinkenden Befriedigung durch die Einschiebung solcher Erschwerungen aufzuhelfen? Nichts von alldem. Wenn man die Äußerungen unserer großen Alkoholiker, z. B. Böcklins, über ihr Verhältnis zum Wein anhört,[1] es klingt wie die reinste Harmonie, ein Vorbild einer glücklichen Ehe. Warum ist das Verhältnis des Liebenden zu seinem Sexualobjekt so sehr anders?

Ich glaube, man müßte sich, so befremdend es auch klingt, mit der Möglichkeit beschäftigen, daß etwas in der Natur des Sexualtriebes selbst dem Zustandekommen der vollen Befriedigung nicht günstig ist. Aus der langen und schwierigen Entwicklungsgeschichte des Triebes heben sich sofort zwei Momente hervor, die man für solche Schwierigkeit verantwortlich machen könnte. Erstens ist infolge des zweimaligen Ansatzes zur Objektwahl mit

---

[1] G. Floerke: Zehn Jahre mit Böcklin. 2. Aufl. 1902, S. 16.

Dazwischenkunft der Inzestschranke das endgültige Objekt des Sexualtriebes nie mehr das ursprüngliche, sondern nur ein Surrogat dafür. Die Psychoanalyse hat uns aber gelehrt: wenn das ursprüngliche Objekt einer Wunschregung infolge von Verdrängung verloren gegangen ist, so wird es häufig durch eine unendliche Reihe von Ersatzobjekten vertreten, von denen doch keines voll genügt. Dies mag uns die Unbeständigkeit in der Objektwahl, den „Reizhunger" erklären, der dem Liebesleben der Erwachsenen so häufig eignet.

Zweitens wissen wir, daß der Sexualtrieb anfänglich in eine große Reihe von Komponenten zerfällt — vielmehr aus einer solchen hervorgeht — von denen nicht alle in dessen spätere Gestaltung aufgenommen werden können, sondern vorher unterdrückt oder anders verwendet werden müssen. Es sind vor allem die koprophilen Triebanteile, die sich als unverträglich mit unserer ästhetischen Kultur erwiesen, wahrscheinlich, seitdem wir durch den aufrechten Gang unser Riechorgan von der Erde abgehoben haben; ferner ein gutes Stück der sadistischen Antriebe, die zum Liebesleben gehören. Aber alle solche Entwicklungsvorgänge betreffen nur die oberen Schichten der komplizierten Struktur. Die fundamentellen Vorgänge, welche die Liebeserregung liefern, bleiben ungeändert. Das Exkrementelle ist allzu innig und untrennbar mit dem Sexuellen verwachsen, die Lage der Genitalien — inter urinas et faeces — bleibt das bestimmende unveränderliche Moment. Man könnte hier, ein bekanntes Wort des großen Napoleon variierend, sagen: die Anatomie ist das Schicksal. Die Genitalien selbst haben die Entwicklung der menschlichen Körperformen zur Schönheit nicht mitgemacht, sie sind tierisch geblieben, und so ist auch die Liebe im Grunde heute ebenso animalisch, wie sie es von jeher war. Die Liebestriebe sind schwer erziehbar, ihre Erziehung ergibt bald zu viel, bald zu wenig. Das, was die Kultur aus ihnen machen will, scheint ohne fühlbare Einbuße an Lust nicht erreichbar, die Fortdauer der unverwerteten Regungen gibt sich bei der Sexualtätigkeit als Unbefriedigung zu erkennen. So müßte man sich denn vielleicht mit dem Gedanken befreunden, daß eine Ausgleichung der Ansprüche des Sexualtriebes mit den Anforderungen der Kultur überhaupt nicht möglich ist, daß Verzicht und Leiden sowie in weitester Ferne die Gefahr des Erlöschens des Menschengeschlechts infolge seiner Kulturentwicklung nicht abgewendet werden können. Diese trübe Prognose ruht allerdings auf der einzigen Vermutung, daß die kulturelle Unbefriedigung die notwendige Folge gewisser Besonderheiten ist, welche der Sexualtrieb unter dem Drucke der Kultur angenommen hat. Die nämliche Unfähigkeit des Sexualtriebes, volle Befriedigung zu ergeben, sobald er den ersten Anforderungen der Kultur unterlegen ist, wird aber zur Quelle der großartigsten Kulturleistungen, welche durch immer weiter gehende Sublimierung seiner Triebkomponenten bewerkstelligt werden. Denn welches Motiv hätten die Menschen, sexuelle Triebkräfte anderen Verwendungen zuzuführen, wenn sich aus denselben bei irgendeiner Verteilung volle Lustbefriedigung ergeben hätte? Sie kämen von dieser Lust nicht wieder los und brächten keinen weiteren Fortschritt zustande. So scheint es, daß sie durch die unausgleichbare Differenz zwischen den Anforderungen der beiden Triebe — des sexuellen und des egoistischen — zu immer höheren Leistungen befähigt werden, allerdings unter einer beständigen Gefährdung, welcher die Schwächeren gegenwärtig in der Form der Neurose erliegen.

Die Wissenschaft hat weder die Absicht zu schrecken noch zu trösten. Aber ich bin selbst gern bereit zuzugeben, daß so weittragende Schlußfolgerungen, wie die obenstehenden, auf breiterer Basis aufgebaut sein sollten, und daß vielleicht andere Entwicklungseinrichtungen der Menschheit das Ergebnis der hier isoliert behandelten zu korrigieren vermögen.

# DIE PSYCHOGENE SEHSTÖRUNG IN PSYCHOANALYTISCHER AUFFASSUNG

# DIE PSYCHOGENE SEHSTÖRUNG IN PSYCHO-ANALYTISCHER AUFFASSUNG

Meine Herren Kollegen! Ich möchte Ihnen an dem Beispiel der psychogenen Sehstörung zeigen, welche Veränderungen unsere Auffassung von der Genese solcher Leiden unter dem Einflusse der psychoanalytischen Untersuchungsmethode erfahren hat. Sie wissen, man nimmt die hysterische Blindheit als den Typus einer psychogenen Sehstörung an. Die Genese einer solchen glaubt man nach den Untersuchungen der französischen Schule eines Charcot, Janet, Binet zu kennen. Man ist ja imstande, eine solche Blindheit experimentell zu erzeugen, wenn man eine des Somnambulismus fähige Person zur Verfügung hat. Versetzt man diese in tiefe Hypnose und suggeriert ihr die Vorstellung, sie sehe mit dem einen Auge nichts, so benimmt sie sich tatsächlich wie eine auf diesem Auge Erblindete, wie eine Hysterika mit spontan entwickelter Sehstörung. Man darf also den Mechanismus der spontanen hysterischen Sehstörung nach dem Vorbild der suggerierten hypnotischen konstruieren. Bei der Hysterika entsteht die Vorstellung, blind zu sein, nicht aus der Eingebung des Hypnotiseurs, sondern spontan, wie man sagt, durch Autosuggestion, und diese Vorstellung ist in beiden Fällen so stark, daß sie sich in Wirklichkeit umsetzt, ganz ähnlich wie eine suggerierte Halluzination, Lähmung und dergleichen.

Das klingt ja vollkommen verläßlich und muß jeden befriedigen, der sich über die vielen, hinter den Begriffen Hypnose, Suggestion und Autosuggestion versteckten Rätselhaftigkeiten hinwegsetzen kann. Insbesondere die Autosuggestion gibt Anlaß zu weiteren Fragen. Wann, unter welchen Bedingungen wird eine Vorstellung so stark, daß sie sich wie eine Suggestion benehmen und ohne weiteres in Wirklichkeit umsetzen kann? Eingehendere Untersuchungen haben da gelehrt, daß man diese Frage nicht beantworten kann, ohne den Begriff des „Unbewußten" zu Hilfe zu nehmen. Viele Philosophen sträuben sich gegen die Annahme eines solchen seelischen Unbewußten, weil sie sich um die Phänomene nicht gekümmert haben, die zu seiner Aufstellung nötigen. Den Psychopathologen ist es unvermeidlich geworden, mit unbewußten seelischen Vorgängen, unbewußten Vorstellungen und dergleichen zu arbeiten.

Sinnreiche Versuche haben gezeigt, daß die hysterisch Blinden doch in gewissem Sinne sehen, wenn auch nicht im vollen Sinne. Die Erregungen des blinden Auges können doch gewisse psychische Folgen haben, z. B. Affekte hervorrufen, obgleich sie nicht bewußt werden. Die hysterisch Blinden sind also nur fürs Bewußtsein blind, im Unbewußten sind sie sehend. Es sind gerade Erfahrungen dieser Art, die uns zur Sonderung von bewußten und unbewußten seelischen Vorgängen nötigen. Wie kommt es, daß sie die unbewußte „Autosuggestion", blind zu sein, entwickeln, während sie doch im Unbewußten sehen?

Auf diese weitere Frage antwortet die Forschung der Franzosen mit der Erklärung, daß bei den zur Hysterie disponierten Kranken von vornherein eine Neigung zur Dissoziation — zur Auflösung des Zusammenhanges im seelischen Geschehen — bestehe, in deren Folge manche unbewußte Vorgänge sich nicht zum Bewußten fortsetzen. Lassen wir nun den Wert dieses Erklärungsversuches für das Verständnis der behandelten Erscheinungen ganz außer Betracht und wenden wir uns einem anderen Gesichtspunkte zu. Sie sehen doch ein, meine Herren, daß die anfänglich betonte Identität der hysterischen Blindheit mit der durch Suggestion hervorgerufenen wieder aufgegeben ist. Die Hysterischen sind nicht infolge der autosuggestiven Vorstellung, daß sie nicht sehen, blind, sondern infolge der Dissoziation zwischen unbewußten und bewußten Prozessen im Sehakt; ihre Vorstellung, nicht zu sehen, ist der berechtigte Ausdruck des psychischen Sachverhalts und nicht die Ursache desselben.

Meine Herren! Wenn Sie der vorstehenden Darstellung Unklarheit zum Vorwurf machen, so wird es mir nicht leicht werden, sie zu verteidigen. Ich habe versucht, Ihnen eine Synthese aus den Ansichten verschiedener Forscher zu geben und dabei wahrscheinlich die Zusammenhänge zu straff angezogen. Ich wollte die Begriffe, denen man das Verständnis der psychogenen Störungen unterworfen hat: die Entstehung aus übermächtigen Ideen, die Unterscheidung bewußter von unbewußten seelischen Vorgängen und die Annahme der seelischen Dissoziation, zu einer einheitlichen Komposition verdichten, und dies konnte mir ebensowenig gelingen, wie es den französischen Autoren, an ihrer Spitze P. Janet, gelungen ist. Verzeihen Sie mir also nebst der Unklarheit auch die Untreue meiner Darstellung und lassen Sie sich erzählen, wie uns die Psychoanalyse zu einer in sich besser gefestigten und wahrscheinlich lebenswahreren Auffassung der psychogenen Sehstörungen geführt hat.

Die Psychoanalyse akzeptiert ebenfalls die Annahmen der Dissoziation und des Unbewußten, setzt sie aber in eine andere Beziehung zueinander. Sie ist eine dynamische Auffassung, die das seelische Leben auf ein Spiel von einander fördernden und hemmenden Kräften zurückführt. Wenn in einem Falle eine Gruppe von Vorstellungen im Unbewußten verbleibt, so schließt sie nicht auf eine konstitutionelle Unfähigkeit zur Synthese, die sich gerade in dieser Dissoziation kundgibt, sondern behauptet, daß ein aktives Sträuben anderer Vorstellungsgruppen die Isolierung und Unbewußtheit der einen Gruppe verursacht hat. Den Prozeß, der ein solches Schicksal für die eine Gruppe herbeiführt, heißt sie „Verdrängung" und erkennt in ihm etwas Analoges, wie es auf logischem Gebiete die Urteilsverwerfung ist. Sie weist nach, daß solche Verdrängungen eine außerordentlich wichtige Rolle in unserem Seelenleben spielen, daß sie dem Individuum auch häufig mißlingen können, und daß das Mißlingen der Verdrängung die Vorbedingung der Symptombildung ist.

Wenn also die psychogene Sehstörung, wie wir gelernt haben, darauf beruht, daß gewisse, an das Sehen geknüpfte Vorstellungen vom Bewußtsein abgetrennt bleiben, so muß die psychoanalytische Denkweise annehmen, diese Vorstellungen seien in einen Gegensatz zu anderen, stärkeren getreten, für die wir den jeweilig anders zusammengesetzten Sammelbegriff des „Ichs" verwenden, und seien darum in die Verdrängung geraten. Woher soll aber ein solcher, zur Verdrängung auffordernder Gegensatz zwischen dem Ich und einzelnen Vorstellungsgruppen rühren? Sie merken wohl, daß diese Fragestellung vor der Psychoanalyse nicht möglich war, denn vorher wußte man nichts vom psychischen Konflikt und von der Verdrängung. Unsere Untersuchungen haben uns nun in den Stand gesetzt, die verlangte Antwort zu geben. Wir sind auf die Bedeutung der Triebe für das Vorstellungsleben aufmerksam geworden; wir haben erfahren, daß sich jeder Trieb durch die Belebung der zu seinen Zielen passenden Vorstellungen zur Geltung zu bringen sucht. Diese Triebe vertragen sich nicht immer miteinander; sie geraten häufig in einen Konflikt der Interessen; die Gegensätze der Vorstellungen sind nur der Ausdruck der Kämpfe zwischen den einzelnen Trieben. Von ganz besonderer Bedeutung für unseren Erklärungsversuch ist der unleugbare Gegensatz zwischen den Trieben, welche der Sexualität, der Gewinnung sexueller Lust, dienen, und den anderen, welche die Selbsterhaltung des Individuums zum Ziele haben, den Ichtrieben. Als „Hunger" oder als „Liebe" können wir nach den Worten des Dichters alle in unserer Seele wirkenden organischen Triebe klassifizieren. Wir haben den „Sexualtrieb" von seinen ersten Äußerungen beim Kinde bis zur Erreichung der als „normal" bezeichneten Endgestaltung verfolgt und gefunden, daß er aus zahlreichen „Partialtrieben" zusammengesetzt ist, die an den Erregungen von Körperregionen haften; wir haben eingesehen, daß diese Einzeltriebe eine komplizierte Entwicklung durchmachen müssen, ehe sie sich in zweckmäßiger Weise den Zielen der Fortpflanzung einordnen können. Die psychologische Beleuchtung unserer Kulturentwicklung hat uns gelehrt, daß die Kultur wesentlich auf Kosten der sexuellen Partialtriebe entsteht, daß diese unterdrückt, eingeschränkt, umgebildet, auf höhere Ziele gelenkt werden müssen, um die kulturellen seelischen Konstruktionen herzustellen. Als wertvolles Ergebnis dieser Untersuchungen konnten wir erkennen, was uns die Kollegen noch nicht glauben wollen, daß die als „Neurosen" bezeichneten Leiden der Menschen auf die mannigfachen Weisen des Mißglückens dieser Umbildungsvorgänge an den sexuellen Partialtrieben zurückzuführen sind. Das „Ich" fühlt sich durch die Ansprüche der sexuellen Triebe bedroht und erwehrt sich ihrer durch Verdrängungen, die aber nicht immer den erwünschten Erfolg haben, sondern bedrohliche Ersatzbildungen des Verdrängten und lästige Reaktionsbildungen des Ichs zur Folge haben. Aus diesen beiden Klassen von Phänomenen setzt sich zusammen, was wir die Symptome der Neurosen heißen.

Wir sind von unserer Aufgabe anscheinend weit abgeschweift, haben aber dabei die Verknüpfung der neurotischen Krankheitszustände mit unserem gesamten Geistesleben gestreift. Gehen wir jetzt zu unserem engeren Problem zurück. Den sexuellen wie den Ichtrieben stehen im allgemeinen die nämlichen Organe und Organsysteme zur Verfügung. Die sexuelle Lust ist nicht bloß an die Funktion der Genitalien geknüpft; der Mund dient dem

Küssen ebensowohl wie dem Essen und der sprachlichen Mitteilung, die Augen nehmen nicht nur die für die Lebenserhaltung wichtigen Veränderungen der Außenwelt wahr, sondern auch die Eigenschaften der Objekte, durch welche diese zu Objekten der Liebeswahl erhoben werden, ihre „Reize". Es bewahrheitet sich nun, daß es für niemand leicht wird, zweien Herren zugleich zu dienen. In je innigere Beziehung ein Organ mit solch doppelseitiger Funktion zu dem einen der großen Triebe tritt, desto mehr verweigert es sich dem anderen. Dies Prinzip muß zu pathologischen Konsequenzen führen, wenn sich die beiden Grundtriebe entzweit haben, wenn von seiten des Ichs eine Verdrängung gegen den betreffenden sexuellen Partialtrieb unterhalten wird. Die Anwendung auf das Auge und das Sehen ergibt sich leicht. Wenn der sexuelle Partialtrieb, der sich des Schauens bedient, die sexuelle Schaulust, wegen seiner übergroßen Ansprüche die Gegenwehr der Ichtriebe auf sich gezogen hat, so daß die Vorstellungen, in denen sich sein Streben ausdrückt, der Verdrängung verfallen und vom Bewußtwerden abgehalten werden, so ist damit die Beziehung des Auges und des Sehens zum Ich und zum Bewußtsein überhaupt gestört. Das Ich hat seine Herrschaft über das Organ verloren, welches sich nun ganz dem verdrängten sexuellen Trieb zur Verfügung stellt. Es macht den Eindruck, als ginge die Verdrängung von seiten des Ichs zu weit, als schüttete sie das Kind mit dem Bade aus, indem das Ich jetzt überhaupt nichts mehr sehen will, seitdem sich die sexuellen Interessen im Sehen so sehr vorgedrängt haben. Zutreffender ist aber wohl die andere Darstellung, welche die Aktivität nach der Seite der verdrängten Schaulust verlegt. Es ist die Rache, die Entschädigung des verdrängten Triebes, daß er, von weiterer psychischer Entfaltung abgehalten, seine Herrschaft über das ihm dienende Organ nun zu steigern vermag. Der Verlust der bewußten Herrschaft über das Organ ist die schädliche Ersatzbildung für die mißglückte Verdrängung, die nur um diesen Preis ermöglicht war.

Deutlicher noch als am Auge ist diese Beziehung des zweifach in Anspruch genommenen Organs zum bewußten Ich und zur verdrängten Sexualität an den motorischen Organen ersichtlich, wenn z. B. die Hand hysterisch gelähmt wird, die eine sexuelle Aggression ausführen wollte, und nach deren Hemmung nichts anderes mehr tun kann, gleichsam als bestünde sie eigensinnig auf der Ausführung der einen verdrängten Innervation, oder wenn die Finger von Personen, welche der Masturbation entsagt haben, sich weigern, das feine Bewegungsspiel, welches am Klavier oder an der Violine erfordert wird, zu erlernen. Für das Auge pflegen wir die dunkeln psychischen Vorgänge bei der Verdrängung der sexuellen Schaulust und bei der Entstehung der psychogenen Sehstörung so zu übersetzen, als erhöbe sich in dem Individuum eine strafende Stimme, welche sagte: „Weil du dein Sehorgan zu böser Sinneslust mißbrauchen wolltest, geschieht es dir ganz recht, wenn du überhaupt nichts mehr siehst", und die so den Ausgang des Prozesses billigte. Es liegt dann die Idee der Talion darin, und unsere Erklärung der psychogenen Sehstörung ist eigentlich mit jener zusammengefallen, die von der Sage, dem Mythus, der Legende dargeboten wird. In der schönen Sage von der Lady Godiva verbergen sich alle Einwohner des Städtchens hinter ihren verschlossenen Fenstern, um der Dame die Aufgabe, bei hellem Tageslichte nackt durch die Straßen zu reiten, zu erleichtern. Der einzige, der durch die Fensterläden nach der entblößten Schönheit späht, wird gestraft, indem er erblindet. Es ist dies übrigens nicht das einzige Beispiel, welches uns ahnen läßt, daß die Neurotik auch den Schlüssel zur Mythologie in sich birgt.

Meine Herren, man macht der Psychoanalyse mit Unrecht den Vorwurf, daß sie zu rein psychologischen Theorien der krankhaften Vorgänge führe. Schon die Betonung der pathogenen Rolle der Sexualität, die doch gewiß kein ausschließlich psychischer Faktor ist, sollte sie gegen diesen Vorwurf schützen. Die Psychoanalyse vergißt niemals, daß das Seelische auf dem Organischen ruht, wenngleich ihre Arbeit es nur bis zu dieser Grundlage und nicht darüber hinaus verfolgen kann. So ist die Psychoanalyse auch bereit zuzugeben, ja zu postulieren, daß nicht alle funktionellen Sehstörungen psychogen sein können wie die durch Verdrängung der erotischen Schaulust hervorgerufenen. Wenn ein Organ, welches beiderlei Trieben dient, seine erogene Rolle steigert, so ist ganz allgemein zu erwarten, daß dies nicht ohne Veränderungen der Erregbarkeit und der Innervation abgehen wird, die sich bei der Funktion des Organs im Dienste des Ichs als Störungen kundgeben werden. Ja, wenn wir sehen, daß ein Organ, welches sonst der Sinneswahrnehmung dient, sich bei Erhöhung seiner erogenen Rolle geradezu wie ein Genitale gebärdet, werden wir auch toxische Veränderungen in demselben nicht für unwahrscheinlich halten. Für beide Arten von Funktionsstörungen infolge der gesteigerten erogenen Bedeutung, die physiologischen wie die toxischen Ursprunges, wird man, in Ermangelung eines besseren, den alten, unpassenden Namen „neurotische" Störungen beibehalten müssen. Die neurotischen Störungen des Sehens verhalten sich zu den psychogenen wie ganz allgemein die Aktualneurosen zu den Psychoneurosen; psychogene Sehstörungen werden wohl kaum jemals ohne neurotische vorkommen können, wohl aber letztere ohne jene. Leider sind diese „neurotischen" Symptome heute noch sehr wenig gewürdigt und verstanden, denn der Psychoanalyse sind sie nicht unmittelbar zugänglich und die anderen Untersuchungsweisen haben den Gesichtspunkt der Sexualität außer acht gelassen.

Von der Psychoanalyse zweigt noch ein anderer, in die organische Forschung reichender Gedankengang ab. Man kann sich die Frage vorlegen, ob die durch die Lebenseinflüsse erzeugte Unterdrückung sexueller Partialtriebe für sich allein hinreicht, die Funktionsstörungen der Organe hervorzurufen, oder ob nicht besondere konstitutionelle Verhältnisse vorliegen müssen, welche erst die Organe zur Übertreibung ihrer erogenen Rolle veranlassen und dadurch die Verdrängung der Triebe provozieren. In diesen Verhältnissen müßte man den konstitutionellen Anteil der Disposition zur Erkrankung an psychogenen und neurotischen Störungen erblicken. Es ist dies jenes Moment, welches ich bei der Hysterie vorläufig als „somatisches Entgegenkommen" der Organe bezeichnet habe.

# DIE ZUKÜNFTIGEN CHANCEN DER PSYCHOANALYTISCHEN THERAPIE

# DIE ZUKÜNFTIGEN CHANCEN DER PSYCHO-ANALYTISCHEN THERAPIE

Meine Herren! Da uns heute vorwiegend praktische Ziele zusammengeführt haben, werde auch ich ein praktisches Thema zum Gegenstand meines einführenden Vortrages wählen, nicht Ihr wissenschaftliches, sondern Ihr ärztliches Interesse anrufen. Ich halte mir vor, wie Sie wohl die Erfolge unserer Therapie beurteilen, und nehme an, daß die meisten von Ihnen die beiden Phasen der Anfängerschaft bereits durchgemacht haben, die des Entzückens über die ungeahnte Steigerung unserer therapeutischen Leistung und die der Depression über die Größe der Schwierigkeiten, die unseren Bemühungen im Wege stehen. Aber an welcher Stelle dieses Entwicklungsganges sich die einzelnen von Ihnen auch befinden mögen, ich habe heute vor, Ihnen zu zeigen, daß wir mit unseren Hilfsmitteln zur Bekämpfung der Neurosen keineswegs zu Ende sind, und daß wir von der näheren Zukunft noch eine erhebliche Besserung unserer therapeutischen Chancen erwarten dürfen.

Von drei Seiten her, meine ich, wird uns die Verstärkung kommen:
1) durch inneren Fortschritt,
2) durch Zuwachs an Autorität,
3) durch die Allgemeinwirkung unserer Arbeit.

*Ad 1)* Unter „innerem Fortschritt" verstehe ich den Fortschritt *a)* in unserem analytischen Wissen, *b)* in unserer Technik.

*a)* Zum Fortschritt unseres Wissens: Wir wissen natürlich lange noch nicht alles, was wir zum Verständnis des Unbewußten bei unseren Kranken brauchen. Nun ist es klar, daß jeder Fortschritt unseres Wissens einen Machtzuwachs für unsere Therapie bedeutet. Solange wir nichts verstanden haben, haben wir auch nichts ausgerichtet; je mehr wir verstehen lernen, desto mehr werden wir leisten. In ihren Anfängen war die psychoanalytische Kur unerbittlich und erschöpfend. Der Patient mußte alles selbst sagen und die Tätigkeit des Arztes bestand darin, ihn unausgesetzt zu drängen. Heute sieht es freundlicher aus. Die Kur besteht aus zwei Stücken, aus dem, was der Arzt errät und dem Kranken sagt, und aus der Verarbeitung dessen, was er gehört hat, von seiten des Kranken. Der Mechanismus unserer Hilfeleistung ist ja leicht zu verstehen; wir geben dem Kranken die bewußte Erwartungsvorstellung, nach deren Ähnlichkeit er die verdrängte unbewußte bei sich auffindet. Das ist die intellektuelle Hilfe, die ihm die Überwindung der Widerstände zwischen Bewußtem und Unbewußtem erleichtert. Ich bemerke Ihnen nebenbei, es ist nicht der einzige Mechanismus, der in der analytischen Kur verwendet wird; Sie kennen ja alle den weit kräftigeren, der in der Verwendung der „Übertragung" liegt. Ich werde mich bemühen, alle diese für das Verständnis der Kur wichtigen Verhältnisse demnächst in einer „Allgemeinen Methodik der Psychoanalyse" zu behandeln. Auch brauche ich bei Ihnen den Einwand nicht zurückzuweisen, daß in der heutigen Praxis der Kur die Beweiskraft für die Richtigkeit unserer Voraussetzungen verdunkelt wird; Sie vergessen nicht, daß diese Beweise anderswo zu finden sind, und daß ein therapeutischer Eingriff nicht so geführt werden kann wie eine theoretische Untersuchung.

Lassen Sie mich nun einige Gebiete streifen, auf denen wir Neues zu lernen haben und wirklich täglich Neues erfahren. Da ist vor allem das der Symbolik im Traum und im Unbewußten. Ein hart bestrittenes Thema, wie Sie wissen! Es ist kein geringes Verdienst unseres Kollegen W. Stekel, daß er unbekümmert um den Einspruch all der Gegner sich in das Studium der Traumsymbole begeben hat. Da ist wirklich noch viel zu lernen; meine 1899 niedergeschriebene „Traumdeutung" erwartet vom Studium der Symbolik wichtige Ergänzungen.

Über eines dieser neuerkannten Symbole möchte ich Ihnen einige Worte sagen: Vor einiger Zeit wurde es mir bekannt, daß ein uns ferner stehender Psychologe sich an einen von uns mit der Bemerkung gewendet, wir überschätzten doch gewiß die geheime sexuelle Bedeutung der Träume. Sein häufigster Traum sei, eine Stiege hinaufzusteigen, und da sei doch gewiß nichts Sexuelles dahinter. Durch diesen Einwand aufmerksam gemacht, haben wir dem Vorkommen von Stiegen, Treppen, Leitern im Traume Aufmerksamkeit geschenkt und konnten bald feststellen, daß die Stiege (und was ihr analog ist) ein sicheres Koitussymbol darstellt. Die Grundlage der Vergleichung ist nicht schwer aufzufinden; in rhythmischen Absätzen, unter zunehmender Atemnot kommt man auf eine Höhe und kann dann in ein paar raschen Sprüngen wieder unten sein. So findet sich der Rhythmus des Koitus im Stiegensteigen wieder. Vergessen wir nicht den Sprachgebrauch heranzuziehen. Er zeigt uns, daß das „Steigen" ohne weiteres als Ersatzbezeichnung der sexuellen Aktion gebraucht wird. Man pflegt zu sagen, der Mann ist ein „Steiger", „nachsteigen". Im Französischen heißt die Stufe der Treppe: *la marche;* „*un vieux marcheur*" deckt sich ganz mit unserem „ein alter Steiger". Das Traummaterial, aus dem diese neu erkannten Symbole stammen, wird Ihnen seinerzeit von dem Komitee zur Sammelforschung über Symbolik, welches wir einsetzen sollen, vorgelegt werden. Über ein anderes interessantes

Symbol, das des „Rettens" und dessen Bedeutungswandel, werden Sie im zweiten Band unseres Jahrbuches Angaben finden. Aber ich muß hier abbrechen, sonst komme ich nicht zu den anderen Punkten.

Jeder einzelne von Ihnen wird sich aus seiner Erfahrung überzeugen, wie ganz anders er einem neuen Falle gegenübersteht, wenn er erst das Gefüge einiger typischer Krankheitsfälle durchschaut hat. Nehmen Sie nun an, daß wir das Gesetzmäßige im Aufbau der verschiedenen Formen von Neurosen in ähnlicher Weise in knappe Formeln gebannt hätten, wie es uns bis jetzt für die hysterische Symptombildung gelungen ist, wie gesichert würde dadurch unser prognostisches Urteil. Ja, wie der Geburtshelfer durch die Inspektion der Placenta erfährt, ob sie vollständig ausgestoßen wurde, oder ob noch schädliche Reste zurückgeblieben sind, so würden wir unabhängig vom Erfolg und jeweiligen Befinden des Kranken sagen können, ob uns die Arbeit endgültig gelungen ist, oder ob wir auf Rückfälle und neuerliche Erkrankung gefaßt sein müssen.

*b)* Ich eile zu den Neuerungen auf dem Gebiete der Technik, wo wirklich das meiste noch seiner definitiven Feststellung harrt, und vieles eben jetzt klar zu werden beginnt. Die psychoanalytische Technik setzt sich jetzt zweierlei Ziele, dem Arzt Mühe zu ersparen und dem Kranken den uneingeschränktesten Zugang zu seinem Unbewußten zu eröffnen. Sie wissen, in unserer Technik hat eine prinzipielle Wandlung stattgefunden. Zur Zeit der kathartischen Kur setzten wir uns die Aufklärung der Symptome zum Ziel, dann wandten wir uns von den Symptomen ab und setzten die Aufdeckung der „Komplexe" — nach dem unentbehrlich gewordenen Wort von Jung — als Ziel an die Stelle; jetzt richten wir aber die Arbeit direkt auf die Auffindung und Überwindung der „Widerstände" und vertrauen mit Recht darauf, daß die Komplexe sich mühelos ergeben werden, sowie die Widerstände erkannt und beseitigt sind. Bei manchem von

Ihnen hat sich seither das Bedürfnis gezeigt, diese Widerstände
übersehen und klassifizieren zu können. Ich bitte Sie nun, an
Ihrem Material nachzuprüfen, ob Sie folgende Zusammenfassung
bestätigen können: Bei männlichen Patienten scheinen die bedeutsamsten Kurwiderstände vom Vaterkomplex auszugehen und sich
in Furcht vor dem Vater, Trotz gegen den Vater und Unglauben
gegen den Vater aufzulösen.

Andere Neuerungen der Technik betreffen die Person des
Arztes selbst. Wir sind auf die „Gegenübertragung" aufmerksam
geworden, die sich beim Arzt durch den Einfluß des Patienten
auf das unbewußte Fühlen des Arztes einstellt, und sind nicht
weit davon, die Forderung zu erheben, daß der Arzt diese Gegenübertragung in sich erkennen und bewältigen müsse. Wir haben,
seitdem eine größere Anzahl von Personen die Psychoanalyse
üben und ihre Erfahrungen untereinander austauschen, bemerkt,
daß jeder Psychoanalytiker nur so weit kommt, als seine eigenen
Komplexe und inneren Widerstände es gestatten, und verlangen
daher, daß er seine Tätigkeit mit einer Selbstanalyse beginne, und
diese, während er seine Erfahrungen an Kranken macht, fortlaufend vertiefe. Wer in einer solchen Selbstanalyse nichts zustande
bringt, mag sich die Fähigkeit, Kranke analytisch zu behandeln,
ohne weiteres absprechen.

Wir nähern uns jetzt auch der Einsicht, daß die analytische
Technik je nach der Krankheitsform und je nach den beim
Patienten vorherrschenden Trieben gewisse Modifikationen erfahren
muß. Von der Therapie der Konversionshysterie sind wir ja ausgegangen; bei der Angsthysterie (den Phobien) müssen wir unser
Vorgehen etwas ändern. Diese Kranken können nämlich das für
die Auflösung der Phobie entscheidende Material nicht bringen,
solange sie sich durch die Einhaltung der phobischen Bedingung
geschützt fühlen. Daß sie von Anfang der Kur an auf die
Schutzvorrichtung verzichten und unter den Bedingungen der
Angst arbeiten, erreicht man natürlich nicht. Man muß ihnen

also so lange Hilfe durch Übersetzung ihres Unbewußten zuführen, bis sie sich entschließen können, auf den Schutz der Phobie zu verzichten und sich einer nun sehr gemäßigten Angst aussetzen. Haben sie das getan, so wird jetzt erst das Material zugänglich, dessen Beherrschung zur Lösung der Phobie führt. Andere Modifikationen der Technik, die mir noch nicht spruchreif scheinen, werden in der Behandlung der Zwangsneurosen erforderlich sein. Ganz bedeutsame, noch nicht geklärte Fragen tauchen in diesem Zusammenhange auf, inwieweit den bekämpften Trieben des Kranken ein Stück Befriedigung während der Kur zu gestatten ist, und welchen Unterschied es dabei macht, ob diese Triebe aktiver (sadistischer) oder passiver (masochistischer) Natur sind.

Ich hoffe, Sie werden den Eindruck erhalten haben, daß, wenn wir all das wüßten, was uns jetzt erst ahnt, und alle Verbesserungen der Technik durchgeführt haben werden, zu denen uns die vertiefte Erfahrung an unseren Kranken führen muß, daß unser ärztliches Handeln dann eine Präzision und Erfolgsicherheit erreichen wird, die nicht auf allen ärztlichen Spezialgebieten vorhanden sind.

*Ad 2)* Ich sagte, wir hätten viel zu erwarten durch den Zuwachs an Autorität, der uns im Laufe der Zeit zufallen muß. Über die Bedeutung der Autorität brauche ich Ihnen nicht viel zu sagen. Die wenigsten Kulturmenschen sind fähig, ohne Anlehnung an andere zu existieren oder auch nur ein selbständiges Urteil zu fällen. Die Autoritätssucht und innere Haltlosigkeit der Menschen können Sie sich nicht arg genug vorstellen. Die außerordentliche Vermehrung der Neurosen seit der Entkräftung der Religionen mag Ihnen einen Maßstab dafür geben. Die Verarmung des Ichs durch den großen Verdrängungsaufwand, den die Kultur von jedem Individuum fordert, mag eine der hauptsächlichsten Ursachen dieses Zustandes sein.

Diese Autorität und die enorme von ihr ausgehende Suggestion war bisher gegen uns. Alle unsere therapeutischen Erfolge sind gegen diese Suggestion erzielt worden; es ist zu verwundern, daß unter solchen Verhältnissen überhaupt Erfolge zu gewinnen waren. Ich will mich nicht so weit gehen lassen, Ihnen die Annehmlichkeiten jener Zeiten, da ich allein die Psychoanalyse vertrat, zu schildern. Ich weiß, die Kranken, denen ich die Versicherung gab, ich wüßte ihnen dauernde Abhilfe ihrer Leiden zu bringen, sahen sich in meiner bescheidenen Umgebung um, dachten an meinen geringen Ruf und Titel und betrachteten mich wie etwa einen Besitzer eines unfehlbaren Gewinnsystems an dem Orte einer Spielbank, gegen den man einwendet, wenn der Mensch das kann, so muß er selbst anders aussehen. Es war auch wirklich nicht bequem, psychische Operationen auszuführen, während der Kollege, der die Pflicht der Assistenz gehabt hätte, sich ein besonderes Vergnügen daraus machte, ins Operationsfeld zu spucken, und die Angehörigen den Operateur bedrohten, sobald es Blut oder unruhige Bewegungen bei dem Kranken gab. Eine Operation darf doch Reaktionserscheinungen machen; in der Chirurgie sind wir längst daran gewöhnt. Man glaubte mir einfach nicht, wie man heute noch uns allen wenig glaubt; unter solchen Bedingungen mußte mancher Eingriff mißlingen. Um die Vermehrung unserer therapeutischen Chancen zu ermessen, wenn sich das allgemeine Vertrauen uns zuwendet, denken Sie an die Stellung des Frauenarztes in der Türkei und im Abendlande. Alles, was dort der Frauenarzt tun darf, ist, an dem Arm, der ihm durch ein Loch in der Wand entgegengestreckt wird, den Puls zu fühlen. Einer solchen Unzugänglichkeit des Objektes entspricht auch die ärztliche Leistung; unsere Gegner im Abendlande wollen uns eine ungefähr ähnliche Verfügung über das Seelische unserer Kranken gestatten. Seitdem aber die Suggestion der Gesellschaft die kranke Frau zum Gynäkologen drängt, ist dieser der Helfer und Retter der Frau geworden. Sagen Sie nun nicht, wenn uns die Autorität der Gesellschaft zu Hilfe kommt und unsere Erfolge so sehr steigert, so wird dies nichts für die

Richtigkeit unserer Voraussetzungen beweisen. Die Suggestion kann angeblich alles und unsere Erfolge werden dann Erfolge der Suggestion sein und nicht der Psychoanalyse. Die Suggestion der Gesellschaft kommt doch jetzt den Wasser-, Diät- und elektrischen Kuren bei Nervösen entgegen, ohne daß es diesen Maßnahmen gelingt, die Neurosen zu bezwingen. Es wird sich zeigen, ob die psychoanalytischen Behandlungen mehr zu leisten vermögen.

Nun muß ich aber Ihre Erwartungen allerdings wieder dämpfen. Die Gesellschaft wird sich nicht beeilen, uns Autorität einzuräumen. Sie muß sich im Widerstande gegen uns befinden, denn wir verhalten uns kritisch gegen sie; wir weisen ihr nach, daß sie an der Verursachung der Neurosen selbst einen großen Anteil hat. Wie wir den einzelnen durch die Aufdeckung des in ihm Verdrängten zu unserem Feinde machen, so kann auch die Gesellschaft die rücksichtslose Bloßlegung ihrer Schäden und Unzulänglichkeiten nicht mit sympathischem Entgegenkommen beantworten; weil wir Illusionen zerstören, wirft man uns vor, daß wir die Ideale in Gefahr bringen. So scheint es also, daß die Bedingung, von der ich eine so große Förderung unserer therapeutischen Chancen erwarte, niemals eintreten wird. Und doch ist die Situation nicht so trostlos, wie man jetzt meinen sollte. So mächtig auch die Affekte und die Interessen der Menschen sein mögen, das Intellektuelle ist doch auch eine Macht. Nicht gerade diejenige, welche sich zuerst Geltung verschafft, aber um so sicherer am Ende. Die einschneidendsten Wahrheiten werden endlich gehört und anerkannt, nachdem die durch sie verletzten Interessen und die durch sie geweckten Affekte sich ausgetobt haben. Es ist bisher noch immer so gegangen, und die unerwünschten Wahrheiten, die wir Psychoanalytiker der Welt zu sagen haben, werden dasselbe Schicksal finden. Nur wird es nicht sehr rasch geschehen; wir müssen warten können.

*Ad 3)* Endlich muß ich Ihnen erklären, was ich unter der „Allgemeinwirkung" unserer Arbeit verstehe, und wie ich dazu komme, Hoffnungen auf diese zu setzen. Es liegt da eine sehr merkwürdige therapeutische Konstellation vor, die sich in gleicher Weise vielleicht nirgendwo wiederfindet, die Ihnen auch zunächst befremdlich erscheinen wird, bis Sie etwas längst Vertrautes in ihr erkennen werden. Sie wissen doch, die Psychoneurosen sind entstellte Ersatzbefriedigungen von Trieben, deren Existenz man vor sich selbst und vor den anderen verleugnen muß. Ihre Existenzfähigkeit ruht auf dieser Entstellung und Verkennung. Mit der Lösung des Rätsels, das sie bieten, und der Annahme dieser Lösung durch die Kranken werden diese Krankheitszustände existenzunfähig. Es gibt kaum etwas Ähnliches in der Medizin; in den Märchen hören Sie von bösen Geistern, deren Macht gebrochen ist, sobald man ihnen ihren geheimgehaltenen Namen sagen kann.

Nun setzen Sie an die Stelle des einzelnen Kranken die ganze an den Neurosen krankende, aus kranken und gesunden Personen bestehende Gesellschaft, an Stelle der Annahme der Lösung dort die allgemeine Anerkennung hier, so wird Ihnen eine kurze Überlegung zeigen, daß diese Ersetzung am Ergebnis nichts zu ändern vermag. Der Erfolg, den die Therapie beim einzelnen haben kann, muß auch bei der Masse eintreten. Die Kranken können ihre verschiedenen Neurosen, ihre ängstliche Überzärtlichkeit, die den Haß verbergen soll, ihre Agoraphobie, die von ihrem enttäuschten Ehrgeiz erzählt, ihre Zwangshandlungen, die Vorwürfe wegen und Sicherungen gegen böse Vorsätze darstellen, nicht bekannt werden lassen, wenn allen Angehörigen und Fremden, vor denen sie ihre Seelenvorgänge verbergen wollen, der allgemeine Sinn der Symptome bekannt ist, und wenn sie selbst wissen, daß sie in den Krankheitserscheinungen nichts produzieren, was die anderen nicht sofort zu deuten verstehen. Die Wirkung wird sich aber nicht auf das — übrigens häufig undurchführbare — Verbergen der Symptome beschränken; denn durch dieses Verbergenmüssen wird das Kranksein unverwendbar. Die Mitteilung des Geheimnisses hat die „ätiologische Gleichung", aus welcher die Neurosen hervorgehen, an ihrem heikelsten Punkte angegriffen, sie hat den Krankheitsgewinn illusorisch gemacht, und darum kann nichts anderes als die Einstellung der Krankheitsproduktion die endliche Folge der durch die Indiskretion des Arztes veränderten Sachlage sein.

Erscheint Ihnen diese Hoffnung utopisch, so lassen Sie sich daran erinnern, daß Beseitigung neurotischer Phänomene auf diesem Wege wirklich bereits vorgekommen ist, wenngleich in ganz vereinzelten Fällen. Denken Sie daran, wie häufig in früheren Zeiten die Halluzination der heiligen Jungfrau bei Bauernmädchen war. Solange eine solche Erscheinung einen großen Zulauf von Gläubigen, etwa noch die Erbauung einer Kapelle am Gnadenorte zur Folge hatte, war der visionäre Zustand dieser Mädchen einer Beeinflussung unzugänglich. Heute hat selbst die Geistlichkeit ihre Stellung zu diesen Erscheinungen verändert; sie gestattet, daß der Gendarm und der Arzt die Visionärin besuchen, und seitdem erscheint die Jungfrau nur sehr selten. Oder gestatten Sie, daß ich dieselben Vorgänge, die ich vorhin in die Zukunft verlegt habe, an einer analogen, aber erniedrigten und darum leichter übersehbaren Situation mit Ihnen studiere. Nehmen Sie an, ein aus Herren und Damen der guten Gesellschaft bestehender Kreis habe einen Tagesausflug nach einem im Grünen gelegenen Wirtshause verabredet. Die Damen haben miteinander ausgemacht, wenn eine von ihnen ein natürliches Bedürfnis befriedigen wolle, so werde sie laut sagen: sie gehe jetzt Blumen pflücken; ein Boshafter sei aber hinter dieses Geheimnis gekommen und habe auf das gedruckte und an die Teilnehmer verschickte Programm setzen lassen: Wenn die Damen auf die Seite gehen wollen, mögen sie sagen, sie gehen Blumen pflücken. Natürlich wird keine der Damen mehr sich dieser Verblümung bedienen wollen, und ebenso erschwert werden ähnliche neu verabredete Formeln sein. Was wird die Folge sein? Die Damen werden sich ohne Scheu zu ihren natürlichen Bedürfnissen bekennen und keiner der Herren wird daran Anstoß nehmen. Kehren wir zu unserem ernsthafteren Falle zurück. So und so viele Menschen haben sich in Lebenskonflikten, deren Lösung ihnen allzu schwierig wurde, in die Neurose geflüchtet und dabei einen unverkennbaren, wenn auch auf die Dauer allzu kostspieligen Krankheitsgewinn erzielt. Was werden diese Menschen tun müssen, wenn ihnen die Flucht in die Krankheit durch die indiskreten Aufklärungen der Psychoanalyse versperrt wird? Sie werden ehrlich sein müssen, sich zu den in ihnen rege gewordenen Trieben bekennen, im Konflikt standhalten, werden kämpfen oder verzichten, und die Toleranz der Gesellschaft, die sich im Gefolge der psychoanalytischen Aufklärung unabwendbar einstellt, wird ihnen zu Hilfe kommen.

Erinnern wir uns aber, daß man dem Leben nicht als fanatischer Hygieniker oder Therapeut entgegentreten darf. Gestehen wir uns ein, daß diese ideale Verhütung der neurotischen Erkrankungen nicht allen einzelnen zum Vorteil gereichen wird. Eine gute Anzahl derer, die sich heute in die Krankheit flüchten, würde unter den von uns angenommenen Bedingungen den Konflikt nicht bestehen, sondern rasch zugrunde gehen oder ein Unheil anstiften, welches größer ist als ihre eigene neurotische Erkrankung. Die Neurosen haben eben ihre biologische Funktion als Schutzvorrichtung und ihre soziale Berechtigung; ihr „Krankheitsgewinn" ist nicht immer ein rein subjektiver. Wer von Ihnen hat nicht schon einmal hinter die Verursachung einer Neurose geblickt, die er als den mildesten Ausgang unter allen Möglichkeiten der Situation gelten lassen mußte? Und soll man wirklich gerade der Ausrottung der Neurosen so schwere Opfer bringen, wenn doch die Welt voll ist von anderem unabwendbaren Elend?

Sollen wir also unsere Bemühungen zur Aufklärung über den geheimen Sinn der Neurotik als im letzten Grunde gefährlich für den einzelnen und schädlich für den Betrieb der Gesellschaft aufgeben, darauf verzichten, aus einem Stück wissenschaftlicher Erkenntnis die praktische Folgerung zu ziehen? Nein, ich meine, unsere Pflicht geht doch nach der anderen Richtung. Der Krankheitsgewinn der Neurosen ist doch im ganzen und am Ende eine Schädigung für die einzelnen wie für die Gesellschaft. Das Unglück, das sich infolge unserer Aufklärungsarbeit ergeben kann, wird doch nur einzelne betreffen. Die Umkehr zu einem wahrheitsgemäßeren und würdigeren Zustand der Gesellschaft wird mit diesen Opfern nicht zu teuer erkauft sein. Vor allem aber: alle die Energien, die sich heute in der Produktion neurotischer Symptome im Dienste einer von der Wirklichkeit isolierten Phantasiewelt verzehren, werden, wenn sie schon nicht dem Leben zugute kommen können, doch den Schrei nach jenen Veränderungen in unserer Kultur verstärken helfen, in denen wir allein das Heil für die Nachkommenden erblicken können.

So möchte ich Sie denn mit der Versicherung entlassen, daß Sie in mehr als einem Sinne ihre Pflicht tun, wenn Sie Ihre Kranken psychoanalytisch behandeln. Sie arbeiten nicht nur im Dienste der Wissenschaft, indem Sie die einzige und nie wiederkehrende Gelegenheit ausnützen, die Geheimnisse der Neurosen zu durchschauen; Sie geben nicht nur Ihrem Kranken die wirksamste Behandlung gegen seine Leiden, die uns heute zu Gebote steht; Sie leisten auch Ihren Beitrag zu jener· Aufklärung der Masse, von der wir die gründlichste Prophylaxe der neurotischen Erkrankungen auf dem Umwege über die gesellschaftliche Autorität erwarten.

# ÜBER »WILDE« PSYCHOANALYSE

# ÜBER »WILDE« PSYCHOANALYSE

Vor einigen Tagen erschien in meiner Sprechstunde in Begleitung einer schützenden Freundin eine ältere Dame, die über Angstzustände klagte. Sie war in der zweiten Hälfte der Vierzigerjahre, ziemlich gut erhalten, hatte offenbar mit ihrer Weiblichkeit noch nicht abgeschlossen. Anlaß des Ausbruches der Zustände war die Scheidung von ihrem letzten Manne; die Angst hatte aber nach ihrer Angabe eine erhebliche Steigerung erfahren, seitdem sie einen jungen Arzt in ihrer Vorstadt konsultiert hatte; denn dieser hatte ihr auseinandergesetzt, daß die Ursache ihrer Angst ihre sexuelle Bedürftigkeit sei. Sie könne den Verkehr mit dem Manne nicht entbehren, und darum gebe es für sie nur drei Wege zur Gesundheit, entweder sie kehre zu ihrem Manne zurück, oder sie nehme einen Liebhaber, oder sie befriedige sich selbst. Seitdem sei sie überzeugt, daß sie unheilbar sei, denn zu ihrem Manne zurück wolle sie nicht, und die beiden anderen Mittel widerstreben ihrer Moral und ihrer Religiosität. Zu mir aber sei sie gekommen, weil der Arzt ihr gesagt habe, das sei eine neue Einsicht, die man mir verdanke, und sie solle sich nur von mir die Bestätigung holen, daß es so sei und nicht anders. Die Freundin, eine noch ältere, verkümmert und ungesund aussehende Frau, beschwor mich dann, der Patientin zu versichern, daß sich der Arzt geirrt habe. Es könne doch nicht so sein, denn sie selbst sei seit langen Jahren Witwe und doch anständig geblieben, ohne an Angst zu leiden. Ich will nicht bei der schwierigen Situation verweilen, in die ich durch diesen Besuch versetzt wurde, sondern das Verhalten des Kollegen beleuchten, der diese Kranke zu mir geschickt hatte. Vorher will ich einer Verwahrung gedenken, die vielleicht — oder hoffentlich — nicht überflüssig ist. Langjährige Erfahrung hat mich gelehrt — wie sie's auch jeden anderen lehren könnte — nicht leichthin als wahr anzunehmen, was Patienten, insbesondere Nervöse, von ihrem Arzt erzählen. Der Nervenarzt wird nicht nur bei jeder Art von Behandlung leicht das Objekt, nach dem mannigfache feindselige Regungen des Patienten zielen; er muß es sich auch manchmal gefallen lassen, durch eine Art von Projektion die Verantwortung für die geheimen verdrängten Wünsche der Nervösen zu übernehmen. Es ist dann eine traurige, aber bezeichnende Tatsache, daß solche Anwürfe nirgendwo leichter Glauben finden als bei anderen Ärzten.

Ich habe also das Recht zu hoffen, daß die Dame in meiner Sprechstunde mir einen tendenziös entstellten Bericht von den Äußerungen ihres Arztes gegeben hat, und daß ich ein Unrecht an ihm, der mir persönlich unbekannt ist, begehe, wenn ich meine Bemerkungen über „wilde" Psychoanalyse gerade an diesen Fall anknüpfe. Aber ich halte dadurch vielleicht andere ab, an ihren Kranken unrecht zu tun.

Nehmen wir also an, daß der Arzt genau so gesprochen hat, wie mir die Patientin berichtete.

Es wird dann jeder leicht zu seiner Kritik vorbringen, daß ein Arzt, wenn er es für notwendig hält, mit einer Frau über das Thema der Sexualität zu verhandeln, dies mit Takt und Schonung tun müsse. Aber diese Anforderungen fallen mit der Befolgung gewisser t e c h n i s c h e r Vorschriften der Psychoanalyse zusammen, und überdies hätte der Arzt eine Reihe von wissenschaftlichen Lehren der Psychoanalyse verkannt oder mißverstanden und dadurch gezeigt, wie wenig weit er zum Verständnis von deren Wesen und Absichten vorgedrungen ist.

Beginnen wir mit den letzteren, den wissenschaftlichen Irrtümern. Die Ratschläge des Arztes lassen klar erkennen, in welchem Sinne er das „Sexualleben" erfaßt. Im populären nämlich, wobei unter sexuellen Bedürfnissen nichts anderes verstanden wird als das Bedürfnis nach dem Koitus oder analogen, den Orgasmus und die Entleerung der Geschlechtsstoffe bewirkenden Vornahmen. Es kann aber dem Arzt nicht unbekannt geblieben sein, daß man der Psychoanalyse den Vorwurf zu machen pflegt, sie dehne den Begriff des Sexuellen weit über den gebräuchlichen Umfang aus. Die Tatsache ist richtig; ob sie als Vorwurf verwendet werden darf, soll hier nicht erörtert werden. Der Begriff des Sexuellen umfaßt in der Psychoanalyse weit mehr; er geht nach unten wie nach oben über den populären Sinn hinaus. Diese Erweiterung rechtfertigt sich genetisch; wir rechnen zum „Sexualleben" auch alle Betätigungen zärtlicher Gefühle, die aus der Quelle der primitiven sexuellen Regungen hervorgegangen sind, auch wenn diese Regungen eine Hemmung ihres ursprünglich sexuellen Zieles erfahren oder dieses Ziel gegen ein anderes, nicht mehr sexuelles, vertauscht haben. Wir sprechen darum auch lieber von P s y c h o s e x u a l i t ä t, legen so Wert darauf, daß man den seelischen Faktor des Sexuallebens nicht übersehe und nicht unterschätze. Wir gebrauchen das Wort Sexualität in demselben umfassenden Sinne, wie die deutsche Sprache das Wort „lieben". Wir wissen auch längst, daß seelische Unbefriedigung mit allen ihren Folgen bestehen kann, wo es an normalem Sexualverkehr nicht mangelt, und halten uns als Therapeuten immer vor, daß von den unbefriedigten Sexualstrebungen, deren Ersatzbefriedigungen in der Form nervöser Symptome wir bekämpfen, oft nur ein geringes Maß durch den Koitus oder andere Sexualakte abzuführen ist.

Wer diese Auffassung der Psychosexualität nicht teilt, hat kein Recht, sich auf die Lehrsätze der Psychoanalyse zu berufen, in denen von der ätiologischen Bedeutung der Sexualität gehandelt wird. Er hat sich durch die ausschließliche Betonung des somatischen Faktors am Sexuellen das Problem gewiß sehr vereinfacht, aber er mag für sein Vorgehen allein die Verantwortung tragen.

Aus den Ratschlägen des Arztes leuchtet noch ein zweites und ebenso arges Mißverständnis hervor.

Es ist richtig, daß die Psychoanalyse angibt, sexuelle Unbefriedigung sei die Ursache der nervösen Leiden. Aber sagt sie nicht noch mehr? Will man als zu kompliziert beiseite lassen, daß sie lehrt, die nervösen Symptome entspringen aus einem Konflikt zwischen zwei Mächten, einer (meist übergroß gewordenen) Libido und einer allzu strengen Sexualablehnung oder Verdrängung? Wer auf diesen zweiten Faktor, dem wirklich nicht der zweite Rang angewiesen wurde, nicht vergißt, wird nie glauben können, daß Sexualbefriedigung an sich ein allgemein verläßliches Heilmittel gegen die Beschwerden der Nervösen sei. Ein guter Teil dieser Menschen ist ja der Befriedigung unter den gegebenen Umständen oder überhaupt nicht fähig. Wären sie dazu fähig, hätten sie nicht ihre inneren Widerstände, so würde die Stärke des Triebes ihnen den Weg zur Befriedigung weisen, auch wenn der Arzt nicht dazu raten würde. Was soll also ein solcher Rat, wie ihn der Arzt angeblich jener Dame erteilt hat?

Selbst wenn er sich wissenschaftlich rechtfertigen läßt, ist er unausführbar für sie. Wenn sie keine inneren Widerstände gegen die Onanie oder gegen ein Liebesverhältnis hätte, würde sie ja längst zu einem von diesen Mitteln gegriffen haben. Oder meint der Arzt, eine Frau von über 40 Jahren wisse nichts davon, daß man sich einen Liebhaber nehmen kann, oder überschätzt er seinen Einfluß so sehr, daß er meint, ohne ärztliches Gutheißen würde sie sich nie zu einem solchen Schritt entschließen können?

Das scheint alles sehr klar, und doch ist zuzugeben, daß es ein Moment gibt, welches die Urteilsfällung oft erschwert. Manche der nervösen Zustände, die sogenannten **Aktualneurosen** wie die typische Neurasthenie und die reine Angstneurose, hängen offenbar von dem somatischen Faktor des Sexuallebens ab, während wir über die Rolle des psychischen Faktors und der Verdrängung bei ihnen noch keine gesicherte Vorstellung haben. In solchen Fällen ist es dem Arzte nahegelegt, eine aktuelle Therapie, eine Veränderung der somatischen sexuellen Betätigung, zunächst ins Auge zu fassen, und er tut dies mit vollem Recht, wenn seine Diagnose richtig war. Die Dame, die den jungen Arzt konsultierte, klagte vor allem über Angstzustände, und da nahm er wahrscheinlich an, sie leide an Angstneurose, und hielt sich für berechtigt, ihr eine somatische Therapie zu empfehlen. Wiederum ein bequemes Mißverständnis! Wer an Angst leidet, hat darum nicht notwendig eine Angstneurose; diese Diagnose ist nicht aus dem Namen abzuleiten; man muß wissen, welche Erscheinungen eine Angstneurose ausmachen, und sie von anderen, auch durch Angst manifestierten Krankheitszuständen unterscheiden. Die in Rede stehende Dame litt nach meinem Eindruck an einer **Angsthysterie**, und der ganze, aber auch voll zureichende Wert solcher nosographischer Unterscheidungen liegt darin, daß sie auf eine andere Ätiologie und andere Therapie hinweisen. Wer die Möglichkeit einer solchen Angsthysterie ins Auge gefaßt hätte, der wäre der Vernachlässigung der psychischen Faktoren, wie sie in den Alternativratschlägen des Arztes hervortritt, nicht verfallen.

Merkwürdig genug, in dieser therapeutischen Alternative des angeblichen Psychoanalytikers bleibt kein Raum — für die Psychoanalyse. Diese Frau soll von ihrer Angst nur genesen können, wenn sie zu ihrem Manne zurückkehrt oder sich auf dem Wege der Onanie oder bei einem Liebhaber befriedigt. Und wo hätte die analytische Behandlung einzutreten, in der wir das Hauptmittel bei Angstzuständen erblicken?

Somit wären wir zu den technischen Verfehlungen gelangt, die wir in dem Vorgehen des Arztes im angenommenen Falle erkennen. Es ist eine längst überwundene, am oberflächlichen Anschein haftende Auffassung, daß der Kranke infolge einer Art von Unwissenheit leide, und wenn man diese Unwissenheit durch Mitteilung (über die ursächlichen Zusammenhänge seiner Krankheit mit seinem Leben, über seine Kindheitserlebnisse usw.) aufhebe, müsse er gesund werden. Nicht dies Nichtwissen an sich ist das pathogene Moment, sondern die Begründung des Nichtwissens in inneren Widerständen, welche das Nichtwissen zuerst hervorgerufen haben und es jetzt noch unterhalten. In der Bekämpfung dieser Widerstände liegt die Aufgabe der Therapie. Die Mitteilung dessen, was der Kranke nicht weiß, weil er es verdrängt hat, ist nur eine der notwendigen Vorbereitungen für die Therapie. Wäre das Wissen des Unbewußten für den Kranken so wichtig wie der in der Psychoanalyse Unerfahrene glaubt, so müßte es zur Heilung hinreichen, wenn der Kranke Vorlesungen anhört oder Bücher liest. Diese Maßnahmen haben aber ebensoviel Einfluß auf die nervösen Leidenssymptome wie die Verteilung von Menukarten zur Zeit einer Hungersnot auf den Hunger. Der Vergleich ist sogar über seine erste Verwendung hinaus brauchbar, denn die Mitteilung des Unbewußten an den Kranken hat regelmäßig die Folge, daß der Konflikt in ihm verschärft wird und die Beschwerden sich steigern.

Da die Psychoanalyse aber eine solche Mitteilung nicht entbehren kann, schreibt sie vor, daß sie nicht eher zu erfolgen habe, als bis zwei Bedingungen erfüllt sind. Erstens bis der Kranke durch Vorbereitung selbst in die Nähe des von ihm

Verdrängten gekommen ist, und zweitens, bis er sich so weit an
den Arzt attachiert hat (Ü b e r t r a g u n g), daß ihm die
Gefühlsbeziehung zum Arzt die neuerliche Flucht unmöglich
macht. Erst durch die Erfüllung dieser Bedingungen wird es möglich,
die Widerstände, welche zur Verdrängung und zum Nichtwissen
geführt haben, zu erkennen und ihrer Herr zu werden. Ein
psychoanalytischer Eingriff setzt also durchaus einen längeren
Kontakt mit dem Kranken voraus, und Versuche, den Kranken
durch die brüske Mitteilung seiner vom Arzt erratenen Geheimnisse beim ersten Besuch in der Sprechstunde zu überrumpeln,
sind technisch verwerflich und strafen sich meist dadurch, daß
sie dem Arzt die herzliche Feindschaft des Kranken zuziehen und
jede weitere Beeinflussung abschneiden.

Ganz abgesehen davon, daß man manchmal falsch rät und
niemals imstande ist, alles zu erraten. Durch diese bestimmten
technischen Vorschriften ersetzt die Psychoanalyse die Forderung
des unfaßbaren „ärztlichen Taktes", in dem eine besondere
Begabung gesucht wird.

Es reicht also für den Arzt nicht hin, einige der Ergebnisse
der Psychoanalyse zu kennen; man muß sich auch mit ihrer
Technik vertraut gemacht haben, wenn man sein ärztliches
Handeln durch die psychoanalytischen Gesichtspunkte leiten
lassen will. Diese Technik ist heute noch nicht aus Büchern zu
erlernen und gewiß nur mit großen Opfern an Zeit, Mühe und
Erfolg selbst zu finden. Man erlernt sie wie andere ärztliche
Techniken bei denen, die sie bereits beherrschen. Es ist darum
gewiß für die Beurteilung des Falles, an den ich diese Bemerkungen knüpfe, nicht gleichgültig, daß ich den Arzt, der solche
Ratschläge gegeben haben soll, nicht kenne und seinen Namen
nie gehört habe.

Es ist weder mir noch meinen Freunden und Mitarbeitern
angenehm, in solcher Weise den Anspruch auf die Ausübung

einer ärztlichen Technik zu monopolisieren. Aber angesichts der Gefahren, die die vorherzusehende Übung einer „wilden" Psychoanalyse für die Kranken und für die Sache der Psychoanalyse mit sich bringt, blieb uns nichts anderes übrig. Wir haben im Frühjahr 1910 einen internationalen psychoanalytischen Verein gegründet, dessen Mitglieder sich durch Namensveröffentlichung zu ihm bekennen, um die Verantwortung für das Tun aller jener ablehnen zu können, die nicht zu uns gehören und ihr ärztliches Vorgehen „Psychoanalyse" heißen. Denn in Wahrheit schaden solche wilde Analytiker doch der Sache mehr als dem einzelnen Kranken. Ich habe es häufig erlebt, daß ein so ungeschicktes Vorgehen, wenn es zuerst eine Verschlimmerung im Befinden des Kranken machte, ihm am Ende doch zum Heile gereicht hat. Nicht immer, aber doch oftmals. Nachdem er lange genug auf den Arzt geschimpft hat und sich weit genug von seiner Beeinflussung weiß, lassen dann seine Symptome nach, oder er entschließt sich zu einem Schritt, welcher auf dem Wege zur Heilung liegt. Die endliche Besserung ist dann „von selbst" eingetreten oder wird der höchst indifferenten Behandlung eines Arztes zugeschrieben, an den sich der Kranke später gewendet hat. Für den Fall der Dame, deren Anklage gegen den Arzt wir gehört haben, möchte ich meinen, der wilde Psychoanalytiker habe doch mehr für seine Patientin getan als irgend eine hochangesehene Autorität, die ihr erzählt hätte, daß sie an einer „vasomotorischen Neurose" leide. Er hat ihren Blick auf die wirkliche Begründung ihres Leidens oder in dessen Nähe gezwungen, und dieser Eingriff wird trotz alles Sträubens der Patientin nicht ohne günstige Folgen bleiben. Aber er hat sich selbst geschädigt und die Vorurteile steigern geholfen, welche sich infolge begreiflicher Affektwiderstände bei den Kranken gegen die Tätigkeit des Psychoanalytikers erheben. Und dies kann vermieden werden.

# EINE KINDHEITSERINNERUNG DES LEONARDO DA VINCI

I

Wenn die seelenärztliche Forschung, die sich sonst mit schwächlichem Menschenmaterial begnügt, an einen der Großen des Menschengeschlechts herantritt, so folgt sie dabei nicht den Motiven, die ihr von den Laien so häufig zugeschoben werden. Sie strebt nicht danach, „das Strahlende zu schwärzen und das Erhabene in den Staub zu ziehen"; es bereitet ihr keine Befriedigung, den Abstand zwischen jener Vollkommenheit und der Unzulänglichkeit ihrer gewöhnlichen Objekte zu verringern. Sondern sie kann nicht anders, als alles des Verständnisses wert finden, was sich an jenen Vorbildern erkennen läßt, und sie meint, es sei niemand so groß, daß es für ihn eine Schande wäre, den Gesetzen zu unterliegen, die normales und krankhaftes Tun mit gleicher Strenge beherrschen.

Als einer der größten Männer der italienischen Renaissance ist Leonardo da Vinci (1452—1519) schon von den Zeitgenossen bewundert worden und doch bereits ihnen rätselhaft erschienen, wie auch jetzt noch uns. Ein allseitiges Genie, „dessen Umrisse man nur ahnen kann, — nie ergründen",[1] übte er den maßgebendsten Einfluß auf seine Zeit als Maler aus; erst uns blieb

---

[1] Nach dem Worte Jacob Burckhardts, zitiert bei Alexandra Konstantinowa, Die Entwicklung des Madonnentypus bei Leonardo da Vinci, Straßburg 1907 (Zur Kunstgeschichte des Auslandes, Heft 54).

es vorbehalten, die Größe des Naturforschers (und Technikers) zu erkennen, der sich in ihm mit dem Künstler verband. Wenngleich er Meisterwerke der Malerei hinterlassen, während seine wissenschaftlichen Entdeckungen unveröffentlicht und unverwertet blieben, hat doch in seiner Entwicklung der Forscher den Künstler nie ganz freigelassen, ihn oftmals schwer beeinträchtigt und ihn vielleicht am Ende unterdrückt. Vasari legt ihm in seiner letzten Lebensstunde den Selbstvorwurf in den Mund, daß er Gott und die Menschen beleidigt, indem er in seiner Kunst nicht seine Pflicht getan.[1] Und wenn auch diese Erzählung Vasaris weder die äußere noch viel innere Wahrscheinlichkeit für sich hat, sondern der Legende angehört, die sich um den geheimnisvollen Meister schon zu seinen Lebzeiten zu bilden begann, so verbleibt ihr doch als Zeugnis für das Urteil jener Menschen und jener Zeiten ein unbestreitbarer Wert.

Was war es, was die Persönlichkeit Leonardos dem Verständnis seiner Zeitgenossen entrückte? Gewiß nicht die Vielseitigkeit seiner Anlagen und Kenntnisse, die ihm gestattete, sich am Hofe des Lodovico Sforza, zubenannt il Moro, Herzogs von Mailand, als Lautenspieler auf einem von ihm neugeformten Instrumente einzuführen, oder ihn jenen merkwürdigen Brief an eben denselben schreiben ließ, in dem er sich seiner Leistungen als Bau- und Kriegsingenieur berühmte. Denn an solche Vereinigung vielfältigen Könnens in einer Person waren die Zeiten der Renaissance wohl gewöhnt; allerdings war Leonardo selbst eines der glänzendsten Beispiele dafür. Auch gehörte er nicht jenem Typus genialer Menschen an, die, von der Natur äußerlich karg bedacht, ihrerseits keinen Wert auf die äußerlichen Formen des Lebens legen und in der schmerzlichen Verdüsterung ihrer Stimmung den Verkehr der Menschen fliehen. Er war vielmehr groß und ebenmäßig ge-

---

[1] „*Egli per reverenza, rizzatosi a sedere sul letto, contando il mal suo e gli accidenti di quello, mostrava tuttavia, quanto aveva offeso Dio e gli uomini del mondo, non avendo operato nell' arte come si conveniа.*" Vasari, Vite etc. LXXXIII. 1550—1584.

wachsen, von vollendeter Schönheit des Gesichts und von ungewöhnlicher Körperkraft, bezaubernd in den Formen seines Umgangs, ein Meister der Rede, heiter und liebenswürdig gegen alle; er liebte die Schönheit auch an den Dingen, die ihn umgaben, trug gern prunkvolle Gewänder und schätzte jede Verfeinerung der Lebensführung. In einer für seine heitere Genußfähigkeit bedeutsamen Stelle des Traktats über Malerei[1] hat er die Malerei mit ihren Schwesterkünsten verglichen und die Beschwerden der Arbeit des Bildhauers geschildert: „Da hat er das Gesicht ganz beschmiert und mit Marmorstaub eingepudert, so daß er wie ein Bäcker ausschaut, und ist mit kleinen Marmorsplittern über und über bedeckt, daß es aussieht, als hätte es ihm auf den Buckel geschneit, und seine Behausung, die ist voll Steinsplitter und Staub. Ganz das Gegenteil von alle diesem ist beim Maler der Fall, — .... denn der Maler sitzt mit großer Bequemlichkeit vor seinem Werke, wohlgekleidet, und regt den ganz leichten Pinsel mit den anmutigen Farben. Mit Kleidern ist er geschmückt, wie es ihm gefällt. Und seine Behausung, die ist voll heiterer Malereien und glänzend reinlich. Oft hat er Gesellschaft, von Musik, oder von Vorlesern verschiedener schöner Werke, und das wird ohne Hammergedröhn oder sonstigen Lärm mit großem Vergnügen angehört."

Es ist ja sehr wohl möglich, daß die Vorstellung eines strahlend heiteren und genußfrohen Leonardo nur für die erste, längere Lebensperiode des Meisters recht hat. Von da an, als der Niedergang der Herrschaft des Lodovico Moro ihn zwang, Mailand, seinen Wirkungskreis und seine gesicherte Stellung zu verlassen, um ein unstetes, an äußeren Erfolgen wenig reiches Leben bis zum letzten Asyl in Frankreich zu führen, mag der Glanz seiner Stimmung verblichen und mancher befremdliche Zug seines Wesens stärker hervorgetreten sein. Auch die mit den Jahren zunehmende

---

1) Traktat von der Malerei, neu herausgegeben und eingeleitet von Marie Herzfeld, Jena 1909.

Wendung seiner Interessen von seiner Kunst zur Wissenschaft mußte dazu beitragen, die Kluft zwischen seiner Person und seinen Zeitgenossen zu erweitern. Alle die Versuche, mit denen er nach ihrer Meinung seine Zeit vertrödelte, anstatt emsig auf Bestellung zu malen und sich zu bereichern, wie etwa sein ehemaliger Mitschüler Perugino, erschienen ihnen als grillenhafte Spielereien oder brachten ihn selbst in den Verdacht, der „schwarzen Kunst" zu dienen. Wir verstehen ihn hierin besser, die wir aus seinen Aufzeichnungen wissen, welche Künste er übte. In einer Zeit, welche die Autorität der Kirche mit der der Antike zu vertauschen begann und voraussetzungslose Forschung noch nicht kannte, war er, der Vorläufer, ja ein nicht unwürdiger Mitbewerber von Bacon und Kopernikus, notwendig vereinsamt. Wenn er Pferde- und Menschenleichen zerlegte, Flugapparate baute, die Ernährung der Pflanzen und ihr Verhalten gegen Gifte studierte, rückte er allerdings weit ab von den Kommentatoren des Aristoteles und kam in die Nähe der verachteten Alchymisten, in deren Laboratorien die experimentelle Forschung wenigstens eine Zuflucht während dieser ungünstigen Zeiten gefunden hatte.

Für seine Malerei hatte dies die Folge, daß er ungern den Pinsel zur Hand nahm, immer weniger und seltener malte, das Angefangene meist unfertig stehen ließ und sich um das weitere Schicksal seiner Werke wenig kümmerte. Das war es auch, was ihm seine Zeitgenossen zum Vorwurf machten, denen sein Verhältnis zur Kunst ein Rätsel blieb.

Mehrere der späteren Bewunderer Leonardos haben es versucht, den Makel der Unstetigkeit von seinem Charakter zu tilgen. Sie machen geltend, daß das, was man an Leonardo tadle, Eigentümlichkeit der großen Künstler überhaupt sei. Auch der tatkräftige, sich in die Arbeit verbeißende Michel Angelo habe viele seiner Werke unvollendet gelassen, und es sei so wenig seine Schuld gewesen wie die Leonardos im gleichen Falle. Auch sei so manches Bild nicht so sehr unfertig geblieben, als von ihm dafür erklärt worden. Was dem Laien schon ein Meisterwerk scheine, das sei für den Schöpfer des Kunstwerks immer noch eine unbefriedigende Verkörperung seiner Absichten; ihm schwebe eine Vollkommenheit vor, die er im Abbild wiederzugeben jedesmal verzage. Am wenigsten ginge es aber an, den Künstler für das endliche Schicksal verantwortlich zu machen, das seine Werke träfe.

So stichhaltig manche dieser Entschuldigungen auch sein mögen, so decken sie doch nicht den ganzen Sachverhalt, der uns bei Leonardo begegnet. Das peinliche Ringen mit dem Werke, die endliche Flucht vor ihm und die Gleichgültigkeit gegen sein weiteres Schicksal mag bei vielen anderen Künstlern wiederkehren; gewiß aber zeigte Leonardo dies Benehmen im höchsten Grade. Edm. Solmi[1] zitiert (p. 12) die Äußerung eines seiner Schüler: „*Pareva, che ad ogni ora tremasse, quando si poneva a dipingere, e però non diede mai fine ad alcuna cosa cominciata, considerando la grandezza dell' arte, tal che egli scorgeva errori in quelle cose, che ad altri parevano miracoli.*" Seine letzten Bilder, die Leda, die Madonna di Sant' Onofrio, der Bacchus und der San Giovanni Battista giovane seien unvollendet geblieben „*come quasi intervenne di tutte le cose sue . . .*" Lomazzo,[2] der eine Kopie des Abendmahls anfertigte, berief sich auf die bekannte Unfähigkeit Leonardos, etwas fertig zu malen, in einem Sonett:

„*Protogen che il penel di sue pitture
Non levava, agguaglio il Vinci Divo,
Di cui opra non è finita pure.*"

Die Langsamkeit, mit welcher Leonardo arbeitete, war sprichwörtlich. Am Abendmahl im Kloster zu Santa Maria delle Grazie zu Mailand malte er nach den gründlichsten Vorstudien drei Jahre lang. Ein Zeitgenosse, der Novellenschreiber Matteo Bandelli, der

---

1) Solmi: La resurrezione dell' opera di Leonardo. In dem Sammelwerk: Leonardo da Vinci. Conferenze Fiorentine. Milano 1910.
2) Bei Scognamiglio: Ricerche e Documenti sulla giovinezza di Leonardo da Vinci. Napoli 1900.

damals als junger Mönch dem Kloster angehörte, erzählt, daß
Leonardo häufig schon früh am Morgen das Gerüst bestiegen
habe, um bis zur Dämmerung den Pinsel nicht aus der Hand
zu legen, ohne an Essen und Trinken zu denken. Dann seien
Tage verstrichen, ohne daß er Hand daran anlegte, bisweilen habe
er stundenlang vor dem Gemälde verweilt und sich damit begnügt,
es innerlich zu prüfen. Andere Male sei er aus dem Hofe des
Mailänder Schlosses, wo er das Modell des Reiterstandbildes für
Francesco Sforza formte, geradewegs ins Kloster gekommen, um
ein paar Pinselstriche an einer Gestalt zu machen, dann aber
unverzüglich aufgebrochen.[1] An dem Porträt der Monna Lisa,
Gemahlin des Florentiners Francesco del Giocondo, malte er nach
Vasaris Angabe vier Jahre lang, ohne es zur letzten Vollendung
bringen zu können, wozu auch der Umstand stimmen mag, daß
das Bild nicht dem Besteller abgeliefert wurde, sondern bei Leonardo
verblieb, der es nach Frankreich mitnahm.[2] Von König Franz I.
angekauft, bildet es heute einen der größten Schätze des
Louvre.

Wenn man diese Berichte über die Arbeitsweise Leonardos mit
dem Zeugnis der außerordentlich zahlreich von ihm erhaltenen
Skizzen und Studienblätter zusammenhält, die jedes in seinen
Bildern vorkommende Motiv auf das Vielfältigste variieren, so
muß man die Auffassung weit von sich weisen, als hätten Züge
von Flüchtigkeit und Unbeständigkeit den mindesten Einfluß auf
Leonardos Verhältnis zu seiner Kunst gewonnen. Man merkt im
Gegenteile eine ganz außerordentliche Vertiefung, einen Reichtum
an Möglichkeiten, zwischen denen die Entscheidung nur zögernd
gefällt wird, Ansprüche, denen kaum zu genügen ist, und eine
Hemmung in der Ausführung, die sich eigentlich auch durch
das notwendige Zurückbleiben des Künstlers hinter seinem idealen

---

1) W. v. Seidlitz. Leonardo da Vinci, der Wendepunkt der Renaissance, 1909,
I. Bd., p. 203.
2) v. Seidlitz l. c., II. Bd., p. 48.

Vorsatz nicht erklärt. Die Langsamkeit, die an Leonardos Arbeiten von jeher auffiel, erweist sich als ein Symptom dieser Hemmung, als der Vorbote der Abwendung von der Malerei, die später eintrat.[1] Sie war es auch, die das nicht unverschuldete Schicksal des Abendmahls bestimmte. Leonardo konnte sich nicht mit der Malerei al fresko befreunden, die ein rasches Arbeiten, solange der Malgrund noch feucht ist, erfordert; darum wählte er Ölfarben, deren Eintrocknen ihm gestattete, die Vollendung des Bildes nach Stimmung und Muße hinauszuziehen. Diese Farben lösten sich aber von dem Grunde, auf dem sie aufgetragen wurden, und der sie von der Mauer isolierte; die Fehler dieser Mauer und die Schicksale des Raumes kamen hinzu, um die, wie es scheint, unabwendbare Verderbnis des Bildes zu entscheiden.[2]

Durch das Mißglücken eines ähnlichen technischen Versuchs scheint das Bild der Reiterschlacht bei Anghiari untergegangen zu sein, das er später in einer Konkurrenz mit Michel Angelo an eine Wand der Sala del Consiglio in Florenz zu malen begann und auch im unfertigen Zustand im Stiche ließ. Es ist hier, als ob ein fremdes Interesse, das des Experimentators, das künstlerische zunächst verstärkt habe, um dann das Kunstwerk zu schädigen.

Der Charakter des Mannes Leonardo zeigte noch manche andere ungewöhnliche Züge und anscheinende Widersprüche. Eine gewisse Inaktivität und Indifferenz schien an ihm unverkennbar. Zu einer Zeit, da jedes Individuum den breitesten Raum für seine Betätigung zu gewinnen suchte, was nicht ohne Entfaltung energischer Aggression gegen andere abgehen kann, fiel er durch ruhige Friedfertigkeit, durch Vermeidung aller Gegnerschaften und

---

1) W. Pater: Die Renaissance. Aus dem Englischen. Zweite Auflage 1906. „Doch sicher ist es, daß er in einem gewissen Abschnitt seines Lebens beinahe aufgehört hatte, Künstler zu sein."

2) Vgl. bei v. Seidlitz, Bd. I, die Geschichte der Restaurations- und Rettungsversuche.

Streitigkeiten auf. Er war mild und gütig gegen alle, lehnte angeblich die Fleischnahrung ab, weil er es nicht für gerechtfertigt hielt, Tieren das Leben zu rauben, und machte sich einen besonderen Genuß daraus, Vögeln, die er auf dem Markte kaufte, die Freiheit zu schenken.[1] Er verurteilte Krieg und Blutvergießen und hieß den Menschen nicht so sehr den König der Tierwelt als vielmehr die ärgste der wilden Bestien.[2] Aber diese weibliche Zartheit des Empfindens hielt ihn nicht ab, verurteilte Verbrecher auf ihrem Wege zur Hinrichtung zu begleiten, um deren von Angst verzerrte Mienen zu studieren und in seinem Taschenbuche abzuzeichnen, hinderte ihn nicht, die grausamsten Angriffswaffen zu entwerfen und als oberster Kriegsingenieur in die Dienste des Cesare Borgia zu treten. Er erschien oft wie indifferent gegen Gut und Böse, oder er verlangte mit einem besonderen Maße gemessen zu werden. In einer maßgebenden Stellung machte er den Feldzug des Cesare mit, der diesen rücksichtslosesten und treulosesten aller Gegner in den Besitz der Romagna brachte. Nicht eine Zeile der Aufzeichnungen Leonardos verrät eine Kritik oder Anteilnahme an den Vorgängen jener Tage. Der Vergleich mit Goethe während der Campagne in Frankreich ist hier nicht ganz abzuweisen.

Wenn ein biographischer Versuch wirklich zum Verständnis des Seelenlebens seines Helden durchdringen will, darf er nicht, wie dies in den meisten Biographien aus Diskretion oder aus Prüderie geschieht, die sexuelle Betätigung, die geschlechtliche Eigenart des Untersuchten mit Stillschweigen übergehen. Was hierüber bei Leonardo bekannt ist, ist wenig, aber dieses wenige bedeutungsvoll. In einer Zeit, die schrankenlose Sinnlichkeit mit düsterer Askese ringen sah, war Leonardo ein Beispiel von kühler

---

1) E. Müntz. Léonard de Vinci. Paris 1899, p. 18. (Ein Brief eines Zeitgenossen aus Indien an einen Medici spielt auf diese Eigentümlichkeit Leonardos an. Nach Richter: The literary Works of L. d. V.)

2) F. Botazzi. Leonardo biologo e anatomico. In: Conferenze fiorentine, p. 186, 1910.

Sexualablehnung, die man beim Künstler und Darsteller der Frauenschönheit nicht erwarten würde. Solmi[1] zitiert von ihm folgenden Satz, der seine Frigidität kennzeichnet: „Der Zeugungsakt und alles, was damit in Verbindung steht, ist so abscheulich, daß die Menschen bald aussterben würden, wäre es nicht eine althergebrachte Sitte und gäbe es nicht noch hübsche Gesichter und sinnliche Veranlagungen." Seine hinterlassenen Schriften, die ja nicht nur die höchsten wissenschaftlichen Probleme behandeln, sondern auch Harmlosigkeiten enthalten, welche uns eines so großen Geistes kaum würdig erscheinen (eine allegorische Naturgeschichte, Tierfabeln, Schwänke, Prophezeiungen[2]) sind in einem Grade keusch, — man möchte sagen: abstinent, — der in einem Werke der schönen Literatur auch heute Wunder nehmen würde. Sie weichen allem Sexuellen so entschieden aus, als wäre allein der Eros, der alles Lebende erhält, kein würdiger Stoff für den Wissensdrang des Forschers.[3] Es ist bekannt, wie häufig große Künstler sich darin gefallen, ihre Phantasie in erotischen und selbst derb obszönen Darstellungen auszutoben; von Leonardo besitzen wir zum Gegensatze nur einige anatomische Zeichnungen über die inneren Genitalien des Weibes, die Lage der Frucht im Mutterleibe u. dgl.[4]

---

1) E. Solmi. Leonardo da Vinci. Deutsche Übersetzung von Emmi Hirschberg. Berlin 1908.

2) Marie Herzfeld. Leonardo da Vinci, der Denker, Forscher und Poet. Zweite Auflage. Jena 1906.

3) Vielleicht machen hier die von ihm gesammelten Schwänke, — *belle facezie*, — die nicht übersetzt vorliegen, eine, übrigens belanglose Ausnahme. Vgl. Herzfeld, L. d. V., p. CLI.

4) Eine Zeichnung von Leonardo, die den Geschlechtsakt in einem anatomischen Sagittaldurchschnitt darstellt und gewiß nicht obszön zu nennen ist, läßt einige merkwürdige Irrtümer erkennen, welche Dr. R. Reitler (Internat. Zeitschrift für Psychoanalyse IV, 1916/17) entdeckt und im Sinne der hier gegebenen Charakteristik Leonardos besprochen hat:

„Und dieser übergroße Forschertrieb hat gerade bei der Darstellung des Zeugungsaktes — selbstverständlich nur infolge seiner noch größeren Sexualverdrängung — ganz und gar versagt. Der männliche Körper ist in ganzer Figur, der weibliche nur zum Teile gezeichnet. Wenn man einem unbefangenen Beschauer die hier wieder-

Es ist zweifelhaft, ob Leonardo jemals ein Weib in Liebe umarmt hat; auch von einer intimen seelischen Beziehung zu einer Frau, wie die Michel Angelos zur Vittoria Colonna, ist nichts

gegebene Zeichnung in der Weise zeigt, daß man mit Ausnahme des Kopfes alle unterhalb befindlichen Partien zudeckt, so kann mit Sicherheit erwartet werden, daß der Kopf für weiblich gehalten wird. Die welligen Locken sowohl am Vorderhaupte als auch die, welche den Rücken entlang beiläufig bis zum 4. oder 5. Dorsalwirbel herabwallen, kennzeichnen den Kopf entschieden als einen mehr femininen als virilen.

Die weibliche Brust zeigt zwei Mängel, und zwar erstens in künstlerischer Beziehung, denn ihr Umriß bietet den Anblick einer unschön herabhängenden Schlappbrust, und zweitens auch in anatomischer Hinsicht, denn der Forscher Leonardo war offenbar durch seine Sexualabwehr verhindert worden, sich nur einmal die Brustwarze eines säugenden Weibes genau anzusehen. Hätte er das getan, so müßte er bemerkt haben, daß die Milch aus verschiedenen, voneinander getrennten Ausführungsgängen herausströmt. Leonardo aber zeichnete nur einen einzigen Kanal, der weit in den Bauchraum hinunterreicht und wahrscheinlich nach Leonardos Meinung die Milch aus der Cysterna chyli bezieht, vielleicht auch mit den Sexualorganen in irgend einer Verbindung steht. Allerdings muß in Betracht gezogen werden, daß das Studium der inneren Organe des menschlichen Körpers in damaliger Zeit äußerst erschwert war, weil das Sezieren von Verstorbenen als Leichenschändung angesehen und strengstens bestraft wurde. Ob Leonardo, dem ja nur ein sehr kleines Sektionsmaterial zur Verfügung stand, von der Existenz eines Lymphreservoirs im Bauchraum überhaupt etwas gewußt hat, ist somit eigentlich recht fraglich, obzwar er in seiner Zeichnung zweifellos einen derart zu deutenden Hohlraum darstellte. Daß er aber den Milchkanal noch tiefer nach abwärts bis zu den inneren Sexualorganen reichend zeichnete, läßt vermuten, daß er das zeitliche

bekannt. Als er noch als Lehrling im Hause seines Meisters
Verrocchio lebte, traf ihn mit anderen jungen Leuten eine
Anzeige wegen verbotenen homosexuellen Umganges, die mit
seinem Freispruch endete. Es scheint, daß er in diesen Verdacht

---

Zusammenfallen des Beginnes der Milchabsonderung mit dem Ende der Schwangerschaft auch durch sinnfällige anatomische Zusammenhänge darzustellen suchte. Wenn wir nun auch des Künstlers mangelhafte Kenntnisse der Anatomie mit Rücksicht auf die Verhältnisse seiner Zeit gerne entschuldigen wollen, so ist es doch auffallend, daß Leonardo gerade das weibliche Genitale so vernachlässigt behandelt hat. Man kann wohl die Vagina und eine Andeutung der Portio uteri erkennen, die Gebärmutter selbst ist aber in ganz verworrenen Linien gezeichnet.

Das männliche Genitale hingegen hat Leonardo viel korrekter dargestellt. So zum Beispiel hat er sich nicht begnügt, den Testikel zu zeichnen, sondern hat auch ganz richtig die Epididymis in die Skizze aufgenommen.

Äußerst merkwürdig ist die Stellung, in welcher Leonardo den Koitus vollziehen läßt. Es gibt Bilder und Zeichnungen hervorragender Künstler, die den *coitus a tergo, a latere* usw. darstellen, aber einen Geschlechtsakt im Stehen zu zeichnen, da muß wohl eine ganz besonders starke Sexualverdrängung als Ursache dieser solitären, beinahe grotesken Darstellung vermutet werden. Wenn man genießen will, so pflegt man es sich so bequem als möglich zu machen. Das gilt natürlich für beide Urtriebe, für Hunger und Liebe. Die meisten Völker des Altertums nahmen beim Mahle eine liegende Stellung ein, und beim Koitus liegt man normalerweise heutzutage gerade so bequem, wie unsere Vorfahren es taten. Durch das Liegen wird gewissermaßen das Wollen ausgedrückt, in der erwünschten Situation längere Zeit hindurch zu verweilen.

Auch die Gesichtszüge des femininen Männerkopfes zeigen eine geradezu unwillige Abwehr. Die Brauen sind gerunzelt, der Blick ist mit einem Ausdrucke von Scheu seitwärts gerichtet, die Lippen sind zusammengepreßt und ihre Winkel nach unten verzogen. Dieses Gesicht läßt wahrlich weder die Lust des Liebespendens, noch die Seligkeit des Gewährens erkennen; es drückt nur Unwillen und Abscheu aus.

Die gröbste Fehlleistung hat aber Leonardo bei der Zeichnung der beiden unteren Extremitäten begangen. Der Fuß des Mannes sollte nämlich der rechte sein; denn da Leonardo den Zeugungsakt in Form eines anatomischen Sagittaldurchschnittes darstellte, so müßte ja der linke männliche Fuß oberhalb der Bildfläche gedacht werden, und umgekehrt sollte aus demselben Grunde der weibliche Fuß der linken Seite angehören. Tatsächlich aber hat Leonardo weiblich und männlich vertauscht. Die Figur des Mannes besitzt einen linken, die des Weibes einen rechten Fuß. Bezüglich dieser Vertauschung orientiert man sich am leichtesten, wenn man bedenkt, daß die großen Zehen der Innenseite der Füße angehören.

Aus dieser anatomischen Zeichnung allein hätte man die den großen Künstler und Forscher beinahe verwirrende Libidoverdrängung erschließen können."

Diese Darstellung Reitlers hat allerdings die Kritik gefunden, es sei nicht zulässig, aus einer flüchtigen Zeichnung so ernste Schlüsse zu ziehen, und es stehe nicht einmal fest, ob die Stücke der Zeichnung wirklich zusammen gehören.

geriet, weil er sich eines übel beleumundeten Knaben als Modells bediente.¹ Als Meister umgab er sich mit schönen Knaben und Jünglingen, die er zu Schülern annahm. Der letzte dieser Schüler, Francesco M e l z i, begleitete ihn nach Frankreich, blieb bis zu seinem Tode bei ihm und wurde von ihm zum Erben eingesetzt. Ohne die Sicherheit seiner modernen Biographen zu teilen, die die Möglichkeit eines sexuellen Verkehrs zwischen ihm und seinen Schülern natürlich als eine grundlose Beschimpfung des großen Mannes verwerfen, mag man es für weitaus wahrscheinlicher halten, daß die zärtlichen Beziehungen Leonardos zu den jungen Leuten, die nach damaliger Schülerart sein Leben teilten, nicht in geschlechtliche Betätigung ausliefen. Man wird ihm auch von sexueller Aktivität kein hohes Maß zumuten dürfen.

Die Eigenart dieses Gefühls- und Geschlechtslebens läßt sich im Zusammenhalt mit Leonardos Doppelnatur als Künstler und Forscher nur in einer Weise begreifen. Von den Biographen, denen psychologische Gesichtspunkte oft sehr ferne liegen, hat meines Wissens nur einer, Edm. S o l m i, sich der Lösung des Rätsels genähert; ein Dichter aber, der Leonardo zum Helden eines großen historischen Romans gewählt hat, Dmitry Sergewitsch M e r e s c h k o w s k i, hat seine Darstellung auf solches Verständnis des ungewöhnlichen Mannes gegründet und seine Auffassung, wenn auch nicht in dürren Worten, so doch nach der Weise des Dichters in plastischem Ausdruck unverkennbar geäußert.² S o l m i urteilt über Leonardo: „Aber das unstillbare Verlangen, alles ihn Umgebende zu erkennen und mit kalter Überlegenheit das tiefste

---

1) Auf diesen Zwischenfall bezieht sich nach S c o g n a m i g l i o (l. c., p. 49) eine dunkle und selbst verschieden gelesene Stelle des Codex Atlanticus: „*Quanto io feci Domeneddio putto voi mi metteste in prigione, ora s'io lo fo grande, voimi farete peggio.*"
2) M e r e s c h k o w s k i. Leonardo da Vinci. Ein biographischer Roman aus der Wende des XV. Jahrhunderts. Deutsche Übersetzung von C. v. Gülschow, Leipzig 1903. Das Mittelstück einer großen Romantrilogie, die „Christ und Antichrist" betitelt ist. Die beiden anderen Bände heißen „J u l i a n  A p o s t a t a" und „P e t e r  d e r  G r o ß e und A l e x e i".

Geheimnis alles Vollkommenen zu ergründen, hatte Leonardos Werke dazu verdammt, stets unfertig zu bleiben."¹ In einem Aufsatze der Conferenze Fiorentine wird die Äußerung Leonardos zitiert, die sein Glaubensbekenntnis und den Schlüssel zu seinem Wesen ausliefert:

„*Nessuna cosa si può amare nè odiare, se prima non si ha cognition di quella.*"²

Also: Man hat kein Recht, etwas zu lieben oder zu hassen, wenn man sich nicht eine gründliche Erkenntnis seines Wesens verschafft hat. Und dasselbe wiederholt Leonardo an einer Stelle des Traktats von der Malerei, wo er sich gegen den Vorwurf der Irreligiosität zu verteidigen scheint:

„Solche Tadler mögen aber stillschweigen. Denn jenes (Tun) ist die Weise, den Werkmeister so vieler bewundernswerter Dinge kennenzulernen, und dies der Weg, einen so großen Erfinder zu lieben. Denn wahrlich, große Liebe entspringt aus großer Erkenntnis des geliebten Gegenstandes, und wenn du diesen wenig kennst, so wirst du ihn nur wenig oder gar nicht lieben können..."³

Der Wert dieser Äußerungen Leonardos kann nicht darin gesucht werden, daß sie eine bedeutsame psychologische Tatsache mitteilen, denn was sie behaupten, ist offenkundig falsch, und Leonardo mußte dies ebensogut wissen wie wir. Es ist nicht wahr, daß die Menschen mit ihrer Liebe oder ihrem Haß warten, bis sie den Gegenstand, dem diese Affekte gelten, studiert und in seinem Wesen erkannt haben, vielmehr lieben sie impulsiv auf Gefühlsmotive hin, die mit Erkenntnis nichts zu tun haben, und deren Wirkung durch Besinnung und Nachdenken höchstens

---

1) S o l m i. Leonardo da Vinci. Deutsche Übersetzung von Emmi Hirschberg. Berlin 1908, p. 46.
2) Filippo B o t a z z i. Leonardo biologo e anatomico, p. 193.
3) Leonardo da Vinci. Traktat von der Malerei. Nach der Übersetzung von Heinrich Ludwig neu herausgegeben und eingeleitet von Marie Herzfeld. Jena 1909 (Abschnitt I, 64, p. 54).

Leonardo da Vinci: Heilige Anna Selbdritt
(Louvre, Paris)

abgeschwächt wird. Leonardo konnte also nur gemeint haben, was die Menschen üben, das sei nicht die richtige, einwandfreie Liebe, man sollte so lieben, daß man den Affekt aufhalte, ihn der Gedankenarbeit unterwerfe und erst frei gewähren lasse, nachdem er die Prüfung durch das Denken bestanden hat. Und wir verstehen dabei, daß er uns sagen will, bei ihm sei es so; es wäre für alle anderen erstrebenswert, wenn sie es mit Liebe und Haß so hielten wie er selbst.

Und bei ihm scheint es wirklich so gewesen zu sein. Seine Affekte waren gebändigt, dem Forschertrieb unterworfen; er liebte und haßte nicht, sondern fragte sich, woher das komme, was er lieben oder hassen solle, und was es bedeute, und so mußte er zunächst indifferent erscheinen gegen Gut und Böse, gegen Schönes und Häßliches. Während dieser Forscherarbeit warfen Liebe und Haß ihre Vorzeichen ab und wandelten sich gleichmäßig in Denkinteresse um. In Wirklichkeit war Leonardo nicht leidenschaftslos, er entbehrte nicht des göttlichen Funkens, der mittelbar oder unmittelbar die Triebkraft — *il primo motore* — alles menschlichen Tuns ist. Er hatte die Leidenschaft nur in Wissensdrang verwandelt; er ergab sich nun der Forschung mit jener Ausdauer, Stetigkeit, Vertiefung, die sich aus der Leidenschaft ableiten, und auf der Höhe der geistigen Arbeit, nach gewonnener Erkenntnis, läßt er den lange zurückgehaltenen Affekt losbrechen, frei abströmen wie einen vom Strome abgeleiteten Wasserarm, nachdem er das Werk getrieben hat. Auf der Höhe einer Erkenntnis, wenn er ein großes Stück des Zusammenhanges überschauen kann, dann erfaßt ihn das Pathos und er preist in schwärmerischen Worten die Großartigkeit jenes Stückes der Schöpfung, das er studiert hat, oder — in religiöser Einkleidung — die Größe seines Schöpfers. S o l m i hat diesen Prozeß der Umwandlung bei Leonardo richtig erfaßt. Nach dem Zitat einer solchen Stelle, in der Leonardo den hehren Zwang der Natur (*„O mirabile necessita..."*) gefeiert hat, sagt er:

*Tale trasfigurazione della scienza della natura in emozione, quasi
direi, religiosa, è uno dei tratti caratteristici de' manoscritti
vinciani, e si trova cento volte espressa* ...¹

Man hat Leonardo wegen seines unersättlichen und unermüdlichen Forscherdranges den italienischen Faust geheißen. Aber von allen Bedenken gegen die mögliche Rückverwandlung des Forschertriebs in Lebenslust abgesehen, die wir als die Voraussetzung der Fausttragödie annehmen müssen, möchte man die Bemerkung wagen, daß die Entwicklung Leonardos an spinozistische Denkweise streift.

Die Umsetzungen der psychischen Triebkraft in verschiedene Formen der Betätigung sind vielleicht ebensowenig ohne Einbuße konvertierbar, wie die der physikalischen Kräfte. Das Beispiel Leonardos lehrt, wie vielerlei anderes an diesen Prozessen zu verfolgen ist. Aus dem Aufschub, erst zu lieben, nachdem man erkannt hat, wird ein Ersatz. Man liebt und haßt nicht mehr recht, wenn man zur Erkenntnis durchgedrungen ist; man bleibt jenseits von Liebe und Haß. Man hat geforscht, anstatt zu lieben. Und darum vielleicht ist Leonardos Leben so viel ärmer an Liebe gewesen als das anderer Großer und anderer Künstler. Die stürmischen Leidenschaften erhebender und verzehrender Natur, in denen andere ihr Bestes erlebten, scheinen ihn nicht getroffen zu haben.

Und noch andere Folgen. Man hat auch geforscht, anstatt zu handeln, zu schaffen. Wer die Großartigkeit des Weltzusammenhanges und dessen Notwendigkeiten zu ahnen begonnen hat, der verliert leicht sein eigenes kleines Ich. In Bewunderung versunken, wahrhaft demütig geworden, vergißt man zu leicht, daß man selbst ein Stück jener wirkenden Kräfte ist und es versuchen darf, nach dem Ausmaß seiner persönlichen Kraft ein Stückchen jenes notwendigen Ablaufes der Welt ab-

---

1) Solmi, La resurrezione etc., p. 11.

zuändern, der Welt, in welcher das Kleine doch nicht minder wunderbar und bedeutsam ist als das Große.

Leonardo hatte vielleicht, wie Solmi meint, im Dienste seiner Kunst zu forschen begonnen,[1] er bemühte sich um die Eigenschaften und Gesetze des Lichts, der Farben, Schatten, der Perspektive, um sich die Meisterschaft in der Nachahmung der Natur zu sichern und anderen den gleichen Weg zu weisen. Wahrscheinlich überschätzte er schon damals den Wert dieser Kenntnisse für den Künstler. Dann trieb es ihn, noch immer am Leitseil des malerischen Bedürfnisses, zur Erforschung der Objekte der Malerei, der Tiere und Pflanzen, der Proportionen des menschlichen Körpers, vom Äußeren derselben weg zur Kenntnis ihres inneren Baues und ihrer Lebensfunktionen, die sich ja auch in ihrer Erscheinung ausdrücken und von der Kunst Darstellung verlangen. Und endlich riß ihn der übermächtig gewordene Trieb fort, bis der Zusammenhang mit den Anforderungen seiner Kunst zerriß, so daß er die allgemeinen Gesetze der Mechanik auffand, daß er die Geschichte der Ablagerungen und Versteinerungen im Arnotal erriet, und bis daß er in sein Buch mit großen Buchstaben die Erkenntnis eintragen konnte: *Il sole non si move.* Auf so ziemlich alle Gebiete der Naturwissenschaft dehnte er seine Forschungen aus, auf jedem einzelnen ein Entdecker oder wenigstens Vorhersager und Pfadfinder.[2] Doch blieb sein Wissensdrang auf die Außenwelt gerichtet, von der Erforschung des Seelenlebens der Menschen hielt ihn etwas fern; in der „Academia Vinciana", für die er kunstvoll verschlungene Embleme zeichnete, war für die Psychologie wenig Raum.

---

1) La resurrezione etc., p. 8: „*Leonardo aveva posto, come regola al pittore, lo studio della natura...., poi la passione dello studio era divenuta dominante, egli aveva voluto acquistare non piu la scienza per l'arte, ma la scienza per la scienza.*"

2) Siehe die Aufzählung seiner wissenschaftlichen Leistungen in der schönen biographischen Einleitung der Marie Herzfeld (Jena 1906), in den einzelnen Essays der Conferenze Fiorentine 1910 und anderwärts.

Versuchte er dann von der Forschung zur Kunstübung zurückzukehren, von der er ausgegangen war, so erfuhr er an sich die Störung durch die neue Einstellung seiner Interessen und die veränderte Natur seiner psychischen Arbeit. Am Bild interessierte ihn vor allem ein Problem, und hinter diesem einen sah er ungezählte andere Probleme auftauchen, wie er es in der endlosen und unabschließbaren Naturforschung gewohnt war. Er brachte sich nicht mehr dazu, seinen Anspruch zu beschränken, das Kunstwerk zu isolieren, es aus dem großen Zusammenhang zu reißen, in den er es gehörig wußte. Nach den erschöpfendsten Bemühungen, alles in ihm zum Ausdruck zu bringen, was sich in seinen Gedanken daran knüpfte, mußte er es unfertig im Stiche lassen oder es für unvollendet erklären.

Der Künstler hatte einst den Forscher als Handlanger in seinen Dienst genommen, nun war der Diener der stärkere geworden und unterdrückte seinen Herrn.

Wenn wir im Charakterbilde einer Person einen einzigen Trieb überstark ausgebildet finden, wie bei Leonardo die Wißbegierde, so berufen wir uns zur Erklärung auf eine besondere Anlage, über deren wahrscheinlich organische Bedingtheit meist noch nichts Näheres bekannt ist. Durch unsere psychoanalytischen Studien an Nervösen werden wir aber zwei weiteren Erwartungen geneigt, die wir gern in jedem einzelnen Falle bestätigt finden möchten. Wir halten es für wahrscheinlich, daß jener überstarke Trieb sich bereits in der frühesten Kindheit der Person betätigt hat, und daß seine Oberherrschaft durch Eindrücke des Kinderlebens festgelegt wurde, und wir nehmen ferner an, daß er ursprünglich sexuelle Triebkräfte zu seiner Verstärkung herangezogen hat, so daß er späterhin ein Stück des Sexuallebens vertreten kann. Ein solcher Mensch würde also zum Beispiel forschen mit jener leidenschaftlichen Hingabe, mit der ein anderer seine Liebe ausstattet, und er könnte forschen anstatt zu lieben. Nicht nur beim Forschertrieb, sondern auch in den meisten anderen

Fällen von besonderer Intensität eines Triebes würden wir den
Schluß auf eine sexuelle Verstärkung desselben wagen.

Die Beobachtung des täglichen Lebens der Menschen zeigt uns,
daß es den meisten gelingt, ganz ansehnliche Anteile ihrer sexuellen
Triebkräfte auf ihre Berufstätigkeit zu leiten. Der Sexualtrieb
eignet sich ganz besonders dazu, solche Beiträge abzugeben, da
er mit der Fähigkeit der Sublimierung begabt, das heißt imstande
ist, sein nächstes Ziel gegen andere, eventuell höher gewertete und
nicht sexuelle, Ziele zu vertauschen. Wir halten diesen Vorgang
für erwiesen, wenn uns die Kindergeschichte, also die seelische
Entwicklungsgeschichte, einer Person zeigt, daß zur Kinderzeit
der übermächtige Trieb im Dienste sexueller Interessen stand.
Wir finden eine weitere Bestätigung darin, wenn sich im Sexualleben reifer Jahre eine auffällige Verkümmerung dartut, gleichsam
als ob ein Stück der Sexualbetätigung nun durch die Betätigung
des übermächtigen Triebes ersetzt wäre.

Die Anwendung dieser Erwartungen auf den Fall des übermächtigen Forschertriebes scheint besonderen Schwierigkeiten zu
unterliegen, da man gerade den Kindern weder diesen ernsthaften
Trieb noch bemerkenswerte sexuelle Interessen zutrauen möchte.
Indes sind diese Schwierigkeiten leicht zu beheben. Von der Wißbegierde der kleinen Kinder zeugt deren unermüdliche Fragelust,
die dem Erwachsenen rätselhaft ist, solange er nicht versteht,
daß alle diese Fragen nur Umschweife sind, und daß sie kein
Ende nehmen können, weil das Kind durch sie nur eine Frage
ersetzen will, die es doch nicht stellt. Ist das Kind größer und
einsichtsvoller geworden, so bricht diese Äußerung der Wißbegierde
oft plötzlich ab. Eine volle Aufklärung gibt uns aber die psychoanalytische Untersuchung, indem sie uns lehrt, daß viele, vielleicht
die meisten, jedenfalls die bestbegabten Kinder etwa vom dritten
Lebensjahr an eine Periode durchmachen, die man als die der
infantilen Sexualforschung bezeichnen darf. Die Wißbegierde erwacht bei den Kindern dieses Alters, soviel wir wissen,

nicht spontan, sondern wird durch den Eindruck eines wichtigen Erlebnisses geweckt, durch die erfolgte oder nach auswärtigen Erfahrungen gefürchtete Geburt eines Geschwisterchens, in der das Kind eine Bedrohung seiner egoistischen Interessen erblickt. Die Forschung richtet sich auf die Frage, woher die Kinder kommen geradeso, als ob das Kind nach Mitteln und Wegen suchte, ein so unerwünschtes Ereignis zu verhüten. Wir haben so mit Erstaunen erfahren, daß das Kind den ihm gegebenen Auskünften den Glauben verweigert, zum Beispiel die mythologisch so sinnreiche Storchfabel energisch abweist, daß es von diesem Akte des Unglaubens an seine geistige Selbständigkeit datiert, sich oft in ernstem Gegensatze zu den Erwachsenen fühlt und diesen eigentlich niemals mehr verzeiht, daß es bei diesem Anlasse um die Wahrheit betrogen wurde. Es forscht auf eigenen Wegen, errät den Aufenthalt des Kindes im Mutterleibe und schafft sich, von den Regungen der eigenen Sexualität geleitet, Ansichten über die Herkunft des Kindes vom Essen, über sein Geborenwerden durch den Darm, über die schwer zu ergründende Rolle des Vaters, und es ahnt bereits damals die Existenz des sexuellen Aktes, der ihm als etwas Feindseliges und Gewalttätiges erscheint. Aber wie seine eigene Sexualkonstitution der Aufgabe der Kinderzeugung noch nicht gewachsen ist, so muß auch seine Forschung, woher die Kinder kommen, im Sande verlaufen und als unvollendbar im Stiche gelassen werden. Der Eindruck dieses Mißglückens bei der ersten Probe intellektueller Selbständigkeit scheint ein nachhaltiger und tief deprimierender zu sein.[1]

Wenn die Periode der infantilen Sexualforschung durch einen Schub energischer Sexualverdrängung abgeschlossen worden ist,

---

1) Zur Erhärtung dieser unwahrscheinlich klingenden Behauptungen nehme man Einsicht in die „Analyse der Phobie eines fünfjährigen Knaben", 1909 [Ges. Werke, Bd. VII] und in ähnliche Beobachtungen. In einem Aufsatze über die „Infantilen Sexualtheorien", 1908 [Ges. Werke, Bd. VII], schrieb ich: „Dieses Grübeln und Zweifeln wird aber vorbildlich für alle spätere Denkarbeit an Problemen und der erste Mißerfolg wirkt für alle Zeiten lähmend fort."

leiten sich für das weitere Schicksal des Forschertriebes drei verschiedene Möglichkeiten aus seiner frühzeitlichen Verknüpfung mit sexuellen Interessen ab. Entweder die Forschung teilt das Schicksal der Sexualität, die Wißbegierde bleibt von da an gehemmt und die freie Betätigung der Intelligenz vielleicht für Lebenszeit eingeschränkt, besonders da kurze Zeit nachher durch die Erziehung die mächtige religiöse Denkhemmung zur Geltung gebracht wird. Dies ist der Typus der neurotischen Hemmung. Wir verstehen sehr wohl, daß die so erworbene Denkschwäche dem Ausbruch einer neurotischen Erkrankung wirksamen Vorschub leistet. In einem zweiten Typus ist die intellektuelle Entwicklung kräftig genug, um der an ihr zerrenden Sexualverdrängung zu widerstehen. Einige Zeit nach dem Untergang der infantilen Sexualforschung, wenn die Intelligenz erstarkt ist, bietet sie eingedenk der alten Verbindung ihre Hilfe zur Umgehung der Sexualverdrängung, und die unterdrückte Sexualforschung kehrt als Grübelzwang aus dem Unbewußten zurück, allerdings entstellt und unfrei, aber mächtig genug, um das Denken selbst zu sexualisieren und die intellektuellen Operationen mit der Lust und der Angst der eigentlichen Sexualvorgänge zu betonen. Das Forschen wird hier zur Sexualbetätigung, oft zur ausschließlichen, das Gefühl der Erledigung in Gedanken, der Klärung, wird an die Stelle der sexuellen Befriedigung gesetzt; aber der unabschließbare Charakter der Kinderforschung wiederholt sich auch darin, daß dies Grübeln nie ein Ende findet, und daß das gesuchte intellektuelle Gefühl der Lösung immer weiter in die Ferne rückt.

Der dritte, seltenste und vollkommenste, Typus entgeht kraft besonderer Anlage der Denkhemmung wie dem neurotischen Denkzwang. Die Sexualverdrängung tritt zwar auch hier ein, aber es gelingt ihr nicht, einen Partialtrieb der Sexuallust ins Unbewußte zu weisen, sondern die Libido entzieht sich dem Schicksal der Verdrängung, indem sie sich von Anfang an in Wißbegierde sublimiert und sich zu dem kräftigen Forschertrieb als Verstärkung schlägt. Auch hier wird das Forschen gewissermaßen zum Zwang und zum Ersatz der Sexualbetätigung, aber infolge der völligen Verschiedenheit der zugrunde liegenden psychischen Prozesse (Sublimierung an Stelle des Durchbruchs aus dem Unbewußten) bleibt der Charakter der Neurose aus, die Gebundenheit an die ursprünglichen Komplexe der infantilen Sexualforschung entfällt, und der Trieb kann sich frei im Dienste des intellektuellen Interesses betätigen. Der Sexualverdrängung, die ihn durch den Zuschuß von sublimierter Libido so stark gemacht hat, trägt er noch Rechnung, indem er die Beschäftigung mit sexuellen Themen vermeidet.

Wenn wir das Zusammentreffen des übermächtigen Forschertriebes bei Leonardo mit der Verkümmerung seines Sexuallebens erwägen, welches sich auf sogenannte ideelle Homosexualität einschränkt, werden wir geneigt sein, ihn als einen Musterfall unseres dritten Typus in Anspruch zu nehmen. Daß es ihm nach infantiler Betätigung der Wißbegierde im Dienste sexueller Interessen dann gelungen ist, den größeren Anteil seiner Libido in Forscherdrang zu sublimieren, das wäre der Kern und das Geheimnis seines Wesens. Aber freilich der Beweis für diese Auffassung ist nicht leicht zu erbringen. Wir bedürften hiezu eines Einblickes in die seelische Entwicklung seiner ersten Kinderjahre, und es erscheint töricht, auf solches Material zu hoffen, wenn die Nachrichten über sein Leben so spärlich und so unsicher sind, und wenn es sich überdies um Auskünfte über Verhältnisse handelt, die sich noch bei Personen unserer eigenen Generation der Aufmerksamkeit der Beobachter entziehen.

Wir wissen sehr wenig von der Jugend Leonardos. Er wurde 1452 in dem kleinen Städtchen Vinci zwischen Florenz und Empoli geboren; er war ein uneheliches Kind, was in jener Zeit gewiß nicht als schwerer bürgerlicher Makel betrachtet wurde; sein Vater war Ser Piero da Vinci, ein Notar und Abkömmling einer Familie von Notaren und Landbebauern, die ihren Namen nach dem Orte Vinci führten; seine Mutter eine Catarina, wahrscheinlich ein Bauernmädchen, die später mit einem anderen Einwohner von Vinci verheiratet war. Diese Mutter kommt in der Lebensgeschichte Leonardos nicht mehr vor, nur der Dichter Mereschkowski glaubt ihre Spur nachweisen zu können. Die einzige sichere Auskunft über Leonardos Kindheit gibt ein amtliches Dokument aus dem Jahre 1457, ein Florentiner Steuerkataster, in welchem unter den Hausgenossen der Familie Vinci Leonardo als fünfjähriges illegitimes Kind des Ser Piero angeführt wird.[1] Die Ehe Ser Pieros mit einer Donna Albiera blieb kinderlos, darum konnte der kleine Leonardo im Hause seines Vaters aufgezogen werden. Dies Vaterhaus verließ er erst, als er, unbekannt in welchem Alter, als Lehrling in die Werkstatt des Andrea del Verrocchio eintrat. Im Jahre 1472 findet sich Leonardos Name bereits im Verzeichnis der Mitglieder der „*Compagnia dei Pittori*". Das ist alles.

---

1) Scognamiglio, l. c., p. 15.

## II

Ein einziges Mal, soviel mir bekannt ist, hat Leonardo in eine seiner wissenschaftlichen Niederschriften eine Mitteilung aus seiner Kindheit eingestreut. An einer Stelle, die vom Fluge des Geiers handelt, unterbricht er sich plötzlich, um einer in ihm auftauchenden Erinnerung aus sehr frühen Jahren zu folgen.

„Es scheint, daß es mir schon vorher bestimmt war, mich so gründlich mit dem Geier zu befassen, denn es kommt mir als eine ganz frühe Erinnerung in den Sinn, als ich noch in der Wiege lag, ist ein Geier zu mir herabgekommen, hat mir den Mund mit seinem Schwanz geöffnet und viele Male mit diesem seinen Schwanz gegen meine Lippen gestoßen."[1]

Eine Kindheitserinnerung also, und zwar höchst befremdender Art. Befremdend wegen ihres Inhaltes und wegen der Lebenszeit, in die sie verlegt wird. Daß ein Mensch eine Erinnerung an seine Säuglingszeit bewahren könne, ist vielleicht nicht unmöglich, kann aber keineswegs als gesichert gelten. Was jedoch diese Erinnerung Leonardos behauptet, daß ein Geier dem Kinde mit seinem Schwanz den Mund geöffnet, das klingt so unwahrscheinlich, so märchen-

---

1) „*Questo scriver si distintamente del nibio par che sia mio destino, perche nella mia prima ricordatione della mia infantia e mi parea che essendo io in culla, che un nibio venissi a me e mi aprissi la bocca colla sua coda e molte volte mi percuotesse con tal coda dentro alle labbra.*" (Cod. atlant. F. 65 V. nach S c o g n a m i g l i o.)

haft, daß eine andere Auffassung, die beiden Schwierigkeiten mit einem Schlage ein Ende macht, sich unserem Urteile besser empfiehlt. Jene Szene mit dem Geier wird nicht eine Erinnerung Leonardos sein, sondern eine Phantasie, die er sich später gebildet und in seine Kindheit versetzt hat.¹ Die Kindheitserinnerungen der Menschen haben oft keine andere Herkunft; sie werden überhaupt nicht, wie die bewußten Erinnerungen aus der Zeit der Reife, vom Erlebnis an fixiert und wiederholt, sondern erst in späterer Zeit, wenn die Kindheit schon vorüber ist, hervorgeholt, dabei verändert, verfälscht, in den Dienst späterer Tendenzen gestellt, so daß sie sich ganz allgemein von Phantasien nicht strenge scheiden lassen. Vielleicht kann man sich ihre Natur nicht besser klar machen, als indem man an die Art und Weise denkt, wie bei den alten Völkern die Geschichtsschreibung entstanden ist. Solange das Volk klein und schwach war, dachte es nicht daran, seine Geschichte zu schreiben; man bearbeitete den Boden des Landes, wehrte sich seiner Existenz gegen die Nachbarn, suchte ihnen Land abzugewinnen und zu Reichtum zu kommen. Es war eine heroische und unhistorische Zeit. Dann brach eine andere Zeit an, in der man zur Besinnung kam, sich reich und mächtig fühlte, und nun entstand das Bedürfnis zu erfahren, woher man

---

1) Havelock Ellis hat in einer liebenswürdigen Besprechung dieser Schrift im „Journal of mental science" (July 1910) gegen die oben stehende Auffassung eingewendet, diese Erinnerung Leonardos könne sehr wohl eine reale Begründung gehabt haben, da Kindererinnerungen oft sehr viel weiter zurückreichen, als man gewöhnlich glaubt. Der große Vogel brauchte ja gerade kein Geier gewesen zu sein. Ich will dies gerne zugestehen und zur Verminderung der Schwierigkeit die Annahme beitragen, die Mutter habe den Besuch des großen Vogels bei ihrem Kinde, den sie leicht für ein bedeutsames Vorzeichen halten konnte, beobachtet und später dem Kinde wiederholt davon erzählt, so daß das Kind die Erinnerung an diese Erzählung behalten und sie später, wie es so oft geschieht, mit einer Erinnerung an eigenes Erleben verwechseln konnte. Allein diese Abänderung tut der Verbindlichkeit meiner Darstellung keinen Abbruch. Die spät geschaffenen Phantasien der Menschen über ihre Kindheit lehnen sich sogar in der Regel an kleine Wirklichkeiten dieser sonst vergessenen Vorzeit an. Es bedarf darum doch eines geheimen Motivs, um die reale Nichtigkeit hervorzuholen und sie in solcher Weise auszugestalten, wie es von Leonardo mit dem zum Geier ernannten Vogel und seinem merkwürdigen Tun geschieht.

gekommen und wie man geworden war. Die Geschichtsschreibung, welche begonnen hatte, die Erlebnisse der Jetztzeit fortlaufend zu verzeichnen, warf den Blick auch nach rückwärts in die Vergangenheit, sammelte Traditionen und Sagen, deutete die Überlebsel alter Zeiten in Sitten und Gebräuchen und schuf so eine Geschichte der Vorzeit. Es war unvermeidlich, daß diese Vorgeschichte eher ein Ausdruck der Meinungen und Wünsche der Gegenwart als ein Abbild der Vergangenheit wurde, denn vieles war von dem Gedächtnis des Volkes beseitigt, anderes entstellt worden, manche Spur der Vergangenheit wurde mißverständlich im Sinne der Gegenwart gedeutet, und überdies schrieb man ja nicht Geschichte aus den Motiven objektiver Wißbegierde, sondern weil man auf seine Zeitgenossen wirken, sie aneifern, erheben oder ihnen einen Spiegel vorhalten wollte. Das bewußte Gedächtnis eines Menschen von den Erlebnissen seiner Reifezeit ist nun durchaus jener Geschichtsschreibung zu vergleichen, und seine Kindheitserinnerungen entsprechen nach ihrer Entstehung und Verläßlichkeit wirklich der spät und tendenziös zurechtgemachten Geschichte der Urzeit eines Volkes.

Wenn die Erzählung Leonardos vom Geier, der ihn in der Wiege besucht, also nur eine spätgeborene Phantasie ist, so sollte man meinen, es könne sich kaum verlohnen, länger bei ihr zu verweilen. Zu ihrer Erklärung könnte man sich ja mit der offen kundgegebenen Tendenz begnügen, seiner Beschäftigung mit dem Problem des Vogelfluges die Weihe einer Schicksalsbestimmung zu leihen. Allein mit dieser Geringschätzung beginge man ein ähnliches Unrecht, wie wenn man das Material von Sagen, Traditionen und Deutungen in der Vorgeschichte eines Volkes leichthin verwerfen würde. Allen Entstellungen und Mißverständnissen zum Trotze ist die Realität der Vergangenheit doch durch sie repräsentiert; sie sind das, was das Volk aus den Erlebnissen seiner Urzeit gestaltet hat, unter der Herrschaft einstens mächtiger und heute noch wirksamer Motive, und könnte man nur durch die Kenntnis aller wirkenden Kräfte diese Entstellungen rückgängig machen, so müßte man hinter diesem sagenhaften Material die historische Wahrheit aufdecken können. Gleiches gilt für die Kindheitserinnerungen oder Phantasien der einzelnen. Es ist nicht gleichgültig, was ein Mensch aus seiner Kindheit zu erinnern glaubt; in der Regel sind hinter den von ihm selbst nicht verstandenen Erinnerungsresten unschätzbare Zeugnisse für die bedeutsamsten Züge seiner seelischen Entwicklung verborgen.[1] Da wir nun in den psychoanalytischen Techniken vortreffliche Hilfsmittel besitzen, um dies Verborgene ans Licht zu ziehen, wird uns der Versuch gestattet sein, die Lücke in Leonardos Lebensgeschichte durch die Analyse seiner Kindheitsphantasie auszufüllen. Erreichen wir dabei keinen befriedigenden Grad von Sicherheit, so müssen wir uns damit trösten, daß so vielen anderen Untersuchungen über den großen und rätselhaften Mann kein besseres Schicksal beschieden war.

---

[1] Ich habe eine solche Verwertung einer unverstandenen Kindheitserinnerung seither auch noch bei einem anderen Großen versucht. In Goethes etwa um sein sechzigstes Jahr verfaßter Lebensbeschreibung („Dichtung und Wahrheit") wird auf den ersten Seiten mitgeteilt, wie er auf Anstiften der Nachbarn kleines und großes Tongeschirr durchs Fenster auf die Straße schleuderte, so daß es zerschellte, und zwar ist diese die einzige Szene, die er aus seinen frühesten Jahren berichtet. Die völlige Beziehungslosigkeit ihres Inhalts, dessen Übereinstimmung mit Kindheitserinnerungen einiger anderer Menschenkinder, die nichts besonders Großes geworden sind, sowie der Umstand, daß Goethe des Brüderchens an dieser Stelle nicht gedenkt, bei dessen Geburt er drei dreiviertel Jahre, bei dessen Tod er nahezu 10 Jahre alt war, haben mich veranlaßt, die Analyse dieser Kindheitserinnerung zu unternehmen. (Er erwähnt dieses Kind allerdings später, wo er bei den vielen Erkrankungen der Kinderjahre verweilt.) Ich hoffte dabei, sie durch etwas anderes ersetzen zu können, was sich besser in den Zusammenhang der Goetheschen Darstellung einfügte und durch seinen Inhalt der Erhaltung sowie des ihm angewiesenen Platzes in der Lebensgeschichte würdig wäre. Die kleine Analyse [Eine Kindheitserinnerung aus „Dichtung und Wahrheit", 1917, Ges. Werke, Bd. XII] gestattete dann, das Hinauswerfen des Geschirrs als magische Handlung zu erkennen, die gegen einen störenden Eindringling gerichtet war, und an der Stelle, an der die Begebenheit berichtet wurde, sollte sie den Triumph darüber bedeuten, daß kein zweiter Sohn auf die Dauer Goethes inniges Verhältnis zu seiner Mutter stören durfte. Daß die früheste, in solchen Verkleidungen erhaltene Kindheitserinnerung der Mutter gilt, — bei Goethe wie bei Leonardo, — was wäre daran verwunderlich?

Wenn wir aber die Geierphantasie Leonardos mit dem Auge des Psychoanalytikers betrachten, so erscheint sie uns nicht lange fremdartig; wir glauben uns zu erinnern, daß wir oftmals, zum Beispiel in Träumen, ähnliches gefunden haben, so daß wir uns getrauen können, diese Phantasie aus der ihr eigentümlichen Sprache in gemeinverständliche Worte zu übersetzen. Die Übersetzung zielt dann aufs Erotische. Schwanz, *„coda"*, ist eines der bekanntesten Symbole und Ersatzbezeichnungen des männlichen Gliedes, im Italienischen nicht minder als in anderen Sprachen; die in der Phantasie enthaltene Situation, daß ein Geier den Mund des Kindes öffnet und mit dem Schwanz tüchtig darin herumarbeitet, entspricht der Vorstellung einer Fellatio, eines sexuellen Aktes, bei dem das Glied in den Mund der gebrauchten Person eingeführt wird. Sonderbar genug, daß diese Phantasie so durchwegs passiven Charakter an sich trägt; sie ähnelt auch gewissen Träumen und Phantasien von Frauen oder passiven Homosexuellen (die im Sexualverkehr die weibliche Rolle spielen).

Möge der Leser nun an sich halten und nicht in aufflammender Entrüstung der Psychoanalyse die Gefolgschaft verweigern, weil sie schon in ihren ersten Anwendungen zu einer unverzeihlichen Schmähung des Andenkens eines großen und reinen Mannes führt. Es ist doch offenbar, daß diese Entrüstung uns niemals wird sagen können, was die Kindheitsphantasie Leonardos bedeutet; anderseits hat sich Leonardo in unzweideutigster Weise zu dieser Phantasie bekannt, und wir lassen die Erwartung — wenn man will: das Vorurteil — nicht fallen, daß eine solche Phantasie wie jede psychische Schöpfung, wie ein Traum, eine Vision, ein Delirium, irgend eine Bedeutung haben muß. Schenken wir darum lieber der analytischen Arbeit, die ja noch nicht ihr letztes Wort gesprochen hat, für eine Weile gerechtes Gehör.

Die Neigung, das Glied des Mannes in den Mund zu nehmen, um daran zu saugen, die in der bürgerlichen Gesellschaft zu den abscheulichen sexuellen Perversionen gerechnet wird, kommt doch bei den Frauen unserer Zeit — und, wie alte Bildwerke beweisen, auch früherer Zeiten — sehr häufig vor und scheint im Zustande der Verliebtheit ihren anstößigen Charakter völlig abzustreifen. Der Arzt begegnet Phantasien, die sich auf diese Neigung gründen, auch bei weiblichen Personen, die nicht durch die Lektüre der „Psychopathia sexualis" von v. Krafft-Ebing oder durch sonstige Mitteilung zur Kenntnis von der Möglichkeit einer derartigen Sexualbefriedigung gelangt sind. Es scheint, daß es den Frauen leicht wird, aus Eigenem solche Wunschphantasien zu schaffen.[1] Die Nachforschung lehrt uns denn auch, daß diese von der Sitte so schwer geächtete Situation die harmloseste Ableitung zuläßt. Sie ist nichts anderes als die Umarbeitung einer anderen Situation, in welcher wir uns einst alle behaglich fühlten, als wir im Säuglingsalter *(„essendo io in culla")* die Brustwarze der Mutter oder Amme in den Mund nahmen, um an ihr zu saugen. Der organische Eindruck dieses unseres ersten Lebensgenusses ist wohl unzerstörbar eingeprägt geblieben; wenn das Kind später das Euter der Kuh kennenlernt, das seiner Funktion nach einer Brustwarze, seiner Gestalt und Lage am Unterleib nach aber einem Penis gleichkommt, hat es die Vorstufe für die spätere Bildung jener anstößigen sexuellen Phantasie gewonnen.

Wir verstehen jetzt, warum Leonardo die Erinnerung an das angebliche Erlebnis mit dem Geier in seine Säuglingszeit verlegt. Hinter dieser Phantasie verbirgt sich doch nichts anderes als eine Reminiszenz an das Saugen — oder Gesäugtwerden — an der Mutterbrust, welche menschlich schöne Szene er wie so viele andere Künstler an der Mutter Gottes und ihrem Kinde mit dem Pinsel darzustellen unternommen hat. Allerdings wollen wir auch festhalten, was wir noch nicht verstehen, daß diese

---

[1] Vgl. hiezu das „Bruchstück einer Hysterieanalyse" 1905 [Ges. Werke, Bd. V].

für beide Geschlechter gleich bedeutsame Reminiszenz von dem Manne Leonardo zu einer passiven homosexuellen Phantasie umgearbeitet worden ist. Wir werden die Frage vorläufig bei Seite lassen, welcher Zusammenhang etwa die Homosexualität mit dem Saugen an der Mutterbrust verbindet, und uns bloß daran erinnern, daß die Tradition Leonardo wirklich als einen homosexuell Fühlenden bezeichnet. Dabei gilt es uns gleich, ob jene Anklage gegen den Jüngling Leonardo berechtigt war oder nicht; nicht die reale Betätigung, sondern die Einstellung des Gefühls entscheidet für uns darüber, ob wir irgend jemand die Eigentümlichkeit der Inversion zuerkennen sollen.

Ein anderer unverstandener Zug der Kindheitsphantasie Leonardos nimmt unser Interesse zunächst in Anspruch. Wir deuten die Phantasie auf das Gesäugtwerden durch die Mutter und finden die Mutter ersetzt durch einen — Geier. Woher rührt dieser Geier und wie kommt er an diese Stelle?

Ein Einfall bietet sich da, so fernab liegend, daß man versucht wäre, auf ihn zu verzichten. In der heiligen Bilderschrift der alten Ägypter wird die Mutter allerdings mit dem Bilde des Geiers geschrieben.[1] Diese Ägypter verehrten auch eine mütterliche Gottheit, die geierköpfig gebildet wurde oder mit mehreren Köpfen, von denen wenigstens einer der eines Geiers war.[2] Der Name dieser Göttin wurde Mut ausgesprochen; ob die Lautähnlichkeit mit unserem Worte „Mutter" nur eine zufällige ist? So steht der Geier wirklich in Beziehung zur Mutter, aber was kann uns das helfen? Dürfen wir Leonardo denn diese Kenntnis zumuten, wenn die Lesung der Hieroglyphen erst François Champollion (1790—1832) gelungen ist?[3]

Man möchte sich dafür interessieren, auf welchem Wege auch

---

1) Horapollo, Hieroglyphica 1, 11. Μητέρα δὲ γράφοντες . . . . . . γῦπα ζωγραφοῦσιν.
2) Roscher, Ausf. Lexikon der griechischen und römischen Mythologie. Artikel „Mut", II. Bd., 1894—1897. — Lanzone, Dizionario di mitologia egizia. Torino 1882.
3) H. Hartleben, Champollion. Sein Leben und sein Werk, 1906.

nur die alten Ägypter dazu gekommen sind, den Geier zum Symbol der Mütterlichkeit zu wählen. Nun war die Religion und Kultur der Ägypter bereits den Griechen und Römern Gegenstand wissenschaftlicher Neugierde, und lange, ehe wir selbst die Denkmäler Ägyptens lesen konnten, standen uns einzelne Mitteilungen darüber aus erhaltenen Schriften des klassischen Altertums zu Gebote, Schriften, die teils von bekannten Autoren herrühren, wie Strabo, Plutarch, Aminianus Marcellus, teils unbekannte Namen tragen und unsicher in ihrer Herkunft und Abfassungszeit sind wie die Hieroglyphica des Horapollo Nilus und das unter dem Götternamen des Hermes Trismegistos überlieferte Buch orientalischer Priesterweisheit. Aus diesen Quellen erfahren wir, daß der Geier als Symbol der Mütterlichkeit galt, weil man glaubte, es gäbe nur weibliche Geier und keine männlichen von dieser Vogelart. Die Naturgeschichte der Alten kannte auch ein Gegenstück zu dieser Einschränkung; bei den Skarabäen, den von den Ägyptern als göttlich verehrten Käfern, meinten sie, gebe es nur Männchen.[2]

Wie sollte nun die Befruchtung der Geier vor sich gehen, wenn sie alle nur Weibchen waren? Darüber gibt eine Stelle des Horapollo[3] guten Aufschluß. Zu einer gewissen Zeit halten diese Vögel im Fluge inne, öffnen ihre Scheide und empfangen vom Winde.

Wir sind jetzt unerwarteterweise dazu gelangt, etwas für recht wahrscheinlich zu halten, was wir vor kurzem noch als absurd zurückweisen mußten. Leonardo kann das wissenschaftliche Märchen, dem es der Geier verdankt, daß die Ägypter mit seinem Bilde

---

1) „γῦπα δὲ ἄρρενα οὐ φατιγένεσθαί ποτε, ἀλλὰ θηλείας ἁπάσας" bei v. Römer. Über die androgynische Idee des Lebens. Jahrb. f. sexuelle Zwischenstufen, V, 1903, p. 732.

2) Plutarch: *Veluti scarabaeos mares tantum esse putarunt Aegyptii sic inter vultures mares non inveniri statuerunt.*

3) Horapollinis Niloi Hieroglyphica, edidit Conradus Leemanns Amstelodami 1835. Die auf das Geschlecht der Geier bezüglichen Worte lauten (p. 14): μητέρα μὲν ἐπειδὴ ἄρρεν ἐν τούτῳ τῷ γένει τῶν ζώων οὐχ ὑπάρχει.

den Begriff der Mutter schrieben, sehr wohl gekannt haben. Er war ein Vielleser, dessen Interesse alle Gebiete der Literatur und des Wissens umfaßte. Wir besitzen im Codex atlanticus ein Verzeichnis aller Bücher, die er zu einer gewissen Zeit besaß,[1] dazu zahlreiche Notizen über andere Bücher, die er von Freunden entlehnt hatte, und nach den Exzerpten, die Fr. Richter[2] aus seinen Aufzeichnungen zusammengestellt hat, können wir den Umfang seiner Lektüre kaum überschätzen. Unter dieser Zahl fehlen auch ältere wie gleichzeitige Werke von naturwissenschaftlichem Inhalte nicht. Alle diese Bücher waren zu jener Zeit schon im Drucke vorhanden, und gerade Mailand war für Italien die Hauptstätte der jungen Buchdruckerkunst.

Wenn wir nun weitergehen, stoßen wir auf eine Nachricht, welche die Wahrscheinlichkeit, Leonardo habe das Geiermärchen gekannt, zur Sicherheit steigern kann. Der gelehrte Herausgeber und Kommentator des Horapollo bemerkt zu dem bereits zitierten Text (p. 172): *Caeterum hanc fabulam de vulturibus cupide amplexi sunt Patres Ecclesiastici, ut ita argumento ex rerum natura petito refutarent eos, qui Virginis partum negabant; itaque apud omnes fere hujus rei mentio occurrit.*

Also die Fabel von der Eingeschlechtigkeit und der Empfängnis der Geier war keineswegs eine indifferente Anekdote geblieben wie die analoge von den Skarabäen; die Kirchenväter hatten sich ihrer bemächtigt, um gegen die Zweifler an der heiligen Geschichte ein Argument aus der Naturgeschichte zur Hand zu haben. Wenn nach den besten Nachrichten aus dem Altertum die Geier darauf angewiesen waren, sich vom Winde befruchten zu lassen, warum sollte nicht auch einmal das gleiche mit einem menschlichen Weibe vorgegangen sein? Dieser Verwertbarkeit wegen pflegten die Kirchenväter „fast alle" die Geierfabel zu

---

1) E. Müntz, Léonard de Vinci, Paris 1899, p. 282.
2) Müntz, l. c.

erzählen, und nun kann es kaum zweifelhaft sein, daß sie durch so mächtige Patronanz auch Leonardo bekannt geworden ist.

Die Entstehung der Geierphantasie Leonardos können wir uns nun in folgender Weise vorstellen. Als er einmal bei einem Kirchenvater oder in einem naturwissenschaftlichen Buche davon las, die Geier seien alle Weibchen und wüßten sich ohne Mithilfe von Männchen fortzupflanzen, da tauchte in ihm eine Erinnerung auf, die sich zu jener Phantasie umgestaltete, die aber besagen wollte, er sei ja auch so ein Geierkind gewesen, das eine Mutter, aber keinen Vater gehabt habe, und dazu gesellte sich in der Art, wie so alte Eindrücke sich allein äußern können, ein Nachhall des Genusses, der ihm an der Mutterbrust zuteil geworden war. Die von den Autoren hergestellte Anspielung auf die jedem Künstler teure Vorstellung der heiligen Jungfrau mit dem Kinde mußte dazu beitragen, ihm diese Phantasie wertvoll und bedeutsam erscheinen zu lassen. Kam er doch so dazu, sich mit dem Christusknaben, dem Tröster und Erlöser nicht nur des einen Weibes, zu identifizieren.

Wenn wir eine Kindheitsphantasie zersetzen, streben wir danach, deren realen Erinnerungsinhalt von den späteren Motiven zu sondern, welche denselben modifizieren und entstellen. Im Falle Leonardos glauben wir jetzt den realen Inhalt der Phantasie zu kennen; die Ersetzung der Mutter durch den Geier weist darauf hin, daß das Kind den Vater vermißt und sich mit der Mutter allein gefunden hat. Die Tatsache der illegitimen Geburt Leonardos stimmt zu seiner Geierphantasie; nur darum konnte er sich einem Geierkinde vergleichen. Aber wir haben als die nächste gesicherte Tatsache aus seiner Jugend erfahren, daß er im Alter von fünf Jahren in den Haushalt seines Vaters aufgenommen war; wann dies geschah, ob wenige Monate nach seiner Geburt, ob wenige Wochen vor der Aufnahme jenes Katasters, ist uns völlig unbekannt. Da tritt nun die Deutung der Geierphantasie ein und will uns belehren, daß Leonardo die entscheidenden ersten Jahre seines Lebens nicht bei seinem Vater und seiner Stiefmutter, sondern bei der armen, verlassenen, echten Mutter verbrachte, so daß er Zeit hatte, seinen Vater zu vermissen. Dies scheint ein mageres und dabei noch immer gewagtes Ergebnis der psychoanalytischen Bemühung, allein es wird bei weiterer Vertiefung an Bedeutung gewinnen. Der Sicherheit kommt noch die Erwägung der tatsächlichen Verhältnisse in der Kindheit Leonardos zu Hilfe. Den Berichten nach heiratete sein Vater Ser Piero da Vinci noch im Jahre von Leonardos Geburt die vornehme Donna Albiera; der Kinderlosigkeit dieser Ehe verdankte der Knabe seine im fünften Jahre dokumentarisch bestätigte Aufnahme ins väterliche oder vielmehr großväterliche Haus. Nun ist es nicht gebräuchlich, daß man der jungen Frau, die noch auf Kindersegen rechnet, von Anfang an einen illegitimen Sprößling zur Pflege übergibt. Es mußten wohl erst Jahre von Enttäuschung hingegangen sein, ehe man sich entschloß, das wahrscheinlich reizend entwickelte uneheliche Kind zur Entschädigung für die vergeblich erhofften ehelichen Kinder anzunehmen. Es steht im besten Einklang mit der Deutung der Geierphantasie, wenn mindestens drei Jahre, vielleicht fünf, von Leonardos Leben verflossen waren, ehe er seine einsame Mutter gegen ein Elternpaar vertauschen konnte. Dann aber war es bereits zu spät geworden. In den ersten drei oder vier Lebensjahren fixieren sich Eindrücke und bahnen sich Reaktionsweisen gegen die Außenwelt an, die durch kein späteres Erleben mehr ihrer Bedeutung beraubt werden können.

Wenn es richtig ist, daß die unverständlichen Kindheitserinnerungen und die auf sie gebauten Phantasien eines Menschen stets das Wichtigste aus seiner seelischen Entwicklung herausheben, so muß die durch die Geierphantasie erhärtete Tatsache, daß Leonardo seine ersten Lebensjahre allein mit der Mutter verbracht hat, von entscheidendstem Einfluß auf die Gestaltung seines inneren Lebens gewesen sein. Unter den Wirkungen dieser Konstellation kann es nicht gefehlt haben, daß das Kind, welches in seinem jungen Leben ein Problem mehr vorfand als andere Kinder, mit besonderer Leidenschaft über diese Rätsel zu grübeln begann und so frühzeitig ein Forscher wurde, den die großen Fragen quälten, woher die Kinder kommen und was der Vater mit ihrer Entstehung zu tun habe. Die Ahnung dieses Zusammenhanges zwischen seiner Forschung und seiner Kindheitsgeschichte hat ihm dann später den Ausruf entlockt, ihm sei es wohl von jeher bestimmt gewesen, sich in das Problem des Vogelfluges zu vertiefen, da er schon in der Wiege von einem Geier heimgesucht worden war. Die Wißbegierde, die sich auf den Vogelflug richtete, von der infantilen Sexualforschung abzuleiten, wird eine spätere, unschwer zu erledigende Aufgabe sein.

## III

In der Kindheitsphantasie Leonardos repräsentierte uns das Element des Geiers den realen Erinnerungsinhalt; der Zusammenhang, in den Leonardo selbst seine Phantasie gestellt hatte, warf ein helles Licht auf die Bedeutung dieses Inhalts für sein späteres Leben. Bei fortschreitender Deutungsarbeit stoßen wir nun auf das befremdliche Problem, warum dieser Erinnerungsinhalt in eine homosexuelle Situation umgearbeitet worden ist. Die Mutter, die das Kind säugt, — besser: an der das Kind saugt, — ist in einen Geiervogel verwandelt, der dem Kinde seinen Schwanz in den Mund steckt. Wir behaupten, daß die „*Coda*" des Geiers nach gemeinem substituierenden Sprachgebrauch gar nichts anderes als ein männliches Genitale, einen Penis, bedeuten kann. Aber wir verstehen nicht, wie die Phantasietätigkeit dazu gelangen kann, gerade den mütterlichen Vogel mit dem Abzeichen der Männlichkeit auszustatten, und werden angesichts dieser Absurdität an der Möglichkeit irre, dieses Phantasiegebilde auf einen vernünftigen Sinn zu reduzieren.

Indes wir dürfen nicht verzagen. Wieviel scheinbar absurde Träume haben wir nicht schon genötigt, ihren Sinn einzugestehen! Warum sollte es bei einer Kindheitsphantasie schwieriger werden als bei einem Traum!

Erinnern wir uns daran, daß es nicht gut ist, wenn sich eine

Sonderbarkeit vereinzelt findet, und beeilen wir uns, ihr eine zweite, noch auffälligere, zur Seite zu stellen.

Die geierköpfig gebildete Göttin Mut der Ägypter, eine Gestalt von ganz unpersönlichem Charakter, wie Drexler in Roschers Lexikon urteilt, wurde häufig mit anderen mütterlichen Gottheiten von lebendigerer Individualität wie Isis und Hathor verschmolzen, behielt aber daneben ihre gesonderte Existenz und Verehrung. Es war eine besondere Eigentümlichkeit des ägyptischen Pantheons, daß die einzelnen Götter nicht im Synkretismus untergingen. Neben der Götterkomposition blieb die einfache Göttergestalt in ihrer Selbständigkeit bestehen. Diese geierköpfige mütterliche Gottheit wurde nun von den Ägyptern in den meisten Darstellungen phallisch gebildet;[1] ihr durch die Brüste als weiblich gekennzeichneter Körper trug auch ein männliches Glied im Zustande der Erektion.

Bei der Göttin Mut also dieselbe Vereinigung mütterlicher und männlicher Charaktere wie in der Geierphantasie Leonardos! Sollen wir dies Zusammentreffen durch die Annahme aufklären, Leonardo habe aus seinen Bücherstudien auch die androgyne Natur des mütterlichen Geiers gekannt? Solche Möglichkeit ist mehr als fraglich; es scheint, daß die ihm zugänglichen Quellen von dieser merkwürdigen Bestimmung nichts enthielten. Es liegt wohl näher, die Übereinstimmung auf ein gemeinsames, hier wie dort wirksames und noch unbekanntes Motiv zurückzuführen.

Die Mythologie kann uns berichten, daß die androgyne Bildung, die Vereinigung männlicher und weiblicher Geschlechtscharaktere, nicht nur der Mut zukam, sondern auch anderen Gottheiten wie der Isis und Hathor, aber diesen vielleicht nur, insofern sie auch mütterliche Natur hatten und mit der Mut verschmolzen wurden.[2] Sie lehrt uns ferner, daß andere Gottheiten der Ägypter, wie die Neith von Sais, aus der später die griechische Athene wurde,

---

1) Vgl. die Abbildungen bei Lanzone, l. c., T. CXXXVI—VIII.
2) v. Römer, l. c.

ursprünglich androgyn, d. i. hermaphroditisch aufgefaßt wurden, und daß das gleiche für viele der griechischen Götter besonders aus dem Kreise des Dionysos, aber auch für die später zur weiblichen Liebesgöttin eingeschränkte Aphrodite galt. Sie mag dann die Erklärung versuchen, daß der dem weiblichen Körper angefügte Phallus die schöpferische Urkraft der Natur bedeuten solle, und daß alle diese hermaphroditischen Götterbildungen die Idee ausdrücken, erst die Vereinigung von Männlichem und Weiblichem könne eine würdige Darstellung der göttlichen Vollkommenheit ergeben. Aber keine dieser Bemerkungen klärt uns das psychologische Rätsel, daß die Phantasie der Menschen keinen Anstoß daran nimmt, eine Gestalt, die ihr das Wesen der Mutter verkörpern soll, mit dem zur Mütterlichkeit gegensätzlichen Zeichen der männlichen Kraft zu versehen.

Die Aufklärung kommt von seiten der infantilen Sexualtheorien. Es hatte allerdings eine Zeit gegeben, in der das männliche Genitale mit der Darstellung der Mutter vereinbar gefunden wurde. Wenn das männliche Kind seine Wißbegierde zuerst auf die Rätsel des Geschlechtslebens richtet, wird es von dem Interesse für sein eigenes Genitale beherrscht. Es findet diesen Teil seines Körpers zu wertvoll und zu wichtig, als daß es glauben könnte, er würde anderen Personen fehlen, denen es sich so ähnlich fühlt. Da es nicht erraten kann, daß es noch einen anderen, gleichwertigen Typus von Genitalbildung gibt, muß es zur Annahme greifen, daß alle Menschen, auch die Frauen, ein solches Glied wie er besitzen. Dieses Vorurteil setzt sich bei dem jugendlichen Forscher so fest, daß es auch durch die ersten Beobachtungen an den Genitalien kleiner Mädchen nicht zerstört wird. Die Wahrnehmung sagt ihm allerdings, daß da etwas anders ist als bei ihm, aber er ist nicht imstande, sich als Inhalt dieser Wahrnehmung einzugestehen, daß er beim Mädchen das Glied nicht finden könne. Daß das Glied fehlen könne, ist ihm eine unheimliche, unerträgliche Vorstellung, er versucht darum eine vermittelnde Entscheidung:

das Glied sei auch beim Mädchen vorhanden, aber es sei noch sehr klein; es werde später wachsen.¹ Scheint sich diese Erwartung bei späteren Beobachtungen nicht zu erfüllen, so bietet sich ihm ein anderer Ausweg. Das Glied war auch beim kleinen Mädchen da, aber es ist abgeschnitten worden, an seiner Stelle ist eine Wunde geblieben. Dieser Fortschritt der Theorie verwertet bereits eigene Erfahrungen von peinlichem Charakter; er hat unterdes die Drohung gehört, daß man ihm das teure Organ wegnehmen wird, wenn er sein Interesse dafür allzu deutlich betätigt. Unter dem Einfluß dieser Kastrationsandrohung deutet er jetzt seine Auffassung des weiblichen Genitales um; er wird von nun an für seine Männlichkeit zittern, dabei aber die unglücklichen Geschöpfe verachten, an denen nach seiner Meinung die grausame Bestrafung bereits vollzogen worden ist.²

Ehe das Kind unter die Herrschaft des Kastrationskomplexes geriet, zur Zeit, als ihm das Weib noch als vollwertig galt, begann eine intensive Schaulust als erotische Triebbetätigung sich bei ihm zu äußern. Es wollte die Genitalien anderer Personen sehen, ursprünglich wahrscheinlich, um sie mit den eigenen zu vergleichen. Die erotische Anziehung, die von der Person der Mutter ausging, gipfelte bald in der Sehnsucht nach ihrem für einen Penis gehaltenen Genitale. Mit der erst spät erworbenen Erkenntnis, daß das Weib keinen Penis besitzt, schlägt diese Sehnsucht oft in ihr Gegenteil um, macht einem Abscheu Platz, der in den Jahren der Pubertät zur Ursache der psychischen Impotenz, der Misogynie, der dauernden Homosexualität werden kann. Aber die Fixierung

---

1) Vgl. die Beobachtungen im „Jahrbuch für psychoanalyt. u. psychopath. Forschungen", in der „Internat. Zeitschr. f. ärztl. Psychoanalyse" und in der „Imago".

2) Es scheint mir unabweisbar anzunehmen, daß hier auch eine Wurzel des bei abendländischen Völkern so elementar auftretenden und sich so irrationell gebärdenden Judenhasses zu suchen ist. Die Beschneidung wird von den Menschen unbewußterweise der Kastration gleichgesetzt. Wenn wir uns getrauen, unsere Vermutungen in die Urzeit des Menschengeschlechts zu tragen, kann uns ahnen, daß die Beschneidung ursprünglich ein Milderungsersatz, eine Ablösung, der Kastration sein sollte.

an das einst heißbegehrte Objekt, den Penis des Weibes, hinterläßt unauslöschliche Spuren im Seelenleben des Kindes, welches jenes Stück infantiler Sexualforschung mit besonderer Vertiefung durchgemacht hat. Die fetischartige Verehrung des weiblichen Fußes und Schuhes scheint den Fuß nur als Ersatzsymbol für das einst verehrte, seither vermißte Glied des Weibes zu nehmen; die „Zopfabschneider" spielen, ohne es zu wissen, die Rolle von Personen, die am weiblichen Genitale den Akt der Kastration ausführen.

Man wird zu den Betätigungen der kindlichen Sexualität kein richtiges Verhältnis gewinnen und wahrscheinlich zur Auskunft greifen, diese Mitteilungen für unglaubwürdig zu erklären, solange man den Standpunkt unserer kulturellen Geringschätzung der Genitalien und der Geschlechtsfunktionen überhaupt nicht verläßt. Zum Verständnis des kindlichen Seelenlebens bedarf es urzeitlicher Analogien. Für uns sind die Genitalien schon seit einer langen Reihe von Generationen die P u d e n d a, Gegenstände der Scham, und bei weiter gediehener Sexualverdrängung sogar des Ekels. Wirft man einen umfassenden Blick auf das Sexualleben unserer Zeit, besonders das der die menschliche Kultur tragenden Schichten, so ist man versucht zu sagen: Widerwillig nur fügen sich die heute Lebenden in ihrer Mehrheit den Geboten der Fortpflanzung und fühlen sich dabei in ihrer menschlichen Würde gekränkt und herabgesetzt. Was an anderer Auffassung des Geschlechtslebens unter uns vorhanden ist, hat sich auf die roh gebliebenen, niedrigen Volksschichten zurückgezogen, versteckt sich bei den höheren und verfeinerten als kulturell minderwertig und wagt seine Betätigung nur unter den verbitternden Mahnungen eines schlechten Gewissens. Anders war es in den Urzeiten des Menschengeschlechts. Aus den mühseligen Sammlungen der Kulturforscher kann man sich die Überzeugung holen, daß die Genitalien ursprünglich der Stolz und die Hoffnung der Lebenden waren, göttliche Verehrung genossen und die Göttlichkeit ihrer Funktionen auf alle neu erlernten Tätigkeiten der Menschen übertrugen. Ungezählte Göttergestalten erhoben sich durch Sublimierung aus ihrem Wesen, und zur Zeit, da der Zusammenhang der offiziellen Religionen mit der Geschlechtstätigkeit bereits dem allgemeinen Bewußtsein verhüllt war, bemühten sich Geheimkulte, ihn bei einer Anzahl von Eingeweihten lebend zu erhalten. Endlich geschah es im Laufe der Kulturentwicklung, daß so viel Göttliches und Heiliges aus der Geschlechtlichkeit extrahiert war, bis der erschöpfte Rest der Verachtung verfiel. Aber bei der Unvertilgbarkeit, die in der Natur aller seelischen Spuren liegt, darf man sich nicht verwundern, daß selbst die primitivsten Formen von Anbetung der Genitalien bis in ganz rezente Zeiten nachzuweisen sind, und daß Sprachgebrauch, Sitten und Aberglauben der heutigen Menschheit die Überlebsel von allen Phasen dieses Entwicklungsganges enthalten.[1]

Wir sind durch gewichtige biologische Analogien darauf vorbereitet, daß die seelische Entwicklung des Einzelnen den Lauf der Menschheitsentwicklung abgekürzt wiederhole, und werden darum nicht unwahrscheinlich finden, was die psychoanalytische Erforschung der Kinderseele über die infantile Schätzung der Genitalien ergeben hat. Die kindliche Annahme des mütterlichen Penis ist nun die gemeinsame Quelle, aus der sich die androgyne Bildung der mütterlichen Gottheiten wie der ägyptischen M u t und die „Coda" des Geiers in Leonardos Kindheitsphantasie ableiten. Wir heißen ja diese Götterdarstellungen nur mißverständlich hermaphroditisch im ärztlichen Sinne des Wortes. Keine von ihnen vereinigt die wirklichen Genitalien beider Geschlechter, wie sie in manchen Mißbildungen vereinigt sind zum Abscheu jedes menschlichen Auges; sie fügen bloß den Brüsten als Abzeichen der Mütterlichkeit das männliche Glied hinzu, wie es in der ersten Vorstellung des Kindes vom Leibe der Mutter vorhanden war. Die Mythologie hat diese ehrwürdige, uranfäng-

---

1) Vgl. Richard Payne Knight, Le culte du Priape. Traduit de l'Anglais, Bruxelles 1883.

lich phantasierte Körperbildung der Mutter für die Gläubigen erhalten. Die Hervorhebung des Geierschwanzes in der Phantasie Leonardos können wir nun so übersetzen: Damals, als sich meine zärtliche Neugierde auf die Mutter richtete und ich ihr noch ein Genitale wie mein eigenes zuschrieb. Ein weiteres Zeugnis für die frühzeitige Sexualforschung Leonardos, die nach unserer Meinung ausschlaggebend für sein ganzes späteres Leben wurde.

Eine kurze Überlegung mahnt uns jetzt, daß wir uns mit der Aufklärung des Geierschwanzes in Leonardos Kindheitsphantasie nicht begnügen dürfen. Es scheint mehr in ihr enthalten, was wir noch nicht verstehen. Ihr auffälligster Zug war doch, daß sie das Saugen an der Mutterbrust in ein Gesäugtwerden, also in Passivität und damit in eine Situation von unzweifelhaft homosexuellem Charakter verwandelte. Eingedenk der historischen Wahrscheinlichkeit, daß sich Leonardo im Leben wie ein homosexuell Fühlender benahm, drängt sich uns die Frage auf, ob diese Phantasie nicht auf eine ursächliche Beziehung zwischen Leonardos Kinderverhältnis zu seiner Mutter und seiner späteren manifesten, wenn auch ideellen Homosexualität hinweist. Wir würden uns nicht getrauen, eine solche aus der entstellten Reminiszenz Leonardos zu erschließen, wenn wir nicht aus den psychoanalytischen Untersuchungen von homosexuellen Patienten wüßten, daß eine solche besteht, ja daß sie eine innige und notwendige ist.

Die homosexuellen Männer, die in unseren Tagen eine energische Aktion gegen die gesetzliche Einschränkung ihrer Sexualbetätigung unternommen haben, lieben es, sich durch ihre theoretischen Wortführer als eine von Anfang an gesonderte geschlechtliche Abart, als sexuelle Zwischenstufen, als ein „drittes Geschlecht" hinstellen zu lassen. Sie seien Männer, denen organische Bedingungen vom Keime an das Wohlgefallen am Mann aufgenötigt, das am Weibe versagt hätten. So gerne man nun aus humanen Rücksichten ihre Forderungen unterschreibt, so zurückhaltend darf man gegen ihre Theorien sein, die ohne Berücksichtigung der psychischen Genese der Homosexualität aufgestellt worden sind. Die Psychoanalyse bietet die Mittel, diese Lücke auszufüllen und die Behauptungen der Homosexuellen der Probe zu unterziehen. Sie hat dieser Aufgabe erst bei einer geringen Zahl von Personen genügen können, aber alle bisher vorgenommenen Untersuchungen brachten das nämliche überraschende Ergebnis.[1] Bei allen unseren homosexuellen Männern gab es in der ersten, vom Individuum später vergessenen Kindheit eine sehr intensive erotische Bindung an eine weibliche Person, in der Regel an die Mutter, hervorgerufen oder begünstigt durch die Überzärtlichkeit der Mutter selbst, ferner unterstützt durch ein Zurücktreten des Vaters im kindlichen Leben. S a d g e r hebt hervor, daß die Mütter seiner homosexuellen Patienten häufig Mannweiber waren, Frauen mit energischen Charakterzügen, die den Vater aus der ihm gebührenden Stellung drängen konnten; ich habe gelegentlich das gleiche gesehen, aber stärkeren Eindruck von jenen Fällen empfangen, in denen der Vater von Anfang an fehlte oder frühzeitig wegfiel, so daß der Knabe dem weiblichen Einfluß preisgegeben war. Sieht es doch fast so aus, als ob das Vorhandensein eines starken Vaters dem Sohne die richtige Entscheidung in der Objektwahl für das entgegengesetzte Geschlecht versichern würde.[2]

1) Es sind dies vornehmlich Untersuchungen von I. S a d g e r, die ich aus eigener Erfahrung im wesentlichen bestätigen kann. Überdies ist mir bekannt, daß W. S t e k e l in Wien und S. F e r e n c z i in Budapest zu den gleichen Resultaten gekommen sind.

2) Die psychoanalytische Forschung hat zum Verständnis der Homosexualität zwei jedem Zweifel entzogene Tatsachen beigebracht, ohne damit die Verursachung dieser sexuellen Abirrung erschöpft zu glauben. Die erste ist die oben erwähnte Fixierung der Liebesbedürfnisse an die Mutter, die andere ist in der Behauptung ausgedrückt, daß jedermann, auch der Normalste, der homosexuellen Objektwahl fähig ist, sie irgend einmal im Leben vollzogen hat und sie in seinem Unbewußten entweder noch festhält oder sich durch energische Gegeneinstellungen gegen sie versichert. Diese beiden Feststellungen machen sowohl dem Anspruch der Homosexuellen, als ein „drittes Geschlecht" anerkannt zu werden, als auch der für bedeutsam gehaltenen Unterscheidung zwischen angeborener und erworbener Homosexualität ein Ende. Das

Nach diesem Vorstadium tritt eine Umwandlung ein, deren Mechanismus uns bekannt ist, deren treibende Kräfte wir noch nicht erfassen. Die Liebe zur Mutter kann die weitere bewußte Entwicklung nicht mitmachen, sie verfällt der Verdrängung. Der Knabe verdrängt die Liebe zur Mutter, indem er sich selbst an deren Stelle setzt, sich mit der Mutter identifiziert und seine eigene Person zum Vorbild nimmt, in dessen Ähnlichkeit er seine neuen Liebesobjekte auswählt. Er ist so homosexuell geworden; eigentlich ist er in den Autoerotismus zurückgeglitten, da die Knaben, die der Heranwachsende jetzt liebt, doch nur Ersatzpersonen und Erneuerungen seiner eigenen kindlichen Person sind, die er so liebt, wie die Mutter ihn als Kind geliebt hat. Wir sagen, er findet seine Liebesobjekte auf dem Wege des Narzißmus, da die griechische Sage einen Jüngling Narzissus nennt, dem nichts so wohl gefiel wie das eigene Spiegelbild, und der in die schöne Blume dieses Namens verwandelt wurde.

Tiefer reichende psychologische Erwägungen rechtfertigen die Behauptung, daß der auf solchem Wege homosexuell Gewordene im Unbewußten an das Erinnerungsbild seiner Mutter fixiert bleibt. Durch die Verdrängung der Liebe zur Mutter konserviert er dieselbe in seinem Unbewußten und bleibt von nun an der Mutter treu. Wenn er als Liebhaber Knaben nachzulaufen scheint, so läuft er in Wirklichkeit vor den anderen Frauen davon, die ihn untreu machen könnten. Wir haben auch durch direkte Einzelbeobachtung nachweisen können, daß der scheinbar nur für männlichen Reiz Empfängliche in Wahrheit der Anziehung, die vom Weibe ausgeht, unterliegt wie ein Normaler; aber er beeilt sich jedesmal, die vom Weibe empfangene Erregung auf ein männliches Objekt zu überschreiben und wiederholt auf solche

---

Vorhandensein von somatischen Zügen des anderen Geschlechts (der Betrag von physischem Hermaphroditismus) ist für das Manifestwerden der homosexuellen Objektwahl sehr förderlich, aber nicht entscheidend. Man muß es mit Bedauern aussprechen, daß die Vertreter der Homosexuellen in der Wissenschaft aus den gesicherten Ermittlungen der Psychoanalyse nichts zu lernen verstanden.

Weise immer wieder den Mechanismus, durch den er seine· Homosexualität erworben hat.

Es liegt uns ferne, die Bedeutung dieser Aufklärungen über die psychische Genese der Homosexualität zu übertreiben. Es ist ganz unverkennbar, daß sie den offiziellen Theorien der homosexuellen Wortführer grell widersprechen, aber wir wissen, daß sie nicht umfassend genug sind, um eine endgültige Klärung des Problems zu ermöglichen. Was man aus praktischen Gründen Homosexualität heißt, mag aus mannigfaltigen psychosexuellen Hemmungsprozessen hervorgehen, und der von uns erkannte Vorgang ist vielleicht nur einer unter vielen und bezieht sich nur auf einen Typus von „Homosexualität". Wir müssen auch zugestehen, daß bei unserem homosexuellen Typus die Anzahl der Fälle, in denen die von uns geforderten Bedingungen aufzeigbar sind, weitaus die jener Fälle übersteigt, in denen der abgeleitete Effekt wirklich eintritt, so daß auch wir die Mitwirkung unbekannter konstitutioneller Faktoren nicht abweisen können, von denen man sonst das Ganze der Homosexualität abzuleiten pflegt. Wir hätten überhaupt keinen Anlaß gehabt, auf die psychische Genese der von uns studierten Form von Homosexualität einzugehen, wenn nicht eine starke Vermutung dafür spräche, daß gerade Leonardo, von dessen Geierphantasie wir ausgegangen sind, diesem einen Typus der Homosexuellen angehört.

So wenig Näheres über das geschlechtliche Verhalten des großen Künstlers und Forschers bekannt ist, so darf man sich doch der Wahrscheinlichkeit anvertrauen, daß die Aussagen seiner Zeitgenossen nicht im Gröbsten irre gingen. Im Lichte dieser Überlieferungen erscheint er uns also als ein Mann, dessen sexuelle Bedürftigkeit und Aktivität außerordentlich herabgesetzt war, als hätte ein höheres Streben ihn über die gemeine animalische Not der Menschen erhoben. Es mag dahingestellt bleiben, ob er jemals und auf welchem Wege er die direkte sexuelle Befriedigung gesucht, oder ob er ihrer gänzlich entraten konnte. Wir haben aber ein Recht, auch bei ihm nach jenen Gefühlsströmungen zu suchen, die andere gebieterisch zur sexuellen Tat drängen, denn wir können kein menschliches Seelenleben glauben, an dessen Aufbau nicht das sexuelle Begehren im weitesten Sinne, die Libido, ihren Anteil hätte, mag dasselbe sich auch weit vom ursprünglichen Ziel entfernt oder von der Ausführung zurückgehalten haben.

Anderes als Spuren von unverwandelter sexueller Neigung werden wir bei Leonardo nicht erwarten dürfen. Diese weisen aber nach einer Richtung und gestatten, ihn noch den Homosexuellen zuzurechnen. Es wurde von jeher hervorgehoben, daß er nur auffällig schöne Knaben und Jünglinge zu seinen Schülern nahm. Er war gütig und nachsichtig gegen sie, besorgte sie und pflegte sie selbst, wenn sie krank waren, wie eine Mutter ihre Kinder pflegt, wie seine eigene Mutter ihn betreut haben mochte. Da er sie nach ihrer Schönheit und nicht nach ihrem Talent ausgewählt hatte, wurde keiner von ihnen: Cesare da Sesto, G. Boltraffio, Andrea Salaino, Francesco Melzi und andere, ein bedeutender Maler. Meist brachten sie es nicht dazu, ihre Selbständigkeit vom Meister zu erringen, sie verschwanden nach seinem Tode, ohne der Kunstgeschichte eine bestimmtere Physiognomie zu hinterlassen. Die anderen, die sich nach ihrem Schaffen mit Recht seine Schüler nennen durften, wie Luini und Bazzi, genannt Sodoma, hat er wahrscheinlich persönlich nicht gekannt.

Wir wissen, daß wir der Einwendung zu begegnen haben, das Verhalten Leonardos gegen seine Schüler habe mit geschlechtlichen Motiven überhaupt nichts zu tun und gestatte keinen Schluß auf seine sexuelle Eigenart. Dagegen wollen wir mit aller Vorsicht geltend machen, daß unsere Auffassung einige sonderbare Züge im Benehmen des Meisters aufklärt, die sonst rätselhaft bleiben müßten. Leonardo führte ein Tagebuch; er machte in seiner kleinen, von rechts nach links geführten Schrift Aufzeichnungen, die nur für ihn bestimmt waren. In diesem Tagebuch

redete er sich bemerkenswerterweise mit „du" an: „Lerne bei Meister Luca die Multiplikation der Wurzeln."[1]
„Laß dir vom Meister d'Abacco die Quadratur des Zirkels zeigen."[2] — Oder bei Anlaß einer Reise:[3] „Ich gehe meiner Gartenangelegenheit wegen nach Mailand ... Lasse zwei Tragsäcke machen. Lasse dir die Drechselbank von Boltraffio zeigen und einen Stein darauf bearbeiten. — Lasse das Buch dem Meister Andrea il Todesco."[4] Oder, ein Vorsatz von ganz anderer Bedeutung: „Du hast in deiner Abhandlung zu zeigen, daß die Erde ein Stern ist, wie der Mond oder ungefähr, und so den Adel unserer Welt zu erweisen."[5]

In diesem Tagebuch, welches übrigens — wie die Tagebücher anderer Sterblicher — oft die bedeutsamsten Begebenheiten des Tages nur mit wenigen Worten streift oder völlig verschweigt, finden sich einige Eintragungen, die ihrer Sonderbarkeit wegen von allen Biographen Leonardos zitiert werden. Es sind Aufzeichnungen über kleine Ausgaben des Meisters von einer peinlichen Exaktheit, als sollten sie von einem philiströs gestrengen und sparsamen Hausvater herrühren, während die Nachweise über die Verwendung größerer Summen fehlen und nichts sonst dafür spricht, daß der Künstler sich auf Wirtschaft verstanden habe. Eine dieser Aufschreibungen betrifft einen neuen Mantel, den er dem Schüler Andrea Salaino gekauft:[6]

| | | | | |
|---|---|---|---|---|
| Silberbrokat | 15 | Lire | 4 | Soldi |
| Roten Samt zum Besatz | 9 | „ | — | „ |
| Schnüre | — | „ | 9 | „ |
| Knöpfe | — | „ | 12 | „ |

---

1) Edm. Solmi, Leonardo da Vinci. Deutsche Übersetzung, 1908, p. 152.
2) Ebenda.
3) Solmi, Leonardo da Vinci, p. 203.
4) Leonardo benimmt sich dabei wie jemand, der gewöhnt war, einer anderen Person seine tägliche Beichte abzulegen, und der sich jetzt diese Person durch das Tagebuch ersetzt. Eine Vermutung, wer das gewesen sein mag, siehe bei Mereschkowski, S. 367:
5) M. Herzfeld, Leonardo da Vinci, 1906, p. CXLI.
6) Der Wortlaut nach Mereschkowski, l. c., p. 282.

Eine andere sehr ausführliche Notiz stellt alle die Ausgaben zusammen, die ihm ein anderer Schüler[1] durch seine schlechten Eigenschaften und seine Neigung zum Diebstahl verursacht: „Am Tage 21 des April 1490 begann ich dieses Buch und begann wieder das Pferd.[2] Jacomo kam zu mir am Magdalenentage tausend 490, im Alter von 10 Jahren. (Randbemerkung: diebisch, lügnerisch, eigensinnig, gefräßig.) Am zweiten Tage ließ ich ihm zwei Hemden schneiden, ein Paar Hosen und einen Wams, und als ich mir das Geld beiseite legte, um genannte Sachen zu bezahlen, stahl er mir das Geld aus der Geldtasche, und war es nie möglich, ihn das beichten zu machen, obwohl ich davon eine wahre Sicherheit hatte (Randnote: 4. Lire ...)." So geht der Bericht über die Missetaten des Kleinen weiter und schließt mit der Kostenrechnung: „Im ersten Jahr, ein Mantel, Lire 2; 6 Hemden, Lire 4; 3 Wämser, Lire 6; 4 Paar Strümpfe, Lire 7 usw."[3]

Die Biographen Leonardos, denen nichts ferner liegt, als die Rätsel im Seelenleben ihres Helden aus seinen kleinen Schwächen und Eigenheiten ergründen zu wollen, pflegen an diese sonderbaren Verrechnungen eine Bemerkung anzuknüpfen, welche die Güte und Nachsicht des Meisters gegen seine Schüler betont. Sie vergessen daran, daß nicht Leonardos Benehmen, sondern die Tatsache, daß er uns diese Zeugnisse desselben hinterließ, einer Erklärung bedarf. Da man ihm unmöglich das Motiv zuschreiben kann, uns Belege für seine Gutmütigkeit in die Hände zu spielen, müssen wir die Annahme machen, daß ein anderes, affektives Motiv ihn zu diesen Niederschriften veranlaßt hat. Es ist nicht leicht zu erraten, welches, und wir würden keines anzugeben wissen, wenn nicht eine andere unter Leonardos Papieren gefundene Rechnung ein helles Licht auf diese seltsam kleinlichen Notizen über Schülerkleidungen u. dgl. würfe:

---

[1] oder Modell.
[2] Vom Reiterdenkmal des Francesco Sforza.
[3] Der volle Wortlaut bei M. Herzfeld, l. c., p. XLV.

| | | |
|---|---|---|
| „Auslagen nach dem Tode zum Begräbnis der Katharina... | 27 | florins |
| 2 Pfund Wachs | 18 | „ |
| Für das Tragen und Aufrichten des Kreuzes | 12 | „ |
| Katafalk | 4 | „ |
| Leichenträger | 8 | „ |
| An 4 Geistliche und 4 Kleriker | 20 | „ |
| Glockenläuten | 2 | „ |
| Den Totengräbern | 16 | „ |
| Für die Genehmigung — den Beamten | 1 | „ |
| Summa | 108 | florins |
| Frühere Auslagen: | | |
| Dem Arzt .......... 4 florins | | |
| Für Zucker und Lichte... 12 „ | 16 | „ |
| Summa Summarum | 124 | florins."[1] |

Der Dichter Mereschkowski ist der einzige, der uns zu sagen weiß, wer diese Katharina war. Aus zwei anderen kurzen Notizen erschließt er, daß die Mutter Leonardos, die arme Bäuerin aus Vinci, im Jahre 1493 nach Mailand gekommen war, um ihren damals 41 jährigen Sohn zu besuchen, daß sie dort erkrankte, von Leonardo im Spital untergebracht, und als sie starb, von ihm unter so ehrenvollem Aufwand zu Grabe gebracht worden sei.[2]

Erweisbar ist diese Deutung des seelenkundigen Romanschreibers nicht, aber sie kann auf so viel innere Wahrscheinlichkeit Anspruch machen, stimmt so gut zu allem, was wir sonst von Leonardos Gefühlsbetätigung wissen, daß ich mich nicht ent-

---

1) Mereschkowski, l. c., p. 372. — Als betrübenden Beleg für die Unsicherheit der ohnedies spärlichen Nachrichten über Leonardos intimes Leben erwähne ich, daß die gleiche Kostenrechnung bei Solmi (deutsche Übersetzung, p. 104) mit erheblichen Abänderungen wiedergegeben ist. Am bedenklichsten erscheint, daß die Florins in ihr durch Soldi ersetzt sind. Man darf annehmen, daß in dieser Rechnung Florins nicht die alten „Goldgulden", sondern die später gebräuchliche Rechnungsgröße, die $1^{2}/_{3}$ Lire oder $33^{1}/_{3}$ Soldi gleichkommt, bedeuten. — Solmi macht die Katharina zu einer Magd, die Leonardos Hauswesen durch eine gewisse Zeit geleitet hatte. Die Quelle, aus der die beiden Darstellungen dieser Rechnung geschöpft haben, wurde mir nicht zugänglich.

2) „Katharina ist am 16. Juli 1493 eingetroffen." — „Giovannina — ein märchenhaftes Gesicht — frage bei Katharina im Krankenhause nach."

halten kann, sie als richtig anzuerkennen. Er hatte es zustande
gebracht, seine Gefühle unter das Joch der Forschung zu zwingen
und den freien Ausdruck derselben zu hemmen; aber es gab
auch für ihn Fälle, in denen das Unterdrückte sich eine Äußerung
erzwang, und der Tod der einst so heiß geliebten Mutter war
ein solcher. In dieser Rechnung über die Begräbniskosten haben
wir die bis zur Unkenntlichkeit entstellte Äußerung der Trauer
um die Mutter vor uns. Wir verwundern uns, wie solche Entstellung zustande kommen konnte, und können es auch unter
den Gesichtspunkten der normalen seelischen Vorgänge nicht verstehen. Aber unter den abnormen Bedingungen der Neurosen und
ganz besonders der sogenannten Zwangsneurose ist uns ähnliches wohlbekannt. Dort sehen wir die Äußerung intensiver, aber
durch Verdrängung unbewußt gewordener Gefühle auf geringfügige, ja läppische Verrichtungen verschoben. Es ist den widerstrebenden Mächten gelungen, den Ausdruck dieser verdrängten
Gefühle so sehr zu erniedrigen, daß man die Intensität dieser
Gefühle für eine höchst geringfügige einschätzen müßte; aber in
dem gebieterischen Zwang, mit dem sich diese kleinliche Aus-
druckshandlung durchsetzt, verrät sich die wirkliche, im Unbewußten wurzelnde Macht der Regungen, die das Bewußtsein
verleugnen möchte. Nur ein solcher Anklang an das Geschehen
bei der Zwangsneurose kann die Leichenkostenrechnung Leonardos
beim Tode seiner Mutter erklären. Im Unbewußten war er noch
wie in Kinderzeiten durch erotisch gefärbte Neigung an sie gebunden; der Widerstreit der später eingetretenen Verdrängung
dieser Kinderliebe gestattete nicht, daß ihr im Tagebuche ein
anderes, würdigeres Denkmal gesetzt werde, aber was sich als
Kompromiß aus diesem neurotischen Konflikt ergab, das mußte
ausgeführt werden, und so wurde die Rechnung eingetragen und
kam als Unbegreiflichkeit zur Kenntnis der Nachwelt.

Es scheint kein Wagnis, die an der Leichenrechnung gewonnene
Einsicht auf die Schülerkostenrechnungen zu übertragen. Demnach

wäre auch dies ein Fall, in dem sich bei Leonardo die spärlichen Reste libidinöser Regungen zwangsartig einen entstellten Ausdruck schufen. Die Mutter und die Schüler, die Ebenbilder seiner eigenen knabenhaften Schönheit, wären seine Sexualobjekte gewesen — soweit die sein Wesen beherrschende Sexualverdrängung eine solche Kennzeichnung zuläßt, — und der Zwang, die für sie gemachten Ausgaben mit peinlicher Ausführlichkeit zu notieren, wäre der befremdliche Verrat dieser rudimentären Konflikte. Es würde sich so ergeben, daß Leonardos Liebesleben wirklich dem Typus von Homosexualität angehört, dessen psychische Entwicklung wir aufdecken konnten, und das Auftreten der homosexuellen Situation in seiner Geierphantasie würde uns verständlich, denn es besagte nichts anderes, als was wir vorhin von jenem Typus behauptet haben. Es erforderte die Übersetzung: Durch diese erotische Beziehung zur Mutter bin ich ein Homosexueller geworden.[1]

---

[1] Die Ausdrucksformen, in denen sich die verdrängte Libido bei Leonardo äußern darf, Umständlichkeit und Geldinteresse, gehören den aus der Analerotik hervorgegangenen Charakterzügen an. Vgl.: Charakter und Analerotik [1908, Ges. Werke, Bd. VII].

## IV

Die Geierphantasie Leonardos hält uns noch immer fest. In Worten, welche nur allzu deutlich an die Beschreibung eines Sexualaktes anklingen („und hat viele Male mit seinem Schwanz gegen meine Lippen gestoßen"), betont Leonardo die Intensität der erotischen Beziehungen zwischen Mutter und Kind. Es hält nicht schwer, aus dieser Verbindung der Aktivität der Mutter (des Geiers) mit der Hervorhebung der Mundzone einen zweiten Erinnerungsinhalt der Phantasie zu erraten. Wir können übersetzen: Die Mutter hat mir ungezählte leidenschaftliche Küsse auf den Mund gedrückt. Die Phantasie ist zusammengesetzt aus der Erinnerung an das Gesäugtwerden und an das Geküßtwerden durch die Mutter.

Dem Künstler hat eine gütige Natur gegeben, seine geheimsten, ihm selbst verborgenen Seelenregungen durch Schöpfungen zum Ausdruck zu bringen, welche die Anderen, dem Künstler Fremden, mächtig ergreifen, ohne daß sie selbst anzugeben wüßten, woher diese Ergriffenheit rührt. Sollte in dem Lebenswerk Leonardos nichts Zeugnis ablegen von dem, was seine Erinnerung als den stärksten Eindruck seiner Kindheit bewahrt hat? Man müßte es erwarten. Wenn man aber erwägt, was für tiefgreifende Umwandlungen ein Lebenseindruck des Künstlers durchzumachen hat, ehe er seinen Beitrag zum Kunstwerk stellen darf, wird man gerade bei Leonardo den Anspruch auf Sicherheit des Nachweises auf ein ganz bescheidenes Maß herabsetzen müssen.

Wer an Leonardos Bilder denkt, den wird die Erinnerung an ein merkwürdiges, berückendes und rätselhaftes Lächeln mahnen, das er auf die Lippen seiner weiblichen Figuren gezaubert hat. Ein stehendes Lächeln auf langgezogenen, geschwungenen Lippen; es ist für ihn charakteristisch geworden und wird vorzugsweise „leonardesk" genannt.[1] In dem fremdartig schönen Antlitz der Florentinerin Monna Lisa del Giocondo hat es die Beschauer am stärksten ergriffen und in Verwirrung gebracht. Dies Lächeln verlangte nach einer Deutung und fand die verschiedenartigsten, von denen keine befriedigte. *„Voilà quatre siècles bientôt que Monna Lisa fait perdre la tête à tous ceux qui parlent d'elle, après l'avoir longtemps regardée."*[2]

Muther:[3] „Was den Betrachter namentlich bannt, ist der dämonische Zauber dieses Lächelns. Hunderte von Dichtern und Schriftstellern haben über dieses Weib geschrieben, das bald verführerisch uns anzulächeln, bald kalt und seelenlos ins Leere zu starren scheint, und niemand hat ihr Lächeln enträtselt, niemand ihre Gedanken gedeutet. Alles, auch die Landschaft ist geheimnisvoll traumhaft, wie in gewitterschwüler Sinnlichkeit zitternd."

Die Ahnung, daß sich in dem Lächeln der Monna Lisa zwei verschiedene Elemente vereinigen, hat sich bei mehreren Beurteilern geregt. Sie erblicken darum in dem Mienenspiel der schönen Florentinerin die vollkommenste Darstellung der Gegensätze, die das Liebesleben des Weibes beherrschen, der Reserve und der Verführung, der hingebungsvollen Zärtlichkeit und der rücksichtslos heischenden, den Mann wie etwas Fremdes ver-

---

1) Der Kunstkenner wird hier an das eigentümliche starre Lächeln denken, welches die plastischen Werke der archaischen griechischen Kunst, z. B. die Aegineten, zeigen, vielleicht auch an den Figuren von Leonardos Lehrer Verrocchio ähnliches entdecken und darum den nachstehenden Ausführungen nicht ohne Bedenken folgen wollen.

2) Gruyer nach Seidlitz, L. da V., II. Bd., p. 280.

3) Geschichte der Malerei, Bd. I, p. 314.

zehrenden Sinnlichkeit. So äußert Müntz:[1]"*On sait quelle énigme indéchiffrable et passionnante Monna Lisa Gioconda ne cesse depuis bientôt quatre siècles, de proposer aux admirateurs pressés devant elle. Jamais artiste (j'emprunte la plume du délicat écrivain qui se cache sous le pseudonyme de Pierre de Corlay) a-t-il traduit ainsi l'essence même de la féminité: tendresse et coquetterie, pudeur et sourde volupté, tout le mystère d'un cœur qui se réserve, d'un cerveau qui réfléchit, d'une personnalité qui se garde et ne livre d'elle-même que son rayonnement...*" Der Italiener Angelo Conti[2] sieht das Bild im Louvre von einem Sonnenstrahl belebt. „*La donna sorrideva in una calma regale: i suoi instinti di conquista, di ferocia, tutta l'eredità della specie, la volontà della seduzione e dell' agguato, la grazia del inganno, la bontà che cela un proposito crudele, tutto ciò appariva alternativamente e scompariva dietro il velo ridente e si fondeva nel poema del suo sorriso ... Buona e malvaggia, crudele e compassionevole, graziosa e felina, ella rideva...*"

Leonardo malte vier Jahre an diesem Bilde, vielleicht von 1503 bis 1507, während seines zweiten Aufenthaltes in Florenz, selbst über 50 Jahre alt. Er wendete nach Vasaris Bericht die ausgesuchtesten Künste an, um die Dame während der Sitzungen zu zerstreuen und jenes Lächeln auf ihren Zügen festzuhalten. Von all den Feinheiten, die sein Pinsel damals auf der Leinwand wiedergab, hat das Bild in seinem heutigen Zustand wenig nur bewahrt; es galt, als es im Entstehen war, als das höchste, was die Kunst leisten könnte; sicher ist aber, daß es Leonardo selbst nicht befriedigte, daß er es für nicht vollendet erklärte, dem Besteller nicht ablieferte und mit sich nach Frankreich nahm, wo sein Beschützer Franz I. es von ihm für das Louvre erwarb.

Lassen wir das physiognomische Rätsel der Monna Lisa ungelöst und verzeichnen wir die unzweifelhafte Tatsache, daß ihr Lächeln

---

[1] l. c., p. 417.
[2] A. Conti, Leonardo pittore, Conferenze fiorentine, l. c., p. 93.

den Künstler nicht minder stark fasziniert hat, als alle die Beschauer seit 400 Jahren. Dies berückende Lächeln kehrt seitdem auf allen seinen Bildern und denen seiner Schüler wieder. Da die Monna Lisa Leonardos ein Porträt ist, können wir nicht annehmen, er habe ihrem Angesicht aus eigenem einen so ausdrucksschweren Zug geliehen, den sie selbst nicht besaß. Es scheint, wir können kaum anders als glauben, daß er dies Lächeln bei seinem Modell fand und so sehr unter dessen Zauber geriet, daß er von da an die freien Schöpfungen seiner Phantasie mit ihm ausstattete. Dieser naheliegenden Auffassung gibt zum Beispiel A. Konstantinowa[1] Ausdruck:

„Während der langen Zeit, in welcher sich der Meister mit dem Porträt der Monna Lisa del Giocondo beschäftigte, hatte er sich mit solcher Teilnahme des Gefühls in die physiognomischen Feinheiten dieses Frauenantlitzes hineingelebt, daß er diese Züge — besonders das geheimnisvolle Lächeln und den seltsamen Blick — auf alle Gesichter übertrug, welche er in der Folge malte oder zeichnete; die mimische Eigentümlichkeit der Gioconda kann selbst auf dem Bilde Johannes des Täufers im Louvre wahrgenommen werden; — vor allem aber sind sie in Marias Gesichtszügen auf dem Anna Selbdritt-Bilde deutlich erkennbar."

Allein es kann auch anders zugegangen sein. Das Bedürfnis nach einer tieferen Begründung jener Anziehung, mit welcher das Lächeln der Gioconda den Künstler ergriff, um ihn nicht mehr freizulassen, hat sich bei mehr als einem seiner Biographen geregt. W. Pater, der in dem Bilde der Monna Lisa die „Verkörperung aller Liebeserfahrung der Kulturmenschheit" sieht, und sehr fein „jenes unergründliche Lächeln, welches bei Leonardo stets wie mit etwas Unheilverkündendem verbunden scheint", behandelt, führt uns auf eine andere Spur, wenn er äußert:[2]

---

[1] l. c., p. 45.
[2] W. Pater, Die Renaissance. 2. Aufl., 1906, p. 157. (Aus dem Englischen.)

„Übrigens ist das Bild ein Porträt. Wir können verfolgen, wie es sich von Kindheit auf in das Gewebe seiner Träume mischt, so daß man, sprächen nicht ausdrückliche Zeugnisse dagegen, glauben möchte, es sei sein endlich gefundenes und verkörpertes Frauenideal ..."

Etwas ganz Ähnliches hat wohl M. Herzfeld im Sinne, wenn sie ausspricht, in der Monna Lisa habe Leonardo sich selbst begegnet, darum sei es ihm möglich geworden, soviel von seinem eigenen Wesen in das Bild einzutragen, „dessen Züge von jeher in rätselhafter Sympathie in Leonardos Seele gelegen haben".[1]

Versuchen wir diese Andeutungen zur Klarheit zu entwickeln. Es mag also so gewesen sein, daß Leonardo vom Lächeln der Monna Lisa gefesselt wurde, weil dieses etwas in ihm aufweckte, was seit langer Zeit in seiner Seele geschlummert hatte, eine alte Erinnerung wahrscheinlich. Diese Erinnerung war bedeutsam genug, um ihn nicht mehr loszulassen, nachdem sie einmal erweckt worden war; er mußte ihr immer wieder neuen Ausdruck geben. Die Versicherung Paters, daß wir verfolgen können, wie sich ein Gesicht wie das der Monna Lisa von Kindheit auf in das Gewebe seiner Träume mischt, scheint glaubwürdig und verdient wörtlich verstanden zu werden.

Vasari erwähnt als seine ersten künstlerischen Versuche *„teste di femmine, che ridono"*.[2] Die Stelle, die ganz unverdächtig ist, weil sie nichts erweisen will, lautet vollständiger in deutscher Übersetzung:[3] „indem er in seiner Jugend einige lachende weibliche Köpfe aus Erde formte, die in Gips vervielfältigt wurden, und einige Kinderköpfe, so schön, als ob sie von Meisterhand gebildet wären ..."

Wir erfahren also, daß seine Kunstübung mit der Darstellung von zweierlei Objekten begann, die uns an die zweierlei Sexual-

---

1) M. Herzfeld, L. d. V., p. LXXXVIII.
2) Bei Scognamiglio, l. c., p. 32.
3) Von L. Schorn, III. Bd., 1843, p. 6.

objekte mahnen müssen, welche wir aus der Analyse seiner Geierphantasie erschlossen haben. Waren die schönen Kinderköpfe Vervielfältigungen seiner eigenen kindlichen Person, so sind die lächelnden Frauen nichts anderes als Wiederholungen der Catarina, seiner Mutter, und wir beginnen die Möglichkeit zu ahnen, daß seine Mutter das geheimnisvolle Lächeln besessen, das er verloren hatte, und das ihn so fesselte, als er es bei der Florentiner Dame wiederfand.[1]

Das Gemälde Leonardos, welches der Monna Lisa zeitlich am nächsten steht, ist die sogenannte „heilige Anna selbdritt", die heilige Anna mit Maria und dem Christusknaben. Es zeigt das leonardeske Lächeln in schönster Ausprägung an beiden Frauenköpfen. Es ist nicht zu ermitteln, um wieviel früher oder später als am Porträt der Monna Lisa Leonardo daran zu malen begann. Da beide Arbeiten sich über Jahre erstreckten, darf man wohl annehmen, daß sie den Meister gleichzeitig beschäftigt haben. Zu unserer Erwartung würde es am besten stimmen, wenn gerade die Vertiefung in die Züge der Monna Lisa Leonardo angeregt hätte, die Komposition der heiligen Anna aus seiner Phantasie zu gestalten. Denn wenn das Lächeln der Gioconda die Erinnerung an die Mutter in ihm heraufbeschwor, so verstehen wir, daß es ihn zunächst dazu trieb, eine Verherrlichung der Mütterlichkeit zu schaffen, und das Lächeln, das er bei der vornehmen Dame gefunden hatte, der Mutter wiederzugeben. So dürfen wir denn unser Interesse vom Porträt der Monna Lisa auf dies andere, kaum minder schöne Bild, das sich jetzt auch im Louvre befindet, hinübergleiten lassen.

Die heilige Anna mit Tochter und Enkelkind ist ein in der italienischen Malerei selten behandelter Gegenstand; die Darstellung

---

1) Das nämliche nimmt Mereschkowski an, der doch für Leonardo eine Kindheitsgeschichte imaginiert, welche in den wesentlichen Punkten von unseren, aus der Geierphantasie geschöpften, Ergebnissen abweicht. Wenn aber Leonardo selbst dies Lächeln gezeigt hätte, so hätte die Tradition es wohl kaum unterlassen, uns dies Zusammentreffen zu berichten.

Leonardos weicht jedenfalls weit von allen sonst bekannten ab. Muther sagt:[1]

„Einige Meister, wie Hans Fries, der ältere Holbein und Girolamo dai Libri, ließen Anna neben Maria sitzen und stellten zwischen beide das Kind. Andere, wie Jakob Cornelisz in seinem Berliner Bilde, zeigten im eigentlichen Wortsinn die ‚heilige Anna selbdritt', das heißt, sie stellten sie dar, wie sie im Arme das kleine Figürchen Marias hält, auf dem das noch kleinere des Christkindes sitzt." Bei Leonardo sitzt Maria auf dem Schoße ihrer Mutter vorgeneigt und greift mit beiden Armen nach dem Knaben, der mit einem Lämmchen spielt, es wohl ein wenig mißhandelt. Die Großmutter hat den einen unverdeckten Arm in die Hüfte gestemmt und blickt mit seligem Lächeln auf die beiden herab. Die Gruppierung ist gewiß nicht ganz ungezwungen. Aber das Lächeln, welches auf den Lippen beider Frauen spielt, hat, obwohl unverkennbar dasselbe wie im Bilde der Monna Lisa, seinen unheimlichen und rätselhaften Charakter verloren; es drückt Innigkeit und stille Seligkeit aus.[2]

Bei einer gewissen Vertiefung in dieses Bild kommt es wie ein plötzliches Verständnis über den Beschauer: Nur Leonardo konnte dieses Bild malen, wie nur er die Geierphantasie dichten konnte. In dieses Bild ist die Synthese seiner Kindheitsgeschichte eingetragen; die Einzelheiten desselben sind aus den allerpersönlichsten Lebenseindrücken Leonardos erklärlich. Im Hause seines Vaters fand er nicht nur die gute Stiefmutter Donna Albiera, sondern auch die Großmutter, Mutter seines Vaters, Monna Lucia, die, wir wollen es annehmen, nicht unzärtlicher gegen ihn war, als Großmütter zu sein pflegen. Dieser Umstand mochte ihm die Darstellung der von Mutter und Großmutter behüteten Kindheit

---

[1] l. c., p. 309.
[2] A. Konstantinowa, l. c.: „Maria schaut voll Innigkeit zu ihrem Liebling herab, mit einem Lächeln, das an den rätselhaften Ausdruck der Gioconda erinnert", und anderswo von der Maria: „Um ihre Züge schwebt das Lächeln der Gioconda."

nahebringen. Ein anderer auffälliger Zug des Bildes gewinnt eine noch größere Bedeutung. Die heilige Anna, die Mutter der Maria und Großmutter des Knaben, die eine Matrone sein müßte, ist hier vielleicht etwas reifer und ernster als die heilige Maria, aber noch als junge Frau von unverwelkter Schönheit gebildet. Leonardo hat in Wirklichkeit dem Knaben zwei Mütter gegeben, eine, die die Arme nach ihm ausstreckt, und eine andere im Hintergrunde, und beide mit dem seligen Lächeln des Mutterglückes ausgestattet. Diese Eigentümlichkeit des Bildes hat nicht verfehlt, die Verwunderung der Autoren zu erregen; Muther meint zum Beispiel, daß Leonardo sich nicht entschließen konnte, Alter, Falten und Runzeln zu malen und darum auch Anna zu einer Frau von strahlender Schönheit machte. Ob man sich mit dieser Erklärung zufrieden geben kann? Andere haben zur Auskunft gegriffen, die „Gleichaltrigkeit von Mutter und Tochter" überhaupt in Abrede zu stellen.[1] Aber der Muthersche Erklärungsversuch genügt wohl für den Beweis, daß der Eindruck von der Verjüngung der heiligen Anna dem Bilde entnommen und nicht durch eine Tendenz vorgetäuscht ist.

Leonardos Kindheit war gerade so merkwürdig gewesen wie dieses Bild. Er hatte zwei Mütter gehabt, die erste seine wahre Mutter, die Catarina, der er im Alter zwischen drei und fünf Jahren entrissen wurde, und eine junge und zärtliche Stiefmutter, die Frau seines Vaters, Donna Albiera. Indem er diese Tatsache seiner Kindheit mit der ersterwähnten, der Anwesenheit von Mutter und Großmutter, zusammenzog, sie zu einer Mischeinheit verdichtete, gestaltete sich ihm die Komposition der heiligen Anna selbdritt. Die mütterliche Gestalt weiter weg vom Knaben, die Großmutter heißt, entspricht nach ihrer Erscheinung und ihrem räumlichen Verhältnis zum Knaben der echten früheren Mutter Catarina. Mit dem seligen Lächeln der heiligen Anna hat der Künstler wohl den Neid verleugnet und überdeckt, den die Un-

[1] S. v. Seidlitz, l. c., II. Bd., p. 274, Anmerkungen.

glückliche verspürte, als sie der vornehmeren Rivalin wie früher den Mann, so auch den Sohn abtreten mußte.[1]

So wären wir von einem anderen Werke Leonardos her zur Bestätigung der Ahnung gekommen, daß das Lächeln der Monna Lisa del Giocondo in dem Manne die Erinnerung an die Mutter seiner ersten Kinderjahre erweckt hatte. Madonnen und vornehme Damen zeigten von da an bei den Malern Italiens die demütige Kopfneigung und das seltsam-selige Lächeln des armen Bauernmädchens Catarina, das der Welt den herrlichen, zum Malen, Forschen und Dulden bestimmten Sohn geboren hatte.

Wenn es Leonardo gelang, im Angesicht der Monna Lisa den doppelten Sinn wiederzugeben, den dies Lächeln hatte, das Versprechen schrankenloser Zärtlichkeit wie die unheilverkündende Drohung (nach P a t e r s Worten), so war er auch darin dem Inhalte seiner frühesten Erinnerung treu geblieben. Denn die Zärtlichkeit der Mutter wurde ihm zum Verhängnis, bestimmte sein Schicksal und die Entbehrungen, die seiner warteten. Die

---

[1] Versucht man an diesem Bilde die Figuren der Anna und der Maria voneinander abzugrenzen, so gelingt dies nicht ganz leicht. Man möchte sagen, beide sind so ineinander verschmolzen wie schlecht verdichtete Traumgestalten, so daß es an manchen Stellen schwer wird zu sagen, wo Anna aufhört und wo Maria anfängt. Was so vor der kritischen Betrachtung als Fehlleistung, als ein Mangel der Komposition erscheint, das rechtfertigt sich vor der Analyse durch Hinweis auf seinen geheimen Sinn. Die beiden Mütter seiner Kindheit durften dem Künstler zu einer Gestalt zusammenfließen.

Es ist dann besonders reizvoll, mit der hl. Anna Selbdritt des Louvre den berühmten Londoner Karton zu vergleichen, der eine andere Komposition desselben Stoffes zeigt. Hier sind die beiden Muttergestalten noch inniger miteinander verschmolzen, ihre Abgrenzungen noch unsicherer, so daß Beurteiler, denen jede Bemühung einer Deutung ferne lag, sagen mußten, es scheine, „als wüchsen beide Köpfe aus einem Rumpf hervor."

Die meisten Autoren stimmen darin überein, diesen Londoner Karton für die frühere Arbeit zu erklären und verlegen seine Entstehung in die erste Mailänder Zeit Leonardos (vor 1500). Adolf R o s e n b e r g (Monographie 1898) sieht hingegen in der Komposition des Kartons eine spätere — und glücklichere — Gestaltung desselben Vorwurfs und läßt ihn in Anlehnung an Anton S p r i n g e r selbst nach der Monna Lisa entstanden sein. Zu unseren Erörterungen paßt es durchaus, daß der Karton die weit ältere Schöpfung sein sollte. Es ist auch nicht schwierig sich vorzustellen, wie

Heftigkeit der Liebkosungen, auf die seine Geierphantasie deutet, war nur allzu natürlich; die arme verlassene Mutter mußte all ihre Erinnerungen an genossene Zärtlichkeiten wie ihre Sehnsucht nach neuen in die Mutterliebe einfließen lassen; sie war dazu gedrängt, nicht nur sich dafür zu entschädigen, daß sie keinen Mann, sondern auch das Kind, daß es keinen Vater hatte, dei es liebkosen wollte. So nahm sie nach der Art aller unbefriedigten Mütter den kleinen Sohn an Stelle ihres Mannes an und raubte ihm durch die allzu frühe Reifung seiner Erotik ein Stück seiner Männlichkeit. Die Liebe der Mutter zum Säugling, den sie nährt

das Louvrebild aus dem Karton hervorgegangen wäre, während sich für die gegenteilige Wandlung kein Verständnis ergibt. Gehen wir von der Komposition des Kartons aus, so hat Leonardo etwa das Bedürfnis empfunden, die traumhafte Verschmelzung der beiden Frauen, die seiner Kindheitserinnerung entsprach, aufzuheben und die beiden Köpfe voneinander räumlich zu trennen. Dies geschah, indem er Kopf und Oberleib der Maria von der Muttergestalt ablöste und nach abwärts bog. Zur Motivierung dieser Verschiebung mußte das Christuskind vom Schoß weg auf den Boden rücken und dann blieb kein Platz für den kleinen Johannes, der durch das Lamm ersetzt wurde. —

An dem Louvrebilde hat Oskar Pfister eine merkwürdige Entdeckung gemacht, der man auf keinen Fall sein Interesse versagen wird, auch wenn man sich ihrer unbedingten Anerkennung nicht geneigt fühlen sollte. Er hat in der eigentümlich gestalteten und nicht leicht verständlichen Gewandung der Maria die Kontur des Geiers aufgefunden und deutet sie als unbewußtes Vexierbild.

„Auf dem Bilde, das die Mutter des Künstlers darstellt, findet sich nämlich in voller Deutlichkeit der Geier, das Symbol der Mütterlichkeit.

Man sieht den äußerst charakteristischen Geierkopf, den Hals, den scharfbogigen Ansatz des Rumpfes in dem blauen Tuche, das bei der Hüfte des vorderen Weibes sichtbar wird und sich in der Richtung gegen Schoß und rechtes Knie erstreckt. Fast kein Beobachter, dem ich den kleinen Fund vorlegte, konnte sich der Evidenz dieses und pflegt, ist etwas weit tiefgreifenderes als ihre spätere Affektion für das heranwachsende Kind. Sie ist von der Natur eines vollbefriedigenden Liebesverhältnisses, das nicht nur alle seelischen Wünsche, sondern auch alle körperlichen Bedürfnisse erfüllt, und wenn sie eine der Formen des dem Menschen erreichbaren Glückes darstellt, so rührt dies nicht zum mindesten von der Möglichkeit her, auch längst verdrängte und pervers zu nennende Wunschregungen ohne Vorwurf zu befriedigen.[1] In der glücklichsten jungen Ehe verspürt es der Vater, daß das Kind, besonders der kleine Sohn, sein Nebenbuhler geworden ist, und eine tief im Vexierbildes entziehen." (Kryptolalie, Kryptographie und unbewußtes Vexierbild bei Normalen. Jahrb. f. psychoanalyt. u. psychopath. Forschungen. V, 1913.)

An dieser Stelle wird der Leser gewiß die Mühe nicht scheuen, die dieser Schrift beigegebene Bildbeilage anzuschauen, um die Umrisse des von Pfister gesehenen Geiers in ihm zu suchen. Das blaue Tuch, dessen Ränder das Vexierbild zeichnen, hebt sich in der Reproduktion als lichtgraues Feld vom dunkleren Grund der übrigen Gewandung ab.

Pfister setzt (l. c., p. 147) fort: „Die wichtige Frage ist aber nun: Wie weit reicht das Vexierbild? Verfolgen wir das Tuch, das sich so scharf von seiner Umgebung abhebt, von der Mitte des Flügels aus weiter, so bemerken wir, daß es sich einerseits zum Fuß des Weibes senkt, anderseits aber gegen ihre Schulter und das Kind erhebt. Die erstere Partie ergäbe ungefähr Flügel und natürlichen Schweif des Geiers, die letztere einen spitzen Bauch und, besonders wenn wir die strahlenförmigen, den Konturen von Federn ähnlichen Linien beachten, einen ausgebreiteten Vogelschwanz, dessen rechtes Ende genau wie in Leonardos schicksalbedeutendem Kindheitstraum nach dem Munde des Kindes, also eben Leonardos, führt."

Der Autor unternimmt es dann, die Deutung noch weiter ins Einzelne durchzuführen und behandelt die Schwierigkeiten, die sich dabei ergeben.

1) Vgl. „Drei Abhandlungen zur Sexualtheorie", 5. Aufl., 1922.

Unbewußten wurzelnde Gegnerschaft gegen den Bevorzugten nimmt von daher ihren Ausgang.

Als Leonardo auf der Höhe seines Lebens jenem selig verzückten Lächeln wieder begegnete, wie es einst den Mund seiner Mutter bei ihren Liebkosungen umspielt hatte, stand er längst unter der Herrschaft einer Hemmung, die ihm verbot, je wieder solche Zärtlichkeiten von Frauenlippen zu begehren. Aber er war Maler geworden und so bemühte er sich, dieses Lächeln mit dem Pinsel wieder zu erschaffen, und er gab es allen seinen Bildern, ob er sie nun selbst ausführte oder unter seiner Leitung von seinen Schülern ausführen ließ, der Leda, dem Johannes und dem Bacchus. Die beiden letzten sind Abänderungen desselben Typus. Muther sagt: „Aus dem Heuschreckenesser der Bibel hat Leonardo einen Bacchus, einen Apollino gemacht, der, ein rätselhaftes Lächeln auf den Lippen, die weichen Schenkel übereinander geschlagen, uns mit sinnbetörendem Auge anblickt." Diese Bilder atmen eine Mystik, in deren Geheimnis einzudringen man nicht wagt; man kann es höchstens versuchen, den Anschluß an die früheren Schöpfungen Leonardos herzustellen. Die Gestalten sind wieder mannweiblich, aber nicht mehr im Sinne der Geierphantasie, es sind schöne Jünglinge von weiblicher Zartheit mit weibischen Formen; sie schlagen die Augen nicht nieder, sondern blicken geheimnisvoll triumphierend, als wüßten sie von einem großen Glückserfolg, von dem man schweigen muß; das bekannte berückende Lächeln läßt ahnen, daß es ein Liebesgeheimnis ist. Möglich, daß Leonardo in diesen Gestalten das Unglück seines Liebeslebens verleugnet und künstlerisch überwunden hat, indem er die Wunscherfüllung des von der Mutter betörten Knaben in solch seliger Vereinigung von männlichem und weiblichem Wesen darstellte.

―――

# V

Unter den Eintragungen in den Tagebüchern Leonardos findet sich eine, die durch ihren bedeutsamen Inhalt und wegen eines winzigen formalen Fehlers die Aufmerksamkeit des Lesers festhält: Er schreibt im Juli 1504:

„*Adi 9 di Luglio 1504 mercoledi a ore 7 mori Ser Piero da Vinci, notalio al palazzo del Potestà, mio padre, a ore 7. Era d'età d'anni 80, lasciò 10 figlioli maschi e 2 femmine.*"[1]

Die Notiz handelt also vom Tode des Vaters Leonardos. Die kleine Irrung in ihrer Form besteht darin, daß die Zeitbestimmung „a ore 7" zweimal wiederholt wird, als hätte Leonardo am Ende des Satzes vergessen, daß er sie zu Anfang bereits hingeschrieben. Es ist nur eine Kleinigkeit, aus der ein anderer als ein Psychoanalytiker nichts machen würde. Vielleicht würde er sie nicht bemerken, und auf sie aufmerksam gemacht, würde er sagen: Das kann in der Zerstreutheit oder im Affekt jedem passieren und hat weiter keine Bedeutung.

Der Psychoanalytiker denkt anders; ihm ist nichts zu klein als Äußerung verborgener seelischer Vorgänge; er hat längst gelernt, daß solches Vergessen oder Wiederholen bedeutungsvoll ist, und daß man es der „Zerstreutheit" danken muß, wenn sie den Verrat sonst verborgener Regungen gestattet.

---

1) Nach E. Müntz, l. c., p. 13, Anmerkung.

Wir werden sagen, auch diese Notiz entspricht, wie die Leichenrechnung der Catarina, die Kostenrechnungen der Schüler, einem
Falle, in dem Leonardo die Unterdrückung seiner Affekte mißglückte und das lange Verhohlene sich einen entstellten Ausdruck
erzwang. Auch die Form ist eine ähnliche, dieselbe pedantische
Genauigkeit, die gleiche Vordringlichkeit der Zahlen.[1]
Wir heißen eine solche Wiederholung eine Perseveration. Sie
ist ein ausgezeichnetes Hilfsmittel, um die affektive Betonung an
zuzeigen. Man denke zum Beispiel an die Zornesrede des heiligen
Petrus gegen seinen unwürdigen Stellvertreter auf Erden in
D a n t e s „Paradiso":[2]

> „*Quegli ch'usurpa in terra il luogo mio,*
> *Il luogo mio, il luogo mio, che vaca*
> *Nella presenza del Figliuol di Dio,*
>
> *Fatto ha del cimiterio mio cloaca.*"

Ohne Leonardos Affekthemmung hätte die Eintragung im Tagebuch etwa lauten können: Heute um 7 Uhr starb mein Vater,
Ser Piero da Vinci, mein armer Vater! Aber die Verschiebung
der Perseveration auf die gleichgültigste Bestimmung der Todesnachricht, auf die Sterbestunde, raubt der Notiz jedes Pathos und
läßt uns gerade noch erkennen, daß hier etwas zu verbergen und
zu unterdrücken war.

Ser Piero da Vinci, Notar und Abkömmling von Notaren, war
ein Mann von großer Lebenskraft, der es zu Ansehen und Wohl-
stand brachte. Er war viermal verheiratet, die beiden ersten Frauen
starben ihm kinderlos weg, erst von der dritten erzielte er 1476
den ersten legitimen Sohn, als Leonardo bereits 24 Jahre alt war
und das Vaterhaus längst gegen das Atelier seines Meisters Verrocchio vertauscht hatte; mit der vierten und letzten Frau, die

---

1) Von einem größeren Irrtum, den Leonardo in dieser Notiz beging, indem er
dem 77jährigen Vater 80 Jahre gab, will ich absehen.
2) Canto XXVII, V. 22—25.

er bereits als Fünfziger geheiratet hatte, zeugte er noch neun Söhne und zwei Töchter.[1]

Gewiß ist auch dieser Vater für die psychosexuelle Entwicklung Leonardos bedeutsam geworden, und zwar nicht nur negativ, durch seinen Wegfall in den ersten Kinderjahren des Knaben, sondern auch unmittelbar durch seine Gegenwart in dessen späterer Kindheit. Wer als Kind die Mutter begehrt, der kann es nicht vermeiden, sich an die Stelle des Vaters setzen zu wollen, sich in seiner Phantasie mit ihm zu identifizieren und später seine Überwindung zur Lebensaufgabe zu machen. Als Leonardo, noch nicht fünf Jahre alt, ins großväterliche Haus aufgenommen wurde, trat gewiß die junge Stiefmutter Albiera an die Stelle seiner Mutter in seinem Fühlen, und er kam in jenes normal zu nennende Rivalitätsverhältnis zum Vater. Die Entscheidung zur Homosexualität tritt bekanntlich erst in der Nähe der Pubertätsjahre auf. Als diese für Leonardo gefallen war, verlor die Identifizierung mit dem Vater jede Bedeutung für sein Sexualleben, setzte sich aber auf anderen Gebieten von nicht erotischer Betätigung fort. Wir hören, daß er Prunk und schöne Kleider liebte, sich Diener und Pferde hielt, obwohl er nach Vasaris Worten „fast nichts besaß und wenig arbeitete"; wir werden nicht allein seinen Schönheitssinn für diese Vorlieben verantwortlich machen, wir erkennen in ihnen auch den Zwang, den Vater zu kopieren und zu übertreffen. Der Vater war gegen das arme Bauernmädchen der vornehme Herr gewesen, daher verblieb in dem Sohne der Stachel, auch den vornehmen Herrn zu spielen, der Drang „*to out-herod Herod*", dem Vater vorzuhalten, wie erst die richtige Vornehmheit aussehe.

Wer als Künstler schafft, der fühlt sich gegen seine Werke gewiß auch als Vater. Für Leonardos Schaffen als Maler hatte

---

[1] Es scheint, daß Leonardo in jener Tagebuchstelle sich auch in der Anzahl seiner Geschwister geirrt hat, was zur anscheinenden Exaktheit derselben in einem merkwürdigen Gegensatze steht.

die Identifizierung mit dem Vater eine verhängnisvolle Folge. Er schuf sie und kümmerte sich nicht mehr um sie, wie sein Vater sich nicht um ihn bekümmert hatte. Die spätere Sorge des Vaters konnte an diesem Zwange nichts ändern, denn dieser leitete sich von den Eindrücken der ersten Kinderjahre ab, und das unbewußt gebliebene Verdrängte ist unkorrigierbar durch spätere Erfahrungen.

Zur Zeit der Renaissance bedurfte jeder Künstler — wie auch noch viel später — eines hohen Herrn und Gönners, eines Padrone, der ihm Aufträge gab, in dessen Händen sein Schicksal ruhte. Leonardo fand seinen Padrone in dem hochstrebenden, prachtliebenden, diplomatisch verschlagenen, aber unsteten und unverläßlichen Lodovico Sforza, zubenannt: il Moro. An seinem Hofe in Mailand verbrachte er die glänzendste Zeit seines Lebens, in seinen Diensten entfaltete er am ungehemmtesten die Schaffenskraft, von der das Abendmahl und das Reiterstandbild des Francesco Sforza Zeugnis ablegten. Er verließ Mailand, ehe die Katastrophe über Lodovico Moro hereinbrach, der als Gefangener in einem französischen Kerker starb. Als die Nachricht vom Schicksal seines Gönners Leonardo erreichte, schrieb er in sein Tagebuch: „Der Herzog verlor sein Land, seinen Besitz, seine Freiheit, und keines der Werke, die er unternommen, wurde zu Ende geführt."¹ Es ist merkwürdig und gewiß nicht bedeutungslos, daß er hier gegen seinen Padrone den nämlichen Vorwurf erhob, den die Nachwelt gegen ihn wenden sollte, als wollte er eine Person aus der Vaterreihe dafür verantwortlich machen, daß er selbst seine Werke unvollendet ließ. In Wirklichkeit hatte er auch gegen den Herzog nicht Unrecht.

Aber wenn die Nachahmung des Vaters ihn als Künstler schädigte, so war die Auflehnung gegen den Vater die infantile Bedingung seiner vielleicht ebenso großartigen Leistung als For-

---

1) „Il duca perse lo stato e la roba e libertà e nessuna sua opera si finì per lui." —
v. Seidlitz, l. c., II, p. 270.

scher. Er glich, nach dem schönen Gleichnis Mereschkowskis, einem Menschen, der in der Finsternis zu früh erwacht war, während die anderen noch alle schliefen.[1] Er wagte es, den kühnen Satz auszusprechen, der doch die Rechtfertigung jeder freien Forschung enthält: Wer im Streite der Meinungen sich auf die Autorität beruft, der arbeitet mit seinem Gedächtnis, anstatt mit seinem Verstand.[2] So wurde er der erste moderne Naturforscher, und eine Fülle von Erkenntnissen und Ahnungen belohnte seinen Mut, seit den Zeiten der Griechen als der erste, nur auf Beobachtung und eigenes Urteil gestützt, an die Geheimnisse der Natur zu rühren. Aber wenn er die Autorität geringschätzen und die Nachahmung der „Alten" verwerfen lehrte und immer wieder auf das Studium der Natur als auf die Quelle aller Wahrheit hinwies, so wiederholte er nur in der höchsten, dem Menschen erreichbaren Sublimierung die Parteinahme, die sich bereits dem kleinen, verwundert in die Welt blickenden Knaben aufgedrängt hatte. Aus der wissenschaftlichen Abstraktion in die konkrete individuelle Erfahrung rückübersetzt, entsprachen die Alten und die Autorität doch nur dem Vater, und die Natur wurde wieder die zärtliche, gütige Mutter, die ihn genährt hatte. Während bei den meisten anderen Menschenkindern — auch noch heute wie in Urzeiten — das Bedürfnis nach dem Anhalt an irgend eine Autorität so gebieterisch ist, daß ihnen die Welt ins Wanken gerät, wenn diese Autorität bedroht wird, konnte Leonardo allein dieser Stütze entbehren; er hätte es nicht können, wenn er nicht in den ersten Lebensjahren gelernt hätte, auf den Vater zu verzichten. Die Kühnheit und Unabhängigkeit seiner späteren wissenschaftlichen Forschung setzt die vom Vater ungehemmte infantile Sexualforschung voraus und setzt sie unter Abwendung vom Sexuellen fort.

---

[1] l. c., p. 348.
[2] *Chi disputa allegando l'autorità non adopra l'ingegno ma piuttosto la memoria;* Solmi, Conf. fior., p. 13.

Wenn jemand wie Leonardo in seiner ersten Kindheit der Einschüchterung durch den Vater entgangen ist und in seiner Forschung die Fesseln der Autorität abgeworfen hat, so wäre es der grellste Widerspruch gegen unsere Erwartung, wenn wir fänden, daß derselbe Mann ein Gläubiger geblieben ist und es nicht vermocht hat, sich der dogmatischen Religion zu entziehen. Die Psychoanalyse hat uns den intimen Zusammenhang zwischen dem Vaterkomplex und der Gottesgläubigkeit kennen gelehrt, hat uns gezeigt, daß der persönliche Gott psychologisch nichts anderes ist als ein erhöhter Vater, und führt uns täglich vor Augen, wie jugendliche Personen den religiösen Glauben verlieren, sobald die Autorität des Vaters bei ihnen zusammenbricht. Im Elternkomplex erkennen wir so die Wurzel des religiösen Bedürfnisses; der allmächtige, gerechte Gott und die gütige Natur erscheinen uns als großartige Sublimierungen von Vater und Mutter, vielmehr als Erneuerungen und Wiederherstellungen der frühkindlichen Vorstellungen von beiden. Die Religiosität führt sich biologisch auf die lang anhaltende Hilflosigkeit und Hilfsbedürftigkeit des kleinen Menschenkindes zurück, welches, wenn es später seine wirkliche Verlassenheit und Schwäche gegen die großen Mächte des Lebens erkannt hat, seine Lage ähnlich wie in der Kindheit empfindet und deren Trostlosigkeit durch die regressive Erneuerung der infantilen Schutzmächte zu verleugnen sucht. Der Schutz gegen neurotische Erkrankung, den die Religion ihren Gläubigen gewährt, erklärt sich leicht daraus, daß sie ihnen den Elternkomplex abnimmt, an dem das Schuldbewußtsein des einzelnen wie der ganzen Menschheit hängt, und ihn für sie erledigt, während der Ungläubige mit dieser Aufgabe allein fertig werden muß.

Es scheint nicht, daß das Beispiel Leonardos diese Auffassung der religiösen Gläubigkeit des Irrtums überführen könnte. Anklagen, die ihn des Unglaubens, oder, was jener Zeit ebensoviel hieß, des Abfalles vom Christenglauben beschuldigten, regten sich bereits zu seinen Lebzeiten und haben in der ersten Lebensbeschreibung, die Vasari von ihm gab, einen bestimmten Ausdruck gefunden.¹ In der zweiten Ausgabe seiner Vite 1568 hat Vasari diese Bemerkungen weggelassen. Uns ist es vollkommen begreiflich, wenn Leonardo angesichts der außerordentlichen Empfindlichkeit seines Zeitalters in religiösen Dingen sich direkter Äußerungen über seine Stellung zum Christentum auch in seinen Aufzeichnungen enthielt. Als Forscher ließ er sich durch die Schöpfungsberichte der Heiligen Schrift nicht im mindesten beirren; er bestritt zum Beispiel die Möglichkeit einer universellen Sündflut und rechnete in der Geologie ebenso unbedenklich wie die Modernen mit Jahrhunderttausenden.

Unter seinen „Prophezeiungen" finden sich so manche, die das Feingefühl eines gläubigen Christen beleidigen müßten, zum Beispiel:²

Die Bilder der Heiligen angebetet.

„Es werden die Menschen mit Menschen reden, die nichts vernehmen, welche die Augen offen haben und nicht sehen; sie werden zu diesen reden und keine Antwort bekommen; sie werden Gnaden erbitten von dem, welcher Ohren hat und nicht hört; sie werden Lichter anzünden für den, der blind ist."

Oder: Vom Klagen am Karfreitag (p. 297).

„In allen Teilen Europas wird von großen Völkerschaften geweint werden um den Tod eines einzigen Mannes, der im Orient gestorben."

Von Leonardos Kunst hat man geurteilt, daß er den heiligen Gestalten den letzten Rest kirchlicher Gebundenheit benahm und sie ins Menschliche zog, um große und schöne menschliche Empfindungen an ihnen darzustellen. Muther rühmt von ihm, daß er die Dekadenzstimmung überwand und den Menschen das Recht auf Sinnlichkeit und frohen Lebensgenuß wiedergab. In den Aufzeichnungen, welche Leonardo in die Ergründung der

---

1) Müntz, l. c., La religion de Léonard, l. c., p. 292 u. ff.
2) Nach Herzfeld, p. 292.

großen Naturrätsel vertieft zeigen, fehlt es nicht an Äußerungen der Bewunderung für den Schöpfer, den letzten Grund all dieser herrlichen Geheimnisse, aber nichts deutet darauf hin, daß er eine persönliche Beziehung zu dieser Gottesmacht festhalten wollte. Die Sätze, in welche er die tiefe Weisheit seiner letzten Lebensjahre gelegt hat, atmen die Resignation des Menschen, der sich der 'Ανάγκη, den Gesetzen der Natur, unterwirft und von der Güte oder Gnade Gottes keine Milderung erwartet. Es ist kaum ein Zweifel, daß Leonardo die dogmatische wie die persönliche Religion überwunden und sich durch seine Forscherarbeit weit von der Weltanschauung des gläubigen Christen entfernt hatte.

Aus unseren vorhin erwähnten Einsichten in die Entwicklung des kindlichen Seelenlebens wird uns die Annahme nahe gelegt, daß auch Leonardos erste Forschungen im Kindesalter sich mit den Problemen der Sexualität beschäftigten. Er verrät es uns aber selbst in durchsichtiger Verhüllung, indem er seinen Forscherdrang an die Geierphantasie knüpft und das Problem des Vogelfluges als eines hervorhebt, das ihm durch besondere Schicksalsverkettung zur Bearbeitung zugefallen sei. Eine recht dunkle, wie eine Prophezeiung klingende Stelle in seinen Aufzeichnungen, die den Vogelflug behandeln, bezeugt aufs schönste, mit wie viel Affektinteresse er an dem Wunsche hing, die Kunst des Fliegens selbst nachahmen zu können: „Es wird seinen ersten Flug nehmen der große Vogel, vom Rücken seines großen Schwanes aus, das Universum mit Verblüffung, alle Schriften mit seinem Ruhme füllen und ewige Glorie sein dem Neste, wo er geboren ward."[1] Er hoffte wahrscheinlich, selbst einmal fliegen zu können, und wir wissen aus den wunscherfüllenden Träumen der Menschen, welche Seligkeit man sich von der Erfüllung dieser Hoffnung erwartet. Warum träumen aber so viele Menschen vom Fliegenkönnen? Die Psychoanalyse gibt hierauf die Antwort, weil das Fliegen

---

[1] Nach M. Herzfeld, L. d. V., p. 32. „Der große Schwan" soll einen Hügel, Monte Cecero, bei Florenz bedeuten.

oder Vogel sein nur die Verhüllung eines anderen Wunsches ist, zu dessen Erkennung mehr als eine sprachliche und sachliche Brücke führt. Wenn man der wißbegierigen Jugend erzählt, ein großer Vogel, wie der Storch, bringe die kleinen Kinder, wenn die Alten den Phallus geflügelt gebildet haben, wenn die gebräuchlichste Bezeichnung der Geschlechtstätigkeit des Mannes im Deutschen „vögeln" lautet, das Glied des Mannes bei den Italienern direkt *l'uccello* (Vogel) heißt, so sind das nur kleine Bruchstücke aus einem großen Zusammenhange, der uns lehrt, daß der Wunsch, fliegen zu können, im Traume nichts anderes bedeutet als die Sehnsucht, geschlechtlicher Leistungen fähig zu sein.[1] Es ist dies ein frühinfantiler Wunsch. Wenn der Erwachsene seiner Kindheit gedenkt, so erscheint sie ihm als eine glückliche Zeit, in der man sich des Augenblicks freute und wunschlos der Zukunft entgegenging, und darum beneidet er die Kinder. Aber die Kinder selbst, wenn sie früher Auskunft geben könnten, würden wahrscheinlich anderes berichten. Es scheint, daß die Kindheit nicht jenes selige Idyll ist, zu dem wir es nachträglich entstellen, daß die Kinder vielmehr von dem einen Wunsch, groß zu werden, es den Erwachsenen gleich zu tun, durch die Jahre der Kindheit gepeitscht werden. Dieser Wunsch treibt alle ihre Spiele. Ahnen die Kinder im Verlaufe ihrer Sexualforschung, daß der Erwachsene auf dem einen rätselvollen und doch so wichtigen Gebiete etwas Großartiges kann, was ihnen zu wissen und zu tun versagt ist, so regt sich in ihnen ein ungestümer Wunsch, dasselbe zu können, und sie träumen davon in der Form des Fliegens oder bereiten diese Einkleidung des Wunsches für ihre späteren Flugträume vor. So hat also auch die Aviatik, die in unseren Zeiten endlich ihr Ziel erreicht, ihre infantile erotische Wurzel.

Indem uns Leonardo eingesteht, daß er zu dem Problem des Fliegens von Kindheit an eine besondere persönliche Beziehung

---

[1] Nach den Untersuchungen von Paul F e d e r n und denen von M o u r l y V o l d (1912), einem norwegischen Forscher, welcher der Psychoanalyse ferne stand.

verspürt hat, bestätigt er uns, daß seine Kinderforschung auf Sexuelles gerichtet war, wie wir es nach unseren Untersuchungen an den Kindern unserer Zeit vermuten mußten. Dies eine Problem wenigstens hatte sich der Verdrängung entzogen, die ihn später der Sexualität entfremdete; von den Kinderjahren an bis in die Zeit der vollsten intellektuellen Reife war ihm das nämliche mit leichter Sinnesabänderung interessant geblieben, und es ist sehr wohl möglich, daß ihm die gewünschte Kunst im primären sexuellen Sinne ebensowenig gelang wie im mechanischen, daß beide für ihn versagte Wünsche blieben.

Der große Leonardo blieb überhaupt sein ganzes Leben über in manchen Stücken kindlich; man sagt, daß alle großen Männer etwas Infantiles bewahren müssen. Er spielte auch als Erwachsener weiter und wurde auch dadurch manchmal seinen Zeitgenossen unheimlich und unbegreiflich. Wenn er zu höfischen Festlichkeiten und feierlichen Empfängen die kunstvollsten mechanischen Spielereien verfertigte, so sind nur wir damit unzufrieden, die den Meister nicht gern seine Kraft an solchen Tand wenden sehen; er selbst scheint sich nicht ungern mit diesen Dingen abgegeben zu haben, denn Vasari berichtet, daß er ähnliches machte, wo kein Auftrag ihn dazu nötigte: „Dort (in Rom) verfertigte er einen Teig von Wachs und formte daraus, wenn er fließend war, sehr zarte Tiere, mit Luft gefüllt; blies er hinein, so flogen sie, war die Luft heraus, so fielen sie zur Erde. Einer seltsamen Eidechse, welche der Winzer von Belvedere fand, machte er Flügel aus der abgezogenen Haut anderer Eidechsen, welche er mit Quecksilber füllte, so daß sie sich bewegten und zitterten, wenn sie ging; sodann machte er ihr Augen, Bart und Hörner, zähmte sie, tat sie in eine Schachtel und jagte alle seine Freunde damit in Furcht."[1] Oft dienten ihm solche Spielereien zum Ausdruck inhaltschwerer Gedanken: „Oftmals ließ er die Därme

---

1) Vasari, übersetzt von Schorn, 1843.

eines Hammels so fein ausputzen, daß man sie in der hohlen Hand hätte halten können; diese trug er in ein großes Zimmer, brachte in eine anstoßende Stube ein paar Schmiedeblasebälge, befestigte daran die Därme und blies sie auf, bis sie das ganze Zimmer einnahmen und man in eine Ecke flüchten mußte. So zeigte er, wie sie allmählich durchsichtig und von Luft erfüllt wurden, und indem sie, anfangs auf einen kleinen Platz beschränkt, sich mehr und mehr in den weiten Raum ausbreiteten, verglich er sie dem Genie."[1] Dieselbe spielerische Lust am harmlosen Verbergen und kunstvollen Einkleiden bezeugen seine Fabeln und Rätsel, letztere in die Form von „Prophezeiungen" gebracht, fast alle gedankenreich und in bemerkenswertem Maße des Witzes entbehrend.

Die Spiele und Sprünge, die Leonardo seiner Phantasie gestattete, haben in einigen Fällen seine Biographen, die diesen Charakter verkannten, in argen Irrtum gebracht. In den Mailänder Manuskripten Leonardos finden sich zum Beispiel Entwürfe zu Briefen an den „Diodario von Sorio (Syrien), Statthalter des heiligen Sultan von Babylonia", in denen Leonardo sich als Ingenieur einführt, der in diese Gegenden des Orients geschickt wurde, um gewisse Arbeiten auszuführen, sich gegen den Vorwurf der Trägheit verteidigt, geographische Beschreibungen von Städten und Bergen liefert und endlich ein großes Elementarereignis schildert, das dort in Leonardos Anwesenheit vorgefallen ist.[2]

J. P. Richter hat im Jahre 1881 aus diesen Schriftstücken zu beweisen gesucht, daß Leonardo wirklich im Dienste des Sultans von Ägypten diese Reiseobachtungen angestellt und selbst im Orient die mohammedanische Religion angenommen

---

1) Ebenda, p. 59.
2) Über diese Briefe und die an sie geknüpften Kombinationen siehe: Müntz. l. c., p. 82 ff.; den Wortlaut derselben und anderer an sie anschließender Aufzeichnungen bei M. Herzfeld, l. c., p. 223 u. ff.

habe. Dieser Aufenthalt sollte in die Zeit vor 1483, also vor der Übersiedlung an den Hof des Herzogs von Mailand fallen. Allein der Kritik anderer Autoren ist es nicht schwer geworden, die Belege für die angebliche Orientreise Leonardos als das zu erkennen, was sie in Wirklichkeit sind, phantastische Produktionen des jugendlichen Künstlers, die er zu seiner eigenen Unterhaltung schuf, in denen er vielleicht seine Wünsche, die Welt zu sehen und Abenteuer zu erleben, zum Ausdruck brachte.

Ein Phantasiegebilde ist wahrscheinlich auch die „Academia Vinciana", deren Annahme auf dem Vorhandensein von fünf oder sechs höchst künstlich verschlungenen Emblemen mit der Inschrift der Akademie beruht. Vasari erwähnt diese Zeichnungen, aber nicht die Akademie.[1] Müntz, der ein solches Ornament auf den Deckel seines großen Leonardowerkes gesetzt hat, gehört zu den wenigen, die an die Realität einer „Academia Vinciana" glauben.

Es ist wahrscheinlich, daß dieser Spieltrieb Leonardos in seinen reiferen Jahren schwand, daß auch er in die Forschertätigkeit einmündete, welche die letzte und höchste Entfaltung seiner Persönlichkeit bedeutete. Aber seine lange Erhaltung kann uns lehren, wie langsam sich von seiner Kindheit losreißt, wer in seinen Kinderzeiten die höchste, später nicht wieder erreichte, erotische Seligkeit genossen hat.

---

[1] „Außerdem verlor er manche Zeit, indem er sogar ein Schnurgeflechte zeichnete, worin man den Faden von einem Ende bis zum anderen verfolgen konnte, bis er eine völlig kreisförmige Figur beschrieb; eine sehr schwierige und schöne Zeichnung der Art ist in Kupfer gestochen, in deren Mitte man die Worte liest: ‚Leonardus Vinci Academia' (p. 8).“

# VI

Es wäre vergeblich, sich darüber zu täuschen, daß die Leser heute alle Pathographie unschmackhaft finden. Die Ablehnung bekleidet sich mit dem Vorwurf, bei einer pathographischen Bearbeitung eines großen Mannes gelange man nie zum Verständnis seiner Bedeutung und seiner Leistung; es sei daher unnützer Mutwillen, an ihm Dinge zu studieren, die man ebensowohl beim erstbesten anderen finden könne. Allein diese Kritik ist so offenbar ungerecht, daß sie nur als Vorwand und Verhüllung verständlich wird. Die Pathographie setzt sich überhaupt nicht das Ziel, die Leistung des großen Mannes verständlich zu machen; man darf doch niemand zum Vorwurf machen, daß er etwas nicht gehalten hat, was er niemals versprochen hatte. Die wirklichen Motive des Widerstrebens sind andere. Man findet sie auf, wenn man in Erwägung zieht, daß Biographen in ganz eigentümlicher Weise an ihren Helden fixiert sind. Sie haben ihn häufig zum Objekt ihrer Studien gewählt, weil sie ihm aus Gründen ihres persönlichen Gefühlslebens von vornherein eine besondere Affektion entgegenbrachten. Sie geben sich dann einer Idealisierungsarbeit hin, die bestrebt ist, den großen Mann in die Reihe ihrer infantilen Vorbilder einzutragen, etwa die kindliche Vorstellung des Vaters in ihm neu zu beleben. Sie löschen diesem Wunsche zuliebe die individuellen Züge in seiner Physiognomie aus, glätten die Spuren seines Lebenskampfes mit inneren und äußeren Widerständen, dulden an ihm keinen Rest von menschlicher Schwäche oder Unvollkommenheit und geben uns dann wirklich eine kalte, fremde Idealgestalt anstatt des Menschen, dem wir uns entfernt verwandt fühlen könnten. Es ist zu bedauern, daß sie dies tun, denn sie opfern damit die Wahrheit einer Illusion und verzichten zugunsten ihrer infantilen Phantasien auf die Gelegenheit, in die reizvollsten Geheimnisse der menschlichen Natur einzudringen.[1]

Leonardo selbst hätte in seiner Wahrheitsliebe und seinem Wissensdrange den Versuch nicht abgewehrt, aus den kleinen Seltsamkeiten und Rätseln seines Wesens die Bedingungen seiner seelischen und intellektuellen Entwicklung zu erraten. Wir huldigen ihm, indem wir an ihm lernen. Es beeinträchtigt seine Größe nicht, wenn wir die Opfer studieren, die seine Entwicklung aus dem Kinde kosten mußte, und die Momente zusammentragen, die seiner Person den tragischen Zug des Mißglückens eingeprägt haben.

Heben wir ausdrücklich hervor, daß wir Leonardo niemals zu den Neurotikern oder „Nervenkranken", wie das ungeschickte Wort lautet, gezählt haben. Wer sich darüber beklagt, daß wir es überhaupt wagen, aus der Pathologie gewonnene Gesichtspunkte auf ihn anzuwenden, der hält noch an Vorurteilen fest, die wir heute mit Recht aufgegeben haben. Wir glauben nicht mehr, daß Gesundheit und Krankheit, Normale und Nervöse, scharf voneinander zu sondern sind, und daß neurotische Züge als Beweise einer allgemeinen Minderwertigkeit beurteilt werden müssen. Wir wissen heute, daß die neurotischen Symptome Ersatzbildungen für gewisse Verdrängungsleistungen sind, welche wir im Laufe unserer Entwicklung vom Kinde bis zum Kulturmenschen zu vollbringen haben, daß wir alle solche Ersatzbil-

---

1) Diese Kritik soll ganz allgemein gelten und nicht etwa auf die Biographen Leonardos besonders zielen.

dungen produzieren, und daß nur die Anzahl, Intensität und Verteilung dieser Ersatzbildungen den praktischen Begriff des Krankseins und den Schluß auf konstitutionelle Minderwertigkeit rechtfertigen. Nach den kleinen Anzeichen an Leonardos Persönlichkeit dürfen wir ihn in die Nähe jenes neurotischen Typus stellen, den wir als „Zwangstypus" bezeichnen, sein Forschen mit dem „Grübelzwang" der Neurotiker, seine Hemmungen mit den sogenannten Abulien derselben vergleichen.

Das Ziel unserer Arbeit war die Erklärung der Hemmungen in Leonardos Sexualleben und in seiner künstlerischen Tätigkeit. Es ist uns gestattet, zu diesem Zwecke zusammenzufassen, was wir über den Verlauf seiner psychischen Entwicklung erraten konnten.

Die Einsicht in seine hereditären Verhältnisse ist uns versagt, dagegen erkennen wir, daß die akzidentellen Umstände seiner Kindheit eine tiefgreifende störende Wirkung ausüben. Seine illegitime Geburt entzieht ihn bis vielleicht zum fünften Jahre dem Einflusse des Vaters und überläßt ihn der zärtlichen Verführung einer Mutter, deren einziger Trost er ist. Von ihr zur sexuellen Frühreife emporgeküßt, muß er wohl in eine Phase infantiler Sexualbetätigung eingetreten sein, von welcher nur eine einzige Äußerung sicher bezeugt ist, die Intensität seiner infantilen Sexualforschung. Schau- und Wißtrieb werden durch seine frühkindlichen Eindrücke am stärksten erregt; die erogene Mundzone empfängt eine Betonung, die sie nie mehr abgibt. Aus dem später gegenteiligen Verhalten, wie dem übergroßen Mitleid mit Tieren, können wir schließen, daß es in dieser Kindheitsperiode an kräftigen sadistischen Zügen nicht fehlte.

Ein energischer Verdrängungsschub bereitet diesem kindlichen Übermaß ein Ende und stellt die Dispositionen fest, die in den Jahren der Pubertät zum Vorschein kommen werden. Die Abwendung von jeder grobsinnlichen Betätigung wird das augenfälligste Ergebnis der Umwandlung sein; Leonardo wird abstinent leben können und den Eindruck eines asexuellen Menschen machen. Wenn die Fluten der Pubertätserregung über den Knaben kommen, werden sie ihn aber nicht krank machen, indem sie ihn zu kostspieligen und schädlichen Ersatzbildungen nötigen; der größere Anteil der Bedürftigkeit des Geschlechtstriebes wird sich dank der frühzeitigen Bevorzugung der sexuellen Wißbegierde zu allgemeinem Wissensdrang sublimieren können und so der Verdrängung ausweichen. Ein weit geringerer Anteil der Libido wird sexuellen Zielen zugewendet bleiben und das verkümmerte Geschlechtsleben des Erwachsenen repräsentieren. Infolge der Verdrängung der Liebe zur Mutter wird dieser Anteil in homosexuelle Einstellung gedrängt werden und sich als ideelle Knabenliebe kundgeben. Im Unbewußten bleibt die Fixierung an die Mutter und an die seligen Erinnerungen des Verkehrs mit ihr bewahrt, verharrt aber vorläufig in inaktivem Zustand. In solcher Weise teilen sich Verdrängung, Fixierung und Sublimierung in die Verfügung über die Beiträge, welche der Sexualtrieb zum Seelenleben Leonardos leistet.

Aus dunkler Knabenzeit taucht Leonardo als Künstler, Maler und Plastiker vor uns auf, dank einer spezifischen Begabung, die der frühzeitigen Erweckung des Schautriebes in den ersten Kinderjahren eine Verstärkung schulden mag. Gerne würden wir angeben wollen, in welcher Weise sich die künstlerische Betätigung auf die seelischen Urtriebe zurückführt, wenn nicht gerade hier unsere Mittel versagen würden. Wir bescheiden uns, die kaum mehr zweifelhafte Tatsache hervorzuheben, daß das Schaffen des Künstlers auch seinem sexuellen Begehren Ableitung gibt, und für Leonardo auf die von Vasari übermittelte Nachricht hinzuweisen, daß Köpfe von lächelnden Frauen und schönen Knaben, also Darstellungen seiner Sexualobjekte, unter seinen ersten künstlerischen Versuchen auffielen. In aufblühender Jugend scheint Leonardo zunächst ungehemmt zu arbeiten. Wie er in seiner äußeren Lebensführung den Vater zum Vorbild nimmt, so durchlebt er eine Zeit von männlicher Schaffenskraft und künstlerischer Produktivität in Mailand, wo ihn die Gunst des Schicksals im Herzog Lodovico Moro einen Vaterersatz finden läßt. Aber bald bewährt sich an ihm die Erfahrung, daß die fast völlige Unterdrückung des realen Sexuallebens nicht die günstigsten Bedingungen für die Betätigung der sublimierten sexuellen Strebungen ergibt. Die Vorbildlichkeit des Sexuallebens macht sich geltend, die Aktivität und die Fähigkeit zu raschem Entschluß beginnen zu erlahmen, die Neigung zum Erwägen und Verzögern wird schon beim heiligen Abendmahl störend bemerkbar und bestimmt durch die Beeinflussung der Technik das Schicksal dieses großartigen Werkes. Langsam vollzieht sich nun bei ihm ein Vorgang, den man nur den Regressionen bei Neurotikern an die Seite stellen kann. Die Pubertätsentfaltung seines Wesens zum Künstler wird durch die frühinfantil bedingte zum Forscher überholt, die zweite Sublimierung seiner erotischen Triebe tritt gegen die uranfängliche, bei der ersten Verdrängung vorbereitete zurück. Er wird zum Forscher, zuerst noch im Dienste seiner Kunst, später unabhängig von ihr und von ihr weg. Mit dem Verlust des den Vater ersetzenden Gönners und der zunehmenden Verdüsterung im Leben greift diese regressive Ersetzung immer mehr um sich. Er wird „*impacientissimo al pennello*", wie ein Korrespondent der Markgräfin Isabella d'Este berichtet, die durchaus noch ein Bild von seiner Hand besitzen will.[1] Seine kindliche Vergangenheit hat Macht über ihn bekommen. Das Forschen aber, das ihm nun das künstlerische Schaffen ersetzt, scheint einige der Züge an sich zu tragen, welche die Betätigung unbewußter Triebe kennzeichnen, die Unersättlichkeit, die rücksichtslose Starrheit, den Mangel an Fähigkeit, sich realen Verhältnissen anzupassen.

Auf der Höhe seines Lebens, in den ersten Fünfzigerjahren, zu einer Zeit, da beim Weibe die Geschlechtscharaktere bereits rückgebildet sind, beim Manne nicht selten die Libido noch einen

---

1) v. Seidlitz, II, p. 271.

energischen Vorstoß wagt, kommt eine neue Wandlung über ihn. Noch tiefere Schichten seines seelischen Inhaltes werden von neuem aktiv; aber diese weitere Regression kommt seiner Kunst zugute, die im Verkümmern war. Er begegnet dem Weibe, welches die Erinnerung an das glückliche und sinnlich verzückte Lächeln der Mutter bei ihm weckt, und unter dem Einfluß dieser Erweckung gewinnt er den Antrieb wieder, der ihn zu Beginn seiner künstlerischen Versuche, als er die lächelnden Frauen bildete, geleitet. Er malt die Monna Lisa, die heilige Anna selbdritt und die Reihe der geheimnisvollen, durch das rätselhafte Lächeln ausgezeichneten Bilder. Mit Hilfe seiner urältesten erotischen Regungen feiert er den Triumph, die Hemmung in seiner Kunst noch einmal zu überwinden. Diese letzte Entwicklung verschwimmt für uns im Dunkel des herannahenden Alters. Sein Intellekt hat sich noch vorher zu den höchsten Leistungen einer seine Zeit weit hinter sich lassenden Weltanschauung aufgeschwungen.

Ich habe in den voranstehenden Abschnitten angeführt, was zu einer solchen Darstellung des Entwicklungsganges Leonardos, zu einer derartigen Gliederung seines Lebens und Aufklärung seines Schwankens zwischen Kunst und Wissenschaft berechtigen kann. Sollte ich mit diesen Ausführungen auch bei Freunden und Kennern der Psychoanalyse das Urteil hervorrufen, daß ich bloß einen psychoanalytischen Roman geschrieben habe, so werde ich antworten, daß ich die Sicherheit dieser Ergebnisse gewiß nicht überschätze. Ich bin wie andere der Anziehung unterlegen, die von diesem großen und rätselhaften Manne ausgeht, in dessen Wesen man mächtige triebhafte Leidenschaften zu verspüren glaubt, die sich doch nur so merkwürdig gedämpft äußern können.

Was immer aber die Wahrheit über Leonardos Leben sein mag, wir können von unserem Versuche, sie psychoanalytisch zu ergründen, nicht eher ablassen, als bis wir eine andere Aufgabe erledigt haben. Wir müssen ganz allgemein die Grenzen abstecken, welche der Leistungsfähigkeit der Psychoanalyse in der Biographik gesetzt sind, damit uns nicht jede unterbliebene Erklärung als ein Mißerfolg ausgelegt werde. Der psychoanalytischen Untersuchung stehen als Material die Daten der Lebensgeschichte zur Verfügung, einerseits die Zufälligkeiten der Begebenheiten und Milieueinflüsse, anderseits die berichteten Reaktionen des Individuums. Gestützt auf ihre Kenntnis der psychischen Mechanismen sucht sie nun das Wesen des Individuums aus seinen Reaktionen dynamisch zu ergründen, seine ursprünglichen seelischen Triebkräfte aufzudecken sowie deren spätere Umwandlungen und Entwicklungen. Gelingt dies, so ist das Lebensverhalten der Persönlichkeit durch das Zusammenwirken von Konstitution und Schicksal, inneren Kräften und äußeren Mächten aufgeklärt. Wenn ein solches Unternehmen, wie vielleicht im Falle Leonardos, keine gesicherten Resultate ergibt, so liegt die Schuld nicht an der fehlerhaften oder unzulänglichen Methodik der Psychoanalyse, sondern an der Unsicherheit und Lückenhaftigkeit des Materials, welches die Überlieferung für diese Person beistellt. Für das Mißglücken ist also nur der Autor verantwortlich zu machen, der die Psychoanalyse genötigt hat, auf so unzureichendes Material hin ein Gutachten abzugeben.

Aber selbst bei ausgiebigster Verfügung über das historische Material und bei gesichertster Handhabung der psychischen Mechanismen würde eine psychoanalytische Untersuchung an zwei bedeutsamen Stellen die Einsicht in die Notwendigkeit nicht ergeben können, daß das Individuum nur so und nicht anders werden konnte. Wir haben bei Leonardo die Ansicht vertreten müssen, daß die Zufälligkeit seiner illegitimen Geburt und die Überzärtlichkeit seiner Mutter den entscheidendsten Einfluß auf seine Charakterbildung und sein späteres Schicksal übten, indem die nach dieser Kindheitsphase eintretende Sexualverdrängung ihn zur Sublimierung der Libido in Wissensdrang veranlaßte und seine sexuelle Inaktivität fürs ganze spätere Leben feststellte. Aber diese

Verdrängung nach den ersten erotischen Befriedigungen der Kindheit hätte nicht eintreten müssen; sie wäre bei einem anderen Individuum vielleicht nicht eingetreten oder wäre weit weniger ausgiebig ausgefallen. Wir müssen hier einen Grad von Freiheit anerkennen, der psychoanalytisch nicht mehr aufzulösen ist. Ebensowenig darf man den Ausgang dieses Verdrängungsschubes als den einzig möglichen Ausgang hinstellen wollen. Einer anderen Person wäre es wahrscheinlich nicht geglückt, den Hauptanteil der Libido der Verdrängung durch die Sublimierung zur Wißbegierde zu entziehen; unter den gleichen Einwirkungen wie Leonardo hätte sie eine dauernde Beeinträchtigung der Denkarbeit oder eine nicht zu bewältigende Disposition zur Zwangsneurose davongetragen. Diese zwei Eigentümlichkeiten Leonardos erübrigen also als unerklärbar durch psychoanalytische Bemühung: seine ganz besondere Neigung zu Triebverdrängungen und seine außerordentliche Fähigkeit zur Sublimierung der primitiven Triebe.

Die Triebe und ihre Umwandlungen sind das letzte, das die Psychoanalyse erkennen kann. Von da an räumt sie der biologischen Forschung den Platz. Verdrängungsneigung sowie Sublimierungsfähigkeit sind wir genötigt, auf die organischen Grundlagen des Charakters zurückzuführen, über welche erst sich das seelische Gebäude erhebt. Da die künstlerische Begabung und Leistungsfähigkeit mit der Sublimierung innig zusammenhängt, müssen wir zugestehen, daß auch das Wesen der künstlerischen Leistung uns psychoanalytisch unzugänglich ist. Die biologische Forschung unserer Zeit neigt dazu, die Hauptzüge der organischen Konstitution eines Menschen durch die Vermengung männlicher und weiblicher Anlagen im stofflichen Sinne zu erklären; die Körperschönheit wie die Linkshändigkeit Leonardos gestatteten hier manche Anlehnung. Doch wir wollen den Boden rein psychologischer Forschung nicht verlassen. Unser Ziel bleibt der Nachweis des Zusammenhanges zwischen äußeren Erlebnissen und Reaktionen der Person über den Weg der Triebbetätigung. Wenn uns die Psychoanalyse auch die Tatsache der Künstlerschaft Leonardos nicht aufklärt, so macht sie uns doch die Äußerungen und die Einschränkungen derselben verständlich. Scheint es doch, als hätte nur ein Mann mit den Kindheitserlebnissen Leonardos die Monna Lisa und die heilige Anna selbdritt malen, seinen Werken jenes traurige Schicksal bereiten und so unerhörten Aufschwung als Naturforscher nehmen können, als läge der Schlüssel zu all seinen Leistungen und seinem Mißgeschick in der Kindheitsphantasie vom Geier verborgen.

Darf man aber nicht Anstoß nehmen an den Ergebnissen einer Untersuchung, welche den Zufälligkeiten der Elternkonstellation einen so entscheidenden Einfluß auf das Schicksal eines Menschen einräumt, das Schicksal Leonardos zum Beispiel von seiner illegitimen Geburt und der Unfruchtbarkeit seiner ersten Stiefmutter Donna Albiera abhängig macht? Ich glaube, man hat kein Recht dazu; wenn man den Zufall für unwürdig hält, über unser Schicksal zu entscheiden, ist es bloß ein Rückfall in die fromme Weltanschauung, deren Überwindung Leonardo selbst vorbereitete, als er niederschrieb, die Sonne bewege sich nicht. Wir sind natürlich gekränkt darüber, daß ein gerechter Gott und eine gütige Vorsehung uns nicht besser vor solchen Einwirkungen in unserer wehrlosesten Lebenszeit behüten. Wir vergessen dabei gern, daß eigentlich alles an unserem Leben Zufall ist, von unserer Entstehung an durch das Zusammentreffen von Spermatozoon und Ei, Zufall, der darum doch an der Gesetzmäßigkeit und Notwendigkeit der Natur seinen Anteil hat, bloß der Beziehung zu unseren Wünschen und Illusionen entbehrt. Die Aufteilung unserer Lebensdeterminierung zwischen den „Notwendigkeiten" unserer Konstitution und den „Zufälligkeiten" unserer Kindheit mag im einzelnen noch ungesichert sein; im ganzen läßt sich aber ein Zweifel an der Bedeutsamkeit gerade unserer ersten Kinderjahre nicht mehr festhalten. Wir zeigen alle noch zu wenig Respekt vor der Natur, die nach Leonardos dunklen, an Hamlets Rede gemahnenden

Worten „voll ist zahlloser Ursachen, die niemals in die Erfahrung traten" *(La natura è piena d'infinite ragioni che non furono mai in isperienza.* M. Herzfeld, l. c. p. 11). Jedes von uns Menschenwesen entspricht einem der ungezählten Experimente, in denen diese *ragioni* der Natur sich in die Erfahrung drängen.

# ÜBER DEN GEGENSINN
# DER URWORTE

# ÜBER DEN GEGENSINN DER URWORTE

In meiner „Traumdeutung" habe ich als unverstandenes Ergebnis der analytischen Bemühung eine Behauptung aufgestellt, die ich nun zu Eingang dieses Referates wiederholen werde:[1]
„Höchst auffällig ist das Verhalten des Traumes gegen die Kategorie von Gegensatz und Widerspruch. Dieser wird schlechtweg vernachlässigt. Das „Nein" scheint für den Traum nicht zu existieren. Gegensätze werden mit besonderer Vorliebe zu einer Einheit zusammengezogen oder in einem dargestellt. Der Traum nimmt sich ja auch die Freiheit, ein beliebiges Element durch seinen Wunschgegensatz darzustellen, so daß man zunächst von keinem eines Gegenteils fähigen Elemente weiß, ob es in den Traumgedanken positiv oder negativ enthalten ist."

Die Traumdeuter des Altertums scheinen von der Voraussetzung, daß ein Ding im Traume sein Gegenteil bedeuten könne, den ausgiebigsten Gebrauch gemacht zu haben. Gelegentlich ist diese Möglichkeit auch von modernen Traumforschern, insofern sie dem Traume überhaupt Sinn und Deutbarkeit zugestanden

---

[1] 2. Aufl., S. 232, im Abschnitte VI: Die Traumarbeit.

haben, erkannt.[1] Ich glaube auch keinen Widerspruch hervorzurufen, wenn ich annehme, daß alle diejenigen die oben zitierte Behauptung bestätigt gefunden haben, welche mir auf den Weg einer wissenschaftlichen Traumdeutung gefolgt sind.

Zum Verständnisse der sonderbaren Neigung der Traumarbeit, von der Verneinung abzusehen und durch dasselbe Darstellungsmittel Gegensätzliches zum Ausdrucke zu bringen, bin ich erst durch die zufällige Lektüre einer Arbeit des Sprachforschers K. Abel gelangt, welche, 1884 als selbständige Broschüre veröffentlicht, im nächsten Jahre auch unter die „Sprachwissenschaftlichen Abhandlungen" des Verfassers aufgenommen worden ist. Das Interesse des Gegenstandes wird es rechtfertigen, wenn ich die entscheidenden Stellen der Abelschen Abhandlung nach ihrem vollen Wortlaute (wenn auch mit Weglassung der meisten Beispiele) hier anführe. Wir erhalten nämlich die erstaunliche Aufklärung, daß die angegebene Praxis der Traumarbeit sich mit einer Eigentümlichkeit der ältesten uns bekannten Sprachen deckt.

Nachdem Abel das Alter der ägyptischen Sprache hervorgehoben, die lange Zeiten vor den ersten hieroglyphischen Inschriften entwickelt worden sein muß, fährt er fort (S. 4.):

„In der ägyptischen Sprache nun, dieser einzigen Reliquie einer primitiven Welt, findet sich eine ziemliche Anzahl von Worten mit zwei Bedeutungen, deren eine das gerade Gegenteil der andern besagt. Man denke sich, wenn man solch augenscheinlichen Unsinn zu denken vermag, daß das Wort ‚stark' in der deutschen Sprache sowohl ‚stark' als ‚schwach' bedeute; daß das Nomen ‚Licht' in Berlin gebraucht werde, um sowohl ‚Licht' als ‚Dunkelheit' zu bezeichnen; daß ein Münchener Bürger das Bier ‚Bier' nennte, während ein anderer dasselbe Wort anwendete, wenn er vom Wasser spräche, und man hat die erstaunliche Praxis, welcher sich die alten Ägypter in ihrer Sprache gewohnheits-

---

1) Siehe z. B. G. H. v. Schubert: Die Symbolik des Traumes, 4. Aufl., 1862, Kap. 2. Die Sprache des Traumes.

mäßig hinzugeben pflegten. Wem kann man es verargen, wenn er dazu ungläubig den Kopf schüttelt?..." (Beispiele.)

(S. 7): „Angesichts dieser und vieler ähnlicher Fälle antithetischer Bedeutung (siehe Anhang) kann es keinem Zweifel unterliegen, daß es in einer Sprache wenigstens eine Fülle von Worten gegeben hat, welche ein Ding und das Gegenteil dieses Dinges gleichzeitig bezeichneten. Wie erstaunlich es sei, wir stehen vor der Tatsache und haben damit zu rechnen."

Der Autor weist nun die Erklärung dieses Sachverhaltes durch zufälligen Gleichlaut ab und verwahrt sich mit gleicher Entschiedenheit gegen die Zurückführung desselben auf den Tiefstand der ägyptischen Geistesentwicklung:

(S. 9): „Nun war aber Ägypten nichts weniger als eine Heimat des Unsinnes. Es war im Gegenteil eine der frühesten Entwicklungsstätten der menschlichen Vernunft ... Es kannte eine reine und würdevolle Moral und hatte einen großen Teil der zehn Gebote formuliert, als diejenigen Völker, welchen die heutige Zivilisation gehört, blutdürstigen Idolen Menschenopfer zu schlachten pflegten. Ein Volk, welches die Fackel der Gerechtigkeit und Kultur in so dunklen Zeiten entzündete, kann doch in seinem alltäglichen Reden und Denken nicht geradezu stupid gewesen sein ... Wer Glas machen und ungeheure Blöcke maschinenmäßig zu heben und zu bewegen vermochte, muß doch mindestens Vernunft genug gehabt haben, um ein Ding nicht für sich selbst und gleichzeitig für sein Gegenteil anzusehen. Wie vereinen wir es nun damit, daß die Ägypter sich eine so sonderbare kontradiktorische Sprache gestatteten?... daß sie überhaupt den feindlichsten Gedanken ein und denselben lautlichen Träger zu geben und das, was sich gegenseitig am stärksten opponierte, in einer Art unlöslicher Union zu verbinden pflegten?"

Vor jedem Versuche einer Erklärung muß noch einer Steigerung dieses unbegreiflichen Verfahrens der ägyptischen Sprache gedacht werden. „Von allen Exzentrizitäten des ägyptischen Lexikons ist es vielleicht die außerordentlichste, daß es, außer den Worten, die entgegengesetzte Bedeutungen in sich vereinen, andere zusammengesetzte Worte besitzt, in denen zwei Vokabeln von entgegengesetzter Bedeutung zu einem Kompositum vereint werden, welches die Bedeutung nur eines von seinen beiden konstituierenden Gliedern besitzt. Es gibt also in dieser außerordentlichen Sprache nicht allein Worte, die sowohl ‚stark' als ‚schwach' oder sowohl ‚befehlen' als ‚gehorchen' besagen; es gibt auch Komposita wie ‚altjung', ‚fernnah', ‚bindentrennen', ‚außeninnen' : . ., die trotz ihrer, das Verschiedenste einschließenden Zusammensetzung das erste nur ‚jung', das zweite nur ‚nah', das dritte nur ‚verbinden', das vierte nur ‚innen' bedeuten ... Man hat also bei diesen zusammengesetzten Worten begriffliche Widersprüche geradezu absichtlich vereint, nicht um einen dritten Begriff zu schaffen, wie im Chinesischen mitunter geschieht, sondern nur, um durch das Kompositum die Bedeutung eines seiner kontradiktorischen Glieder, das allein dasselbe bedeutet haben würde, auszudrücken ..."

Indes ist das Rätsel leichter gelöst, als es scheinen will. Unsere Begriffe entstehen durch Vergleichung. „Wäre es immer hell, so würden wir zwischen hell und dunkel nicht unterscheiden und demgemäß weder den Begriff noch das Wort der Helligkeit haben können ..." „Es ist offenbar, alles auf diesem Planeten ist relativ und hat unabhängige Existenz, nur insofern es in seinen Beziehungen zu und von anderen Dingen unterschieden wird ..." „Da jeder Begriff somit der Zwilling seines Gegensatzes ist, wie konnte er zuerst gedacht, wie konnte er anderen, die ihn zu denken versuchten, mitgeteilt werden, wenn nicht durch die Messung an seinem Gegensatz? ..." (S. 15): „Da man den Begriff der Stärke nicht konzipieren konnte, außer im Gegensatze zur Schwäche, so enthielt das Wort, welches ‚stark' besagte, eine gleichzeitige Erinnerung an ‚schwach', als durch welche es erst zum Dasein gelangte. Dieses Wort bezeichnete in Wahrheit weder

‚stark' noch ‚schwach', sondern das Verhältnis zwischen beiden und den Unterschied beider, welcher beide gleichmäßig erschuf . . ."
„Der Mensch hat eben seine ältesten und einfachsten Begriffe nicht anders erringen können als im Gegensatze zu ihrem Gegensatz, und erst allmählich die beiden Seiten der Antithese sondern und die eine ohne bewußte Messung an der andern denken gelernt."
Da die Sprache nicht nur zum Ausdruck der eigenen Gedanken, sondern wesentlich zur Mitteilung derselben an andere dient, kann man die Frage aufwerfen, auf welche Weise hat der „Urägypter" dem Nebenmenschen zu erkennen gegeben, „welche Seite des Zwitterbegriffes er jedesmal meinte"? In der Schrift geschah dies mit Hilfe der sogenannten „determinativen" Bilder, welche, hinter die Buchstabenzeichen gesetzt, den Sinn derselben angeben und selbst nicht zur Aussprache bestimmt sind. (S. 18): „Wenn das ägyptische Wort *ken* ‚stark' bedeuten soll, steht hinter seinem alphabetisch geschriebenen Laut das Bild eines aufrechten, bewaffneten Mannes; wenn dasselbe Wort ‚schwach' auszudrücken hat, folgt den Buchstaben, die den Laut darstellen, das Bild eines hockenden, lässigen Menschen. In ähnlicher Weise werden die meisten anderen zweideutigen Worte von erklärenden Bildern begleitet." In der Sprache diente nach Abels Meinung die Geste dazu, dem gesprochenen Worte das gewünschte Vorzeichen zu geben.

Die „ältesten Wurzeln" sind es, nach Abel, an denen die Erscheinung des antithetischen Doppelsinnes beobachtet wird. Im weiteren Verlaufe der Sprachentwicklung schwand nun diese Zweideutigkeit, und im Altägyptischen wenigstens lassen sich alle Übergänge bis zur Eindeutigkeit des modernen Sprachschatzes verfolgen. „Die ursprünglich doppelsinnigen Worte legen sich in der späteren Sprache in je zwei einsinnige auseinander, indem jeder der beiden entgegengesetzten Sinne je eine lautliche ‚Ermäßigung' (Modifikation) derselben Wurzel für sich allein okkupiert." So z. B. spaltet sich schon im Hieroglyphischen selbst *ken* „starkschwach" in *ken* „stark" und *kan* „schwach". „Mit anderen Worten, die Begriffe, die nur antithetisch gefunden werden konnten, werden dem menschlichen Geiste im Laufe der Zeit genügend angeübt, um jedem ihrer beiden Teile eine selbständige Existenz zu ermöglichen und jedem somit seinen separaten lautlichen Vertreter zu verschaffen."

Der fürs Ägyptische leicht zu führende Nachweis kontradiktorischer Urbedeutungen läßt sich nach Abel auch auf die semitischen und indoeuropäischen Sprachen ausdehnen. „Wie weit dieses in anderen Sprachfamilien geschehen kann, bleibt abzuwarten; denn obschon der Gegensinn ursprünglich den Denkenden jeder Rasse gegenwärtig gewesen sein muß, so braucht derselbe nicht überall in den Bedeutungen erkennbar geworden oder erhalten zu sein."

Abel hebt ferner hervor, daß der Philosoph Bain diesen Doppelsinn der Worte, wie es scheint, ohne Kenntnis der tatsächlichen Phänomene aus rein theoretischen Gründen als eine logische Notwendigkeit gefordert hat. Die betreffende Stelle (Logic I, 54) beginnt mit den Sätzen:

*The essential relativity of all knowledge, thought or consciousness cannot but show itself in language. If everything that we can know is viewed as a transition from something else, every experience must have two sides; and either every name must have a double meaning, or else for every meaning there must be two names.*

Aus dem „Anhang von Beispielen des ägyptischen, indogermanischen und arabischen Gegensinnes" hebe ich einige Fälle hervor, die auch uns Sprachunkundigen Eindruck machen können: Im Lateinischen heißt *altus* hoch und tief, *sacer* heilig und verflucht, wo also noch der volle Gegensinn ohne Modifikation des Wortlautes besteht. Die phonetische Abänderung zur Sonderung der Gegensätze wird belegt durch Beispiele wie *clamare* schreien — *clam* leise, still; *siccus* trocken — *succus* Saft. Im Deutschen bedeutet Boden heute noch das Oberste wie das Unterste im Haus. Unserem bös (schlecht) entspricht ein *bass* (gut), im Altsächsischen *bat* (gut) gegen englisch *bad* (schlecht); im Englischen *to lock* (schließen) gegen deutsch Lücke, Loch. Deutsch kleben — englisch *to cleave* (spalten); deutsch Stumm — Stimme usw. So käme vielleicht noch die vielbelachte Ableitung *lucus a non lucendo* zu einem guten Sinn.

In seiner Abhandlung über den „Ursprung der Sprache" (a. a. O. S. 305) macht Abel noch auf andere Spuren alter Denkmühen aufmerksam. Der Engländer sagt noch heute, um „ohne" auszudrücken, *without*, also „mitohne" und ebenso der Ostpreuße. *With* selbst, das heute unserem „mit" entspricht, hat ursprünglich sowohl „mit" als auch „ohne" geheißen, wie noch aus *withdraw* (fortgehen), *withhold* (entziehen) zu erkennen ist. Dieselbe Wandlung erkennen wir im deutschen wider (gegen) und wieder (zusammen mit).

Für den Vergleich mit der Traumarbeit hat noch eine andere, höchst sonderbare Eigentümlichkeit der altägyptischen Sprache Bedeutung. „Im Ägyptischen können die Worte — wir wollen zunächst sagen, scheinbar — sowohl Laut wie Sinn umdrehen. Angenommen, das deutsche Wort gut wäre ägyptisch, so könnte es neben gut auch schlecht bedeuten, neben gut auch tug lauten. Von solchen Lautumdrehungen, die zu zahlreich sind, um durch Zufälligkeit erklärt zu werden, kann man auch reichliche Beispiele aus den arischen und semitischen Sprachen beibringen. Wenn man sich zunächst aufs Germanische beschränkt, merke man: Topf — *pot*, boat — *tub*, wait — *täuwen*, hurry — Ruhe, care — *reck*, Balken — *klobe*, *club*. Zieht man die anderen indogermanischen Sprachen mit in Betracht, so wächst die Zahl der dazugehörigen Fälle entsprechend, z. B.: capere — packen, ren — Niere, *the leaf* (Blatt) — *folium*, *dum-a*, $\vartheta\upsilon\mu o\varsigma$ — sanskrit *mêdh*, *mûdha*, Mut, Rauchen — russisch *Kur-iti*, kreischen — *to shriek* usw."

Das Phänomen der Lautumdrehung sucht Abel aus einer Doppelung, Reduplikation der Wurzel zu erklären. Hier würden wir eine Schwierigkeit empfinden, dem Sprachforscher zu folgen. Wir erinnern uns daran, wie gerne die Kinder mit der Umkehrung des Wortlautes spielen, und wie häufig sich die Traumarbeit der Umkehrung ihres Darstellungsmaterials zu verschiedenen Zwecken bedient. (Hier sind es nicht mehr Buchstaben, sondern Bilder, deren Reihenfolge verkehrt wird.) Wir würden also eher geneigt sein, die Lautumdrehung auf ein tiefer greifendes Moment zurückzuführen.[1]

In der Übereinstimmung zwischen der eingangs hervorgehobenen Eigentümlichkeit der Traumarbeit und der von dem Sprachforscher aufgedeckten Praxis der ältesten Sprachen dürfen wir eine Bestätigung unserer Auffassung vom regressiven, archaischen Charakter des Gedankenausdruckes im Traume erblicken. Und als unabweisbare Vermutung drängt sich uns Psychiatern auf, daß wir die Sprache des Traumes besser verstehen und leichter übersetzen würden, wenn wir von der Entwicklung der Sprache mehr wüßten.[2]

---

[1] Über das Phänomen der Lautumdrehung (Metathesis), welches zur Traumarbeit vielleicht noch innigere Beziehungen hat als der Gegensinn (Antithese), vgl. noch W. Meyer-Rinteln in: Kölnische Zeitung vom 7. März 1909.

[2] Es liegt auch nahe anzunehmen, daß der ursprüngliche Gegensinn der Worte den vorgebildeten Mechanismus darstellt, der von dem Versprechen zum Gegenteile im Dienste mannigfacher Tendenzen ausgenützt wird.

# BRIEF AN
Dr. FRIEDRICH S. KRAUSS
ÜBER DIE »ANTHROPOPHYTEIA«

# BRIEF AN Dr. FRIEDRICH S. KRAUSS
## ÜBER DIE ANTHROPOPHYTEIA

Hochgeehrter Herr Doktor!

Sie haben mir die Frage gestellt, auf welchen wissenschaftlichen Wert das Sammeln von erotischen Scherzen, Witzen, Schwänken u. dgl. nach meiner Meinung Anspruch machen könne. Ich weiß, daß Sie keineswegs daran irre geworden sind, eine solche Sammeltätigkeit rechtfertigen zu können; Sie wünschen bloß, daß ich vom Standpunkte des Psychologen Zeugnis ablege für die Brauchbarkeit, ja für die Unentbehrlichkeit eines solchen Materials.

Ich möchte hier vor allem zwei Gesichtspunkte geltend machen. Die erotischen Schnurren und Schwänke, die Sie in den Bänden der Anthropophyteia gesammelt vorlegen, sind ja doch nur produziert und weitererzählt worden, weil sie Erzählern wie Hörern Lust bereitet haben. Es ist nicht schwer zu erraten, welche Komponenten des so hoch zusammengesetzten Sexualtriebes dabei Befriedigung gefunden haben. Diese Geschichtchen geben uns direkte Auskunft darüber, welche Partialtriebe der Sexualität bei einer gewissen Gruppe von Menschen als besonders tauglich zur Lustgewinnung erhalten sind, und bestätigen so aufs schönste die Folgerungen, zu denen die psychoanalytische Untersuchung neurotischer Personen geführt hat. Gestatten Sie mir, auf das wichtigste Beispiel dieser Art hinzuweisen. Die Psychoanalyse hat uns zur Behauptung genötigt, daß die Afterregion — normalerweise und auch bei nicht perversen Individuen — der Sitz einer erogenen Empfindlichkeit ist und sich in gewissen Stücken ganz wie ein Genitale benimmt. Ärzte und Psychologen, denen man von einer Analerotik und dem daraus entspringenden Analcharakter sprach, sind darüber in hellste Entrüstung geraten. Die Anthropophyteia kommt hier der Psychoanalyse zu Hilfe, indem sie zeigt, wie ganz allgemein die Menschen mit Lustbetonung bei dieser Körperregion, ihren Verrichtungen, ja dem Produkt ihrer Funktion verweilen. Wäre es anders, so müßten alle diese Geschichten bei denen, die sie anhören, Ekel erregen, oder das Volk müßte in seiner ganzen Masse „pervers" sein im Sinne einer moralisierenden Psychopathia sexualis. Es würde nicht schwer fallen, auch an anderen Beispielen zu zeigen, wie wertvoll das von den Autoren der Anthropophyteia gesammelte Material für die sexualpsychologische Erkenntnis ist. Vielleicht wird dessen Wert noch durch den Umstand erhöht, — der an und für sich keinen Vorteil darstellt, — daß die Sammler von den theoretischen Ergebnissen der Psychoanalyse nichts wissen und das Material ohne leitende Gesichtspunkte zusammentragen.

Ein anderer psychologischer Gewinn von mehr allgemeiner Natur ergibt sich ganz speziell aus den eigentlichen erotischen Witzen, wie aus den Witzen überhaupt. Ich habe in meiner Studie über den Witz ausgeführt, daß die Aufdeckung des sonst verdrängten Unbewußten in der Menschenseele unter gewissen Veranstaltungen zu einer Quelle von Lust und somit zu einer Technik der Witzbildung werden kann. Wir heißen heute in der Psychoanalyse ein Gewebe von Vorstellungen mit dem daranhängenden Affekt einen „Komplex" und sind bereit zu behaupten, daß viele der geschätztesten Witze „Komplexwitze" sind, auch ihre befreiende und erheiternde Wirkung der geschickten Bloßlegung von sonst verdrängten Komplexen verdanken. Der Erweis dieses Satzes an Beispielen würde an dieser Stelle zu weit führen, aber als das Ergebnis einer solchen Untersuchung darf man es aussprechen, daß die erotischen und anderen Witze, die im Volke umlaufen, vortreffliche Hilfsmittel zur Erforschung des unbewußten Seelenlebens der Menschen darstellen, ganz ähnlich wie die Träume und die Mythen und Sagen, mit deren Verwertung sich die Psychoanalyse schon jetzt beschäftigt.

So darf man sich also der Hoffnung hingeben, daß der Wert des Folklore für die Psyche immer deutlicher erkannt und die Beziehungen zwischen dieser Forschung und der Psychoanalyse sich bald inniger gestalten werden.

Ich bin, geehrter Herr Doktor, Ihr in besonderer Hochachtung ergebener

Freud.

# BEISPIELE DES VERRATS PATHOGENER PHANTASIEN BEI NEUROTIKERN

# BEISPIELE DES VERRATS PATHOGENER PHANTASIEN BEI NEUROTIKERN

*A)* Ich sah kürzlich einen etwa zwanzigjährigen Kranken, der ein unverkennbares, auch von anderer Seite agnosziertes Bild einer Dementia praecox (Hebephrenie) bot. In den Anfangsstadien des Leidens hatte er periodischen Stimmungswechsel gezeigt, eine erhebliche Besserung erreicht und wurde in einem solchen günstigen Zustand von den Eltern aus der Anstalt geholt und durch etwa eine Woche zur Feier seiner vermeintlichen Herstellung mit allerlei Vergnügungen regaliert. An diese Festwoche schloß sich die Verschlimmerung unmittelbar an. In die Anstalt zurückgebracht, erzählte er, der konsultierende Arzt habe ihm den Rat gegeben, „mit seiner Mutter etwas zu kokettieren". Es ist nicht zweifelhaft, daß er in dieser wahnhaften Erinnerungstäuschung der Erregung Ausdruck gegeben, welche durch das Beisammensein mit der Mutter in ihm hervorgerufen wurde, und die der nächste Anlaß seiner Verschlimmerung war.

*B)* Vor länger als zehn Jahren, zu einer Zeit, da die Ergebnisse und Voraussetzungen der Psychoanalyse nur wenigen Personen vertraut waren, wurde mir von verläßlicher Seite folgender Vorfall berichtet. Ein junges Mädchen, Tochter eines Arztes, war an Hysterie mit lokalen Symptomen erkrankt; der Vater verleugnete die Hysterie und ließ verschiedene somatische Behandlungen einleiten, die wenig Nutzen brachten. Eine Freundin stellte einmal an die Kranke die Frage: Haben Sie denn noch nie daran gedacht, den Dr. F. zu Rate zu ziehen? Darauf antwortete die Kranke: Wozu sollte ich das tun? Ich weiß ja, er würde mich fragen: Haben Sie schon die Idee gehabt, mit Ihrem Vater geschlechtlich zu verkehren? — Ich halte es für überflüssig, ausdrücklich zu versichern, daß ich eine solche Fragestellung weder damals geübt habe noch heute übe. Man wird aber aufmerksam darauf, daß gerade vieles, was die Patienten als Äußerungen oder Handlungen der Ärzte erzählen, als Verrat ihrer eigenen pathogenen Phantasien verstanden werden darf.

# FORMULIERUNGEN ÜBER DIE ZWEI PRINZIPIEN DES PSYCHISCHEN GESCHEHENS

# FORMULIERUNGEN ÜBER DIE ZWEI PRINZIPIEN DES PSYCHISCHEN GESCHEHENS

Wir haben seit langem gemerkt, daß jede Neurose die Folge, also wahrscheinlich die Tendenz habe, den Kranken aus dem realen Leben herauszudrängen, ihn der Wirklichkeit zu entfremden. Eine derartige Tatsache konnte auch der Beobachtung P. Janets nicht entgehen; er sprach von einem Verluste „*de la fonction du réel*" als von einem besonderen Charakter der Neurotiker, ohne aber den Zusammenhang dieser Störung mit den Grundbedingungen der Neurose aufzudecken.[1]

Die Einführung des Verdrängungsprozesses in die Genese der Neurose hat uns gestattet, in diesen Zusammenhang Einsicht zu nehmen. Der Neurotiker wendet sich von der Wirklichkeit ab, weil er sie — ihr Ganzes oder Stücke derselben — unerträglich findet. Den extremsten Typus dieser Abwendung von der Realität zeigen uns gewisse Fälle von halluzinatorischer Psychose, in denen jenes Ereignis verleugnet werden soll, welches den Wahnsinn hervorgerufen hat (Griesinger). Eigentlich tut aber jeder Neurotiker mit einem Stückchen der Realität das gleiche.[2] Es

---

[1] P. Janet, Les Névroses. 1909. Bibliothèque de Philosophie scientifique.
[2] Eine merkwürdig klare Ahnung dieser Verursachung hat kürzlich Otto Rank in einer Stelle Schopenhauers aufgezeigt. (Die Welt als Wille und Vorstellung, 2. Band. Siehe Zentralblatt für Psychoanalyse, Heft 1/2, 1910.)

erwächst uns nun die Aufgabe, die Beziehung des Neurotikers und des Menschen überhaupt zur Realität auf ihre Entwicklung zu untersuchen und so die psychologische Bedeutung der realen Außenwelt in das Gefüge unserer Lehren aufzunehmen.

Wir haben uns in der auf Psychoanalyse begründeten Psychologie gewöhnt, die unbewußten seelischen Vorgänge zum Ausgange zu nehmen, deren Eigentümlichkeiten uns durch die Analyse bekannt worden sind. Wir halten diese für die älteren, primären, für Überreste aus einer Entwicklungsphase, in welcher sie die einzige Art von seelischen Vorgängen waren. Die oberste Tendenz, welcher diese primären Vorgänge gehorchen, ist leicht zu erkennen; sie wird als das Lust-Unlust-Prinzip (oder kürzer als das Lustprinzip) bezeichnet. Diese Vorgänge streben danach, Lust zu gewinnen; von solchen Akten, welche Unlust erregen können, zieht sich die psychische Tätigkeit zurück (Verdrängung). Unser nächtliches Träumen, unsere Wachtendenz, uns von peinlichen Eindrücken loszureißen, sind Reste von der Herrschaft dieses Prinzips und Beweise für dessen Mächtigkeit.

Ich greife auf Gedankengänge zurück, die ich an anderer Stelle (im allgemeinen Abschnitt der Traumdeutung) entwickelt habe, wenn ich supponiere, daß der psychische Ruhezustand anfänglich durch die gebieterischen Forderungen der inneren Bedürfnisse gestört wurde. In diesem Falle wurde das Gedachte (Gewünschte) einfach halluzinatorisch gesetzt, wie es heute noch allnächtlich mit unseren Traumgedanken geschieht.[1] Erst das Ausbleiben der erwarteten Befriedigung, die Enttäuschung, hatte zur Folge, daß dieser Versuch der Befriedigung auf halluzinatorischem Wege aufgegeben wurde. Anstatt seiner mußte sich der psychische Apparat entschließen, die realen Verhältnisse der Außenwelt vorzustellen und die reale Veränderung anzustreben.

---

1) Der Schlafzustand kann das Ebenbild des Seelenlebens vor der Anerkennung der Realität wiederbringen, weil er die absichtliche Verleugnung derselben (Schlafwunsch) zur Voraussetzung nimmt.

Damit war ein neues Prinzip der seelischen Tätigkeit eingeführt; es wurde nicht mehr vorgestellt, was angenehm, sondern was real war, auch wenn es unangenehm sein sollte.[1] Diese Einsetzung des R e a l i t ä t s p r i n z i p s erwies sich als ein folgenschwerer Schritt.

1) Zunächst machten die neuen Anforderungen eine Reihe von Adaptierungen des psychischen Apparats nötig, die wir infolge von ungenügender oder unsicherer Einsicht nur ganz beiläufig aufführen können.

Die erhöhte Bedeutung der äußeren Realität hob auch die Bedeutung der jener Außenwelt zugewendeten Sinnesorgane und des an sie geknüpften B e w u ß t s e i n s, welches außer den bisher allein interessanten Lust- und Unlustqualitäten die Sinnesqualitäten auffassen lernte. Es wurde eine besondere Funktion eingerichtet, welche die Außenwelt periodisch abzusuchen hatte, damit die Daten derselben im vorhinein bekannt wären, wenn sich ein unaufschiebbares inneres Bedürfnis einstellte, die A u f-

---

1) Ich will versuchen, die obige schematische Darstellung durch einige Ausführungen zu ergänzen: Es wird mit Recht eingewendet werden, daß eine solche Organisation, die dem Lustprinzip frönt und die Realität der Außenwelt vernachlässigt, sich nicht die kürzeste Zeit am Leben erhalten könnte, so daß sie überhaupt nicht hätte entstehen können. Die Verwendung einer derartigen Fiktion rechtfertigt sich aber durch die Bemerkung, daß der Säugling, wenn man nur die Mutterpflege hinzunimmt, ein solches psychisches System nahezu realisiert. Er halluziniert wahrscheinlich die Erfüllung seiner inneren Bedürfnisse, verrät seine Unlust bei steigendem Reiz und ausbleibender Befriedigung durch die motorische Abfuhr des Schreiens und Zappelns und erlebt darauf die halluzinierte Befriedigung. Er erlernt es später als Kind, diese Abfuhräußerungen absichtlich als Ausdrucksmittel zu gebrauchen. Da die Säuglingspflege das Vorbild der späteren Kinderfürsorge ist, kann die Herrschaft des Lustprinzips eigentlich erst mit der vollen psychischen Ablösung von den Eltern ein Ende nehmen. — Ein schönes Beispiel eines von den Reizen der Außenwelt abgeschlossenen psychischen Systems, welches selbst seine Ernährungsbedürfnisse autistisch (nach einem Worte B l e u l e r s) befriedigen kann, gibt das mit seinem Nahrungsvorrat in die Eischale eingeschlossene Vogelei, für das sich die Mutterpflege auf die Wärmezufuhr einschränkt. — Ich werde es nicht als Korrektur, sondern nur als Erweiterung des in Rede stehenden Schemas ansehen, wenn man für das nach dem Lustprinzip lebende System Einrichtungen fordert, mittels deren es sich den Reizen der Realität entziehen kann. Diese Einrichtungen sind nur das Korrelat der „Verdrängung", welche innere Unlustreize so behandelt, als ob sie äußere wären, sie also zur Außenwelt schlägt.

merksamkeit. Diese Tätigkeit geht den Sinneseindrücken entgegen, anstatt ihr Auftreten abzuwarten. Wahrscheinlich wurde gleichzeitig damit ein System von Merken eingesetzt, welches die Ergebnisse dieser periodischen Bewußtseinstätigkeit zu deponieren hatte, ein Teil von dem, was wir Gedächtnis heißen.

An Stelle der Verdrängung, welche einen Teil der auftauchenden Vorstellungen als unlusterzeugend von der Besetzung ausschloß, trat die unparteiische Urteilsfällung, welche entscheiden sollte, ob eine bestimmte Vorstellung wahr oder falsch, das heißt im Einklang mit der Realität sei oder nicht, und durch Vergleichung mit den Erinnerungsspuren der Realität darüber entschied.

Die motorische Abfuhr, die während der Herrschaft des Lustprinzips zur Entlastung des seelischen Apparats von Reizzuwächsen gedient hatte und dieser Aufgabe durch ins Innere des Körpers gesandte Innervationen (Mimik, Affektäußerungen) nachgekommen war, erhielt jetzt eine neue Funktion, indem sie zur zweckmäßigen Veränderung der Realität verwendet wurde. Sie wandelte sich zum Handeln.

Die notwendig gewordene Aufhaltung der motorischen Abfuhr (des Handelns) wurde durch den Denkprozeß besorgt, welcher sich aus dem Vorstellen herausbildete. Das Denken wurde mit Eigenschaften ausgestattet, welche dem seelischen Apparat das Ertragen der erhöhten Reizspannung während des Aufschubs der Abfuhr ermöglichten. Es ist im wesentlichen ein Probehandeln mit Verschiebung kleinerer Besetzungsquantitäten, unter geringer Verausgabung (Abfuhr) derselben. Dazu war eine Überführung der frei verschiebbaren Besetzungen in gebundene erforderlich, und eine solche wurde mittels einer Niveauerhöhung des ganzen Besetzungsvorganges erreicht. Das Denken war wahrscheinlich ursprünglich unbewußt, insoweit es sich über das bloße Vorstellen erhob und sich den Relationen der

Objekteindrücke zuwendete, und erhielt weitere für das Bewußtsein wahrnehmbare Qualitäten erst durch die Bindung an die Wortreste.

2) Eine allgemeine Tendenz unseres seelischen Apparats, die man auf das ökonomische Prinzip der Aufwandersparnis zurückführen kann, scheint sich in der Zähigkeit des Festhaltens an den zur Verfügung stehenden Lustquellen und in der Schwierigkeit des Verzichts auf dieselben zu äußern. Mit der Einsetzung des Realitätsprinzips wurde eine Art Denktätigkeit abgespalten, die von der Realitätsprüfung frei gehalten und allein dem Lustprinzip unterworfen blieb.[1] Es ist dies das **Phantasieren**, welches bereits mit dem Spielen der Kinder beginnt und später als **Tagträumen** fortgesetzt die Anlehnung an reale Objekte aufgibt.

3) Die Ablösung des Lustprinzips durch das Realitätsprinzip mit den aus ihr hervorgehenden psychischen Folgen, die hier in einer schematisierenden Darstellung in einen einzigen Satz gebannt ist, vollzieht sich in Wirklichkeit nicht auf einmal und nicht gleichzeitig auf der ganzen Linie. Während aber diese Entwicklung an den Ichtrieben vor sich geht, lösen sich die Sexualtriebe in sehr bedeutsamer Weise von ihnen ab. Die Sexualtriebe benehmen sich zunächst autoerotisch, sie finden ihre Befriedigung am eigenen Leib und gelangen daher nicht in die Situation der Versagung, welche die Einsetzung des Realitätsprinzips erzwungen hat. Wenn dann später bei ihnen der Prozeß der Objektfindung beginnt, erfährt er alsbald eine lange Unterbrechung durch die Latenzzeit, welche die Sexualentwicklung bis zur Pubertät verzögert. Diese beiden Momente — Autoerotismus und Latenzperiode — haben zur Folge, daß der Sexualtrieb in seiner psychischen Ausbildung aufgehalten wird

---

1) Ähnlich wie eine Nation, deren Reichtum auf der Ausbeutung ihrer Bodenschätze beruht, doch ein bestimmtes Gebiet reserviert, das im Urzustande belassen und von den Veränderungen der Kultur verschont werden soll (Yellowstonepark).

und weit länger unter der Herrschaft des Lustprinzips verbleibt, welcher er sich bei vielen Personen überhaupt niemals zu entziehen vermag.

Infolge dieser Verhältnisse stellt sich eine nähere Beziehung her zwischen dem Sexualtrieb und der Phantasie einerseits, den Ichtrieben und den Bewußtseinstätigkeiten anderseits. Diese Beziehung tritt uns bei Gesunden wie Neurotikern als eine sehr innige entgegen, wenngleich sie durch diese Erwägungen aus der genetischen Psychologie als eine s e k u n d ä r e erkannt wird. Der fortwirkende Autoerotismus macht es möglich, daß die leichtere momentane und phantastische Befriedigung am Sexualobjekte so lange an Stelle der realen, aber Mühe und Aufschub erfordernden, festgehalten wird. Die Verdrängung bleibt im Reiche des Phantasierens allmächtig; sie bringt es zustande, Vorstellungen in statu nascendi, ehe sie dem Bewußtsein auffallen können, zu hemmen, wenn deren Besetzung zur Unlustentbindung Anlaß geben kann. Dies ist die schwache Stelle unserer psychischen Organisation, die dazu benutzt werden kann, um bereits rationell gewordene Denkvorgänge wieder unter die Herrschaft des Lustprinzips zu bringen. Ein wesentliches Stück der psychischen Disposition zur Neurose ist demnach durch die verspätete Erziehung des Sexualtriebs zur Beachtung der Realität und des weiteren durch die Bedingungen, welche diese Verspätung ermöglichen, gegeben.

4.) Wie das Lust-Ich nichts anderes kann als w ü n s c h e n, nach Lustgewinn arbeiten und der Unlust ausweichen, so braucht das Real-Ich nichts anderes zu tun als nach N u t z e n zu streben und sich gegen Schaden zu sichern.[1] In Wirklichkeit bedeutet die Ersetzung des Lustprinzips durch das Realitätsprinzip keine Absetzung des Lustprinzips, sondern nur eine Sicherung des-

---

[1] Den Vorzug des Real-Ichs vor dem Lust-Ich drückt Bernard S h a w treffend in den Worten aus: *To be able to choose the line of greatest advantage instead of yielding in the direction of the least resistance.* (Man and Superman. A comedy and a philosophy.)

selben. Eine momentane, in ihren Folgen unsichere Lust wird aufgegeben, aber nur darum, um auf dem neuen Wege eine später kommende, gesicherte zu gewinnen. Doch ist der endopsychische Eindruck dieser Ersetzung ein so mächtiger gewesen, daß er sich in einem besonderen religiösen Mythus spiegelt. Die Lehre von der Belohnung im Jenseits für den — freiwilligen oder aufgezwungenen — Verzicht auf irdische Lüste ist nichts anderes als die mythische Projektion dieser psychischen Umwälzung. Die Religionen haben in konsequenter Verfolgung dieses Vorbildes den absoluten Lustverzicht im Leben gegen Versprechen einer Entschädigung in einem künftigen Dasein durchsetzen können; eine Überwindung des Lustprinzips haben sie auf diesem Wege nicht erreicht. Am ehesten gelingt diese Überwindung der Wissenschaft, die aber auch intellektuelle Lust während der Arbeit bietet und endlichen praktischen Gewinn verspricht.

5) Die Erziehung kann ohne weitere Bedenken als Anregung zur Überwindung des Lustprinzips, zur Ersetzung desselben durch das Realitätsprinzip beschrieben werden; sie will also jenem das Ich betreffenden Entwicklungsprozeß eine Nachhilfe bieten, bedient sich zu diesem Zwecke der Liebesprämien von seiten der Erzieher und schlägt darum fehl, wenn das verwöhnte Kind glaubt, daß es diese Liebe ohnedies besitzt und ihrer unter keinen Umständen verlustig werden kann.

6) Die Kunst bringt auf einem eigentümlichen Weg eine Versöhnung der beiden Prinzipien zustande. Der Künstler ist ursprünglich ein Mensch, welcher sich von der Realität abwendet, weil er sich mit dem von ihr zunächst geforderten Verzicht auf Triebbefriedigung nicht befreunden kann, und seine erotischen und ehrgeizigen Wünsche im Phantasieleben gewähren läßt. Er findet aber den Rückweg aus dieser Phantasiewelt zur Realität, indem er dank besonderer Begabungen seine Phantasien zu einer neuen Art von Wirklichkeiten gestaltet, die von den Menschen

als wertvolle Abbilder der Realität zur Geltung zugelassen werden. Er wird so auf eine gewisse Weise wirklich der Held, König, Schöpfer, Liebling, der er werden wollte, ohne den gewaltigen Umweg über die wirkliche Veränderung der Außenwelt einzuschlagen. Er kann dies aber nur darum erreichen, weil die anderen Menschen die nämliche Unzufriedenheit mit dem real erforderlichen Verzicht verspüren wie er selbst, weil diese bei der Ersetzung des Lustprinzips durch das Realitätsprinzip resultierende Unzufriedenheit selbst ein Stück der Realität ist.[1]

7) Während das Ich die Umwandlung vom Lust-Ich zum Real-Ich durchmacht, erfahren die Sexualtriebe jene Veränderungen, die sie vom anfänglichen Autoerotismus durch verschiedene Zwischenphasen zur Objektliebe im Dienste der Fortpflanzungsfunktion führen. Wenn es richtig ist, daß jede Stufe dieser beiden Entwicklungsgänge zum Sitz einer Disposition für spätere neurotische Erkrankung werden kann, liegt es nahe, die Entscheidung über die Form der späteren Erkrankung (die Neurosenwahl) davon abhängig zu machen, in welcher Phase der Ich- und der Libidoentwicklung die disponierende Entwicklungshemmung eingetroffen ist. Die noch nicht studierten zeitlichen Charaktere der beiden Entwicklungen, deren mögliche Verschiebung gegeneinander, kommen so zu unvermuteter Bedeutung.

8) Der befremdendste Charakter der unbewußten (verdrängten) Vorgänge, an den sich jeder Untersucher nur mit großer Selbstüberwindung gewöhnt, ergibt sich daraus, daß bei ihnen die Realitätsprüfung nichts gilt, die Denkrealität gleichgesetzt wird der äußeren Wirklichkeit, der Wunsch der Erfüllung, dem Ereignis, wie es sich aus der Herrschaft des alten Lustprinzips ohneweiters ableitet. Darum wird es auch so schwer, unbewußte Phantasien von unbewußt gewordenen Erinnerungen zu unterscheiden. Man lasse sich aber nie dazu verleiten, die Realitätswertung in die verdrängten psychischen Bildungen einzutragen und etwa Phantasien

---

1) Vgl. Ähnliches bei O. Rank, Der Künstler, Wien 1907.

darum für die Symptombildung gering zu schätzen, weil sie eben keine Wirklichkeiten sind, oder ein neurotisches Schuldgefühl anderswoher abzuleiten, weil sich kein wirklich ausgeführtes Verbrechen nachweisen läßt. Man hat die Verpflichtung, sich jener Währung zu bedienen, die in dem Lande, das man durchforscht, eben die herrschende ist, in unserem Falle der neurotischen Währung. Man versuche z. B., einen Traum wie den folgenden zu lösen. Ein Mann, der einst seinen Vater während seiner langen und qualvollen Todeskrankheit gepflegt, berichtet, daß er in den nächsten Monaten nach dessen Ableben wiederholt geträumt habe: der Vater sei wieder am Leben und er spreche mit ihm wie sonst. Dabei habe er es aber äußerst schmerzlich empfunden, daß der Vater doch schon gestorben war und es nur nicht wußte. Kein anderer Weg führt zum Verständnis des widersinnig klingenden Traumes, als die Anfügung „nach seinem Wunsch" oder „infolge seines Wunsches" nach den Worten „daß der Vater doch gestorben war" und der Zusatz „daß er es wünschte" zu den letzten Worten. Der Traumgedanke lautet dann: Es sei eine schmerzliche Erinnerung für ihn, daß er dem Vater den Tod (als Erlösung) wünschen mußte, als er noch lebte, und wie schrecklich, wenn der Vater dies geahnt hätte. Es handelt sich dann um den bekannten Fall der Selbstvorwürfe nach dem Verlust einer geliebten Person, und der Vorwurf greift in diesem Beispiel auf die infantile Bedeutung des Todeswunsches gegen den Vater zurück.

Die Mängel dieses kleinen, mehr vorbereitenden als ausführenden Aufsatzes sind vielleicht nur zum geringen Anteil entschuldigt, wenn ich sie für unvermeidlich ausgebe. In den wenigen Sätzen über die psychischen Folgen der Adaptierung an das Realitätsprinzip mußte ich Meinungen andeuten, die ich lieber noch zurückgehalten hätte und deren Rechtfertigung gewiß keine kleine Mühe kosten wird. Doch will ich hoffen, daß es wohlwollenden Lesern nicht entgehen wird, wo auch in dieser Arbeit die Herrschaft des Realitätsprinzips beginnt.

# PSYCHOANALYTISCHE BEMERKUNGEN ÜBER EINEN AUTOBIOGRAPHISCH BESCHRIEBENEN FALL VON PARANOIA (DEMENTIA PARANOIDES)

Die analytische Untersuchung der Paranoia bietet uns Ärzten, die nicht an öffentlichen Anstalten tätig sind, Schwierigkeiten besonderer Natur. Wir können solche Kranke nicht annehmen oder nicht lange behalten, weil die Aussicht auf therapeutischen Erfolg die Bedingung unserer Behandlung ist. So trifft es sich also nur ausnahmsweise, daß ich einen tieferen Einblick in die Struktur der Paranoia machen kann, sei es, daß die Unsicherheit der nicht immer leichten Diagnose den Versuch einer Beeinflussung rechtfertigt, sei es, daß ich den Bitten der Angehörigen nachgebe und einen solchen Kranken trotz der gesicherten Diagnose für eine gewisse Zeit in Behandlung nehme. Ich sehe sonst natürlich Paranoiker (und Demente) genug und erfahre von ihnen soviel wie andere Psychiater von ihren Fällen, aber das reicht in der Regel nicht aus, um analytische Entscheidungen zu treffen.

Die psychoanalytische Untersuchung der Paranoia wäre überhaupt unmöglich, wenn die Kranken nicht die Eigentümlichkeit besäßen, allerdings in entstellter Form, gerade das zu verraten, was die anderen Neurotiker als Geheimnis verbergen. Da die Paranoiker nicht zur Überwindung ihrer inneren Widerstände gezwungen werden können und ohnedies nur sagen, was sie sagen wollen, darf gerade bei dieser Affektion der schriftliche Bericht oder die gedruckte Krankengeschichte als Ersatz für die persönliche Bekanntschaft mit dem Kranken eintreten. Ich halte es darum nicht für unstatthaft, analytische Deutungen an die Krankengeschichte eines Paranoikers (Dementia paranoides) zu knüpfen, den ich nie gesehen habe, der aber seine Krankengeschichte selbst beschrieben und zur öffentlichen Kenntnis durch den Druck gebracht hat. Es ist dies der ehemalige sächsische Senatspräsident Dr. jur. Daniel Paul Schreber, dessen „Denkwürdigkeiten eines Nervenkranken" im Jahre 1903 als Buch erschienen sind und, wenn ich recht berichtet bin, ein ziemlich großes Interesse bei den Psychiatern erweckt haben. Es ist möglich, daß Dr. Schreber heute noch lebt und sich von seinem 1903 vertretenen Wahnsystem so weit zurückgezogen hat, daß er diese Bemerkungen über sein Buch peinlich empfindet. Soweit er aber die Identität seiner heutigen Persönlichkeit mit der damaligen noch festhält, darf ich mich auf seine eigenen Argumente berufen, die der „geistig hochstehende Mann von ungewöhnlich scharfem Verstand und scharfer Beobachtungsgabe"[1] den Bemühungen, ihn von der Publikation abzuhalten, entgegensetzte: „Dabei habe ich mir die Bedenken nicht verhehlt, die einer Veröffentlichung entgegenzustehen scheinen: es handelt sich namentlich um die Rücksicht auf einzelne noch lebende Personen. Auf der andern Seite bin ich der Meinung, daß es für die Wissenschaft und für die Erkenntnis religiöser Wahrheiten von Wert sein könnte, wenn noch bei meinen Lebzeiten irgend welche Beobachtungen von berufener Seite an meinem Körper und meinen persönlichen Schicksalen zu ermöglichen wären. Dieser Erwägung gegenüber müssen alle persönlichen Rücksichten schweigen."[2] An einer andern Stelle des Buches spricht er aus, daß er sich entschlossen habe, an dem Vorhaben der Veröffentlichung festzuhalten, auch wenn sein Arzt Geh. Rat Dr. Flechsig in Leipzig deswegen die Anklage gegen ihn erheben würde. Er mutet dabei Flechsig dasselbe zu, was ihm selbst jetzt von meiner Seite zugemutet wird: „Ich hoffe,

---

[1] Diese gewiß nicht unberechtigte Selbstcharakteristik findet sich auf S. 35 des Schreberschen Buches.

[2] Vorrede der „Denkwürdigkeiten".

daß dann auch bei Geh. Rat Prof. Dr. Flechsig das wissenschaftliche Interesse an dem Inhalte meiner Denkwürdigkeiten etwaige persönliche Empfindlichkeiten zurückdrängen würde."
Wiewohl ich im folgenden alle Stellen der „Denkwürdigkeiten", die meine Deutungen stützen, im Wortlaut anführen werde, bitte ich doch die Leser dieser Arbeit, sich vorher mit dem Buche wenigstens durch einmalige Lektüre vertraut zu machen.

# I

## KRANKENGESCHICHTE

Dr. Schreber berichtet:[1] „Ich bin zweimal nervenkrank gewesen, beide Male infolge von geistiger Überanstrengung; das erstemal (als Landesgerichtsdirektor in Chemnitz) aus Anlaß einer Reichstagskandidatur, das zweitemal aus Anlaß der ungewöhnlichen Arbeitslast, die ich beim Antritt des mir neu übertragenen Amtes eines Senatspräsidenten beim Oberlandesgericht Dresden vorfand."

Die erste Erkrankung trat im Herbste 1884 hervor und war Ende 1885 vollkommen geheilt. Flechsig, auf dessen Klinik der Patient damals 6 Monate verbrachte, bezeichnete in einem später abgegebenen „Formulargutachten" den Zustand als einen Anfall schwerer Hypochondrie. Dr. Schreber versichert, daß diese Krankheit „ohne jede an das Gebiet des Übersinnlichen anstreifenden Zwischenfälle" verlief.[2]

Über die Vorgeschichte und die näheren Lebensumstände des Patienten geben weder seine Niederschriften noch die ihr angefügten Gutachten der Ärzte genügende Auskunft. Ich wäre nicht einmal in der Lage, sein Alter zur Zeit der Erkrankung anzugeben, wiewohl die vor der zweiten Erkrankung erreichte hohe Stellung im Justizdienst eine gewisse untere Grenze sichert. Wir erfahren, daß Dr. Schreber zur Zeit der „Hypochondrie" bereits

---
1) Denkwürdigkeiten, S. 34.
2) Denkwürdigkeiten, S. 35.

lange verheiratet war. Er schreibt: „Fast noch inniger wurde der Dank von meiner Frau empfunden, die in Professor Flechsig geradezu denjenigen verehrte, der ihr ihren Mann wiedergeschenkt habe und aus diesem Grunde sein Bildnis jahrelang auf ihrem Arbeitstische stehen hatte" (S. 36). Und ebenda: „Nach der Genesung von meiner ersten Krankheit habe ich acht, im ganzen recht glückliche, auch an äußeren Ehren reiche und nur durch die mehrmalige Vereitlung der Hoffnung auf Kindersegen zeitweilig getrübte Jahre mit meiner Frau verlebt."

Im Juni 1893 wurde ihm seine bevorstehende Ernennung zum Senatspräsidenten angezeigt; er trat sein Amt am 1. Oktober desselben Jahres an. In die Zwischenzeit[1] fallen einige Träume, denen Bedeutung beizulegen er erst später veranlaßt wurde. Es träumte ihm einige Male, daß seine frühere Nervenkrankheit zurückgekehrt war, worüber er sich im Traume ebenso unglücklich fühlte, wie nach dem Erwachen glücklich, daß es eben nur ein Traum gewesen war. Ferner hatte er einmal gegen Morgen in einem Zustande zwischen Schlafen und Wachen „die Vorstellung, daß es doch eigentlich recht schön sein müsse, ein Weib zu sein, das dem Beischlaf unterliege" (S. 36), eine Vorstellung, die er bei vollem Bewußtsein mit großer Entrüstung zurückgewiesen hätte.

Die zweite Erkrankung setzte Ende Oktober 1893 mit quälender Schlaflosigkeit ein, die ihn die Flechsigsche Klinik von neuem aufsuchen ließ, wo sich aber sein Zustand rasch verschlechterte. Die weitere Entwicklung derselben schildert ein späteres Gutachten, welches von dem Direktor der Anstalt Sonnenstein abgegeben wurde (S. 380): „Im Beginn seines dortigen Aufenthaltes[2] äußerte er mehr hypochondrische Ideen, klagte, daß er an Hirnerweichung leide, bald sterben müsse, p. p., doch mischten sich schon Ver-

---

[1] Also noch vor der Einwirkung der von ihm beschuldigten Überarbeitung in seiner neuen Stellung.

[2] Auf der Leipziger Klinik bei Prof. Flechsig.

folgungsideen in das Krankheitsbild, und zwar auf Grund von Sinnestäuschungen, die anfangs allerdings mehr vereinzelt aufzutreten schienen, während gleichzeitig hochgradige Hyperästhesie, große Empfindlichkeit gegen Licht und Geräusch sich geltend machte. Später häuften sich die Gesichts- und Gehörstäuschungen und beherrschten in Verbindung mit Gemeingefühlsstörungen sein ganzes Empfinden und Denken, er hielt sich für tot und angefault, für pestkrank, wähnte, daß an seinem Körper allerhand abscheuliche Manipulationen vorgenommen würden, und machte, wie er sich selbst noch jetzt ausspricht, entsetzlichere Dinge durch, als jemand geahnt, und zwar um eines heiligen Zweckes willen. Die krankhaften Eingebungen nahmen den Kranken so sehr in Anspruch, daß er, für jeden andern Eindruck unzugänglich, stundenlang völlig starr und unbeweglich da saß (halluzinatorischer Stupor), anderseits quälten sie ihn derartig, daß er sich den Tod herbeiwünschte, im Bade wiederholt Ertränkungsversuche machte und das „für ihn bestimmte Zyankalium" verlangte. Allmählich nahmen die Wahnideen den Charakter des Mystischen, Religiösen an, er verkehrte direkt mit Gott, die Teufel trieben ihr Spiel mit ihm, er sah ‚Wundererscheinungen', hörte ‚heilige Musik' und glaubte schließlich sogar in einer andern Welt zu weilen."

Fügen wir hinzu, daß er verschiedene Personen, von denen er sich verfolgt und beeinträchtigt glaubte, vor allen seinen früheren Arzt Flechsig, beschimpfte, ihn „Seelenmörder" nannte und ungezählte Male „kleiner Flechsig", das erste Wort scharf betonend, ausrief (S. 383). In die Anstalt Sonnenstein bei Pirna war er aus Leipzig nach kurzem Zwischenaufenthalt im Juni 1894 gekommen und verblieb dort bis zur endgültigen Gestaltung seines Zustandes. Im Laufe der nächsten Jahre veränderte sich das Krankheitsbild in einer Weise, die wir am besten mit den Worten des Anstaltsdirektors Dr. Weber beschreiben werden:

„Ohne noch weiter auf die Einzelheiten des Krankheitsverlaufes einzugehen, sei nur darauf hingewiesen, wie in der Folge aus der anfänglichen akuteren, das gesamte psychische Geschehen unmittelbar in Mitleidenschaft ziehenden Psychose, die als halluzinatorischer Wahnsinn zu bezeichnen war, immer entschiedener das paranoische Krankheitsbild sich hervorhob, sozusagen herauskristallisierte, das man gegenwärtig vor sich hat" (S. 385). Er hatte nämlich einerseits ein kunstvolles Wahngebäude entwickelt, welches den größten Anspruch auf unser Interesse hat, anderseits hatte sich seine Persönlichkeit rekonstruiert und sich den Aufgaben des Lebens bis auf einzelne Störungen gewachsen gezeigt.

Dr. Weber berichtet über ihn im Gutachten von 1899:

„So erscheint zurzeit Herr Senatspräsident Dr. Schreber abgesehen von den selbst für den flüchtigen Beobachter unmittelbar als krankhaft sich aufdrängenden psychomotorischen Symptomen, weder verwirrt, noch psychisch gehemmt, noch in seiner Intelligenz merklich beeinträchtigt, — er ist besonnen, sein Gedächtnis vorzüglich, er verfügt über ein erhebliches Maß von Wissen, nicht nur in juristischen Dingen, sondern auch auf vielen anderen Gebieten und vermag es in geordnetem Gedankengange wiederzugeben, er hat Interesse für die Vorgänge in Politik, Wissenschaft und Kunst usw. und beschäftigt sich fortgesetzt mit ihnen ... und wird in den angedeuteten Richtungen den von seinem Gesamtzustande nicht näher unterrichteten Beobachter kaum viel Auffälliges erkennen lassen. Bei alledem ist der Patient von krankhaft bedingten Vorstellungen erfüllt, die sich zu einem vollständigen System geschlossen haben, mehr oder weniger fixiert sind und einer Korrektur durch objektive Auffassung und Beurteilung der tatsächlichen Verhältnisse nicht zugänglich erscheinen" (S. 386).

Der so weit veränderte Kranke hielt sich selbst für existenzfähig und unternahm zweckmäßige Schritte, um die Aufhebung seiner Kuratel und die Entlassung aus der Anstalt durchzusetzen.

Dr. Weber widerstrebte diesen Wünschen und gab Gutachten im entgegengesetzten Sinne ab; doch kann er nicht umhin, das Wesen und Benehmen des Patienten im Gutachten von 1900 in folgender anerkennenden Weise zu schildern: „Der Unterzeichnete hat seit ³/₄ Jahren bei Einnahme der täglichen Mahlzeiten am Familientisch ausgiebigste Gelegenheit gehabt, mit Herrn Präsidenten Schreber über alle möglichen Gegenstände sich zu unterhalten. Welche Dinge nun auch — von seinen Wahnideen natürlich abgesehen — zur Sprache gekommen sind, mochten sie Vorgänge im Bereiche der Staatsverwaltung und Justiz, der Politik, der Kunst und Literatur, des gesellschaftlichen Lebens oder was sonst berühren, überall bekundete Doktor Schreber reges Interesse, eingehende Kenntnisse, gutes Gedächtnis und zutreffendes Urteil und auch in ethischer Beziehung eine Auffassung, der nur beigetreten werden konnte. Ebenso zeigte er sich in leichter Plauderei mit den anwesenden Damen nett und liebenswürdig und bei humoristischer Behandlung mancher Dinge immer taktvoll und dezent, niemals hat er in die harmlose Tischunterhaltung die Erörterung von Angelegenheiten hineingezogen, die nicht dort, sondern bei der ärztlichen Visite zu erledigen gewesen wären" (S. 397). Selbst in eine geschäftliche, die Interessen der ganzen Familie berührende Angelegenheit hatte er damals in fachgemäßer und zwecksprechender Weise eingegriffen (S. 401, 510).

In den wiederholten Eingaben an das Gericht, mittels deren Dr. Schreber um seine Befreiung kämpfte, verleugnete er durchaus nicht seinen Wahn und machte kein Hehl aus seiner Absicht, die „Denkwürdigkeiten" der Öffentlichkeit zu übergeben. Er betonte vielmehr den Wert seiner Gedankengänge für das religiöse Leben und deren Unzersetzbarkeit durch die heutige Wissenschaft; gleichzeitig berief er sich aber auch auf die absolute Harmlosigkeit (S. 430) all jener Handlungen, zu denen er sich durch den Inhalt des Wahnes genötigt wußte. Der

Scharfsinn und die logische Treffsicherheit des als Paranoiker
Erkannten führten denn auch zum Triumph. Im Juli 1902
wurde die über Dr. Schreber verhängte Entmündigung aufgehoben; im nächsten Jahr erschienen die „Denkwürdigkeiten
eines Nervenkranken" als Buch, allerdings zensuriert und um
manches wertvolle Stück ihres Inhaltes geschmälert.

In der Entscheidung, welche Dr. Schreber die Freiheit wiedergab, ist der Inhalt seines Wahnsystems in wenigen Sätzen zusammengefaßt: „Er halte sich für berufen, die Welt zu erlösen
und ihr die verloren gegangene Seligkeit wiederzubringen. Das
könne er aber nur, wenn er sich zuvor aus einem Manne zu
einem Weibe verwandelt habe" (S. 475).

Eine ausführlichere Darstellung des Wahnes in seiner endgültigen Gestaltung können wir dem 1899 vom Anstaltsarzte
Dr. Weber erstatteten Gutachten entnehmen: „Das Wahnsystem
des Patienten gipfelt darin, daß er berufen sei, die Welt zu erlösen und der Menschheit die verloren gegangene Seligkeit
wiederzubringen. Er sei, so behauptet er, zu dieser Aufgabe
gekommen durch unmittelbar göttliche Eingebungen, ähnlich
wie dies von den Propheten gelehrt wird; gerade aufgeregtere
Nerven, wie es die seinigen lange Zeit hindurch gewesen seien,
hätten nämlich die Eigenschaft, anziehend auf Gott zu wirken,
es handle sich dabei aber um Dinge, die sich entweder gar
nicht oder doch nur sehr schwer in menschlicher Sprache ausdrücken lassen, weil sie außerhalb aller menschlichen Erfahrung
lägen und eben nur ihm offenbart seien. Das wesentlichste bei
seiner erlösenden Mission sei, daß zunächst seine Verwandlung
zum Weibe zu erfolgen habe. Nicht etwa, daß er sich zum
Weibe verwandeln wolle, es handle sich vielmehr um ein in
der Weltordnung begründetes ‚Muß', dem er schlechterdings
nicht entgehen könne, wenn es ihm persönlich auch viel lieber
gewesen wäre, in seiner ehrenvollen männlichen Lebensstellung
zu verbleiben, das Jenseits sei aber nun für ihn und die ganze

übrige Menschheit nicht anders wieder zu erobern als durch eine ihm vielleicht erst nach Ablauf vieler Jahre oder Jahrzehnte bevorstehende Verwandlung in ein Weib im Wege göttlicher Wunder. Er sei, das stehe für ihn fest, der ausschließliche Gegenstand göttlicher Wunder, somit der merkwürdigste Mensch, der je auf Erden gelebt habe, seit Jahren, in jeder Stunde und jeder Minute erfahre er diese Wunder an seinem Leib, erhalte sie auch durch die Stimmen, die mit ihm sprächen, bestätigt. Er habe in den ersten Jahren seiner Krankheit Zerstörungen an einzelnen Organen seines Körpers erfahren, die jedem andern Menschen längst den Tod hätten bringen müssen, habe lange Zeit gelebt ohne Magen, ohne Därme, fast ohne Lungen, mit zerrissener Speiseröhre, ohne Blase, mit zerschmetterten Rippenknochen, habe seinen Kehlkopf manchmal zum Teil mit aufgegessen usf., göttliche Wunder („Strahlen') aber hätten das Zerstörte immer wieder hergestellt und er sei daher, solange er ein Mann bleibe, überhaupt nicht sterblich. Jene bedrohlichen Erscheinungen seien nun längst verschwunden, dafür sei in den Vordergrund getreten seine ‚Weiblichkeit', wobei es sich um einen Entwicklungsprozeß handle, der wahrscheinlich noch Jahrzehnte, wenn nicht Jahrhunderte zu seiner Vollendung beanspruche und dessen Ende schwerlich einer der jetzt lebenden Menschen erleben werde. Er habe das Gefühl, daß bereits massenhafte ‚weibliche Nerven' in seinen Körper übergegangen seien, aus denen durch unmittelbare Befruchtung Gottes neue Menschen hervorgehen würden. Erst dann werde er wohl eines natürlichen Todes sterben können und sich wie alle anderen Menschen die Seligkeit wieder erworben haben. Einstweilen sprächen nicht nur die Sonne, sondern auch die Bäume und die Vögel, die so etwas wie ‚verwunderte Reste früherer Menschenseelen' seien, in menschlichen Lauten zu ihm und überall geschähen Wunderdinge um ihn her" (S. 386).

Das Interesse des praktischen Psychiaters an solchen Wahnbildungen ist in der Regel erschöpft, wenn er die Leistung des Wahnes festgestellt und seinen Einfluß auf die Lebensführung des Kranken beurteilt hat; seine Verwunderung ist nicht der Anfang seines Verständnisses. Der Psychoanalytiker bringt von seiner Kenntnis der Psychoneurosen her die Vermutung mit, daß auch so absonderliche, so weit von dem gewohnten Denken der Menschen abweichende Gedankenbildungen aus den allgemeinsten und begreiflichsten Regungen des Seelenlebens hervorgegangen sind, und möchte die Motive wie die Wege dieser Umbildung kennen lernen. In dieser Absicht wird er sich gerne in die Entwicklungsgeschichte wie in die Einzelheiten des Wahnes vertiefen.

*a)* Als die beiden Hauptpunkte werden vom ärztlichen Begutachter die **Erlöserrolle** und die **Verwandlung zum Weibe** hervorgehoben. Der Erlöserwahn ist eine uns vertraute Phantasie, er bildet so häufig den Kern der religiösen Paranoia. Der Zusatz, daß die Erlösung durch die Verwandlung des Mannes in ein Weib erfolgen müsse, ist ungewöhnlich und an sich befremdend, da er sich weit von dem historischen Mythos entfernt, den die Phantasie des Kranken reproduzieren will. Es liegt nahe, mit dem ärztlichen Gutachten anzunehmen, daß der Ehrgeiz, den Erlöser zu spielen, das Treibende dieses Wahnkomplexes sei, wobei die Entmannung nur die Bedeutung eines Mittels zu diesem Zweck in Anspruch nehmen könne. Mag sich dies auch in der endgültigen Gestaltung des Wahnes so darstellen, so wird uns doch durch das Studium der „Denkwürdigkeiten" eine ganz andere Auffassung aufgenötigt. Wir erfahren, daß die Verwandlung in ein Weib (Entmannung) der primäre Wahn war, daß sie zunächst als ein Akt schwerer Beeinträchtigung und Verfolgung beurteilt wurde, und daß sie erst sekundär in Beziehung zur Erlöserrolle trat. Auch wird es unzweifelhaft, daß sie zuerst zum Zwecke sexuellen Mißbrauches und nicht im Dienste höherer Absichten erfolgen sollte. Formal ausgedrückt, ein sexueller Verfolgungswahn hat sich dem Patienten nachträglich zum religiösen Größenwahn umgebildet. Als Verfolger galt zuerst der behandelnde Arzt Prof. Flechsig, später trat Gott selbst an dessen Stelle. Ich setze die beweisenden Stellen aus den „Denkwürdigkeiten" ungekürzt hierher (S. 56): „Auf diese Weise wurde ein gegen mich gerichtetes Komplott fertig (etwa im März oder April 1894), welches dahin ging, nach einmal erkannter oder angenommener Unheilbarkeit meiner Nervenkrankheit mich einem Menschen in der Weise auszuliefern, daß meine Seele demselben überlassen, mein Körper aber — in mißverständlicher Auffassung der oben bezeichneten, der Weltordnung zugrunde liegenden Tendenz — in einen weiblichen Körper verwandelt, als solcher dem betreffenden Menschen[1] zum geschlechtlichen Mißbrauch überlassen und dann einfach ‚liegen gelassen', also wohl der Verwesung anheimgegeben werden sollte."

(S. 59): „Dabei war es vom menschlichen Gesichtspunkte aus, der mich damals noch vorzugsweise beherrschte, wohl durchaus natürlich, daß ich meinen eigentlichen Feind immer nur in Professor Flechsig oder dessen Seele erblickte (später kam noch die v. W.-sche Seele hinzu, worüber weiter unten das Nähere) und Gottes Allmacht als meine natürliche Bundesgenossin betrachtete, die ich nur dem Professor Flechsig gegenüber in einer Notlage wähnte und deshalb mit allen erdenklichen Mitteln bis zur Selbstaufopferung unterstützen zu müssen glaubte. Daß Gott selbst der Mitwisser, wenn nicht gar der Anstifter des auf den an mir zu verübenden Seelenmord und die Preisgabe meines Körpers als weibliche Dirne gerichteten Planes gewesen sei, ist ein Gedanke, der sich mir erst sehr viel später aufgedrängt hat, ja zum Teil, wie ich sagen darf, mir erst während der Niederschrift des gegenwärtigen Aufsatzes zu klarem Bewußtsein gekommen ist."

---

[1] Es geht aus dem Zusammenhange dieser und anderer Stellen hervor, daß der betreffende Mensch, von dem der Mißbrauch geübt werden sollte, kein anderer als Flechsig ist (vgl. unten).

(S. 61): „Alle auf Verübung eines Seelenmords, auf Entmannung zu weltordnungswidrigen Zwecken³⁴ (d. h. zur Befriedigung der geschlechtlichen Begierde eines Menschen) und später auf Zerstörung meines Verstandes gerichteten Versuche sind gescheitert. Ich gehe aus dem anscheinend so ungleichen Kampfe eines einzelnen schwachen Menschen mit Gott selbst, wenn schon nach manchen bitteren Leiden und Entbehrungen, als Sieger hervor, weil die Weltordnung auf meiner Seite steht."

In der Anmerkung 34 wird dann die spätere Umgestaltung des Entmannungswahnes und des Verhältnisses zu Gott angekündigt: „Daß eine Entmannung zu einem anderen — weltordnungsmäßigen Zweck im Bereich der Möglichkeit liegt, ja sogar vielleicht die wahrscheinliche Lösung des Konfliktes enthält, wird später noch ausgeführt werden."

Diese Äußerungen sind entscheidend für die Auffassung des Entmannungswahnes und somit für das Verständnis des Falles überhaupt. Fügen wir hinzu, daß die „Stimmen", die der Patient hörte, die Umwandlung in ein Weib nie anders denn als eine sexuelle Schmach behandelten, wegen welcher sie den Kranken höhnen durften. „Gottesstrahlen¹ glaubten mich nicht selten mit Rücksicht auf die angeblich bevorstehende Entmannung als ‚Miss Schreber' verhöhnen zu dürfen" (S. 127). — „Das will ein Senatspräsident gewesen sein, der sich f . . . . .² läßt." — „Schämen Sie sich denn nicht vor Ihrer Frau Gemahlin?"

Die primäre Natur der Entmannungsphantasie und ihre anfängliche Unabhängigkeit von der Erlöseridee wird ferner durch die eingangs erwähnte, im Halbschlaf aufgetretene „Vorstellung" bezeugt, daß es schön sein müsse, ein Weib zu sein, das dem Beischlaf unterliege (S. 36). Diese Phantasie war in der Inkubations-

---

1) Die „Gottesstrahlen" sind, wie sich ergeben wird, identisch mit den in der „Grundsprache" redenden Stimmen.

2) Diese Auslassung sowie alle anderen Eigentümlichkeiten der Schreibweise kopiere ich nach den „Denkwürdigkeiten". Ich selbst wüßte kein Motiv, in ernster Sache so schamhaft zu sein.

zeit der Erkrankung, noch vor der Einwirkung der Überbürdung in Dresden bewußt worden.

Der Monat November 1895 wird von Schreber selbst als die Zeit hingestellt, in welcher sich der Zusammenhang der Entmannungsphantasie mit der Erlöseridee herstellte und solcher Art eine Versöhnung mit der ersteren angebahnt wurde. „Nunmehr aber wurde mir unzweifelhaft bewußt, daß die Weltordnung die Entmannung, möchte sie mir persönlich zusagen oder nicht, gebieterisch verlange und daß mir daher aus Vernunftgründen gar nichts anderes übrig bleibe, als mich mit dem Gedanken der Verwandlung in ein Weib zu befreunden. Als weitere Folge der Entmannung konnte natürlich nur eine Befruchtung durch göttliche Strahlen zum Zwecke der Erschaffung neuer Menschen in Betracht kommen" (S. 177).

Die Verwandlung in ein Weib war das Punctum saliens, der erste Keim der Wahnbildung gewesen; sie erwies sich auch als das einzige Stück, welches die Herstellung überdauerte, und als das einzige, das im wirklichen Handeln des Genesenen seinen Platz zu behaupten wußte. „Das Einzige, was in den Augen anderer Menschen als etwas Unvernünftiges gelten kann, ist der auch von dem Herrn Sachverständigen berührte Umstand, daß ich zuweilen mit etwas weiblichem Zierat (Bändern, unechten Ketten u. dgl.) bei halb entblößtem Oberkörper vor dem Spiegel stehend oder sonst angetroffen werde. Es geschieht dies übrigens nur im Alleinsein, niemals, wenigstens soweit ich es vermeiden kann, zu Angesicht anderer Personen" (S. 429). Diese Spielereien gestand der Herr Senatspräsident zu einer Zeit ein (Juli 1901), da er für seine wiedergewonnene praktische Gesundheit den treffenden Ausdruck fand: „Jetzt weiß ich längst, daß die Personen, die ich vor mir sehe, nicht ‚flüchtig hingemachte Männer', sondern wirkliche Menschen sind, und daß ich mich daher ihnen gegenüber so zu verhalten habe, wie ein vernünftiger Mensch im Verkehr mit anderen Menschen zu tun pflegt" (S. 409). Im Gegensatz zu dieser Betätigung der Entmannungsphantasie hat der Kranke für die Anerkennung seiner Erlösermission nie etwas anderes unternommen als eben die Veröffentlichung seiner „Denkwürdigkeiten".

*b)* Das Verhältnis unseres Kranken zu Gott ist so sonderbar und von einander widersprechenden Bestimmungen erfüllt, daß ein gutes Stück Zuversicht dazu gehört, wenn man an der Erwartung festhält, daß in diesem „Wahnsinn" doch „Methode" zu finden sei. Wir müssen uns nun mit Hilfe der Äußerungen in den Denkwürdigkeiten über das theologisch-psychologische System des Dr. Schreber genauere Orientierung schaffen und seine Ansichten über die Nerven, die Seligkeit, die göttliche Hierarchie und die Eigenschaften Gottes in ihrem scheinbaren (wahnhaften) Zusammenhange darlegen. In allen Stücken der Theorie fällt die merkwürdige Mischung von Plattem und Geistreichem, von geborgten und originellen Elementen auf.

Die menschliche Seele ist in den Nerven des Körpers enthalten, die als Gebilde von außerordentlicher Feinheit — den feinsten Zwirnfäden vergleichbar — vorzustellen sind. Einige dieser Nerven sind nur zur Aufnahme sinnlicher Wahrnehmungen geeignet, andere (die Verstandesnerven) leisten alles Psychische, wobei das Verhältnis stattfindet, daß jeder einzelne Verstandesnerv die gesamte geistige Individualität des Menschen repräsentiert und die größere oder geringere Zahl der vorhandenen Verstandesnerven nur von Einfluß ist auf die Zeitdauer, während deren die Eindrücke festgehalten werden können.[1]

---

[1] In der Anmerkung zu dieser von Schreber unterstrichenen Lehre wird deren Brauchbarkeit zur Erklärung der Erblichkeit betont. „Der männliche Samen enthält einen Nerv des Vaters und vereinigt sich mit einem aus dem Leib der Mutter entnommenen Nerven zu einer neuentstehenden Einheit" (S. 7). Es ist also hier ein Charakter, den wir dem Spermatozoon zuschreiben müssen, auf die Nerven übertragen worden und dadurch die Herkunft der Schreberschen „Nerven" aus dem sexuellen Vorstellungskreis wahrscheinlich gemacht. In den „Denkwürdigkeiten" trifft es sich nicht so selten, daß eine beiläufige Anmerkung zu einer wahnhaften Lehre den erwünschten Hinweis auf die Genese und somit auf die Bedeutung des Wahnes enthält.

Während die Menschen aus Körper und Nerven bestehen, ist Gott von vornherein nur Nerv. Die Gottesnerven sind jedoch nicht wie im menschlichen Körper in beschränkter Zahl vorhanden, sondern unendlich oder ewig. Sie besitzen alle Eigenschaften der menschlichen Nerven in enorm gesteigertem Maße. In ihrer Fähigkeit zu schaffen, d. h. sich umzusetzen in alle möglichen Dinge der erschaffenen Welt, heißen sie **Strahlen**. Zwischen Gott und dem gestirnten Himmel oder der Sonne besteht eine innige Beziehung.[1]

Nach dem Schöpfungswerk zog sich Gott in ungeheure Entfernung zurück (S. 11, 252) und überließ die Welt im allgemeinen ihren Gesetzen. Er beschränkte sich darauf, die Seelen Verstorbener zu sich heraufzuziehen. Nur ausnahmsweise mochte er sich mit einzelnen hochbegabten Menschen in Verbindung setzen[2] oder mit einem Wunder in die Geschicke der Welt eingreifen. Ein regelmäßiger Verkehr Gottes mit Menschenseelen findet nach der Weltordnung erst nach dem Tode statt.[3] Wenn ein Mensch gestorben ist, so werden seine Seelenteile (Nerven) einem Läuterungsverfahren unterworfen, um endlich als „Vorhöfe des Himmels" Gott selbst wieder angegliedert zu werden. Es entsteht so ein ewiger Kreislauf der Dinge, welcher der Weltordnung zugrunde liegt (S. 19). Indem Gott etwas schafft, entäußert er sich eines Teiles seiner selbst, gibt einem Teile seiner Nerven eine veränderte Gestalt. Der scheinbar hierdurch entstehende Verlust wird wiederum ersetzt, wenn nach Jahrhunderten und Jahrtausenden die selig gewordenen Nerven verstorbener Menschen als „Vorhöfe des Himmels" ihm wieder zuwachsen.

---

1) Über diese siehe weiter unten: Sonne. — Die Gleichstellung (oder vielmehr Verdichtung) von Nerven und Strahlen könnte leicht deren lineare Erscheinung zum Gemeinsamen genommen haben. — Die Strahlen-Nerven sind übrigens ebenso schöpferisch wie die Samenfäden-Nerven.

2) **Das** wird in der „Grundsprache" (s. u.) als „Nervenanhang bei ihnen nehmen" bezeichnet.

3) Welche Einwürfe gegen Gott sich hieran knüpfen, werden wir später erfahren.

Die durch den Läuterungsprozeß gereinigten Seelen befinden sich im Genusse der Seligkeit.¹ „Sie haben unterdes ihr Selbstbewußtsein abgeschwächt und sind mit anderen Seelen zu höheren Einheiten zusammengeschmolzen. Bedeutsame Seelen, wie die eines Goethe, Bismarck u. a., haben ihr Identitätsbewußtsein vielleicht noch durch Jahrhunderte zu bewahren, bis sie selbst in höheren Seelenkomplexen (wie „Jehovastrahlen" für das alte Judentum, „Zoroasterstrahlen" für das Persertum) aufgehen können. Während der Läuterung lernen die Seelen die von Gott selbst gesprochene Sprache, die sogenannte ‚Grundsprache', ein „etwas altertümliches, aber immerhin kraftvolles Deutsch, das sich namentlich durch einen großen Reichtum an Euphemismen auszeichnete" (S. 13).²

Gott selbst ist kein einfaches Wesen. „Über den ‚Vorhöfen des Himmels' schwebte Gott selbst, dem im Gegensatze zu diesen ‚vorderen Gottesreichen' auch die Bezeichnung der ‚hinteren Gottesreiche' gegeben wurde. Die hinteren Gottesreiche unterlagen (und unterliegen noch jetzt) einer eigentümlichen Zweiteilung, nach der ein niederer Gott (Ariman) und ein oberer Gott (Ormuzd) unterschieden wurde" (S. 19). Über die nähere Bedeutung dieser Zweiteilung weiß Schreber nichts anderes zu sagen, als daß der niedere Gott sich vorzugsweise den Völkern brünetter Rasse (den Semiten) und der obere den blonden Völkern (Ariern) zugeneigt hat. Doch wird man von menschlicher Erkenntnis in solchen Höhen auch nicht mehr fordern dürfen. Immerhin erfahren wir noch, „daß der niedere und der obere Gott ungeachtet der in gewisser Beziehung vorhandenen Einheit von Gottes Allmacht doch als verschiedene Wesen aufgefaßt werden müssen, die, ein jedes von ihnen, auch im Verhältnis untereinander, ihren besonderen Egoismus und ihren besonderen Selbsterhaltungstrieb

---

1) Diese besteht wesentlich in einem Wollustgefühl (s. u.).
2) Es war dem Patienten ein einziges Mal während seiner Krankheit vergönnt, Gottes Allmacht in ihrer vollständigen Reinheit vor seinem geistigen Auge zu sehen. Gott äußerte damals das in der Grundsprache ganz geläufige, kraftvolle, aber nicht freundlich klingende Wort: Luder! (S. 136.)

haben und sich daher immer wechselseitig vorzuschieben trachten" (S. 140). Die beiden göttlichen Wesen benahmen sich auch während des akuten Krankheitstadiums in ganz verschiedener Weise gegen den unglücklichen Schreber.[1]

Der Senatspräsident Schreber war in gesunden Tagen ein Zweifler in religiösen Dingen gewesen (S. 29, 64); er hatte sich zu einem festen Glauben an die Existenz eines persönlichen Gottes nicht aufzuschwingen vermocht. Ja, er zieht aus dieser Tatsache seiner Vorgeschichte ein Argument, um die volle Realität seines Wahnes zu stützen.[2] Wer aber das Folgende über die Charaktereigenschaften des Schreberschen Gottes erfährt, wird sagen müssen, daß die durch die paranoische Erkrankung erzeugte Umwandlung keine sehr gründliche war, und daß in dem nunmehrigen Erlöser noch viel vom vormaligen Zweifler übrig geblieben ist.

Die Weltordnung hat nämlich eine Lücke, infolge deren die Existenz Gottes selbst gefährdet erscheint. Vermöge eines nicht näher aufzuklärenden Zusammenhanges üben die Nerven lebender Menschen, namentlich im Zustand einer hochgradigen Erregung, eine derartige Anziehung auf die Gottesnerven aus, daß Gott nicht wieder von ihnen loskommen kann, also in seiner eigenen Existenz bedroht ist (S. 11). Dieser außerordentlich seltene Fall ereignete sich nun bei Schreber und hatte die größten Leiden für ihn zur Folge. Gottes Selbsterhaltungstrieb wurde dadurch rege gemacht (S. 30) und es ergab sich, daß Gott von

---

1) Eine Anmerkung S. 20 läßt erraten, daß eine Stelle in Byrons Manfred für die Wahl der persischen Gottesnamen den Ausschlag gegeben hat. Wir werden dem Einflusse dieser Dichtung noch ein anderes Mal begegnen.

2) „Daß bei mir bloße Sinnestäuschungen vorliegen sollen, erscheint mir schon von vornherein psychologisch undenkbar. Denn die Sinnestäuschung, mit Gott oder abgeschiedenen Seelen in Verkehr zu stehen, kann doch füglich nur in solchen Menschen entstehen, die in ihrem krankhaft erregten Nervenzustand bereits einen sicheren Glauben an Gott und an die Unsterblichkeit der Seele mitgebracht haben. Dies ist aber bei mir nach dem im Eingang dieses Kapitels Erwähnten gar nicht der Fall gewesen" (S. 79).

der Vollkommenheit, die ihm die Religionen beilegen, weit entfernt ist. Durch das ganze Buch Schrebers zieht sich die bittere Anklage, daß Gott, nur an den Verkehr mit Verstorbenen gewöhnt, den lebenden Menschen nicht versteht. (S. 55): „Dabei waltet nun aber ein fundamentales Mißverständnis ob, welches sich seitdem wie ein roter Faden durch mein ganzes Leben hindurchzieht und welches eben darauf beruht, daß Gott nach der Weltordnung den lebenden Menschen eigentlich nicht kannte und nicht zu kennen brauchte, sondern weltordnungsgemäß nur mit Leichen zu verkehren hatte." — (S. 141): „Daß . . . , muß nach meiner Überzeugung wiederum damit in Zusammenhang gebracht werden, daß Gott mit dem lebenden Menschen sozusagen nicht umzugehen wußte, sondern nur den Verkehr mit Leichen oder allenfalls mit dem im Schlafe daliegenden (träumenden) Menschen gewöhnt war." — (S. 246): „Incredibile scriptu, möchte ich selbst hinzufügen, und doch ist alles tatsächlich wahr, so wenig andere Menschen den Gedanken einer so totalen Unfähigkeit Gottes, den lebenden Menschen richtig zu beurteilen, werden fassen können, und so langer Zeit es auch für mich bedurft hat, um mich an diesen Gedanken nach den unzähligen, hierüber gemachten Beobachtungen zu gewöhnen."

Allein infolge dieses Mißverständnisses Gottes für den lebenden Menschen konnte es geschehen, daß Gott selbst der Anstifter des gegen Schreber gerichteten Komplottes wurde, daß Gott ihn für blödsinnig hielt und ihm die beschwerlichsten Prüfungen auferlegte (S. 264). Er unterwarf sich einem höchst lästigen „Denkzwange", um dieser Verurteilung zu entgehen. (S. 206): „Bei jeder Einstellung meiner Denktätigkeit erachtet Gott augenblicklich meine geistigen Fähigkeiten für erloschen, die von ihm erhoffte Zerstörung des Verstandes (den Blödsinn) für eingetreten und damit die Möglichkeit des Rückzuges für gegeben."

Eine besonders heftige Empörung wird durch das Benehmen Gottes in der Sache des Entleerungs- oder Sch . . . dranges hervorgerufen. Die Stelle ist so charakteristisch, daß ich sie ganz zitieren will. Zu ihrem Verständnis schicke ich voraus, daß sowohl die Wunder als auch die Stimmen von Gott (d. h. von den göttlichen Strahlen) ausgehen.

(S. 225): „Wegen ihrer charakteristischen Bedeutung muß ich der eben erwähnten Frage ‚Warum sch . . . Sie denn nicht?' noch einige Bemerkungen widmen, so wenig dezent auch das Thema ist, das ich dabei zu berühren genötigt bin. Wie alles andere an meinem Körper, wird nämlich auch das Ausleerungsbedürfnis durch Wunder hervorgerufen; es geschieht dies, indem der Kot in den Därmen vorwärts (manchmal auch wieder rückwärts) gedrängt wird und wenn infolge geschehener Ausleerungen genügendes Material nicht mehr vorhanden ist, wenigstens die noch vorhandenen geringen Reste des Darminhaltes auf meine Gesäßöffnung geschmiert werden. Es handelt sich dabei um ein Wunder des oberen Gottes, das an jedem Tage mindestens mehrere Dutzende von Malen wiederholt wird. Damit verbindet sich die für Menschen geradezu unbegreifliche und nur aus der völligen Unbekanntschaft Gottes mit dem lebenden Menschen als Organismus erklärliche Vorstellung, daß das ‚Sch . . .' gewissermaßen das letzte sei, d. h. mit dem Anwundern des Sch . . dranges das Ziel der Zerstörung des Verstandes erreicht und die Möglichkeit eines endgültigen Rückzuges der Strahlen gegeben sei. Wie mir scheint, muß man, um der Entstehung dieser Vorstellung auf den Grund zu gehen, an das Vorliegen eines Mißverständnisses in betreff der symbolischen Bedeutung des Ausleerungsaktes denken, daß nämlich derjenige, der zu göttlichen Strahlen in ein dem meinigen entsprechendes Verhältnis gekommen ist, gewissermaßen berechtigt sei, auf alle Welt zu sch . . ."

"Zugleich äußert sich dabei aber auch die ganze Perfidie[1] der Politik, die mir gegenüber verfolgt wird. Nahezu jedesmal, wenn man mir das Ausleerungsbedürfnis wundert, schickt man — indem man die Nerven des betreffenden Menschen dazu anregt — irgend eine andere Person meiner Umgebung auf den Abtritt, um mich am Ausleeren zu verhindern; es ist dies eine Erscheinung, die ich seit Jahren in so unzähligen (Tausenden von) Malen und so regelmäßig beobachtet habe, daß jeder Gedanke an einen Zufall ausgeschlossen ist. Mir selbst gegenüber wird dann aber auf die Frage: ‚Warum sch . . . Sie denn nicht?' mit der famosen Antwort fortgefahren: ‚Weil ich dumm bin so etwa.' Die Feder sträubt sich fast dagegen, den formidablen Unsinn niederzuschreiben, daß Gott in der Tat in seiner auf Unkenntnis der Menschennatur beruhenden Verblendung so weit geht, anzunehmen, es könne einen Menschen geben, der — was doch jedes Tier zu tun vermag — vor Dummheit nicht sch . . . könne. Wenn ich dann im Fall eines Bedürfnisses wirklich ausleere — wozu ich mich, da ich den Abtritt fast stets besetzt finde, in der Regel eines Eimers bediene, — so ist dies jedesmal mit einer überaus kräftigen Entwicklung der Seelenwollust verbunden. Die Befreiung von dem Drucke, der durch den in den Därmen vorhandenen Kot verursacht wird, hat nämlich für die Wollustnerven ein intensives Wohlbehagen zur Folge; das gleiche ist auch beim Pissen der Fall. Aus diesem Grunde sind noch stets und ohne jede Ausnahme beim Ausleeren und Pissen alle Strahlen vereinigt gewesen; aus eben diesem Grunde sucht man auch stets, wenn ich mich zu diesen natürlichen Funktionen anschicke, den Ausleerungs- und Pißdrang, wenn auch meist vergeblich, wieder zurückzuwundern."[2]

---

1) Eine Anmerkung bemüht sich hier, das harte Wort „Perfidie" zu mildern, indem auf eine der noch zu erwähnenden Rechtfertigungen Gottes verwiesen wird.

2) Dies Eingeständnis der Exkretionslust, die wir als eine der autoerotischen Komponenten der infantilen Sexualität kennen gelernt haben, möge man mit den Äußerungen des kleinen Hans in der „Analyse der Phobie eines fünfjährigen Knaben" (S. 333, Band VII) zusammenhalten.

Der sonderbare Gott Schrebers ist auch nicht imstande, etwas aus der Erfahrung zu lernen. (S. 186): „Aus der so gewonnenen Erfahrung eine Lehre für die Zukunft zu ziehen, scheint vermöge irgend welcher, in dem Wesen Gottes liegender Eigenschaften eine Unmöglichkeit zu sein." Er kann daher dieselben quälenden Proben, Wunder und Stimmenäußerungen Jahre hindurch ohne Abänderung wiederholen, bis er dem Verfolgten zum Gespötte werden muß.

(S. 333): „Daraus ergibt sich, daß Gott fast in allem, was mir gegenüber geschieht, nachdem die Wunder ihre frühere furchtbare Wirkung zum größten Teil eingebüßt haben, mir überwiegend lächerlich oder kindisch erscheint. Daraus folgt für mein Verhalten, daß ich häufig durch die Notwehr gezwungen bin, nach Befinden auch in lauten Worten den Gottesspötter zu spielen . . ."[1]

Diese Kritik Gottes und Auflehnung gegen Gott begegnet bei Schreber indes einer energischen Gegenströmung, welcher an zahlreichen Stellen Ausdruck gegeben wird. (S. 333): „Auf das allerentschiedenste habe ich aber auch hier zu betonen, daß es sich dabei nur um eine Episode handelt, die, wie ich hoffe, spätestens mit meinem Ableben ihre Endschaft erreichen wird, daß daher das Recht, Gottes zu spotten, nur mir, nicht aber anderen Menschen zusteht. Für andere Menschen bleibt Gott der allmächtige Schöpfer des Himmels und der Erde, der Urgrund aller Dinge und das Heil ihrer Zukunft, dem — mögen auch einzelne der herkömmlichen religiösen Vorstellungen einer Berichtigung bedürfen — Anbetung und höchste Verehrung gebührt."

Es wird darum zu wiederholten Malen eine Rechtfertigung Gottes wegen seines Benehmens gegen den Patienten versucht, die, ebenso spitzfindig wie alle Theodiceen, bald in der allgemeinen

---

[1] Auch in der „Grundsprache" war Gott nicht immer der schimpfende Teil, sondern gelegentlich auch der beschimpfte, z. B. „Ei verflucht, das sagt sich schwer, daß der liebe Gott sich f . . . läßt" (S. 194).

Natur der Seelen, bald in der Nötigung Gottes, sich selbst zu erhalten und in dem irreführenden Einflusse der Flechsigschen Seele die Erklärung findet (S. 60 u. ff., S. 160). Im ganzen aber wird die Krankheit als ein Kampf des Menschen Schreber gegen Gott aufgefaßt, in welchem der schwache Mensch Sieger bleibt, weil er die Weltordnung auf seiner Seite hat (S. 61).

Aus den ärztlichen Gutachten hätte man leicht schließen können, daß man es bei Schreber mit der landläufigen Form der Erlöserphantasie zu tun habe. Der Betreffende sei Gottes Sohn, dazu bestimmt, die Welt aus ihrem Elend oder vor dem ihr drohenden Untergang zu retten usw. Ich habe es daher nicht unterlassen, die Besonderheiten des Schreberschen Verhältnisses zu Gott ausführlich darzustellen. Die Bedeutung, welche diesem Verhältnisse für die übrige Menschheit zukommt, wird in den Denkwürdigkeiten nur selten und erst zu Ende der Wahnbildung erwähnt. Sie besteht wesentlich darin, daß kein Verstorbener selig werden kann, solange seine (Schrebers) Person die Hauptmasse der Gottesstrahlen durch ihre Anziehungskraft absorbiert (S. 32). Auch die unverhüllte Identifizierung mit Jesus Christus kommt erst sehr spät zum Vorscheine (S. 338, 431).

Es wird kein Erklärungsversuch des Falles Schreber Aussicht auf Richtigkeit haben, der nicht diesen Besonderheiten seiner Gottesvorstellung, dieser Mischung von Zügen der Verehrung und der Auflehnung, Rechnung trägt. Wir wenden uns nun einem andern, in inniger Beziehung zu Gott stehenden Thema, dem der Seligkeit, zu.

Die Seligkeit ist auch bei Schreber „das jenseitige Leben", zu dem die Menschenseele durch die Läuterung nach dem Tod erhoben wird. Er beschreibt sie als einen Zustand ununterbrochenen Genießens, verbunden mit der Anschauung Gottes. Das ist nun wenig originell, aber dafür werden wir durch die Unterscheidung überrascht, die Schreber zwischen einer männlichen und einer weiblichen Seligkeit macht. (S. 18): „Die männliche Seligkeit stand höher als die weibliche Seligkeit, welch letztere vorzugsweise in einem ununterbrochenen Wollustgefühle bestanden zu haben scheint."[1] Andere Stellen verkünden das Zusammenfallen von Seligkeit und Wollust in deutlicherer Sprache und ohne Bezug auf den Geschlechtsunterschied, so wie auch von dem Bestandteile der Seligkeit, der Anschauung Gottes ist, weiter nicht gehandelt wird. So z. B. (S. 51): „... mit der Natur der Gottesnerven, vermöge deren die Seligkeit ..., wenn auch nicht ausschließlich, so doch mindestens zugleich eine hochgesteigerte Wollustempfindung ist." Und (S. 281): „Die Wollust darf als ein Stück Seligkeit aufgefaßt werden, das dem Menschen und anderen lebenden Geschöpfen gewissermaßen im voraus verliehen ist," so daß die himmlische Seligkeit wesentlich als Steigerung und Fortsetzung der irdischen Sinneslust zu verstehen wäre!

Diese Auffassung der Seligkeit ist keineswegs ein aus den ersten Stadien der Krankheit stammendes, später als unverträglich eliminiertes Stück des Schreberschen Wahnes. Noch in der „Berufungsbegründung" (Juli 1901) hebt der Kranke als eine seiner großen Einsichten hervor, „daß die Wollust nun einmal in einer — für andere Menschen bisher nicht erkennbar gewordenen — nahen Beziehung zu der Seligkeit der abgeschiedenen Geister steht."[2]

Ja, wir werden hören, daß diese „nahe Beziehung" der Fels ist, auf welchem der Kranke die Hoffnung einer endlichen Versöhnung mit Gott und eines Aufhörens seiner Leiden gebaut hat. Die Strahlen Gottes verlieren ihre feindselige Gesinnung, sobald sie versichert sind, mit Seelenwollust in seinem Körper aufzugehen (S. 133); Gott selbst verlangt danach, die Wollust bei ihm zu finden (S. 283) und droht mit dem Rückzuge seiner Strahlen,

---

[1] Es liegt doch ganz im Sinne der Wunscherfüllung vom Leben im Jenseits, daß man dort endlich des Geschlechtsunterschiedes ledig wird.
„Und jene himmlischen Gestalten,
sie fragen nicht nach Mann und Weib." (Mignon)
[2] Über den möglichen Tiefsinn dieses Schreberschen Fundes vgl. unten.

wenn er in der Pflege der Wollust nachläßt und Gott das Verlangte nicht bieten kann (S. 320).

Diese überraschende Sexualisierung der himmlischen Seligkeit macht uns den Eindruck, als ob Schrebers Seligkeitsbegriff durch die Verdichtung der zwei Hauptbedeutungen des deutschen Wortes: verstorben und sinnlich glücklich entstanden wäre.[1] Wir werden in ihr aber auch den Anlaß finden, das Verhältnis unseres Patienten zur Erotik überhaupt, zu den Fragen des sexuellen Genießens, der Prüfung zu unterziehen, denn wir Psychoanalytiker huldigen bis jetzt der Meinung, daß die Wurzeln jeder nervösen und psychischen Erkrankung vorzugsweise im Sexualleben zu finden seien, und zwar die einen von uns nur aus Gründen der Erfahrung, die anderen überdies noch infolge theoretischer Erwägungen.

Nach den bisher gegebenen Proben des Schreberschen Wahnes ist die Befürchtung, gerade diese paranoide Erkrankung könnte sich als der so lange gesuchte „negative Fall" herausstellen, in dem die Sexualität eine allzu geringe Rolle spiele, ohneweiters abzuweisen. Schreber selbst äußert sich ungezählte Male in solcher Art, als ob er ein Anhänger unseres Vorurteils wäre. Er nennt „Nervosität" und erotische Verfehlung stets in einem Atem, als ob die beiden nicht voneinander zu trennen wären.[2]

---

1) „Mein seliger Vater" und der Text der Arie aus dem Don Juan:
„Ja, dein zu sein auf ewig,
wie selig werd' ich sein"
als extreme Vertreter der beiden Bedeutungen. Es kann aber auch nicht ohne Sinn sein, daß unsere Sprache dasselbe Wort für so verschiedene Situationen verwendet.

2) (S. 52): „Wenn auf irgend einem Weltkörper sittliche Fäulnis („wollüstige Ausschweifungen") oder vielleicht auch Nervosität die ganze Menschheit derart ergriffen hatten" — dann meint Schreber, in Anlehnung an die biblischen Berichte von Sodom und Gomorrha, von der Sündflut usw., könnte es zu einer Weltkatastrophe gekommen sein. — (S. 91.) „... habe Furcht und Schrecken unter den Menschen verbreitet, die Grundlagen der Religion zerstört und das Umsichgreifen einer allgemeinen Nervosität und Unsittlichkeit verursacht, in deren Folge dann verheerende Seuchen über die Menschheit hereingebrochen seien." — (S. 163): „Als ‚Höllenfürst' galt daher wahrscheinlich den Seelen die unheimliche Macht, die aus einem sittlichen Verfall der Menschheit oder aus allgemeiner Nervenüberreizung infolge von Überkultur als eine gottfeindliche sich entwickeln konnte."

Vor seiner Erkrankung war der Senatspräsident Schreber ein sittenstrenger Mann gewesen. (S. 281): „Es wird wenige Menschen geben" — behauptet er, und ich sehe keine Berechtigung, ihm zu mißtrauen —, „die in so strengen sittlichen Grundsätzen aufgewachsen sind wie ich und die sich ihr ganzes Leben hindurch, namentlich auch in geschlechtlicher Beziehung, eine diesen Grundsätzen entsprechende Zurückhaltung in dem Maße auferlegt haben, wie ich es von mir behaupten darf." Nach dem schweren Seelenkampfe, der sich nach außen durch die Erscheinungen der Krankheit kundgab, hatte sich das Verhältnis zur Erotik verändert. Er war zur Einsicht gekommen, daß die Pflege der Wollust eine Pflicht für ihn sei, deren Erfüllung allein den schweren in ihm, wie er meinte, um ihn, ausgebrochenen Konflikt beenden könne. Die Wollust war, wie ihm die Stimmen versicherten, „gottesfürchtig" geworden (S. 285), und er bedauert nur, daß er nicht imstande sei, sich den ganzen Tag über der Pflege der Wollust zu widmen[1] (S. 285).

Das also war das Fazit der Krankheitsveränderung bei Schreber nach den beiden Hauptrichtungen seines Wahnes. Er war vorher ein zur sexuellen Askese Geneigter und ein Zweifler an Gott gewesen, er war nach Ablauf der Krankheit ein Gottesgläubiger und der Wollust Beflissener. Aber wie sein wiedergewonnener Gottesglaube von absonderlicher Art war, so zeigte auch das Stück Sexualgenießen, das er sich erobert hatte, einen ganz ungewöhnlichen Charakter. Es war nicht mehr männliche Sexualfreiheit, sondern weibliches Sexualgefühl, er stellte sich feminin gegen Gott ein, fühlte sich als Gottes Weib.[2]

---

[1] Im Zusammenhange des Wahnes heißt es (S. 179): „Die Anziehung verlor jedoch ihre Schrecken für die betreffenden Nerven, wenn und so weit sie beim Eingehen in meinem Körper das Gefühl der Seelenwollust antrafen, an dem sie ihrerseits teilnahmen. Sie fanden dann für die verloren gegangene himmlische Seligkeit, die wohl ebenfalls in einem wollustartigen Genießen bestand, einen ganz oder mindestens annähernd gleichwertigen Ersatz in meinem Körper wieder."

[2] Anmerkung zu S. 4 der Vorrede: „Etwas der Empfängnis Jesu Christi von seiten einer unbefleckten Jungfrau — d. h. von einer solchen, die niemals Umgang

Kein anderes Stück seines Wahnes wird von dem Kranken so ausführlich, man könnte sagen, so aufdringlich behandelt, wie die von ihm behauptete Verwandlung in ein Weib. Die von ihm aufgesogenen Nerven haben in seinem Körper den Charakter weiblicher Wollustnerven angenommen und demselben auch sonst ein mehr oder weniger weibliches Gepräge, insbesondere seiner Haut die dem weiblichen Geschlecht eigentümliche Weichheit verliehen (S. 87). Er fühlt diese Nerven, wenn er einen leisen Druck mit der Hand an einer beliebigen Körperstelle ausübt, als Gebilde von faden- oder strangartiger Beschaffenheit unter der Hautoberfläche, dieselben sind namentlich an der Brust, da wo beim Weibe der Busen ist, vorhanden (S. 277). „Durch einen auf diese Gebilde auszuübenden Druck vermag ich mir, namentlich wenn ich an etwas Weibliches denke, eine der weiblichen entsprechende Wollustempfindung zu verschaffen." Er weiß sicher, daß diese Gebilde nach ihrer Herkunft weiter nichts sind als ehemalige Gottesnerven, die doch durch ihren Übergang in seinen Körper ihre Eigenschaft als Nerven kaum eingebüßt haben können (S. 279). Er ist imstande, sich und den Strahlen durch „Zeichnen" (visuelles Vorstellen) den Eindruck zu verschaffen, daß sein Körper mit weiblichen Brüsten und weiblichem Geschlechtsteil ausgestattet sei. (S. 233): „Das Zeichnen eines weiblichen Hinteren an meinen Körper — *honny soit qui mal y pense* — ist mir so zur Gewohnheit geworden, daß ich dies beim Bücken jedesmal fast unwillkürlich tue." Er will es „kühn behaupten, daß jeder, der mich mit entblößtem oberen Teile des Rumpfes vor dem Spiegel sehen würde, — zumal wenn die Illusion durch etwas weiblichen

---

mit einem Manne gepflogen hat — Ähnliches ist in meinem eigenen Leibe vorgegangen. Ich habe (und zwar zu der Zeit, als ich noch in der Flechsigschen Anstalt war) zu zwei verschiedenen Malen bereits einen, wenn auch etwas mangelhaft entwickelten weiblichen Geschlechtsteil gehabt und in meinem Leibe hüpfende Bewegungen, wie sie den ersten Lebensregungen des menschlichen Embryo entsprechen, empfunden: Durch göttliches Wunder waren dem männlichen Samen entsprechende Gottesnerven in meinen Leib geworfen worden; es hatte also eine Befruchtung stattgefunden."

Aufputz unterstützt wird, — den unzweifelhaften Eindruck eines
weiblichen Oberkörpers empfangen würde" (S. 280). Er fordert
die ärztliche Untersuchung heraus, um feststellen zu lassen, daß
sein ganzer Körper vom Scheitel bis zur Sohle mit Wollustnerven
durchsetzt ist, was nach seiner Meinung nur beim weiblichen
Körper der Fall ist, während beim Manne, soviel ihm bekannt
ist, Wollustnerven nur am Geschlechtsteile und in unmittelbarer
Nähe desselben sich befinden (S. 274). Die Seelenwollust, die
sich durch diese Anhäufung der Nerven in seinem Körper entwickelt hat, ist so stark, daß es namentlich beim Liegen im
Bette nur eines geringen Aufwandes von Einbildungskraft bedarf,
um sich ein sinnliches Behagen zu schaffen, das eine ziemlich
deutliche Vorahnung von dem weiblichen Geschlechtsgenusse beim
Beischlafe gewährt (S. 269).

Erinnern wir uns des Traumes, welcher in der Inkubationszeit
der Erkrankung, noch vor der Übersiedlung nach Dresden, vorfiel,
so wird es über jeden Zweifel evident, daß der Wahn der Verwandlung in ein Weib nichts anderes ist als die Realisierung
jenes Trauminhalts. Gegen diesen Traum hatte er sich damals
mit männlicher Empörung gesträubt und ebenso wehrte er sich
anfänglich gegen dessen Erfüllung während der Krankheit, sah
die Wandlung zum Weib als eine Schmach an, die in feindseliger
Absicht über ihn verhängt werden sollte. Aber es kam ein Zeitpunkt (November 1895), in dem er sich mit dieser Wandlung
zu versöhnen begann und sie mit höheren Absichten Gottes in
Verbindung brachte. (S. 177 und 178): „Ich habe seitdem die
Pflege der Weiblichkeit mit vollem Bewußtsein auf meine Fahne
geschrieben."

Er kam dann zur sicheren Überzeugung, daß Gott selbst zu
seiner eigenen Befriedigung die Weiblichkeit von ihm verlange.
(S. 281): „Sobald ich aber — wenn ich mich so ausdrücken
darf — mit Gott allein bin, ist es eine Notwendigkeit für mich,
mit allen erdenklichen Mitteln sowie mit dem vollen Aufgebote

meiner Verstandeskräfte, insbesondere meiner Einbildungskraft, dahin zu wirken, daß die göttlichen Strahlen von mir möglichst fortwährend — oder da dies der Mensch einfach nicht kann — wenigstens zu gewissen Tageszeiten den Eindruck eines in wollüstigen Empfindungen schwelgenden Weibes empfangen."

(S. 283): „Auf der andern Seite verlangt Gott ein den weltordnungsmäßigen Daseinsbedingungen der Seelen entsprechendes beständiges Genießen; es ist meine Aufgabe, ihm dasselbe, ... in der Form ausgiebigster Entwicklung der Seelenwollust zu bieten, soweit dabei für mich etwas von sinnlichem Genusse abfällt, bin ich berechtigt, denselben als eine kleine Entschädigung für das Übermaß der Leiden und Entbehrungen, das mir seit Jahren auferlegt ist, mitzunehmen; ..."

(S. 284): „... ich glaube sogar nach den gewonnenen Eindrücken die Ansicht aussprechen zu dürfen, daß Gott niemals zu einer Rückzugsaktion vorschreiten würde, wodurch mein körperliches Wohlbefinden jedesmal zunächst erheblich verschlechtert wird, sondern ohne jedes Widerstreben und in dauernder Gleichmäßigkeit der Anziehung folgen würde, wenn es mir möglich wäre, immer das in geschlechtlicher Umarmung mit mir selbst daliegende Weib zu spielen, meinen Blick immer auf weiblichen Wesen ruhen zu lassen, immer weibliche Bilder zu besehen usw."

Die beiden Hauptstücke des Schreberschen Wahnes, die Wandlung zum Weibe und die bevorzugte Beziehung zu Gott sind in seinem System durch die feminine Einstellung gegen Gott verknüpft. Es wird eine unabweisbare Aufgabe für uns, eine wesentliche genetische Beziehung zwischen diesen beiden Stücken nachzuweisen, sonst wären wir mit unseren Erläuterungen zu Schrebers Wahn in die lächerliche Rolle geraten, die Kant in dem berühmten Gleichnis der Kritik der reinen Vernunft als die des Mannes beschreibt, der das Sieb unterhält, während ein anderer den Bock melkt.

## II
## DEUTUNGSVERSUCHE

Von zwei Seiten her könnte man den Versuch machen, zum Verständnis dieser paranoischen Krankengeschichte vorzudringen, die bekannten Komplexe und Triebkräfte des Seelenlebens in ihr aufzudecken. Von den wahnhaften Äußerungen des Kranken selbst und von den Anlässen seiner Erkrankung. Der erste Weg erschiene verlockend, seitdem C. G. Jung uns das glänzende Beispiel der Deutung eines ungleich schwereren Falles von Dementia praecox, mit vom Normalen ungleich weiter abliegenden Symptomäußerungen gegeben hat.[1] Auch die hohe Intelligenz und Mitteilsamkeit des Kranken scheint uns die Lösung der Aufgabe auf diesem Wege zu erleichtern. Gar nicht so selten drückt er uns den Schlüssel selbst in die Hand, indem er zu einem wahnhaften Satz eine Erläuterung, ein Zitat oder Beispiel, wie beiläufig, hinzufügt oder eine ihm selbst auftauchende Ähnlichkeit ausdrücklich bestreitet. Man braucht dann nur im letzten Falle die negative Einkleidung wegzulassen, wie man es in der psychoanalytischen Technik zu tun gewohnt ist, das Beispiel für das Eigentliche, das Zitat oder die Bestätigung für die Quelle zu nehmen, und befindet sich im Besitze der gesuchten Übersetzung aus der paranoischen Ausdrucksweise ins Normale. Ein Beleg für diese Technik verdient vielleicht eine ausführlichere

---

1) C. G. Jung, Über die Psychologie der Dementia praecox. 1907.

Darstellung. Schreber beklagt sich über die Belästigung durch die sogenannten „gewunderten Vögel" oder „sprechenden Vögel", denen er eine Reihe recht auffälliger Eigenschaften zuschreibt (S. 208—214). Sie sind nach seiner Überzeugung aus Resten ehemaliger „Vorhöfe des Himmels", also selig gewesener Menschenseelen, gebildet und mit Leichengift beladen auf ihn gehetzt worden. Sie sind in den Stand versetzt, „sinnlos auswendig gelernte Redensarten" herzusagen, die ihnen „eingebläut" worden sind. Jedesmal, wenn sie das ihnen aufgepackte Leichengift bei ihm abgelagert, d. h. „die ihnen gewissermaßen eingebläuten Phrasen abgeleiert haben", gehen sie mit den Worten „verfluchter Kerl" oder „Ei verflucht" einigermaßen in seiner Seele auf, den einzigen Worten, deren sie im Ausdruck einer echten Empfindung überhaupt noch fähig sind. Den Sinn der von ihnen gesprochenen Worte verstehen sie nicht, haben aber eine natürliche Empfänglichkeit für den Gleichklang der Laute, der kein vollständiger zu sein braucht. Es verschlägt daher für sie wenig, ob man sagt:

*Santiago* oder *Karthago*,

*Chinesentum* oder *Jesum Christum*,

*Abendrot* oder *Atemnot*,

*Ariman* oder *Ackermann* usw. (S. 210.)

Während man diese Schilderung liest, kann man sich des Einfalles nicht erwehren, daß mit ihr junge Mädchen gemeint sein müssen, die man in kritischer Stimmung gerne mit Gänsen vergleicht, denen man ungalanterweise ein „Vogelgehirn" zuschreibt, von denen man behauptet, daß sie nichts zu reden wissen als eingelernte Phrasen, und die ihre Unbildung durch die Verwechslung ähnlich klingender Fremdwörter verraten. Das „verfluchter Kerl", mit dem es ihnen allein Ernst ist, wäre dann der Triumph des jungen Mannes, der ihnen zu imponieren verstanden hat. Und siehe da, einige Seiten später (S. 214) stößt man auf die Sätze Schrebers, welche eine solche Deutung sicherstellen. „Einer großen Anzahl der übrigen Vogelseelen habe ich scherzweise zur Unterscheidung Mädchennamen beigelegt, da sie sich sämtlich nach ihrer Neugier, ihrem Hange zur Wollust usw am ersten mit kleinen Mädchen vergleichen lassen. Diese Mädchennamen sind dann zum Teil auch von den Gottesstrahlen aufgegriffen und zur Bezeichnung der betreffenden Vogelseelen beibehalten worden." Aus dieser mühelosen Deutung der „gewunderten Vögel" entnimmt man dann einen Wink fürs Verständnis der rätselhaften „Vorhöfe des Himmels".

Ich verkenne nicht, daß es jedesmal eines guten Stückes Takt und Zurückhaltung bedarf, wenn man die typischen Fälle der Deutung in der psychoanalytischen Arbeit verläßt, und daß der Hörer oder Leser nur so weit mitgeht, als die von ihm gewonnene Vertrautheit mit der analytischen Technik ihm gestattet. Man hat also allen Grund vorzusorgen, daß nicht dem gesteigerten Aufwand von Scharfsinn ein gemindertes Maß von Sicherheit und Glaubwürdigkeit parallel gehe. Es liegt dann in der Natur der Sache, daß der eine Arbeiter die Vorsicht, der andere die Kühnheit übertreiben wird. Die richtigen Grenzen der Berechtigung zur Deutung wird man erst nach vielerlei Versuchen und besserer Bekanntschaft mit dem Gegenstand abstecken können. Bei der Bearbeitung des Falles Schreber wird mir die Zurückhaltung durch den Umstand vorgeschrieben, daß die Widerstände gegen die Publikation der Denkwürdigkeiten doch den Erfolg gehabt haben, einen beträchtlichen Anteil des Materials und wahrscheinlich den für das Verständnis bedeutsamsten unserer Kenntnis zu entziehen.[1]

---

1) Gutachten des Dr. Weber (S. 402): „Überblickt man den Inhalt seiner Schrift, berücksichtigt man die Fülle der Indiskretionen, die in Bezug auf ihn und andere in ihr enthalten sind, die ungenierte Ausmalung der bedenklichsten und ästhetisch geradezu unmöglichen Situationen und Vorgänge, die Verwendung der anstößigsten Kraftausdrücke usw., so würde man es ganz unverständlich finden, daß ein Mann, der sich sonst durch Takt und Feingefühl ausgezeichnet hat, eine ihn vor der Öffentlichkeit so schwer kompromittierende Handlung beabsichtigen könne, wenn eben nicht..." usw. — Von einer Krankengeschichte, die die gestörte Menschlichkeit und deren Ringen nach Wiederherstellung schildern soll, wird man eben nicht fordern dürfen, daß sie „diskret" und „ästhetisch" ansprechend sei.

So z. B. schließt das Kapitel III des Buches, das mit der vielversprechenden Ankündigung begonnen hat: „Ich behandle nun zunächst einige Vorkommnisse an anderen Mitgliedern meiner Familie, die denkbarerweise in Beziehung zu dem vorausgesetzten Seelenmorde stehen könnten, und die jedenfalls alle ein mehr oder weniger rätselhaftes, nach sonstigen menschlichen Erfahrungen schwer zu erklärendes Gepräge an sich tragen" (S. 33) unmittelbar darauf mit dem Satze: „Der weitere Inhalt des Kapitels kommt als zur Veröffentlichung ungeeignet für den Druck in Wegfall." Ich werde also zufrieden sein müssen, wenn es mir gelingt, gerade den Kern der Wahnbildung mit einiger Sicherheit auf seine Herkunft aus bekannten menschlichen Motiven zurückzuführen.

Ich werde in dieser Absicht ein Stückchen der Krankengeschichte nachtragen, welches in den Gutachten nicht entsprechend gewürdigt wird, obwohl der Kranke selbst alles dazu getan hat, es in den Vordergrund zu drängen. Ich meine das Verhältnis Schrebers zu seinem ersten Arzte, dem Geheimrate Prof. Flechsig in Leipzig.

Wir wissen bereits, daß der Fall Schrebers zu Anfang das Gepräge des Verfolgungswahnes an sich trug, welches erst von dem Wendepunkte der Krankheit an (der „Versöhnung") verwischt wurde. Die Verfolgungen werden dann immer erträglicher, der weltordnungsmäßige Zweck der angedrohten Entmannung drängt das Schmachvolle derselben zurück. Der Urheber aller Verfolgungen aber ist Flechsig und er bleibt ihr Anstifter über den ganzen Verlauf der Krankheit.[1]

Was nun eigentlich die Untat Flechsigs und welches seine Motive dabei waren, das wird von dem Kranken mit jener

---

[1] Vorrede S. VIII: „Noch jetzt wird mir an jedem Tage Ihr Name von den mit mir redenden Stimmen in stets wiederkehrenden Zusammenhängen insbesondere als Urheber jener Schädigungen zu Hunderten von Malen zugerufen, obwohl die persönlichen Beziehungen, die eine Zeitlang zwischen uns bestanden haben, für mich längst in den Hintergrund getreten sind und ich selbst daher schwerlich irgendwelchen Anlaß hätte, mich Ihrer immer von neuem, insbesondere mit irgendwelcher grollenden Empfindung zu erinnern."

charakteristischen Unbestimmtheit und Unfaßbarkeit erzählt, welche als Kennzeichen einer besonders intensiven Wahnbildungsarbeit angesehen werden dürfen, wenn es gestattet ist, die Paranoia nach dem Vorbilde des um so viel besser bekannten Traumes zu beurteilen. Flechsig hat an dem Kranken einen „Seelenmord" begangen oder versucht, ein Akt, der etwa den Bemühungen des Teufels und der Dämonen, sich einer Seele zu bemächtigen, gleichzustellen ist und der vielleicht in Vorgängen zwischen längst verstorbenen Mitgliedern der Familien Flechsig und Schreber vorgebildet war.[1] Gerne möchte man über den Sinn dieses Seelenmordes mehr erfahren, aber hier versagen wiederum in tendenziöser Weise die Quellen (S. 28): „Worin das eigentliche Wesen des Seelenmordes und sozusagen die Technik desselben besteht, vermag ich außer dem im obigen Angedeuteten nicht zu sagen. Hinzuzufügen wäre nur noch etwa (folgt eine Stelle, die sich zur Veröffentlichung nicht eignet)." Infolge dieser Auslassung bleibt es für uns undurchsichtig, was unter dem „Seelenmord" gemeint ist. Den einzigen Hinweis, welcher der Zensur entgangen ist, werden wir an anderer Stelle erwähnen.

Wie dem immer sei, es erfolgte bald eine weitere Entwicklung des Wahnes, welche das Verhältnis des Kranken zu Gott betraf, ohne das zu Flechsig zu ändern. Hatte er bisher seinen eigentlichen Feind nur in Flechsig (oder vielmehr in dessen Seele) erblickt und Gottes Allmacht als seine Bundesgenossin betrachtet, so konnte er dann den Gedanken nicht abweisen, daß Gott selbst der Mitwisser, wenn nicht gar Anstifter des gegen ihn gerichteten Planes sei (S. 59). Flechsig aber blieb der erste Verführer, dessen Einfluß Gott unterlegen war (S. 60). Er hatte es verstanden, sich mit seiner ganzen Seele oder einem Teile derselben zum Himmel aufzuschwingen und sich damit selbst — ohne Tod und vorgängige Reinigung — zum „Strahlenführer" zu machen

---

[1] S. 22 und ff.

(S. 56).¹ Diese Rolle behielt die Flechsigsche Seele bei, auch nachdem der Kranke die Leipziger Klinik mit der Piersonschen Anstalt vertauscht hatte. Der Einfluß der neuen Umgebung zeigte sich dann darin, daß zu ihr die Seele des Oberwärters, in dem der Kranke einen ehemaligen Hausgenossen erkannte, als v. W.sche Seele hinzutrat.² Die Flechsigsche Seele führte dann die „Seelenteilung" ein, die große Dimensionen annahm. Zu einer gewissen Zeit gab es 40 bis 60 solcher Abspaltungen der Flechsigschen Seele; zwei größere Seelenteile wurden der „obere Flechsig" und der „mittlere Flechsig" genannt (S. 111). Ebenso verhielt sich die v. W. sche Seele (die des Oberwärters). Dabei wirkte es zuweilen sehr drollig, wie die beiden Seelen sich trotz ihrer Bundesgenossenschaft befehdeten, der Adelsstolz der einen und der Professorendünkel der anderen sich gegenseitig abstießen (S. 113). In den ersten Wochen seines endgültigen Aufenthaltes auf dem Sonnenstein (Sommer 1894) trat die Seele des neuen Arztes Dr. Weber in Aktion, und bald darauf kam jener Umschwung in der Entwicklung des Wahnes, den wir als die „Versöhnung" kennen gelernt haben.

Während des späteren Aufenthaltes auf dem Sonnenstein, als Gott den Kranken besser zu würdigen begann, kam eine Razzia unter den lästigerweise vervielfältigten Seelen zustande, infolge deren die Flechsigsche Seele nur in ein oder zwei Gestalten, die v. W. sche in einziger Gestalt übrig blieb. Die letztere verschwand

---

1) Nach einer anderen bedeutungsvollen, aber bald abgewiesenen Version hatte sich Prof. Flechsig entweder zu Weißenburg im Elsaß oder im Polizeigefängnis zu Leipzig erschossen. Patient sah seinen Leichenzug, der sich aber nicht in der Richtung bewegte, die man nach der Lage der Universitätsklinik zum Friedhof erwarten sollte. Andere Male erschien ihm Flechsig in Begleitung eines Schutzmannes oder in der Unterhaltung mit seiner Frau, deren Zeuge er im Wege des Nervenanhanges wurde, und wobei sich Prof. Flechsig seiner Frau gegenüber „Gott Flechsig" nannte, so daß diese geneigt war, ihn für verrückt zu halten (S. 82).

2) Von diesem v. W. sagten ihm die Stimmen, er habe bei einer Enquête vorsätzlich oder fahrlässigerweise unwahre Dinge über ihn ausgesagt, namentlich ihn der Onanie beschuldigt; zur Strafe sei ihm jetzt die Bedienung des Patienten auferlegt worden (S. 108).

bald völlig; die Flechsigschen Seelenteile, die langsam ihre
Intelligenz wie ihre Macht einbüßten, wurden dann als der
„hintere Flechsig" und als die „Je-nun-Partei" bezeichnet. Daß
die Flechsigsche Seele ihre Bedeutung bis zum Ende beibehielt,
wissen wir aus der Vorrede, dem „offenen Brief an Herrn Geh.
Rat Prof. Dr. Flechsig".

Dieses merkwürdige Schriftstück drückt die sichere Überzeugung
aus, daß der ihn beeinflussende Arzt auch selbst die gleichen
Visionen gehabt und dieselben Aufschlüsse über übersinnliche
Dinge erhalten habe wie der Kranke, und stellt die Verwahrung
voran, daß dem Autor der Denkwürdigkeiten die Absicht eines
Angriffes auf die Ehre des Arztes ferneliege. Dasselbe wird in
den Eingaben des Kranken (S. 343, 445) mit Ernst und Nach-
druck wiederholt; man sieht, er bemüht sich, die „Seele Flechsig"
von dem Lebenden dieses Namens, den wahnhaften von dem
leibhaften Flechsig zu trennen.[1]

Aus dem Studium einer Reihe von Fällen des Verfolgungswahnes habe ich und haben andere den Eindruck empfangen,
die Relation des Kranken zu seinem Verfolger sei durch eine
einfache Formel aufzulösen.[2] Die Person, welcher der Wahn so
große Macht und Einfluß zuschreibt, in deren Hand alle Fäden
des Komplotts zusammenlaufen, sei, wenn sie bestimmt genannt
wird, die nämliche, der vor der Erkrankung eine ähnlich große
Bedeutung für das Gefühlsleben der Patienten zukam, oder eine
leicht kenntliche Ersatzperson derselben. Die Gefühlsbedeutung
wird als äußerliche Macht projiziert, der Gefühlston ins Gegenteil

---

1) „Ich habe demnach auch als möglich anzuerkennen, daß alles, was in den
ersten Abschnitten meiner Denkwürdigkeiten über Vorgänge berichtet worden ist,
die mit dem Namen Flechsig in Verbindung stehen, nur auf die von dem lebenden
Menschen zu unterscheidende Seele Flechsig sich bezieht, deren besondere Existenz
zwar gewiß, auf natürlichem Wege aber nicht zu erklären ist" (S. 342).
2) Vgl. K. Abraham. Die psychosexuellen Differenzen der Hysterie und der
Dementia praecox. Zentralblatt f. Nervenh. u. Psychiatrie, Juliheft 1908. — In dieser
Arbeit räumt mir der gewissenhafte Autor einen aus unserem Briefverkehr stammenden
Einfluß auf die Entwicklung seiner Ansichten ein.

verkehrt; der jetzt wegen seiner Verfolgung Gehaßte und Gefürchtete sei ein einstiger Geliebter und Verehrter. Die vom Wahne statuierte Verfolgung diene vor allem dazu, die Gefühlsverwandlung im Kranken zu rechtfertigen.

Wenden wir uns mit diesem Gesichtspunkte zu den Beziehungen, die zwischen dem Patienten und seinem Arzte und Verfolger Flechsig früher bestanden hatten. Wir wissen bereits, daß Schreber in den Jahren 1884 und 1885 eine erste nervöse Erkrankung durchmachte, „die ohne jede an das Gebiet des Übersinnlichen anstreifenden Zwischenfälle" (S. 35) verlief. Während dieses als „Hypochondrie" bezeichneten Zustandes, der anscheinend die Grenzen einer Neurose einhielt, war Flechsig der Arzt des Kranken. Schreber brachte damals 6 Monate in der Leipziger Universitätsklinik zu. Man erfährt, daß der Wiederhergestellte seinen Arzt in guter Erinnerung behielt. „Die Hauptsache war, daß ich schließlich (nach einer längeren Rekonvaleszenzreise) geheilt wurde, und ich konnte daher damals nur von Gefühlen lebhaften Dankes gegen Prof. Flechsig erfüllt sein, denen ich auch durch einen späteren Besuch und ein nach meinem Dafürhalten angemessenes Honorar noch besonderen Ausdruck gegeben habe." Es ist richtig, daß Schreber in den „Denkwürdigkeiten" die Lobpreisung der ersten Behandlung Flechsigs nicht ohne einige Verklausulierungen vorbringt, aber dies mag sich leicht aus der nun zum Gegensatze veränderten Einstellung verstehen lassen. Auf die ursprüngliche Wärme der Empfindung für den erfolgreichen Arzt läßt die Bemerkung schließen, welche die angeführte Äußerung Schrebers fortsetzt. „Fast noch inniger wurde der Dank von meiner Frau empfunden, die in Prof. Flechsig geradezu denjenigen verehrte, der ihr ihren Mann wiedergeschenkt habe und aus diesem Grunde sein Bildnis jahrelang auf ihrem Arbeitstische stehen hatte" (S. 36).

Da uns der Einblick in die Verursachung der ersten Erkrankung verwehrt ist, deren Verständnis für die Aufklärung der schweren zweiten Krankheit gewiß unentbehrlich wäre, müssen wir jetzt aufs Geratewohl in einen uns unbekannten Zusammenhang hineingreifen. Wir wissen, in der Inkubationszeit der Krankheit (zwischen seiner Ernennung und seinem Amtsantritt, Juni bis Oktober 1893) fielen wiederholt Träume des Inhalts vor, daß die frühere Nervenkrankheit wiedergekehrt sei. Ferner trat einmal in einem Zustande von Halbschlaf die Empfindung auf, es müsse doch schön sein, ein Weib zu sein, das dem Beischlaf unterliege. Bringen wir diese Träume und diese Phantasievorstellung, die bei Schreber in nächster Kontiguität mitgeteilt werden, auch in inhaltlichen Zusammenhang, so dürfen wir schließen, mit der Erinnerung an die Krankheit wurde auch die an den Arzt geweckt und die feminine Einstellung der Phantasie galt von Anfang an dem Arzte. Oder vielleicht hatte der Traum, die Krankheit sei wiedergekehrt, überhaupt den Sinn einer Sehnsucht: Ich möchte Flechsig wieder einmal sehen. Unsere Unwissenheit über den psychischen Gehalt der ersten Krankheit läßt uns da nicht weiter kommen. Vielleicht war von diesem Zustande eine zärtliche Anhänglichkeit an den Arzt übrig geblieben, die jetzt — aus unbekannten Gründen — eine Verstärkung zur Höhe einer erotischen Zuneigung gewann. Es stellte sich sofort eine entrüstete Abweisung der noch unpersönlich gehaltenen femininen Phantasie — ein richtiger „männlicher Protest" nach dem Ausdrucke, aber nicht im Sinne Alf. Adlers[1] — ein; aber in der nun bald ausbrechenden schweren Psychose setzte sich die feminine Phantasie unaufhaltsam durch, und man braucht die paranoische Unbestimmtheit der Schreberschen Ausdrucksweise nur um weniges zu korrigieren, um zu erraten, daß der Kranke einen sexuellen Mißbrauch von seiten des Arztes selbst befürchtete. Ein Vorstoß homo-

---

[1] Adler, Der psychische Hermaphroditismus im Leben und in der Neurose. Fortschritte der Medizin 1910, Nr. 10. — Nach Adler ist der männliche Protest an der Entstehung des Symptoms beteiligt, im hier besprochenen Falle protestiert die Person gegen das fertige Symptom.

sexueller Libido war also die Veranlassung dieser Erkrankung, das Objekt derselben war wahrscheinlich von Anfang an der Arzt Flechsig, und das Sträuben gegen diese libidinöse Regung erzeugte den Konflikt, aus dem die Krankheitserscheinungen entsprangen. Ich mache vor einer Flut von Anwürfen und Einwendungen einen Augenblick halt. Wer die heutige Psychiatrie kennt, darf sich auf Arges gefaßt machen.

Ist es nicht eine unverantwortliche Leichtfertigkeit, Indiskretion und Verleumdung, einen ethisch so hochstehenden Mann wie den Senatspräsidenten a. D. Schreber der Homosexualität zu bezichtigen? Nein, der Kranke hat seine Phantasie der Verwandlung in ein Weib selbst der Mitwelt kundgegeben und sich aus Interessen höherer Einsicht über persönliche Empfindlichkeiten hinweggesetzt. Er hat uns also selbst das Recht gegeben, uns mit dieser Phantasie zu beschäftigen, und unsere Übersetzung in die medizinischen Kunstworte hat dem Inhalte derselben nicht das mindeste hinzugefügt. — Ja, aber das tat er als Kranker; sein Wahn, in ein Weib verwandelt zu werden, war eine krankhafte Idee. — Das haben wir nicht vergessen. Wir haben es auch nur mit der Bedeutung und der Herkunft dieser krankhaften Idee zu tun. Wir berufen uns auf seine eigene Unterscheidung zwischen dem Menschen Flechsig und der „Flechsig-Seele". Wir werfen ihm überhaupt nichts vor, weder daß er homosexuelle Regungen hatte, noch daß er sich bestrebte, sie zu verdrängen. Die Psychiater sollten endlich von diesem Kranken lernen, wenn er sich in all seinem Wahn bemüht, die Welt des Unbewußten nicht mit der Welt der Realität zu verwechseln.

Aber es wird an keiner Stelle ausdrücklich gesagt, daß die gefürchtete Verwandlung in ein Weib zum Vorteile Flechsigs erfolgen solle? — Das ist richtig und es ist nicht schwer zu verstehen, daß in den für die Öffentlichkeit bestimmten Denkwürdigkeiten, die den Menschen „Flechsig" nicht beleidigen wollten, eine so grelle Beschuldigung vermieden wird. Die durch solche Rücksicht hervorgerufene Milderung des Ausdrucks reicht aber nicht so weit, daß sie den eigentlichen Sinn der Anklage verdecken könnte. Man darf behaupten, es ist doch auch ausdrücklich gesagt, z. B. in folgender Stelle (S. 56): „Auf diese Weise wurde ein gegen mich gerichtetes Komplott fertig (etwa im März oder April 1894), welches dahin ging, nach einmal erkannter oder angenommener Unheilbarkeit meiner Nervenkrankheit mich einem **Menschen in der Weise auszuliefern**, daß meine Seele demselben überlassen, mein Körper aber, . . . . in einen weiblichen Körper verwandelt, **als solcher dem betreffenden Menschen zum geschlechtlichen Mißbrauch überlassen** . . . . werden sollte."[1] Es ist überflüssig zu bemerken, daß keine andere Einzelperson je genannt wird, die man an die Stelle Flechsigs treten lassen könnte. Zu Ende des Aufenthaltes in der Leipziger Klinik taucht die Befürchtung auf, daß er zum Zwecke geschlechtlichen Mißbrauches „den Wärtern vorgeworfen werden sollte" (S. 98). Die in der weiteren Entwicklung des Wahnes ohne Scheu bekannte feminine Einstellung gegen Gott löscht dann wohl den letzten Zweifel an der ursprünglich dem Arzte zugedachten Rolle aus. Der andere der gegen Flechsig erhobenen Vorwürfe hallt überlaut durch das Buch. Er habe Seelenmord an ihm versucht. Wir wissen bereits, daß der Tatbestand dieses Verbrechens dem Kranken selbst unklar ist, daß er aber mit diskreten Dingen in Beziehung steht, die man von der Veröffentlichung ausschließen muß (Kapitel III). Ein einziger Faden führt hier weiter. Der Seelenmord wird durch die Anlehnung an den Sageninhalt von Goethes „Faust", Lord Byrons „Manfred", Webers „Freischütz" usw. erläutert (S. 22) und unter diesen Beispielen wird eines auch an anderer Stelle hervorgehoben. Bei der Besprechung der Spaltung Gottes in zwei Personen werden der „niedere" und der „obere" Gott von Schreber mit Ariman

---

[1] Diese Hervorhebungen habe ich angebracht.

und Ormuzd identifiziert (S. 19) und etwas später steht die beiläufige Bemerkung: „Der Name Ariman kommt übrigens auch z. B. in Lord Byrons „Manfred" in Zusammenhang mit einem Seelenmord vor" (S. 20). In der so ausgezeichneten Dichtung findet sich kaum etwas, was man dem Seelenpakt im „Faust" an die Seite stellen könnte, auch den Ausdruck „Seelenmord" suchte ich dort vergeblich, wohl aber ist der Kern und das Geheimnis des Gedichtes ein — Geschwisterinzest. Hier reißt der kurze Faden wieder ab.[1]

Indem wir uns vorbehalten, auf weitere Einwendungen im Verlaufe dieser Arbeit zurückzukommen, wollen wir uns nun für berechtigt erklären, an einem Ausbruch einer homosexuellen Regung als Grundlage der Erkrankung Schrebers festzuhalten. Zu dieser Annahme stimmt ein beachtenswertes, sonst nicht zu erklärendes Detail der Krankengeschichte. Ein weiterer und für den Verlauf entscheidender „Nervensturz" trat bei dem Kranken ein, während seine Frau einen kurzen Urlaub zu ihrer eigenen Erholung nahm. Sie hatte bis dahin täglich mehrere Stunden bei ihm verbracht und die Mittagsmahlzeiten mit ihm eingenommen. Als sie nach viertägiger Abwesenheit zurückkam, traf sie ihn aufs traurigste verändert, so daß er selbst sie nicht mehr zu sehen wünschte. „Entscheidend für meinen geistigen Zusammenbruch war namentlich eine Nacht, in welcher ich eine

---

[1] Zur Erhärtung der obenstehenden Behauptung: **Manfred** sagt dem Dämon, der ihn aus dem Leben holen will (Schlußszene):
            . . . *my past power*
      *was purchased by no compact with thy crew.*
Es wird also dem Seelenpakte direkt widersprochen. Dieser Irrtum Schrebers ist wahrscheinlich nicht tendenzlos. — Es lag übrigens nahe, diesen Inhalt des Manfred mit der wiederholt behaupteten inzestuösen Beziehung des Dichters zu seiner Halbschwester in Zusammenhang zu bringen, und es bleibt auffällig, daß das andere Drama Byrons, der großartige Cain, in der Urfamilie spielt, in welcher der Inzest unter Geschwistern vorwurfsfrei bleiben muß. — Auch wollen wir das Thema des Seelenmordes nicht verlassen, ohne noch folgender Stelle zu gedenken (S. 23): „wobei in früherer Zeit Flechsig als Urheber des Seelenmords genannt wurde, während man jetzt schon seit längerer Zeit in beabsichtigter Umkehr des Verhältnisses mich selbst als denjenigen, der Seelenmord getrieben habe, ‚darstellen' will, . . . ."

ganz ungewöhnliche Anzahl von Pollutionen (wohl ein halbes Dutzend) in dieser einen Nacht hatte" (S. 44). Wir verstehen es wohl, daß bloß von der Anwesenheit der Frau schützende Einflüsse gegen die Anziehung der ihn umgebenden Männer ausgingen, und wenn wir zugeben, daß ein Pollutionsvorgang bei einem Erwachsenen nicht ohne seelische Mitbeteiligung erfolgen kann, werden wir zu den Pollutionen jener Nacht unbewußt gebliebene homosexuelle Phantasien ergänzen.

Warum dieser Ausbruch homosexueller Libido den Patienten gerade zu jener Zeit, in der Situation zwischen der Ernennung und der Übersiedlung traf, das können wir ohne genauere Kenntnis seiner Lebensgeschichte nicht erraten. Im allgemeinen schwankt der Mensch sein Leben lang zwischen heterosexuellem und homosexuellem Fühlen, und Versagung oder Enttäuschung von der einen Seite pflegt ihn zur andern hinüberzudrängen. Von diesen Momenten ist uns bei Schreber nichts bekannt; wir wollen aber nicht versäumen, auf einen somatischen Faktor aufmerksam zu machen, der sehr wohl in Betracht kommen könnte. Dr. Schreber war zur Zeit dieser Erkrankung 51 Jahre alt, er befand sich in jener für das Sexualleben kritischen Lebenszeit, in welcher nach vorheriger Steigerung die sexuelle Funktion des Weibes eine eingreifende Rückbildung erfährt, von deren Bedeutsamkeit aber auch der Mann nicht ausgenommen zu sein scheint; es gibt auch für den Mann ein „Klimakterium" mit den abfolgenden Krankheitsdispositionen.[1]

Ich kann es mir denken, wie mißlich die Annahme erscheinen muß, daß eine Empfindung von Sympathie für einen Arzt bei einem Manne acht Jahre später[2] plötzlich verstärkt hervorbrechen

---

[1] Ich verdanke die Kenntnis des Alters Schrebers bei seiner Erkrankung einer freundlichen Mitteilung von seiten seiner Verwandten, die Herr Dr. Stegmann in Dresden für mich eingeholt hat. In dieser Abhandlung ist aber sonst nichts anderes verwertet, als was aus dem Text der „Denkwürdigkeiten" selbst hervorgeht.

[2] Das Intervall zwischen der ersten und der zweiten Erkrankung Schrebers.

und zum Anlaß einer so schweren Seelenstörung werden kann. Ich meine aber, wir haben nicht das Recht, eine solche Annahme, wenn sie uns sonst empfohlen wird, ihrer inneren Unwahrscheinlichkeit wegen fallen zu lassen, anstatt zu versuchen, wieweit man mit ihrer Durchführung kommt. Diese Unwahrscheinlichkeit mag eine vorläufige sein und daher rühren, daß die fragliche Annahme noch in keinen Zusammenhang eingereiht ist, daß sie die erste Annahme ist, mit welcher wir an das Problem herantreten. Wer sein Urteil nicht in der Schwebe zu halten versteht und unsere Annahme durchaus unerträglich findet, dem können wir leicht eine Möglichkeit zeigen, durch welche dieselbe ihren befremdenden Charakter verliert. Die Sympathieempfindung für den Arzt kann leicht einem „Übertragungsvorgang" entstammen, durch welchen eine Gefühlsbesetzung beim Kranken von einer für ihn bedeutsamen Person auf die eigentlich indifferente des Arztes verlegt wird, so daß der Arzt zum Ersatzmann, zum Surrogat, für einen dem Kranken weit näher Stehenden erwählt erscheint. Konkreter gesprochen, der Kranke ist durch den Arzt an das Wesen seines Bruders oder seines Vaters erinnert worden, hat seinen Bruder oder Vater in ihm wiedergefunden, und dann hat es unter gewissen Bedingungen nichts Befremdendes mehr, wenn die Sehnsucht nach dieser Ersatzperson bei ihm wieder auftritt und mit einer Heftigkeit wirkt, die sich nur aus ihrer Herkunft und ursprünglichen Bedeutung verstehen läßt.

Im Interesse dieses Erklärungsversuches mußte es mir wissenswert erscheinen, ob der Vater des Patienten zur Zeit seiner Erkrankung noch am Leben war, ob er einen Bruder gehabt, und ob dieser zur gleichen Zeit ein Lebender oder ein „Seliger" war. Ich war also befriedigt, als ich nach langem Suchen in den Denkwürdigkeiten endlich auf eine Stelle stieß, in welcher der Kranke diese Unsicherheit durch die Worte behebt (S. 442): „Das Andenken meines Vaters und meines Bruders .... ist mir so heilig wie" usw. Beide waren also zur Zeit der zweiten Erkrankung (vielleicht auch der ersten?) schon verstorben.

Ich denke, wir sträuben uns nicht weiter gegen die Annahme, daß der Anlaß der Erkrankung das Auftreten einer femininen (passiv homosexuellen) Wunschphantasie war, welche die Person des Arztes zu ihrem Objekte genommen hatte. Gegen dieselbe erhob sich von seiten der Persönlichkeit Schrebers ein intensiver Widerstand, und der Abwehrkampf, der vielleicht ebensowohl in anderen Formen sich hätte vollziehen können, wählte aus uns unbekannten Gründen die Form des Verfolgungswahnes. Der Ersehnte wurde jetzt zum Verfolger, der Inhalt der Wunschphantasie zum Inhalte der Verfolgung. Wir vermuten, daß diese schematische Auffassung sich auch bei anderen Fällen von Verfolgungswahn als durchführbar erweisen wird. Was aber den Fall Schreber vor anderen auszeichnet, das ist die Entwicklung, die er nimmt, und die Verwandlung, der er im Laufe dieser Entwicklung unterliegt.

Die eine dieser Wandlungen besteht in der Ersetzung Flechsigs durch die höhere Person Gottes; sie scheint zunächst eine Verschärfung des Konfliktes, eine Steigerung der unerträglichen Verfolgung zu bedeuten, aber es zeigt sich bald, daß sie die zweite Wandlung und mit ihr die Lösung des Konflikts vorbereitet. Wenn es unmöglich war, sich mit der Rolle der weiblichen Dirne gegen den Arzt zu befreunden, so stößt die Aufgabe, Gott selbst die Wollust zu bieten, die er sucht, nicht auf den gleichen Widerstand des Ichs. Die Entmannung ist kein Schimpf mehr, sie wird „weltordnungsgemäß", tritt in einen großen kosmischen Zusammenhang ein, dient den Zwecken einer Neuschöpfung der untergegangenen Menschenwelt. „Neue Menschen aus Schreberschem Geist" werden in dem sich verfolgt Wähnenden ihren Ahnen verehren. Somit ist ein Ausweg gefunden, der beide streitenden Teile befriedigt. Das Ich ist durch den Größenwahn entschädigt, die feminine Wunschphantasie aber ist durchgedrungen, akzeptabel geworden. Kampf und Krankheit können aufhören. Nur daß die unterdes erstarkte Rücksicht auf die Wirklichkeit dazu nötigt, die Lösung aus der Gegenwart in die ferne Zukunft zu verschieben, sich mit einer sozusagen asymptotischen Wunscherfüllung zu begnügen.[1] Die Verwandlung in ein Weib wird voraussichtlich irgend einmal eintreten; bis dahin wird die Person des Dr. Schreber unzerstörbar bleiben.

In den Lehrbüchern der Psychiatrie ist häufig die Rede von einer Entwicklung des Größenwahns aus dem Verfolgungswahn, die auf folgende Art vor sich gehen soll: Der Kranke, der primär vom Wahne befallen worden ist, Gegenstand der Verfolgung von seiten der stärksten Mächte zu sein, fühlt das Bedürfnis, sich diese Verfolgung zu erklären, und gerät so auf die Annahme, er sei selbst eine großartige Persönlichkeit, einer solchen Verfolgung würdig. Die Auslösung des Größenwahnes wird somit einem Vorgange zugeschrieben, den wir nach einem guten Wort von E. Jones „Rationalisierung" heißen. Wir halten es aber für ein ganz und gar unpsychologisches Vorgehen, einer Rationalisierung so stark affektive Konsequenzen zuzutrauen, und wollen unsere Meinung daher scharf· sondern von der aus den Lehrbüchern zitierten. Wir behaupten zunächst nicht, die Quelle des Größenwahnes zu kennen.

Wenn wir nun zum Falle Schreber zurückkehren, müssen wir gestehen, daß die Durchleuchtung der Wandlung in seinem Wahn ganz außerordentliche Schwierigkeiten bietet. Auf welchen Wegen und mit welchen Mitteln vollzieht sich der Aufstieg von Flechsig zu Gott? Woher bezieht er den Größenwahn, der in so glücklicher Weise eine Versöhnung mit der Verfolgung ermöglicht, analytisch ausgedrückt, die Annahme der zu ver-

---

[1] „Nur als Möglichkeiten, die hierbei in Betracht kämen, erwähne ich eine doch noch etwa zu vollziehende Entmannung mit der Wirkung, daß im Wege göttlicher Befruchtung eine Nachkommenschaft aus meinem Schoß hervorginge." heißt es gegen Ende des Buches, S. 290.

drängenden Wunschphantasie gestattet? Die Denkwürdigkeiten geben uns hier zunächst einen Anhaltspunkt, indem sie uns zeigen, daß für den Kranken „Flechsig" und „Gott" in einer Reihe liegen. Eine Phantasie läßt ihn ein Gespräch Flechsigs mit seiner Frau belauschen, in dem dieser sich als „Gott Flechsig" vorstellt und darob von ihr für verrückt gehalten wird (S. 82), ferner aber werden wir auf folgenden Zug der Schreberschen Wahnbildung aufmerksam. Wie der Verfolger sich, wenn wir das Ganze des Wahnes überblicken, in Flechsig und Gott zerlegt, so spaltet sich Flechsig selbst später in zwei Persönlichkeiten, in den „oberen" und den „mittleren" Flechsig und Gott in den „niederen" und den „oberen" Gott. Bei Flechsig geht die Zerlegung in späten Stadien der Krankheit noch weiter (S. 193). Eine solche Zerlegung ist für die Paranoia recht charakteristisch. Die Paranoia zerlegt, so wie die Hysterie verdichtet. Oder vielmehr die Paranoia bringt die in der unbewußten Phantasie vorgenommenen Verdichtungen und Identifizierungen wieder zur Auflösung. Daß diese Zerlegung bei Schreber mehrmals wiederholt wird, ist nach C. G. Jung[1] Ausdruck der Bedeutsamkeit der betreffenden Person. Alle diese Spaltungen Flechsigs und Gottes in mehrere Personen bedeuten also das nämliche wie die Zerteilung des Verfolgers in Flechsig und Gott. Es sind Doublierungen desselben bedeutsamen Verhältnisses, wie sie O. Rank in den Mythenbildungen erkannt hat.[2] Für die Deutung all dieser Einzelzüge erübrigt uns aber der Hinweis auf die Zer-

---

[1] C. G. Jung, Ein Beitrag zur Psychologie des Gerüchtes. Zentralblatt für Psychoanalyse Nr. 3, 1910. Es ist wahrscheinlich richtig, wenn Jung fortfährt, daß diese Zerlegung, der allgemeinen Tendenz der Schizophrenie entsprechend, eine analytisch depotenzierende ist, welche das Zustandekommen zu starker Eindrücke verhindern soll. Die Rede einer seiner Patientinnen: „Ah, sind Sie auch ein Dr. J., heute morgen war schon einer bei mir, der sich für Dr. J. ausgab," ist aber zu übersetzen durch ein Geständnis: Jetzt erinnern Sie mich wieder an einen andern aus der Reihe meiner Übertragungen als bei Ihrem vorigen Besuch.

[2] O. Rank, Der Mythus von der Geburt des Helden. Schriften zur angewandten Seelenkunde Nr. V, 1909.

legung des Verfolgers in Flechsig und Gott und die Auffassung dieser Zerlegung als paranoide Reaktion auf eine vorhanden gewesene Identifizierung der beiden oder ihre Zugehörigkeit zur nämlichen Reihe. Wenn der Verfolger Flechsig einstmals eine geliebte Person war, so ist Gott auch nur die Wiederkehr einer anderen ähnlich geliebten, aber wahrscheinlich bedeutsameren. Setzen wir diesen berechtigt scheinenden Gedankengang fort, so müssen wir uns sagen, diese andere Person kann niemand anderer als der Vater sein, womit ja Flechsig um so deutlicher in die Rolle des (hoffentlich älteren[1]) Bruders gedrängt wird. Die Wurzel jener femininen Phantasie, die soviel Widerstreben beim Kranken entfesselte, wäre also die zu erotischer Verstärkung gelangte Sehnsucht nach Vater und Bruder gewesen, von denen die letztere durch Übertragung auf den Arzt Flechsig überging, während mit ihrer Zurückführung auf die erstere ein Ausgleich des Kampfes erzielt wurde.

Soll uns die Einführung des Vaters in den Schreberschen Wahn gerechtfertigt erscheinen, so muß sie unserem Verständnis Nutzen bringen und uns unbegreifliche Einzelheiten des Wahnes aufklären helfen. Wir erinnern uns ja, welche sonderbaren Züge wir an dem Schreberschen Gott und an Schrebers Verhältnis zu seinem Gott fanden. Es war die merkwürdigste Vermengung von blasphemischer Kritik und rebellischer Auflehnung mit verehrungsvoller Ergebenheit. Gott, der dem verführenden Einfluß Flechsigs unterlag, war nicht fähig, etwas aus der Erfahrung zu lernen, kannte den lebenden Menschen nicht, weil er nur mit Leichen umzugehen verstand, und äußerte seine Macht in einer Reihe von Wundern, die auffällig genug, dabei aber insipid und läppisch waren.

Nun war der Vater des Senatspräsidenten Dr. Schreber kein unbedeutender Mensch gewesen. Es war der Dr. Daniel Gott-

---

[1] Es ist hierüber aus den „Denkwürdigkeiten" kein Aufschluß zu gewinnen.

lieb Moritz Schreber, dessen Andenken heute noch von den besonders in Sachsen zahlreichen Schreber-Vereinen festgehalten wird, ein — Arzt, dessen Bemühungen um die harmonische Ausbildung der Jugend, um das Zusammenwirken von Familien- und Schülererziehung, um die Verwendung der Körperpflege und Körperarbeit zur Hebung der Gesundheit nachhaltige Wirkung auf die Zeitgenossen geübt haben.[1] Von seinem Ruf als Begründer der Heilgymnastik in Deutschland zeugen noch die zahlreichen Auflagen, in denen seine „Ärztliche Zimmergymnastik" in unseren Kreisen verbreitet ist.

Ein solcher Vater war gewiß nicht ungeeignet dazu, in der zärtlichen Erinnerung des Sohnes, dem er so früh durch den Tod entzogen wurde, zum Gotte verklärt zu werden. Für unser Gefühl besteht zwar eine unausfüllbare Kluft zwischen der Persönlichkeit Gottes und der irgend eines, auch des hervorragendsten Menschen. Aber wir müssen daran denken, daß dies nicht immer so war. Den alten Völkern standen ihre Götter menschlich näher. Bei den Römern wurde der verstorbene Imperator regelrecht deifiziert. Der nüchterne und tüchtige Vespasianus sagte bei seinem ersten Krankheitsanfall: Weh' mir, ich glaube, ich werde ein Gott.[2]

Die infantile Einstellung des Knaben zu seinem Vater ist uns genau bekannt; sie enthält die nämliche Vereinigung von verehrungsvoller Unterwerfung und rebellischer Auflehnung, die wir im Verhältnisse Schrebers zu seinem Gott gefunden haben, sie ist das unverkennbare, getreulich kopierte Vorbild dieses letzteren.

---

1) Ich verdanke der gütigen Zusendung meines Kollegen Dr. Stegmann in Dresden die Einsicht in eine Nummer einer Zeitschrift, die sich „Der Freund der Schreber-Vereine" betitelt. Es sind in ihr (II. Jahrgang, Heft X) zur einhundertjährigen Wiederkehr des Geburtstages Dr. Schrebers biographische Daten über das Leben des gefeierten Mannes gegeben. Dr. Schreber sen. wurde 1808 geboren und starb 1861, nur 53 Jahre alt. Ich weiß aus der früher erwähnten Quelle, daß unser Patient damals 19 Jahre alt war.

2) Suetonius' Kaiserbiographien, Kap. 23. Diese Vergottung nahm mit C. Julius Caesar ihren Anfang. Augustus nannte sich in seinen Inschriften *Divi filius*.

Daß aber der Vater Schrebers ein Arzt, und zwar ein hochangesehener und gewiß von seinen Patienten verehrter Arzt war, erklärt uns die auffälligsten Charakterzüge, die Schreber an seinem Gotte kritisch hervorhebt. Kann es einen stärkeren Ausdruck des Hohnes auf einen solchen Arzt geben, als wenn man von ihm behauptet, daß er vom lebenden Menschen nichts versteht und nur mit Leichen umzugehen weiß? Es gehört gewiß zum Wesen Gottes, daß er Wunder tut, aber auch ein Arzt tut Wunder, wie ihm seine enthusiastischen Klienten nachsagen, er vollbringt wunderbare Heilungen. Wenn dann gerade diese Wunder, zu denen die Hypochondrie des Kranken das Material geliefert hat, so unglaubwürdig, absurd und teilweise läppisch ausfallen, so werden wir an die Behauptung der „Traumdeutung" gemahnt, daß die Absurdität im Traume Spott und Hohn ausdrücke.[1] Sie dient also denselben Darstellungszwecken bei der Paranoia. Für andere Vorwürfe, z. B. den, daß Gott aus Erfahrung nichts lerne, liegt die Auffassung nahe, daß wir es mit dem Mechanismus der infantilen „Retourkutsche" zu tun haben,[2] der einen empfangenen Vorwurf unverändert auf den Absender zurückwendet, ähnlich wie die S. 23 erwähnten Stimmen vermuten lassen, daß die gegen Flechsig erhobene Anschuldigung des „Seelenmordes" ursprünglich eine Selbstanklage war.[3]

Durch diese Brauchbarkeit des väterlichen Berufes zur Aufklärung der besonderen Eigenschaften des Schreberschen Gottes kühn gemacht, können wir es nun wagen, die merkwürdige Gliederung des göttlichen Wesens durch eine Deutung zu er-

---

[1] Traumdeutung, Bd 2/3 d. Ges. Werke, S. 428 ff.

[2] Einer solchen Revanche sieht es außerordentlich ähnlich, wenn der Kranke sich eines Tages den Satz aufzeichnet: „Jeder Versuch einer erzieherischen Wirkung nach außen muß als aussichtslos aufgegeben werden" (S. 188). Der Unerziehbare ist Gott.

[3] „Während man jetzt schon seit längerer Zeit in beabsichtigter Umkehr des Verhältnisses mich selbst als denjenigen, der Seelenmord getrieben habe, ‚darstellen' will," usw.

läutern. Die Gotteswelt besteht bekanntlich aus den „vorderen Gottesreichen", die auch „Vorhöfe des Himmels" genannt werden und die abgeschiedenen Menschenseelen enthalten, und aus dem „niederen" und „oberen" Gott, die zusammen „hintere Gottesreiche" heißen (S. 19). Wenn wir auch darauf gefaßt sind, eine hier vorliegende Verdichtung nicht auflösen zu können, so wollen wir doch den früher gewonnenen Fingerzeig, daß die „gewunderten", als Mädchen entlarvten Vögel von den Vorhöfen des Himmels abgeleitet werden, dazu verwenden, um die vorderen Gottesreiche und Vorhöfe des Himmels als Symbolik für die Weiblichkeit, die hinteren Gottesreiche als eine solche für die Männlichkeit in Anspruch zu nehmen. Wüßte man sicher, daß der verstorbene Bruder Schrebers ein älterer war, so dürfte man die Zerlegung Gottes in den niederen und oberen Gott als den Ausdruck der Erinnerung ansehen, daß nach dem frühen Tode des Vaters der ältere Bruder die Stellung des Vaters übernahm.

Endlich will ich in diesem Zusammenhange der Sonne gedenken, die ja durch ihre „Strahlen" zu so großer Bedeutung für den Ausdruck des Wahnes geworden ist. Schreber hat zur Sonne ein ganz besonderes Verhältnis. Sie spricht mit ihm in menschlichen Worten und gibt sich ihm damit als belebtes Wesen oder als Organ eines noch hinter ihr stehenden höheren Wesens zu erkennen (S. 9). Aus einem ärztlichen Gutachten erfahren wir, daß er sie „geradezu brüllend mit Droh- und Schimpfworten anschreit" (S. 382),[1] daß er ihr zuruft, sie müsse sich vor ihm verkriechen. Er teilt selbst mit, daß die Sonne vor ihm erbleicht.[2] Der Anteil, den sie an seinem Schicksale hat,

---

[1] „Die Sonne ist eine Hure" (S. 384.)

[2] (S. 139, Anmerkung): „Übrigens gewährt mir auch jetzt noch die Sonne zum Teil ein anderes Bild, als ich in den Zeiten vor meiner Krankheit von ihr hatte. Ihre Strahlen erbleichen vor mir, wenn ich gegen dieselbe gewendet laut spreche. Ich kann ruhig in die Sonne sehen und werde davon nur in sehr bescheidenem Maße geblendet, während in gesunden Tagen bei mir, wie wohl bei anderen Menschen ein minutenlanges Hineinsehen in die Sonne gar nicht möglich gewesen wäre."

gibt sich dadurch kund, daß sie wichtige Veränderungen ihres Aussehens zeigt, sobald bei ihm Änderungen im Gange sind, z. B. in den ersten Wochen seines Aufenthaltes auf dem Sonnenstein (S. 135). Die Deutung dieses Sonnenmythus macht uns Schreber leicht. Er identifiziert die Sonne geradezu mit Gott, bald mit dem niederen Gott (Ariman),[1] bald mit dem oberen (S. 137): „An dem darauffolgenden Tage .... sah ich den oberen Gott (Ormuzd) diesmal nicht mit meinem geistigen Auge, sondern mit meinem leiblichen Auge. Es war die Sonne, aber nicht die Sonne in ihrer gewöhnlichen, allen Menschen bekannten Erscheinung, sondern usw." Es ist also nur folgerichtig, wenn er sie nicht anders als Gott selbst behandelt.

Ich bin für die Eintönigkeit der psychoanalytischen Lösungen nicht verantwortlich, wenn ich geltend mache, daß die Sonne nichts anderes ist als wiederum ein sublimiertes Symbol des Vaters. Die Symbolik setzt sich hier über das grammatikalische Geschlecht hinaus; wenigstens im Deutschen, denn in den meisten anderen Sprachen ist die Sonne ein Maskulinum. Ihr Widerpart in dieser Spiegelung des Elternpaares ist die allgemein so bezeichnete „Mutter Erde". In der psychoanalytischen Auflösung pathogener Phantasien bei Neurotikern findet man oft genug die Bestätigung für diesen Satz. Auf die Beziehung zu kosmischen Mythen will ich nur mit diesem einen Wort verweisen. Einer meiner Patienten, der seinen Vater früh verloren hatte und in allem Großen und Erhabenen der Natur wiederzufinden suchte, machte es mir wahrscheinlich, daß der Hymnus Nietzsches „Vor Sonnenaufgang" der gleichen Sehnsucht Ausdruck gebe.[2] Ein anderer, der in seiner Neurose nach dem Tode des Vaters den ersten Angst- und Schwindelanfall bekam, als ihn die Sonne während der Garten-

---

[1] S. 88: „Dieser wird jetzt (seit Juli 1894) von den zu mir redenden Stimmen mit der Sonne geradezu identifiziert."

[2] „Also sprach Zarathustra." Dritter Teil. — Auch Nietzsche hatte seinen Vater nur als Kind gekannt.

arbeit mit dem Spaten beschien, vertrat selbständig die Deutung, er habe sich geängstigt, weil ihm der Vater zugeschaut, wie er mit einem scharfen Instrument die Mutter bearbeitete. Als ich nüchternen Einspruch wagte, machte er seine Auffassung durch die Mitteilung plausibler, er habe den Vater schon bei Lebzeiten mit der Sonne verglichen, allerdings damals in parodierender Absicht. So oft er gefragt worden sei, wohin sein Vater in diesem Sommer gehe, habe er die Antwort mit den tönenden Worten des „Prologs im Himmel" gegeben:

> Und seine vorgeschriebne Reise
> Vollendet er mit Donnergang.

Der Vater pflegte jedes Jahr auf ärztlichen Rat den Kurort Marienbad zu besuchen. Bei diesem Kranken hatte sich die infantile Einstellung gegen den Vater zweizeitig durchgesetzt. Solange der Vater lebte, volle Auflehnung und offenes Zerwürfnis; unmittelbar nach seinem Tode eine Neurose, die sich auf sklavische Unterwerfung und nachträglichen Gehorsam gegen den Vater gründete.

Wir befinden uns also auch im Falle Schreber auf dem wohlvertrauten Boden des Vaterkomplexes.[1] Wenn sich dem Kranken der Kampf mit Flechsig als ein Konflikt mit Gott enthüllt, so müssen wir diesen in einen infantilen Konflikt mit dem geliebten Vater übersetzen, dessen uns unbekannte Einzelheiten den Inhalt des Wahns bestimmt haben. Es fehlt nichts von dem Material, das sonst durch die Analyse in solchen Fällen aufgedeckt wird, alles ist durch irgend welche Andeutungen vertreten. Der Vater erscheint in diesen Kindererlebnissen als der Störer der vom Kinde gesuchten, meist autoerotischen Befriedigung, die in der Phantasie später oft durch eine minder ruhmlose ersetzt wird.[2] Im Ausgang des Schreberschen Wahnes feiert die infantile Sexualstrebung einen großartigen Triumph; die Wollust wird gottes-

---

[1] Wie auch die „feminine Wunschphantasie" Schrebers nur eine der typischen Gestaltungen des infantilen Kernkomplexes ist.

[2] Vgl. die Bemerkungen zur Analyse des „Rattenmannes". (Band VII, S. 427).

fürchtig, Gott selbst (der Vater) läßt nicht ab, sie von dem Kranken zu fordern. Die gefürchtetste Drohung des Vaters, die der Kastration, hat der zuerst bekämpften und dann akzeptierten Wunschphantasie der Verwandlung in ein Weib geradezu den Stoff geliehen. Der Hinweis auf eine Verschuldung, die durch die Ersatzbildung „Seelenmord" gedeckt wird, ist überdeutlich. Der Oberwärter wird mit jenem Hausgenossen v. W. identisch gefunden, der ihn nach Angabe der Stimmen fälschlich der Onanie beschuldigt hat (S. 108). Die Stimmen sagen, gleichsam in der Begründung der Kastrationsdrohung (S. 127): „Sie sollen nämlich als wollüstigen Ausschweifungen ergeben dargestellt werden."[1] Endlich ist der Denkzwang (S. 47), dem sich der Kranke unterwirft, weil er annimmt, Gott werde glauben, er sei blödsinnig geworden, und sich von ihm zurückziehen, wenn er einen Moment zu denken aussetze, die uns auch anderswoher bekannte Reaktion gegen die Drohung oder Befürchtung, man werde durch sexuelle Betätigung, speziell durch Onanie, den Verstand verlieren.[2] Bei der Unsumme hypochondrischer Wahnideen,[3] die der Kranke entwickelt, ist vielleicht kein großer Wert darauf zu legen, daß sich einige derselben mit den hypochondrischen Befürchtungen der Onanisten wörtlich decken.[4]

---

[1] Die Systeme des „Darstellens und Aufschreibens" (S. 126) deuten in Verbindung mit den „geprüften Seelen" auf Schulerlebnisse hin.

[2] (S. 206): „Daß dies das erstrebte Ziel sei, wurde früher ganz offen in der vom oberen Gott ausgehenden, unzählige Male von mir gehörten Phrase ‚Wir wollen Ihnen den Verstand zerstören' eingestanden."

[3] Ich will es nicht unterlassen hier zu bemerken, daß ich eine Theorie der Paranoia erst dann für vertrauenswert halten werde, wenn es ihr gelungen ist, die fast regelmäßigen hypochondrischen Begleitsymptome in ihren Zusammenhang einzufügen. Es scheint mir, daß der Hypochondrie dieselbe Stellung zur Paranoia zukommt wie der Angstneurose zur Hysterie.

[4] (S. 154): „Man versuchte mir daher das Rückenmark auszupumpen, was durch sogenannte ‚kleine Männer', die man mir in die Füße setzte, geschah. Über diese ‚kleinen Männer', die mit der bereits in Kap. VI besprochenen Erscheinung einige Verwandtschaft zeigten, werde ich später noch Weiteres mitteilen; in der Regel waren es je zwei, ein ‚kleiner Flechsig' und ein ‚kleiner v. W.', deren Stimme ich auch in meinen Füßen vernahm." — v. W. ist der nämliche, von dem die Onanie-

Wer in der Deutung dreister wäre als ich oder durch Beziehungen zur Familie Schrebers mehr von Personen, Milieu und kleinen Vorfällen wüßte, dem müßte es ein leichtes sein, ungezählte Einzelheiten des Schreberschen Wahnes auf ihre Quellen zurückzuführen und somit in ihrer Bedeutung zu erkennen, und dies trotz der Zensur, der die „Denkwürdigkeiten" unterlegen sind. Wir müssen uns notgedrungen mit einer so schattenhaften Skizzierung des infantilen Materials begnügen, in welchem die paranoische Erkrankung den aktuellen Konflikt dargestellt hat.

Zur Begründung jenes um die feminine Wunschphantasie ausgebrochenen Konflikts darf ich vielleicht noch ein Wort hinzufügen. Wir wissen, daß wir die Aufgabe haben, das Hervortreten einer Wunschphantasie mit einer Versagung, einer Entbehrung im realen Leben in Zusammenhang zu bringen. Nun gesteht uns Schreber eine solche Entbehrung ein. Seine sonst als glücklich geschilderte Ehe brachte ihm nicht den Kindersegen, vor allem nicht den Sohn, der ihn für den Verlust von Vater und Bruder getröstet hätte, auf den die unbefriedigte homosexuelle Zärtlichkeit hätte abströmen können.[1] Sein Geschlecht drohte auszusterben und es scheint, daß er stolz genug war auf seine Abstammung und Familie (S. 24). „Die Flechsigs und die Schrebers gehörten nämlich beide, wie der Ausdruck lautete, ‚dem höchsten himmlischen Adel' an. Die Schrebers führten insbesondere den Titel ‚Markgrafen von Tuscien und Tasmanien', entsprechend einer Gewohnheit der Seelen, sich, einer Art persönlicher Eitelkeit folgend, mit etwas hochtrabenden irdischen Titeln zu

---

beschuldigung ausging. Die „kleinen Männer" bezeichnet Schreber selbst als eine der merkwürdigsten und in gewisser Beziehung rätselhaftesten Erscheinungen (S. 157). Es scheint, daß sie einer Verdichtung von Kindern und — Spermatozoen entsprungen sind.

[1] (S. 36): „Nach der Genesung von meiner ersten Krankheit habe ich acht, im ganzen recht glückliche, auch an äußeren Ehren reiche und nur durch die mehrmalige Vereitelung der Hoffnung auf Kindersegen zeitweilig getrübte Jahre mit meiner Frau verlebt."

schmücken."[1] Der große Napoleon ließ sich, wiewohl erst nach schweren inneren Kämpfen, von seiner Josefine scheiden, weil sie die Dynastie nicht fortsetzen konnte;[2] Dr. Schreber mochte die Phantasie gebildet haben, wenn er ein Weib wäre, würde er das Kinderbekommen besser treffen, und fand so den Weg, sich in die feminine Einstellung zum Vater in den ersten Kinderjahren zurück zu versetzen. Der später immer weiter in die Zukunft geschobene Wahn, daß die Welt durch seine Entmannung mit „neuen Menschen aus Schreberschem Geist" (S. 288) bevölkert würde, war also auch zur Abhilfe seiner Kinderlosigkeit bestimmt. Wenn die „kleinen Männer", die Schreber selbst so rätselhaft findet, Kinder sind, so finden wir es durchaus verständlich, daß sie auf seinem Kopfe in großer Anzahl versammelt stehen (S. 158); es sind ja wirklich die „Kinder seines Geistes". (Vgl. die Bemerkung über die Darstellung der Abstammung vom Vater und über die Geburt der Athene in der Krankengeschichte des „Rattenmannes". Band VII, S. 449, 450).

---

1) Im Anschluß an diese Äußerung, die den liebenswürdigen Spott gesunder Tage im Wahne bewahrt hat, verfolgt er die Beziehungen zwischen den Familien Flechsig und Schreber in frühere Jahrhunderte zurück, wie ein Bräutigam, der nicht begreifen kann, wie er so lange Jahre ohne Beziehung zur Geliebten leben konnte, ihre Bekanntschaft durchaus schon in früheren Zeiten gemacht haben will.

2) In dieser Hinsicht ist eine Verwahrung des Patienten gegen Angaben des ärztlichen Gutachtens erwähnenswert (S. 436): „Ich habe niemals mit dem Gedanken einer Scheidung gespielt oder Gleichgültigkeit gegen das Fortbestehen des ehelichen Bandes zu erkennen gegeben, wie man nach der Ausdrucksweise des Gutachtens, ,ich sei alsbald mit der Andeutung bei der Hand, daß meine Frau sich scheiden lassen könne', annehmen möchte."

## III
## ÜBER DEN PARANOISCHEN MECHANISMUS

Wir haben bisher den den Fall Schreber beherrschenden Vaterkomplex und die zentrale Wunschphantasie der Erkrankung behandelt. An alledem ist nichts für die Krankheitsform der Paranoia Charakteristisches, nichts, was wir nicht bei anderen Fällen von Neurose finden könnten und auch wirklich gefunden haben. Die Eigenart der Paranoia (oder der paranoiden Demenz) müssen wir in etwas anderes verlegen, in die besondere Erscheinungsform der Symptome, und für diese wird unsere Erwartung nicht die Komplexe, sondern den Mechanismus der Symptombildung oder den der Verdrängung verantwortlich machen. Wir würden sagen, der paranoische Charakter liegt darin, daß zur Abwehr einer homosexuellen Wunschphantasie gerade mit einem Verfolgungswahn von solcher Art reagiert wird.

Um so bedeutungsvoller ist es, wenn wir durch die Erfahrung gemahnt werden, gerade der homosexuellen Wunschphantasie eine innigere, vielleicht eine konstante Beziehung zur Krankheitsform zuzusprechen. Meiner eigenen Erfahrung hierüber mißtrauend, habe ich in den letzten Jahren mit meinen Freunden C. G. Jung in Zürich und S. Ferenczi in Budapest eine Anzahl von Fällen paranoider Erkrankung aus deren Beobachtung auf diesen einen Punkt hin untersucht. Es waren Männer wie Frauen, deren Krankengeschichten uns als Untersuchungsmaterial vorlagen, verschieden durch Rasse, Beruf und sozialen Rang, und wir sahen mit Überraschung, wie deutlich in all diesen Fällen die Abwehr des homosexuellen Wunsches im Mittelpunkte des Krankheitskonfliktes zu erkennen war, wie sie alle an der Bewältigung ihrer unbewußt verstärkten Homosexualität gescheitert waren.[1] Es entsprach gewiß nicht unserer Erwartung. Gerade bei der Paranoia ist die sexuelle Ätiologie keineswegs evident, dagegen drängen sich soziale Kränkungen und Zurücksetzungen, besonders für den Mann, in der Verursachung der Paranoia auffällig hervor. Es wird nun aber nur geringe Vertiefung erfordert, um an diesen sozialen Schädigungen die Beteiligung der homosexuellen Komponente des Gefühlslebens als das eigentlich Wirksame zu erkennen. Solange die normale Betätigung den Einblick in die Tiefen des Seelenlebens verwehrt, darf man es ja bezweifeln, daß die Gefühlsbeziehungen eines Individuums zu seinen Nebenmenschen im sozialen Leben faktisch oder genetisch mit der Erotik etwas zu schaffen haben. Der Wahn deckt diese Beziehungen regelmäßig auf und führt das soziale Gefühl bis auf seine Wurzel im grobsinnlichen erotischen Wunsch zurück. Auch Dr. Schreber, dessen Wahn in einer unmöglich zu verkennenden homosexuellen Wunschphantasie gipfelt, hatte in den Zeiten der Gesundheit — allen Berichten zufolge — kein Anzeichen von Homosexualität im vulgären Sinne geboten.

Ich meine, es ist weder überflüssig noch unberechtigt, wenn ich zu zeigen versuche, daß unser heutiges, durch Psychoanalyse gewonnenes Verständnis der Seelenvorgänge uns bereits das Verständnis für die Rolle des homosexuellen Wunsches bei der Erkrankung an Paranoia vermitteln kann. Untersuchungen der letzten Zeit[2] haben uns auf ein Stadium in der Entwicklungs-

---

1) Eine weitere Bestätigung findet sich in der Analyse des Paranoiden J. B. von A. Maeder (Psychologische Untersuchungen an Dementia praecox-Kranken. Jahrbuch für psychoanalyt. und psychopath. Forschungen, II., 1910). Ich bedauere, daß ich diese Arbeit zur Zeit der Abfassung der meinigen noch nicht lesen konnte.

2) I. Sadger, Ein Fall von multipler Perversion mit hysterischen Absenzen. Jahrbuch f. psychoanalyt. Forschungen, II. B., 1910. — Freud, Eine Kindheitserinnerung des Leonardo da Vinci.Schriften zur angewandten Seelenkunde, Heft VII, 1910, 5. Aufl. 1923. [Enthalten in diesem Bande.]

geschichte der Libido aufmerksam gemacht, welches auf dem Wege vom Autoerotismus zur Objektliebe durchschritten wird.[1] Man hat es als Narzissismus bezeichnet; ich ziehe den vielleicht minder korrekten, aber kürzeren und weniger übelklingenden Namen Narzißmus vor. Es besteht darin, daß das in der Entwicklung begriffene Individuum, welches seine autoerotisch arbeitenden Sexualtriebe zu einer Einheit zusammenfaßt, um ein Liebesobjekt zu gewinnen, zunächst sich selbst, seinen eigenen Körper zum Liebesobjekt nimmt, ehe es von diesem zur Objektwahl einer fremden Person übergeht. Eine solche zwischen Autoerotismus und Objektwahl vermittelnde Phase ist vielleicht normalerweise unerläßlich; es scheint, daß viele Personen ungewöhnlich lange in ihr aufgehalten werden, und daß von diesem Zustande viel für spätere Entwicklungsstufen erübrigt. An diesem zum Liebesobjekt genommenen Selbst können bereits die Genitalien die Hauptsache sein. Der weitere Weg führt zur Wahl eines Objekts mit ähnlichen Genitalien, also über die homosexuelle Objektwahl, zur Heterosexualität. Wir nehmen an, daß die später manifest Homosexuellen sich von der Anforderung der den eigenen gleichen Genitalien beim Objekt nie frei gemacht haben, wobei den kindlichen Sexualtheorien, die beiden Geschlechtern zunächst die gleichen Genitalien zuschreiben, ein erheblicher Einfluß zukommt.

Nach der Erreichung der heterosexuellen Objektwahl werden die homosexuellen Strebungen nicht etwa aufgehoben oder eingestellt, sondern bloß vom Sexualziel abgedrängt und neuen Verwendungen zugeführt. Sie treten nun mit Anteilen der Ichtriebe zusammen, um mit ihnen als „angelehnte" Komponenten die sozialen Triebe zu konstituieren, und stellen so den Beitrag der Erotik zur Freundschaft, Kameradschaft, zum Gemeinsinn und zur allgemeinen Menschenliebe dar. Wie groß diese Beiträge aus erotischer Quelle mit Hemmung des Sexualziels eigentlich sind,

---

1) Drei Abhandlungen zur Sexualtheorie. 1905, 5. Aufl. 1922. [Bd. V dieser Gesamtausgabe.]

würde man aus den normalen sozialen Beziehungen der Menschen kaum erraten. Es gehört aber in den gleichen Zusammenhang, daß gerade manifest Homosexuelle und unter ihnen wieder solche, die der sinnlichen Betätigung widerstreben, sich durch besonders intensive Beteiligung an den allgemeinen, an den durch Sublimierung der Erotik hervorgegangenen Interessen der Menschheit auszeichnen.

Ich habe in den „Drei Abhandlungen zur Sexualtheorie" die Ansicht ausgesprochen, daß jede Entwicklungsstufe der Psychosexualität eine Möglichkeit der „Fixierung" und somit eine Dispositionsstelle ergibt. Personen, welche nicht völlig vom Stadium des Narzißmus losgekommen sind, also dort eine Fixierung besitzen, die als Krankheitsdisposition wirken kann, sind der Gefahr ausgesetzt, daß eine Hochflut von Libido, die keinen andern Ablauf findet, ihre sozialen Triebe der Sexualisierung unterzieht und somit ihre in der Entwicklung gewonnenen Sublimierungen rückgängig macht. Zu einem solchen Erfolg kann alles führen, was eine rückläufige Strömung der Libido („Regression") hervorruft, sowohl auf der einen Seite eine kollaterale Verstärkung durch Enttäuschung beim Weibe, eine direkte Rückstauung durch Mißglücken in den sozialen Beziehungen zum Manne — beides Fälle der „Versagung", — als auch eine allgemeine Libidosteigerung, die zu gewaltig ist, als daß sie auf den bereits eröffneten Wegen Erledigung finden könnte, und die darum an der schwachen Stelle des Baues den Damm durchbricht. Da wir in unseren Analysen finden, daß die Paranoiker sich einer solchen Sexualisierung ihrer sozialen Triebbesetzungen zu erwehren suchen, werden wir zur Annahme gedrängt, daß die schwache Stelle ihrer Entwicklung in dem Stück zwischen Autoerotismus, Narzißmus und Homosexualität zu suchen ist, daß dort ihre, vielleicht noch genauer zu bestimmende Krankheitsdisposition liegt. Eine ähnliche Disposition müßten wir der Dementia praecox Kraepelins oder Schizophrenie (nach Bleuler) zuschreiben und wir hoffen im weiteren Anhaltspunkte zu gewinnen, um die Unterschiede in Form und Ausgang der beiden Affektionen durch entsprechende Verschiedenheiten der disponierenden Fixierung zu begründen.

Wenn wir so die Zumutung der homosexuellen Wunschphantasie, den Mann zu lieben, für den Kern des Konflikts bei der Paranoia des Mannes halten, so werden wir doch gewiß nicht vergessen, daß die Sicherung einer so wichtigen Annahme die Untersuchung einer großen Anzahl aller Formen von paranoischer Erkrankung zur Voraussetzung haben müßte. Wir müssen also darauf vorbereitet sein, unsere Behauptung eventuell auf einen einzigen Typus der Paranoia einzuschränken. Immerhin bleibt es merkwürdig, daß die bekannten Hauptformen der Paranoia alle als Widersprüche gegen den einen Satz „ich [ein Mann] liebe ihn [einen Mann]" dargestellt werden können, ja, daß sie alle möglichen Formulierungen dieses Widerspruches erschöpfen.

Dem Satze „ich liebe ihn [den Mann]" widerspricht

a) der Verfolgungswahn, indem er laut proklamiert:

Ich liebe ihn nicht — ich hasse ihn ja. Dieser Widerspruch, der im Unbewußten[1] nicht anders lauten könnte, kann aber beim Paranoiker nicht in dieser Form bewußt werden. Der Mechanismus der Symptombildung bei der Paranoia fordert, daß die innere Wahrnehmung, das Gefühl, durch eine Wahrnehmung von außen ersetzt werde. Somit verwandelt sich der Satz „ich hasse ihn ja" durch Projektion in den andern: Er haßt (verfolgt) mich, was mich dann berechtigen wird, ihn zu hassen. Das treibende unbewußte Gefühl erscheint so als Folgerung aus einer äußern Wahrnehmung:

Ich liebe ihn ja nicht — ich hasse ihn ja — weil *er mich verfolgt.*

---

[1] In seiner „grundsprachlichen" Fassung nach Schreber.

Die Beobachtung läßt keinen Zweifel darüber, daß der Verfolger kein anderer ist, als der einst Geliebte.

b) Einen andern Angriffspunkt für den Widerspruch nimmt die Erotomanie auf, die ohne diese Auffassung ganz unverständlich bliebe.

Ich liebe nicht ihn — ich liebe ja sie.

Und der nämliche Zwang zur Projektion nötigt dem Satz die Verwandlung auf: Ich merke, daß sie mich liebt.

Ich liebe nicht ihn — ich liebe ja sie — weil *sie mich liebt*. Viele Fälle von Erotomanie könnten den Eindruck von übertriebenen oder verzerrten heterosexuellen Fixierungen ohne andersartige Begründung machen, wenn man nicht aufmerksam würde, daß alle diese Verliebtheiten nicht mit der internen Wahrnehmung des Liebens, sondern der von außen kommenden des Geliebtwerdens einsetzen. Bei dieser Form der Paranoia kann aber auch der Mittelsatz „ich liebe sie" bewußt werden, weil sein Widerspruch zum ersten Satz kein kontradiktorischer, kein so unverträglicher ist wie der zwischen Lieben und Hassen. Es bleibt ja immerhin möglich, neben ihm auch sie zu lieben. Auf diese Art kann es geschehen, daß der Projektionsersatz „sie liebt mich" wieder gegen das „grundsprachliche" „ich liebe ja sie" zurücktritt.

c) Die dritte noch mögliche Art des Widerspruches wäre jetzt der Eifersuchtswahn, den wir in charakteristischen Formen bei Mann und Weib studieren können.

α) Der Eifersuchtswahn des Alkoholikers. Die Rolle des Alkohols bei dieser Affektion ist uns nach allen Richtungen verständlich. Wir wissen, daß dies Genußmittel Hemmungen aufhebt und Sublimierungen rückgängig macht. Der Mann wird nicht selten durch die Enttäuschung beim Weibe zum Alkohol getrieben, das heißt aber in der Regel, er begibt sich ins Wirtshaus und in die Gesellschaft der Männer, die ihm die in seinem Heim beim Weibe vermißte Gefühlsbefriedigung gewährt. Werden nun diese Männer Objekte einer stärkeren libidinösen Besetzung in seinem Unbewußten, so erwehrt er sich derselben durch die dritte Art des Widerspruches:

Nicht ich liebe den Mann — sie liebt ihn ja, — und verdächtigt die Frau mit all den Männern, die er zu lieben versucht ist.

Die Projektionsentstellung muß hier entfallen, weil mit dem Wechsel des liebenden Subjekts der Vorgang ohnedies aus dem Ich herausgeworfen ist. Daß die Frau die Männer liebt, bleibt eine Angelegenheit der äußern Wahrnehmung; daß man selbst nicht liebt, sondern haßt, daß man nicht diese, sondern jene Person liebt, das sind allerdings Tatsachen der innern Wahrnehmung.

β) Ganz analog stellt sich die eifersüchtige Paranoia der Frauen her. Nicht ich liebe die Frauen — sondern er liebt sie. Die Eifersüchtige verdächtigt den Mann mit all den Frauen, die ihr selbst gefallen, infolge ihres überstark gewordenen, disponierenden Narzißmus und ihrer Homosexualität. In der Auswahl der dem Manne zugeschobenen Liebesobjekte offenbart sich unverkennbar der Einfluß der Lebenszeit, in welcher die Fixierung erfolgte; es sind häufig alte, zur realen Liebe ungeeignete Personen, Auffrischungen der Pflegerinnen, Dienerinnen, Freundinnen ihrer Kindheit oder direkt ihrer konkurrierenden Schwestern.

Man sollte nun glauben, ein aus drei Gliedern bestehender Satz, wie „ich liebe ihn" ließe nur drei Arten des Widerspruches zu. Der Eifersuchtswahn widerspricht dem Subjekt, der Verfolgungswahn dem Verbum, die Erotomanie dem Objekt. Allein, es ist wirklich noch eine vierte Art des Widerspruches möglich, die Gesamtablehnung des ganzen Satzes:

Ich liebe überhaupt nicht und niemand, — und dieser Satz scheint psychologisch äquivalent, da man doch mit seiner Libido irgendwohin muß, mit dem Satze: Ich liebe nur mich. Diese Art des Widerspruches ergäbe uns also den Größenwahn, den wir als eine Sexualüberschätzung des eigenen Ichs auffassen und so der bekannten Überschätzung des Liebesobjekts an die Seite stellen können.[1] Es wird nicht ohne Bedeutung für andere Stücke der Paranoialehre bleiben, daß ein Zusatz von Größenwahn bei den meisten anderen Formen paranoischer Erkrankung zu konstatieren ist. Wir haben ja das Recht anzunehmen, daß der Größenwahn überhaupt infantil ist, und daß er in der späteren Entwicklung der Gesellschaft zum Opfer gebracht wird, so wie er durch keinen andern Einfluß so intensiv unterdrückt wird wie durch eine das Individuum mächtig ergreifende Verliebtheit.

> Denn wo die Lieb erwachet, stirbt
> das Ich, der finstere Despot.[2]

Nach diesen Erörterungen über die unerwartete Bedeutung der homosexuellen Wunschphantasie für die Paranoia kehren wir zu jenen beiden Momenten zurück, in welche wir das Charakteristische dieser Erkrankungsform von vornherein verlegen wollten: zum Mechanismus der Symptombildung und zu dem der Verdrängung.

Wir haben zunächst gewiß kein Recht anzunehmen, daß diese beiden Mechanismen identisch seien, daß die Symptombildung auf demselben Wege vor sich gehe wie die Verdrängung, etwa indem der nämliche Weg dabei in entgegengesetzter Richtung beschritten werde. Eine solche Identität ist auch keineswegs sehr wahrscheinlich; doch wollen wir uns jeder Aussage hierüber vor der Untersuchung enthalten.

An der Symptombildung bei Paranoia ist vor allem jener Zug auffällig, der die Benennung Projektion verdient. Eine innere Wahrnehmung wird unterdrückt und zum Ersatz für sie kommt

---

[1] Drei Abhandlungen zur Sexualtheorie. 5. Auflage, 1922, S. 17. [In Bd. V dieser Gesamtausgabe.] — Dieselbe Auffassung und Formel bei Abraham (l. c.) und Maeder (l. c.).

[2] Dschelaledin Rumi, übersetzt von Rückert; zitiert nach Kuhlenbecks Einleitung zum V. Band der Werke von Giordano Bruno.

ihr Inhalt, nachdem er eine gewisse Entstellung erfahren hat, als Wahrnehmung von außen zum Bewußtsein. Die Entstellung besteht beim Verfolgungswahn in einer Affektverwandlung; was als Liebe innen hätte verspürt werden sollen, wird als Haß von außen wahrgenommen. Man wäre versucht, diesen merkwürdigen Vorgang als das Bedeutsamste der Paranoia und als absolut pathognomonisch für dieselbe hinzustellen, wenn man nicht rechtzeitig daran erinnert würde, daß 1. die Projektion nicht bei allen Formen von Paranoia die gleiche Rolle spielt, und 2. daß sie nicht nur bei Paranoia, sondern auch unter anderen Verhältnissen im Seelenleben vorkommt, ja, daß ihr ein regelmäßiger Anteil an unserer Einstellung zur Außenwelt zugewiesen ist. Wenn wir die Ursachen gewisser Sinnesempfindungen nicht wie die anderer in uns selbst suchen, sondern sie nach außen verlegen, so verdient auch dieser normale Vorgang den Namen einer Projektion. So aufmerksam geworden, daß es sich beim Verständnis der Projektion um allgemeinere psychologische Probleme handelt, entschließen wir uns, das Studium der Projektion, und damit des Mechanismus der paranoischen Symptombildung überhaupt, für einen andern Zusammenhang aufzusparen, und wenden uns der Frage zu, welche Vorstellungen wir uns über den Mechanismus der Verdrängung bei der Paranoia zu bilden vermögen. Ich schicke voraus, daß wir zur Rechtfertigung unseres vorläufigen Verzichtes finden werden, die Art des Verdrängungsvorganges hänge weit inniger mit der Entwicklungsgeschichte der Libido und der in ihr gegebenen Disposition zusammen als die Art der Symptombildung.

Wir haben in der Psychoanalytik die pathologischen Phänomene ganz allgemein aus der Verdrängung hervorgehen lassen. Fassen wir das „Verdrängung" Benannte schärfer ins Auge, so finden wir Anlaß, den Vorgang in drei Phasen zu zerlegen, die eine gute begriffliche Sonderung gestatten.

1) Die erste Phase besteht in der Fixierung, dem Vorläufer und der Bedingung einer jeden „Verdrängung". Die Tatsache

der Fixierung kann dahin ausgesprochen werden, daß ein Trieb oder Triebanteil die als normal vorhergesehene Entwicklung nicht mitmacht und infolge dieser Entwicklungshemmung in einem infantileren Stadium verbleibt. Die betreffende libidinöse Strömung verhält sich zu den späteren psychischen Bildungen wie eine dem System des Unbewußten angehörige, wie eine verdrängte. Wir sagten schon, daß in solchen Fixierungen der Triebe die Disposition für die spätere Erkrankung liege, und können hinzufügen, die Determinierung vor allem für den Ausgang der dritten Phase der Verdrängung.

2) Die zweite Phase der Verdrängung ist die eigentliche Verdrängung, die wir bisher vorzugsweise im Auge gehabt haben. Sie geht von den höher entwickelten bewußtseinsfähigen Systemen des Ichs aus und kann eigentlich als ein „Nachdrängen" beschrieben werden. Sie macht den Eindruck eines wesentlich aktiven Vorganges, während sich die Fixierung als ein eigentlich passives Zurückbleiben darstellt. Der Verdrängung unterliegen entweder die psychischen Abkömmlinge jener primär zurückgebliebenen Triebe, wenn es durch deren Erstarkung zum Konflikt zwischen ihnen und dem Ich (oder den ichgerechten Trieben) gekommen ist, oder solche psychische Strebungen, gegen welche sich aus anderen Gründen eine starke Abneigung erhebt. Diese Abneigung würde aber nicht die Verdrängung zur Folge haben, wenn sich nicht zwischen den unliebsamen, zu verdrängenden Strebungen und den bereits verdrängten eine Verknüpfung herstellen würde. Wo dies der Fall ist, wirken die Abstoßung der bewußten und die Anziehung der unbewußten Systeme gleichsinnig für das Gelingen der Verdrängung. Die beiden hier gesonderten Fälle mögen in Wirklichkeit weniger scharf geschieden sein und sich nur durch ein Mehr oder Minder an Beitrag von seiten der primär verdrängten Triebe unterscheiden.

3) Als dritte, für die pathologischen Phänomene bedeutsamste Phase ist die des Mißlingens der Verdrängung, des Durch-

bruchs, der Wiederkehr des Verdrängten anzuführen. Dieser Durchbruch erfolgt von der Stelle der Fixierung her und hat eine Regression der Libidoentwicklung bis zu dieser Stelle zum Inhalte.

Die Mannigfaltigkeiten der Fixierung haben wir bereits erwähnt; es sind ihrer so viele als Stufen in der Entwicklung der Libido. Wir müssen auf andere Mannigfaltigkeiten in den Mechanismen der eigentlichen Verdrängung und in denen des Durchbruches (oder der Symptombildung) vorbereitet sein und dürfen wohl bereits jetzt vermuten, daß wir nicht alle diese Mannigfaltigkeiten allein auf die Entwicklungsgeschichte der Libido werden zurückführen können.

Es ist leicht zu erraten, daß wir mit diesen Erörterungen das Problem der Neurosenwahl streifen, welches indes nicht ohne Vorarbeiten anderer Art in Angriff genommen werden kann. Erinnern wir uns jetzt, daß wir die Fixierung bereits behandelt, die Symptombildung zurückgestellt haben, und beschränken wir uns auf die Frage, ob sich aus der Analyse des Falles Schreber ein Hinweis auf den bei der Paranoia vorwaltenden Mechanismus der (eigentlichen) Verdrängung gewinnen läßt.

Auf der Höhe der Krankheit bildete sich bei Schreber unter dem Einfluß von Visionen von „zum Teil grausiger Natur, zum Teil aber wiederum von unbeschreiblicher Großartigkeit" (S. 73) die Überzeugung einer großen Katastrophe, eines Weltunterganges. Stimmen sagten ihm, jetzt sei das Werk einer 14000 jährigen Vergangenheit verloren (S. 71), der Erde sei nur noch die Dauer von 212 Jahren beschieden; in der letzten Zeit seines Aufenthaltes in der Flechsigschen Anstalt hielt er diesen Zeitraum für bereits abgelaufen. Er selbst war der „einzige noch übrig gebliebene wirkliche Mensch", und die wenigen menschlichen Gestalten, die er noch sah, den Arzt, die Wärter und Patienten, erklärte er als „hingewunderte flüchtig hingemachte Männer". Zeitweilig brach sich auch die reziproke Strömung Bahn; es wurde ihm ein

Zeitungsblatt vorgelegt, in dem seine eigene Todesnachricht zu
lesen war (S. 81), er war selbst in einer zweiten, minderwertigen
Gestalt verhanden und in dieser eines Tages sanft verschieden
(S. 73). Aber die Gestaltung des Wahnes, die das Ich festhielt
und die Welt opferte, erwies sich als die bei weitem stärkere.
Über die Verursachung dieser Katastrophe machte er sich verschiedene Vorstellungen; er dachte bald an eine Vereisung durch
Zurückziehen der Sonne, bald an eine Zerstörung durch Erdbeben,
wobei er als „Geisterseher" zu einer ähnlichen Urheberrolle gelangte wie ein anderer Geisterseher angeblich beim Erdbeben
von Lissabon im Jahre 1755 (S. 91). Oder aber Flechsig war
der Schuldige, indem er durch seine Zauberkünste Furcht und
Schrecken unter den Menschen verbreitet, die Grundlagen der
Religion zerstört und das Umsichgreifen einer allgemeinen Nervosität und Unsittlichkeit verursacht hatte, in deren Folge dann verheerende Seuchen über die Menschen hereingebrochen seien (S. 91).
Jedenfalls war der Weltuntergang die Folge des zwischen ihm
und Flechsig ausgebrochenen Konfliktes oder, wie sich die Ätiologie in der zweiten Phase des Wahnes darstellte, seiner unlösbar
gewordenen Verbindung mit Gott, also der notwendige Erfolg
seiner Erkrankung. Jahre später, als Dr. Schreber in die menschliche Gemeinschaft zurückgekehrt war und an den in seine Hände
zurückgelangten Büchern, Musikalien und sonstigen Gebrauchsgegenständen nichts entdecken konnte, was mit der Annahme
einer großen zeitlichen Kluft in der Geschichte der Menschheit
verträglich wäre, gab er zu, daß seine Auffassung nicht mehr
aufrecht zu halten sei. (S. 85): „.... kann ich mich der Anerkennung nicht entziehen, daß äußerlich betrachtet alles
beim alten geblieben ist. Ob nicht gleichwohl eine tiefgreifende innere Veränderung sich vollzogen hat, wird
weiter unten besprochen werden." Er konnte nicht daran zweifeln,
daß die Welt während seiner Erkrankung untergegangen war,
und die er jetzt vor sich sah, war doch nicht die nämliche.

Eine solche Weltkatastrophe während des stürmischen Stadiums der Paranoia ist auch in anderen Krankengeschichten nicht selten.[1] Auf dem Boden unserer Auffassung von Libidobesetzung wird uns, wenn wir uns von der Wertung der anderen Menschen als „flüchtig hingemachter Männer" leiten lassen, die Erklärung dieser Katastrophen nicht schwer.[2] Der Kranke hat den Personen seiner Umgebung und der Außenwelt überhaupt die Libidobesetzung entzogen, die ihnen bisher zugewendet war; damit ist alles für ihn gleichgültig und beziehungslos geworden und muß durch eine sekundäre Rationalisierung als „hingewundert, flüchtig hingemacht" erklärt werden. Der Weltuntergang ist die Projektion dieser innerlichen Katastrophe; seine subjektive Welt ist untergegangen, seitdem er ihr seine Liebe entzogen hat.[3]

Nach dem Fluche, mit dem Faust sich von der Welt lossagt, singt der Geisterchor:

> Weh! Weh!
> Du hast sie zerstört,
> die schöne Welt,
> mit mächtiger Faust!
> sie stürzt, sie zerfällt!
> Ein Halbgott hat sie zerschlagen!
> . . . . . . . . . . . . .
> Mächtiger
> der Erdensöhne.
> Prächtiger
> baue sie wieder,
> in deinem Busen baue sie auf!

---

1) Eine anders motivierte Art des „Weltunterganges" kommt auf der Höhe der Liebesekstase zustande (Wagners Tristan und Isolde); hier saugt nicht das Ich, sondern das eine Objekt alle der Außenwelt geschenkten Besetzungen auf.

2) Vgl. Abraham, Die psychosexuellen Differenzen der Hysterie und der Dementia praecox. Zentralbl. f. Nervenh. und Psych., 1908. — Jung, Zur Psychologie der Dementia praecox. 1907. — In der kurzen Arbeit von Abraham sind fast alle wesentlichen Gesichtspunkte dieser Studie über den Fall Schreber enthalten.

3) Vielleicht nicht nur die Libidobesetzung, sondern das Interesse überhaupt, also auch die vom Ich ausgehenden Besetzungen. Siehe weiter unten die Diskussion dieser Frage.

Und der Paranoiker baut sie wieder auf, nicht prächtiger zwar, aber wenigstens so, daß er wieder in ihr leben kann. Er baut sie auf durch die Arbeit seines Wahnes. Was wir für die **Krankheitsproduktion** halten, die **Wahnbildung** ist in Wirklichkeit der **Heilungsversuch,** die **Rekonstruktion.** Diese gelingt nach der Katastrophe mehr oder minder gut, niemals völlig; eine „tiefgreifende innere Veränderung" nach den Worten Schrebers hat sich mit der Welt vollzogen. Aber der Mensch hat eine Beziehung zu den Personen und Dingen der Welt wiedergewonnen, oft eine sehr intensive, wenn sie auch feindlich sein mag, die früher erwartungsvoll zärtlich war. Wir werden also sagen: der eigentliche Verdrängungsvorgang besteht in einer Ablösung der Libido von vorher geliebten Personen — und Dingen. Er vollzieht sich stumm; wir erhalten keine Kunde von ihm, sind genötigt, ihn aus den nachfolgenden Vorgängen zu erschließen. Was sich uns lärmend bemerkbar macht, das ist der Heilungsvorgang, der die Verdrängung rückgängig macht und die Libido wieder zu den von ihr verlassenen Personen zurückführt. Er vollzieht sich bei der Paranoia auf dem Wege der Projektion. Es war nicht richtig zu sagen, die innerlich unterdrückte Empfindung werde nach außen projiziert; wir sehen vielmehr ein, daß das innerlich Aufgehobene von außen wiederkehrt. Die gründliche Untersuchung des Prozesses der Projektion, die wir auf ein anderes Mal verschoben haben, wird uns hierüber die letzte Sicherheit bringen.

Nun aber wollen wir nicht unzufrieden sein, daß uns die neugewonnene Einsicht zu einer Reihe von weiteren Diskussionen nötigt.

1) Die nächste Erwägung sagt uns, daß eine Ablösung der Libido weder ausschließlich bei der Paranoia vorkommen noch dort, wo sie sonst vorkommt, so unheilvolle Folgen haben kann. Es ist sehr wohl möglich, daß die Ablösung der Libido der wesentliche und regelmäßige Mechanismus einer jeden Ver-

drängung ist; wir wissen nichts darüber, solange nicht die anderen Verdrängungsaffektionen einer analogen Untersuchung unterzogen worden sind. Es ist sicher, daß wir im normalen Seelenleben (und nicht nur in der Trauer) beständig solche Loslösungen der Libido von Personen oder anderen Objekten vollziehen, ohne dabei zu erkranken. Wenn Faust sich von der Welt mit jenen Verfluchungen lossagt, so resultiert daraus keine Paranoia oder andere Neurose, sondern eine besondere psychische Gesamtstimmung. Die Libidolösung an und für sich kann also nicht das Pathogene bei der Paranoia sein, es bedarf eines besonderen Charakters, der die paranoische Ablösung der Libido von anderen Arten des nämlichen Vorganges unterscheiden kann. Es ist nicht schwer, einen solchen Charakter in Vorschlag zu bringen. Welches ist die weitere Verwendung der durch die Lösung frei gewordenen Libido? Normalerweise suchen wir sofort einen Ersatz für die aufgehobene Anheftung; bis dieser Ersatz geglückt ist, erhalten wir die freie Libido in der Psyche schwebend, wo sie Spannungen ergibt und die Stimmung beeinflußt; in der Hysterie verwandelt sich der befreite Libidobetrag in körperliche Innervationen oder in Angst. Bei der Paranoia aber haben wir ein klinisches Anzeichen dafür, daß die dem Objekt entzogene Libido einer besonderen Verwendung zugeführt wird. Wir erinnern uns daran, daß die meisten Fälle von Paranoia ein Stück Größenwahn zeigen, und daß der Größenwahn für sich allein eine Paranoia konstituieren kann. Daraus wollen wir schließen, daß die frei gewordene Libido bei der Paranoia zum Ich geschlagen, zur Ichvergrößerung verwendet wird. Damit ist das aus der Entwicklung der Libido bekannte Stadium des Narzißmus wieder erreicht, in welchem das eigene Ich das einzige Sexualobjekt war. Dieser klinischen Aussage wegen nehmen wir an, daß die Paranoischen eine Fixierung im Narzißmus mitgebracht haben, und sprechen wir aus, daß der Rückschritt von der sublimierten Homosexualität bis zum

Narzißmus den Betrag der für die Paranoia charakteristischen Regression angibt.

2) Eine gleichfalls naheliegende Einwendung kann sich auf die Krankengeschichte Schrebers (wie auf viele andere) stützen, indem sie geltend macht, daß der Verfolgungswahn (gegen Flechsig) unverkennbar früher auftritt als die Phantasie des Weltunterganges, so daß die angebliche Wiederkehr des Verdrängten der Verdrängung selbst vorherginge, was offenbar widersinnig ist. Diesem Einwand zuliebe müssen wir von der allgemeinsten Betrachtung zur Einzelwürdigung der gewiß sehr viel komplizierteren realen Verhältnisse herabsteigen. Die Möglichkeit muß zugegeben werden, daß eine solche Ablösung der Libido ebensowohl eine partielle, ein Zurückziehen von einem einzelnen Komplex, wie eine allgemeine sein kann. Die partielle Lösung dürfte die bei weitem häufigere sein und diejenige, die die allgemeine einleitet, weil sie ja durch die Einflüsse des Lebens zunächst allein motiviert wird. Es kann dann bei der partiellen Lösung bleiben oder dieselbe zu einer allgemeinen vervollständigt werden, die sich durch den Größenwahn auffällig kundgibt. Im Falle Schrebers mag die Ablösung der Libido von der Person Flechsigs immerhin das Primäre gewesen sein; ihr folgt alsbald der Wahn nach, welcher die Libido wieder zu Flechsig (mit negativem Vorzeichen als Marke der stattgehabten Verdrängung) zurückführt und so das Werk der Verdrängung aufhebt. Nun bricht der Verdrängungskampf von neuem los, bedient sich aber diesmal stärkerer Mittel; in dem Maße, als das umstrittene Objekt das wichtigste in der Außenwelt wird, einerseits alle Libido an sich ziehen will, anderseits alle Widerstände gegen sich mobil macht, wird der Kampf ums einzelne Objekt mit einer allgemeinen Schlacht vergleichbar, in deren Verlauf sich der Sieg der Verdrängung durch die Überzeugung ausdrückt, die Welt sei untergegangen und das Selbst allein übrig geblieben. Überblickt man die kunstvollen Konstruktionen, welche der Wahn Schrebers auf religiösem Boden aufbaut

(die Hierarchie Gottes — die geprüften Seelen — die Vorhöfe des Himmels — den niederen und den oberen Gott), so kann man rückschließend ermessen, welcher Reichtum von Sublimierungen durch die Katastrophe der allgemeinen Libidoablösung zum Einsturz gebracht worden war.

3) Eine dritte Überlegung, die sich auf den Boden der hier entwickelten Anschauungen stellt, wirft die Frage auf, ob wir die allgemeine Ablösung der Libido von der Außenwelt als genügend wirksam annehmen sollen, um aus ihr den „Weltuntergang" zu erklären, ob nicht in diesem Falle die festgehaltenen Ichbesetzungen hinreichen müßten, um den Rapport mit der Außenwelt aufrecht zu halten. Man müßte dann entweder das, was wir Libidobesetzung (Interesse aus erotischen Quellen) heißen, mit dem Interesse überhaupt zusammenfallen lassen oder die Möglichkeit in Betracht ziehen, daß eine ausgiebige Störung in der Unterbringung der Libido auch eine entsprechende Störung in den Ichbesetzungen induzieren kann. Nun sind dies Probleme, zu deren Beantwortung wir noch ganz hilflos und ungeschickt sind. Könnten wir von einer gesicherten Trieblehre ausgehen, so stünde es anders. Aber in Wahrheit verfügen wir über nichts dergleichen. Wir fassen den Trieb als den Grenzbegriff des Somatischen gegen das Seelische, sehen in ihm den psychischen Repräsentanten organischer Mächte und nehmen die populäre Unterscheidung von Ichtrieben und Sexualtrieb an, die uns mit der biologischen Doppelstellung des Einzelwesens, welche seine eigene Erhaltung wie die der Gattung anstrebt, übereinzustimmen scheint. Aber alles Weitere sind Konstruktionen, die wir aufstellen und auch bereitwillig wieder fallen lassen, um uns in dem Gewirre der dunkleren seelischen Vorgänge zu orientieren, und wir erwarten gerade von psychoanalytischen Untersuchungen über krankhafte Seelenvorgänge, daß sie uns gewisse Entscheidungen in den Fragen der Trieblehre aufnötigen werden. Bei der Jugend und Vereinzelung solcher Untersuchungen kann diese Erwartung noch nicht Er-

füllung gefunden haben. Die Möglichkeit von Rückwirkungen der Libidostörungen auf die Ichbesetzungen wird man so wenig von der Hand weisen dürfen wie die Umkehrung davon, die sekundäre oder induzierte Störung der Libidovorgänge durch abnorme Veränderungen im Ich. Ja, es ist wahrscheinlich, daß Vorgänge dieser Art den unterscheidenden Charakter der Psychose ausmachen. Was hievon für die Paranoia in Betracht kommt, wird sich gegenwärtig nicht angeben lassen. Ich möchte nur einen einzigen Gesichtspunkt hervorheben. Man kann nicht behaupten, daß der Paranoiker sein Interesse von der Außenwelt völlig zurückgezogen hat, auch nicht auf der Höhe der Verdrängung, wie man es etwa von gewissen anderen Formen von halluzinatorischen Psychosen beschreiben muß (Meynerts Amentia). Er nimmt die Außenwelt wahr, er gibt sich Rechenschaft über ihre Veränderungen, wird durch ihren Eindruck zu Erklärungsleistungen angeregt (die „flüchtig hingemachten" Männer), und darum halte ich es für weitaus wahrscheinlicher, daß seine veränderte Relation zur Welt allein oder vorwiegend durch den Ausfall des Libidointeresses zu erklären ist.

4) Bei den nahen Beziehungen der Paranoia zur Dementia praecox kann man der Frage nicht ausweichen, wie eine solche Auffassung der ersteren Affektion auf die der letzteren zurückwirken muß. Ich halte es für einen wohlberechtigten Schritt Kraepelins, vieles, was man vorher Paranoia geheißen hat, mit der Katatonie und anderen Formen zu einer neuen klinischen Einheit zu verschmelzen, für welche der Name Dementia praecox allerdings besonders ungeschickt gewählt ist. Auch gegen die Bleulersche Bezeichnung des gleichen Formenkreises als Schizophrenie wäre einzuwenden, daß der Name nur dann gut brauchbar erscheint, wenn man sich an seine Wortbedeutung nicht erinnert. Er ist sonst allzu präjudizierlich, indem er einen theoretisch postulierten Charakter zur Benennung verwendet, überdies einen solchen, welcher der Affektion nicht ausschließend zukommt und

im Lichte anderer Anschauungen nicht für den wesentlichen erklärt werden kann. Es ist aber im ganzen nicht sehr wichtig, wie man Krankheitsbilder benennt. Wesentlicher erschiene es mir, die Paranoia als selbständigen klinischen Typus aufrecht zu halten, auch wenn ihr Bild noch so häufig durch schizophrene Züge kompliziert wird, denn vom Standpunkte der Libidotheorie ließe sie sich durch eine andere Lokalisation der disponierenden Fixierung und einen andern Mechanismus der Wiederkehr (Symptombildung) von der Dementia praecox sondern, mit welcher sie den Hauptcharakter der eigentlichen Verdrängung, die Libidoablösung mit Regression zum Ich, gemeinsam hätte. Ich hielte es für das zweckmäßigste, wenn man die Dementia praecox mit dem Namen Paraphrenie belegen wollte, welcher, an sich unbestimmten Inhalts, ihre Beziehungen zu der unabänderlich benannten Paranoia zum Ausdruck bringt und überdies an die in ihr aufgegangene Hebephrenie erinnert. Es käme dabei nicht in Betracht, daß dieser Name bereits früher für anderes vorgeschlagen wurde, da sich diese anderen Verwendungen nicht durchgesetzt haben.

Daß bei der Dementia praecox der Charakter der Abkehr der Libido von der Außenwelt ganz besonders deutlich ist, hat Abraham (l. c.) auf sehr eindringliche Weise auseinandergesetzt. Aus diesem Charakter erschließen wir die Verdrängung durch Libidoablösung. Die Phase der stürmischen Halluzinationen fassen wir auch hier als eine des Kampfes der Verdrängung mit einem Heilungsversuch, der die Libido wieder zu ihren Objekten bringen will. In den Delirien und motorischen Stereotypien der Krankheit hat Jung mit außerordentlichem analytischem Scharfsinn die krampfhaft festgehaltenen Reste der einstigen Objektbesetzungen erkannt. Dieser vom Beobachter für die Krankheit selbst gehaltene Heilungsversuch bedient sich aber nicht wie bei Paranoia der Projektion, sondern des halluzinatorischen (hysterischen) Mechanismus. Dies ist der eine der großen Unterschiede von der

Paranoia; er ist einer genetischen Aufklärung von anderer Seite her fähig. Der Ausgang der Dementia praecox, wo die Affektion nicht allzusehr partiell bleibt, bringt den zweiten Unterschied. Er ist im allgemeinen ungünstiger als der der Paranoia; der Sieg bleibt nicht wie bei letzterer der Rekonstruktion, sondern der Verdrängung. Die Regression geht nicht nur bis zum Narzißmus, der sich in Größenwahn äußert, sondern bis zur vollen Auflassung der Objektliebe und Rückkehr zum infantilen Autoerotismus. Die disponierende Fixierung muß also weiter zurückliegen als die der Paranoia, im Beginn der Entwicklung, die vom Autoerotismus zur Objektliebe strebt, enthalten sein. Es ist auch keineswegs wahrscheinlich, daß die homosexuellen Anstöße, die wir bei der Paranoia so häufig, vielleicht regelmäßig finden, in der Ätiologie der weit uneingeschränkteren Dementia praecox eine ähnlich bedeutsame Rolle spielen.

Unsere Annahmen über die disponierenden Fixierungen bei Paranoia und Paraphrenie machen es ohne weiteres verständlich, daß ein Fall mit paranoischen Symptomen beginnen und sich doch zur Demenz entwickeln kann, daß paranoide und schizophrene Erscheinungen sich in jedem Ausmaße kombinieren, daß ein Krankheitsbild wie das Schrebers zustande kommen kann, welches den Namen einer paranoischen Demenz verdient, durch das Hervortreten der Wunschphantasie und der Halluzinationen dem paraphrenen, durch den Anlaß, den Projektionsmechanismus und den Ausgang dem paranoiden Charakter Rechnung trägt. Es können ja in der Entwicklung mehrere Fixierungen zurückgelassen worden sein und der Reihe nach den Durchbruch der abgedrängten Libido gestatten, etwa die später erworbene zuerst und im weiteren Verlaufe der Krankheit dann die ursprüngliche, dem Ausgangspunkt näher liegende. Man möchte gerne wissen, welchen Bedingungen dieser Fall die relativ günstige Erledigung verdankt, denn man wird sich nicht gerne entschließen, etwas so Zufälliges wie die „Versetzungsbesserung", die mit dem Verlassen der Flechsigschen Anstalt eintrat,[1] allein für den Ausgang verantwortlich zu machen. Aber unsere unzulängliche Kenntnis der intimen Zusammenhänge in dieser Krankengeschichte macht die Antwort auf diese interessante Frage unmöglich. Als Vermutung könnte man hinstellen, daß die wesentlich positive Tönung des Vaterkomplexes, das in der Realität späterer Jahre wahrscheinlich ungetrübte Verhältnis zu einem vortrefflichen Vater, die Versöhnung mit der homosexuellen Phantasie und damit den heilungsartigen Ablauf ermöglicht hat.

Da ich weder die Kritik fürchte noch die Selbstkritik scheue, habe ich kein Motiv, die Erwähnung einer Ähnlichkeit zu vermeiden, die vielleicht unsere Libidotheorie im Urteile vieler Leser schädigen wird. Die durch Verdichtung von Sonnenstrahlen, Nervenfasern und Samenfäden komponierten „Gottesstrahlen" Schrebers sind eigentlich nichts anderes als die dinglich dargestellten, nach außen projizierten Libidobesetzungen und verleihen seinem Wahn eine auffällige Übereinstimmung mit unserer Theorie. Daß die Welt untergehen muß, weil das Ich des Kranken alle Strahlen an sich zieht, daß er später während des Rekonstruktionsvorganges ängstlich besorgt sein muß, daß Gott nicht die Strahlenverbindung mit ihm löse, diese und manche andere Einzelheiten der Schreberschen Wahnbildung klingen fast wie endopsychische Wahrnehmungen der Vorgänge, deren Annahme ich hier einem Verständnis der Paranoia zugrunde gelegt habe. Ich kann aber das Zeugnis eines Freundes und Fachmannes dafür vorbringen, daß ich die Theorie der Paranoia entwickelt habe, ehe mir der Inhalt des Schreberschen Buches bekannt war. Es bleibt der Zukunft überlassen, zu entscheiden, ob in der Theorie mehr Wahn enthalten ist, als ich möchte, oder in dem Wahn mehr Wahrheit, als andere heute glaublich finden.

---

1) Vgl. Riklin, Über Versetzungsbesserungen. Psychiatrisch-neurologische Wochenschrift 1905, Nr. 16—18.

Endlich möchte ich diese Arbeit, die doch wiederum nur ein Bruchstück eines größeren Zusammenhanges darstellt, nicht beschließen, ohne einen Ausblick auf die beiden Hauptsätze zu geben, auf deren Erweis die Libidotheorie der Neurosen und Psychosen hinsteuert, daß die Neurosen im wesentlichen aus dem Konflikte des Ichs mit dem Sexualtrieb hervorgehen, und daß ihre Formen die Abdrücke der Entwicklungsgeschichte der Libido — und des Ichs bewahren.

# NACHTRAG

In der Behandlung der Krankengeschichte des Senatspräsidenten Schreber habe ich mich mit Absicht auf ein Mindestmaß von Deutung eingeschränkt und darf darauf vertrauen, daß jeder psychoanalytisch geschulte Leser aus dem mitgeteilten Material mehr entnommen haben wird, als ich ausdrücklich ausspreche, daß es ihm nicht schwer gefallen ist, die Fäden des Zusammenhanges enger anzuziehen und Schlußfolgerungen zu erreichen, die ich bloß andeute. Ein freundlicher Zufall, der die Aufmerksamkeit anderer Autoren des gleichen Bandes auf die Schrebersche Selbstbiographie gelenkt hat, läßt auch erraten, wieviel noch aus dem symbolischen Gehalt der Phantasien und Wahnideen des geistreichen Paranoikers zu schöpfen ist.[1]

Eine zufällige Bereicherung meiner Kenntnisse seit der Veröffentlichung meiner Arbeit über Schreber hat mich nun in den Stand gesetzt, eine seiner wahnhaften Behauptungen besser zu würdigen und als mythologisch beziehungsreich zu erkennen. Auf Seite 289 erwähne ich das besondere Verhältnis des Kranken zur Sonne, die ich für ein sublimiertes „Vatersymbol" erklären mußte. Die Sonne spricht mit ihm in menschlichen Worten und gibt sich ihm so als ein belebtes Wesen zu erkennen. Er pflegt sie zu beschimpfen, mit Drohworten anzuschreien; er versichert auch, daß ihre Strahlen vor ihm erbleichen, wenn er gegen sie

---

[1] Vgl. Jung, Wandlungen und Symbole der Libido, Jahrbuch f. psychoanalyt. u. psychopathol. Forschungen III. (1911), S. 164 und 207, Spielrein, Über den psychischen Inhalt eines Falles von Schizophrenie usw., ebenda S. 350.

gewendet laut spricht. Nach seiner „Genesung" rühmt er sich, daß er ruhig in die Sonne sehen kann und davon nur in sehr bescheidenem Maße geblendet wird, was natürlich früher nicht möglich gewesen wäre (Anmerkung auf S. 139 des Schreberschen Buches).

An dieses wahnhafte Vorrecht, ungeblendet in die Sonne schauen zu können, knüpft nun das mythologische Interesse an. Man liest bei S. Reinach,[1] daß die alten Naturforscher dieses Vermögen allein den Adlern zugestanden, die als Bewohner der höchsten Luftschichten zum Himmel, zur Sonne und zum Blitze in besonders innige Beziehung gebracht wurden.[2] Dieselben Quellen berichten aber auch, daß der Adler seine Jungen einer Probe unterzieht, ehe er sie als legitim anerkennt. Wenn sie es nicht zustande bringen, in die Sonne zu schauen, ohne zu blinzeln, werden sie aus dem Nest geworfen.

Über die Bedeutung dieses Tiermythus kann kein Zweifel sein. Gewiß wird hier den Tieren nur zugeschrieben, was bei den Menschen geheiligter Gebrauch ist. Was der Adler mit seinen Jungen anstellt, ist ein Ordale, eine Abkunftsprobe, wie sie von den verschiedensten Völkern aus alten Zeiten berichtet wird. So vertrauten die am Rhein wohnenden Kelten ihre Neugeborenen den Fluten des Stromes an, um sich zu überzeugen, ob sie wirklich ihres Blutes wären. Der Stamm der Psyllen im heutigen Tripolis, der sich der Abkunft von Schlangen rühmte, setzte seine Kinder der Berührung solcher Schlangen aus; die rechtmäßig Geborenen wurden entweder nicht gebissen oder erholten sich rasch von den Folgen des Bisses.[3] Die Voraussetzung dieser Erprobungen führt tief in die totemistische Denkweise primitiver Völker hinein. Der Totem — das Tier oder die animistisch ge-

---

1) Cultes, Mythes et Religions, T. III, 1908, p. 80. (Nach Keller, Tiere des Altertums.)

2) An den höchsten Stellen der Tempel waren Bilder von Adlern angebracht, um als „magische" Blitzableiter zu wirken. (S. Reinach, l. c.)

3) Siehe Literaturnachweise bei Reinach l. c. T. III und T. I, p. 74.

dachte Naturmacht, von der der Stamm seine Abkunft herleitet
— verschont die Angehörigen dieses Stammes als seine Kinder,
wie er selbst von ihnen als Stammvater verehrt und eventuell
verschont wird. Wir sind hier bei Dingen angelangt, die mir
berufen erscheinen, ein psychoanalytisches Verständnis für die
Ursprünge der Religion zu ermöglichen.

Der Adler, der seine Jungen in die Sonne schauen läßt und
verlangt, daß sie von ihrem Lichte nicht geblendet werden, benimmt sich also wie ein Abkömmling der Sonne, der seine Kinder
der Ahnenprobe unterwirft. Und wenn Schreber sich rühmt,
daß er ungestraft und ungeblendet in die Sonne schauen kann,
hat er den mythologischen Ausdruck für seine Kindesbeziehung
zur Sonne wiedergefunden, hat uns von neuem bestätigt, wenn
wir seine Sonne als ein Symbol des Vaters auffassen. Erinnern wir uns daran, daß Schreber in seiner Krankheit seinen
Familienstolz frei äußert („Die Schrebers gehören dem höchsten
himmlischen Adel an"),[1] daß wir ein menschliches Motiv für seine
Erkrankung an einer femininen Wunschphantasie in seiner Kinderlosigkeit gefunden haben, so wird uns der Zusammenhang seines
wahnhaften Vorrechtes mit den Grundlagen seines Krankseins
deutlich genug.

Dieser kleine Nachtrag zur Analyse eines Paranoiden mag
dartun, wie wohlbegründet die Behauptung Jungs ist, daß die
mythenbildenden Kräfte der Menschheit nicht erloschen sind,
sondern heute noch in den Neurosen dieselben psychischen Produkte erzeugen wie in den ältesten Zeiten. Ich möchte eine früher
gemachte Andeutung[2] wieder aufnehmen, indem ich ausspreche,
daß für die religionsbildenden Kräfte dasselbe gilt. Und ich meine,
es wird bald an der Zeit sein, einen Satz, den wir Psychoanalytiker schon vor langem ausgesprochen haben, zu erweitern,
zu seinem individuellen, ontogenetisch verstandenen Inhalt die

---
1) Denkwürdigkeiten, S. 24. — „Adel" gehört zu „Adler".
2) Zwangshandlungen und Religionsübungen, 1907. [Bd. VII dieser Gesamtausgabe.]

anthropologische, phylogenetisch zu fassende Ergänzung hinzuzufügen. Wir haben gesagt: Im Traume und in der Neurose finden wir das Kind wieder mit den Eigentümlichkeiten seiner Denkweisen und seines Affektlebens. Wir werden ergänzen: auch den wilden, den primitiven Menschen, wie er sich uns im Lichte der Altertumswissenschaft und der Völkerforschung zeigt.

# ÜBER NEUROTISCHE
# ERKRANKUNGSTYPEN

# ÜBER NEUROTISCHE ERKRANKUNGSTYPEN

In den nachstehenden Sätzen soll auf Grund empirisch gewonnener Eindrücke dargestellt werden, welche Veränderungen der Bedingungen dafür maßgebend sind, daß bei den hiezu Disponierten eine neurotische Erkrankung zum Ausbruch komme. Es handelt sich also um die Frage der Krankheitsveranlassungen; von den Krankheitsformen wird wenig die Rede sein. Von anderen Zusammenstellungen der Erkrankungsanlässe wird sich diese durch den einen Charakter unterscheiden, daß sie die aufzuzählenden Veränderungen sämtlich auf die Libido des Individuums bezieht. Die Schicksale der Libido erkannten wir ja durch die Psychoanalyse als entscheidend für nervöse Gesundheit oder Krankheit. Auch über den Begriff der Disposition ist in diesem Zusammenhange kein Wort zu verlieren. Gerade die psychoanalytische Forschung hat uns ermöglicht, die neurotische Disposition in der Entwicklungsgeschichte der Libido nachzuweisen und die in ihr wirksamen Faktoren auf mitgeborene Varietäten der sexuellen Konstitution und in der frühen Kindheit erlebte Einwirkungen der Außenwelt zurückzuführen.

*a)* Der nächstliegende, am leichtesten auffindbare und am besten verständliche Anlaß zur neurotischen Erkrankung liegt in jenem äußeren Moment vor, welches allgemein als die **Versagung** beschrieben werden kann. Das Individuum war gesund, solange seine Liebesbedürftigkeit durch ein reales Objekt der Außenwelt befriedigt wurde; es wird neurotisch, sobald ihm dieses Objekt entzogen wird, ohne daß sich ein Ersatz dafür findet. Glück fällt hier mit Gesundheit, Unglück mit Neurose zusammen. Die Heilung fällt dem Schicksal, welches für die verlorene Befriedigungsmöglichkeit einen Ersatz schenken kann, leichter als dem Arzte.

Für diesen Typus, an dem wohl die Mehrzahl der Menschen Anteil hat, beginnt die Erkrankungsmöglichkeit also erst mit der Abstinenz, woraus man ermessen kann, wie bedeutungsvoll die kulturellen Einschränkungen der zugänglichen Befriedigung für die Veranlassung der Neurosen sein mögen. Die Versagung wirkt dadurch pathogen, daß sie die Libido aufstaut und nun das Individuum auf die Probe stellt, wie lange es diese Steigerung der psychischen Spannung erträgt, und welche Wege es einschlagen wird, sich ihrer zu entledigen. Es gibt nur zwei Möglichkeiten, sich bei anhaltender realer Versagung der Befriedigung gesund zu erhalten, erstens, indem man die psychische Spannung in tatkräftige Energie umsetzt, welche der Außenwelt zugewendet bleibt und endlich eine reale Befriedigung der Libido von ihr erzwingt, und zweitens, indem man auf die libidinöse Befriedigung verzichtet, die aufgestaute Libido sublimiert und zur Erreichung von Zielen verwendet, die nicht mehr erotische sind und der Versagung entgehen. Daß beide Möglichkeiten in den Schicksalen der Menschen zur Verwirklichung kommen, beweist uns, daß Unglück nicht mit Neurose zusammenfällt, und daß die Versagung nicht allein über Gesundheit oder Erkrankung der Betroffenen entscheidet. Die Wirkung der Versagung liegt zunächst darin, daß sie die bis dahin unwirksamen dispositionellen Momente zur Geltung bringt.

Wo diese in genügend starker Ausbildung vorhanden sind, besteht die Gefahr, daß die Libido introvertiert werde.[1] Sie wendet sich von der Realität ab, welche durch die hartnäckige

---
1) Nach einem von C. G. Jung eingeführten Terminus.

Versagung an Wert für das Individuum verloren hat, wendet sich dem Phantasieleben zu, in welchem sie neue Wunschbildungen schafft und die Spuren früherer, vergessener Wunschbildungen wiederbelebt. Infolge des innigen Zusammenhanges der Phantasietätigkeit mit dem in jedem Individuum vorhandenen infantilen, verdrängten und unbewußt gewordenen Material und dank der Ausnahmsstellung gegen die Realitätsprüfung, die dem Phantasieleben eingeräumt ist,[1] kann die Libido nun weiter rückläufig werden, auf dem Wege der Regression infantile Bahnen auffinden und ihnen entsprechende Ziele anstreben. Wenn diese Strebungen, die mit dem aktuellen Zustand der Individualität unverträglich sind, genug Intensität erworben haben, muß es zum Konflikt zwischen ihnen und dem andern Anteil der Persönlichkeit kommen, welcher in Relation zur Realität geblieben ist. Dieser Konflikt wird durch Symptombildungen gelöst und geht in manifeste Erkrankung aus. Daß der ganze Prozeß von der realen Versagung ausgegangen ist, spiegelt sich in dem Ergebnis wider, daß die Symptome, mit denen der Boden der Realität wieder erreicht wird, Ersatzbefriedigungen darstellen.

*b)* Der zweite Typus der Erkrankungsveranlassung ist keineswegs so augenfällig wie der erste und konnte wirklich erst durch eindringende analytische Studien im Anschluß an die Komplexlehre der Züricher Schule aufgedeckt werden.[2] Das Individuum erkrankt hier nicht infolge einer Veränderung in der Außenwelt, welche an die Stelle der Befriedigung die Versagung gesetzt hat, sondern infolge einer inneren Bemühung, um sich die in der Realität zugängliche Befriedigung zu holen. Es erkrankt an dem Versuch, sich der Realität anzupassen und die Realforderung zu erfüllen, wobei es auf unüberwindliche innere Schwierigkeiten stößt.

---

1) Vgl. meine „Formulierungen über die zwei Prinzipien des psychischen Geschehens". [Dieser Band S. 229 ff.]
2) Vgl. Jung, Die Bedeutung des Vaters für das Schicksal des Einzelnen. Jahrbuch für Psychoanalyse I, 1909.

Es empfiehlt sich, die beiden Erkrankungstypen scharf gegeneinander abzusetzen, schärfer, als es die Beobachtung zumeist gestattet. Beim ersten Typus drängt sich eine Veränderung in der Außenwelt vor, beim zweiten fällt der Akzent auf eine innere Veränderung. Nach dem ersten Typus erkrankt man an einem Erlebnis, nach dem zweiten an einem Entwicklungsvorgang. Im ersten Falle wird die Aufgabe gestellt, auf Befriedigung zu verzichten, und das Individuum erkrankt an seiner Widerstandsunfähigkeit; im zweiten Falle lautet die Aufgabe, eine Art der Befriedigung gegen eine andere zu vertauschen, und die Person scheitert an ihrer Starrheit. Im zweiten Falle ist der Konflikt zwischen dem Bestreben, so zu verharren, wie man ist, und dem anderen, sich nach neuen Absichten und neuen Realforderungen zu verändern, von vornherein gegeben; im früheren Falle stellt er sich erst her, nachdem die gestaute Libido andere, und zwar unverträgliche Befriedigungsmöglichkeiten erwählt hat. Die Rolle des Konflikts und der vorherigen Fixierung der Libido sind beim zweiten Typus ungleich augenfälliger als beim ersten, bei dem sich solche unbrauchbare Fixierungen eventuell erst infolge der äußeren Versagung herstellen mögen.

Ein junger Mann, der seine Libido bisher durch Phantasien mit Ausgang in Masturbation befriedigt hatte und nun dieses dem Autoerotismus nahestehende Regime mit der realen Objektwahl vertauschen will, ein Mädchen, das seine ganze Zärtlichkeit dem Vater oder Bruder geschenkt hatte und nun für einen um sie werbenden Mann die bisher unbewußten, inzestuösen, Libidowünsche bewußt werden lassen soll, eine Frau, die auf ihre polygamen Neigungen und Prostitutionsphantasien verzichten möchte, um ihrem Mann eine treue Gefährtin und ihrem Kind eine tadellose Mutter zu werden: diese alle erkranken an den lobenswertesten Bestrebungen, wenn die früheren Fixierungen ihrer Libido stark genug sind, um sich einer Verschiebung zu widersetzen, wofür wiederum die Faktoren der Disposition, konstitutionelle Anlage und infantiles Erleben, entscheidend werden. Sie erleben alle sozusagen das Schicksal des Bäumleins im Grimmschen Märchen, das andere Blätter hat gewollt; vom hygienischen Standpunkt, der hier freilich nicht allein in Betracht kommt, könnte man ihnen nur wünschen, daß sie weiterhin so unentwickelt, so minderwertig und nichtsnutzig geblieben wären, wie sie es vor ihrer Erkrankung waren. Die Veränderung, welche die Kranken anstreben, aber nur unvollkommen oder gar nicht zustande bringen, hat regelmäßig den Wert eines Fortschrittes im Sinne des realen Lebens. Anders, wenn man mit ethischem Maßstabe mißt; man sieht die Menschen ebenso oft erkranken, wenn sie ein Ideal abstreifen, als wenn sie es erreichen wollen.

Ungeachtet der sehr deutlichen Verschiedenheiten der beiden beschriebenen Erkrankungstypen, treffen sie doch im wesentlichen zusammen und lassen sich unschwer zu einer Einheit zusammenfassen. Die Erkrankung an Versagung fällt auch unter den Gesichtspunkt der Unfähigkeit zur Anpassung an die Realität, nämlich an den einen Fall, daß die Realität die Befriedigung der Libido versagt. Die Erkrankung unter den Bedingungen des zweiten Typus führt ohne weiteres zu einem Sonderfall der Versagung. Es ist hiebei zwar nicht jede Art der Befriedigung von der Realität versagt, wohl aber gerade die eine, welche das Individuum für die ihm einzig mögliche erklärt, und die Versagung geht nicht direkt von der Außenwelt, sondern primär von gewissen Strebungen des Ichs aus, aber die Versagung bleibt das Gemeinsame und Übergeordnete. Infolge des Konflikts, der beim zweiten Typus sofort einsetzt, werden beide Arten der Befriedigung, die gewohnte wie die angestrebte, gleichmäßig gehemmt; es kommt zur Libidostauung mit den von ihr ablaufenden Folgen wie im ersten Falle. Die psychischen Vorgänge auf dem Wege zur Symptombildung sind beim zweiten Typus eher übersichtlicher als beim ersten, da die pathogenen Fixierungen der Libido hier nicht erst herzustellen waren, sondern während der Gesundheit in Kraft bestanden hatten. Ein gewisses Maß von Introversion der Libido war meist schon vorhanden; ein Stück der Regression zum Infantilen wird dadurch erspart, daß die Entwicklung noch nicht den ganzen Weg zurückgelegt hatte.

*c)* Wie eine Übertreibung des zweiten Typus, der Erkrankung an der **Realforderung**, erscheint der nächste Typus, den ich als Erkrankung durch **Entwicklungshemmung** beschreiben will. Ein theoretischer Anspruch, ihn abzusondern, läge nicht vor, wohl aber ein praktischer, da es sich um Personen handelt, die erkranken, sobald sie das unverantwortliche Kindesalter überschreiten, und somit niemals eine Phase von Gesundheit, das heißt von im ganzen uneingeschränkter Leistungs- und Genußfähigkeit erreicht haben. Das Wesentliche des disponierenden Prozesses liegt in diesen Fällen klar zutage. Die Libido hat die infantilen Fixierungen niemals verlassen, die Realforderung tritt nicht plötzlich einmal an das ganz oder zum Teil gereifte Individuum heran, sondern wird durch den Tatbestand des Älterwerdens selbst gegeben, indem sie sich selbstverständlicherweise mit dem Alter des Individuums kontinuierlich ändert. Der Konflikt tritt gegen die Unzulänglichkeit zurück, doch müssen wir nach allen unseren sonstigen Einsichten ein Bestreben, die Kindheitsfixierungen zu überwinden, auch hier statuieren, sonst könnte niemals Neurose, sondern nur stationärer Infantilismus der Ausgang des Prozesses sein.

*d)* Wie der dritte Typus uns die disponierende Bedingung fast isoliert vorgeführt hatte, so macht uns der nun folgende vierte auf ein anderes Moment aufmerksam, dessen Wirksamkeit in allen Fällen in Betracht kommt und gerade darum leicht in einer theoretischen Erörterung übersehen werden könnte. Wir sehen nämlich Individuen erkranken, die bisher gesund gewesen waren, an die kein neues Erlebnis herangetreten ist, deren Relation zur Außenwelt keine Änderung erfahren hat, so daß ihre

Erkrankung den Eindruck des Spontanen machen muß. Nähere Betrachtung solcher Fälle zeigt uns indes, daß sich in ihnen doch eine Veränderung vollzogen hat, die wir als höchst bedeutsam für die Krankheitsverursachung einschätzen müssen. Infolge des Erreichens eines gewissen Lebensabschnittes und im Anschlusse an gesetzmäßige biologische Vorgänge hat die Quantität der Libido in ihrem seelischen Haushalt eine Steigerung erfahren, welche für sich allein hinreicht, das Gleichgewicht der Gesundheit umzuwerfen und die Bedingungen der Neurose herzustellen. Wie bekannt, sind solche eher plötzliche Libidosteigerungen mit der Pubertät und der Menopause, mit dem Erreichen gewisser Jahreszahlen bei Frauen, regelmäßig verbunden; bei manchen Menschen mögen sie sich überdies in noch unbekannten Periodizitäten äußern. Die Libidostauung ist hier das primäre Moment, sie wird pathogen infolge der r e l a t i v e n Versagung von seiten der Außenwelt, die einem geringeren Libidoanspruch die Befriedigung noch gestattet hätte. Die unbefriedigte und gestaute Libido kann wieder die Wege zur Regression eröffnen und dieselben Konflikte anfachen, die wir für den Fall der absoluten äußeren Versagung festgestellt haben. Wir werden auf solche Weise daran gemahnt, daß wir das quantitative Moment bei keiner Überlegung über Krankheitsveranlassung außer acht lassen dürfen. Alle anderen Faktoren, die Versagung, Fixierung, Entwicklungshemmung, bleiben wirkungslos, insofern sie nicht ein gewisses Maß der Libido betreffen und eine Libidostauung von bestimmter Höhe hervorrufen. Dieses Maß von Libido, das uns für eine pathogene Wirkung unentbehrlich dünkt, ist für uns freilich nicht meßbar; wir können es nur postulieren, nachdem der Krankheitserfolg eingetreten ist. Nur nach einer Richtung dürfen wir es enger bestimmen; wir dürfen annehmen, daß es sich nicht um eine absolute Quantität handelt, sondern um das Verhältnis des wirksamen Libidobetrages zu jener Quantität von Libido, welche das einzelne Ich bewältigen, das heißt in Spannung erhalten, sublimieren oder direkt verwenden kann. Daher wird eine relative Steigerung der Libidoquantität dieselben Wirkungen haben können wie eine absolute. Eine Schwächung des Ichs durch organische Krankheit oder durch besondere Inanspruchnahme seiner Energie wird imstande sein, Neurosen zum Vorschein kommen zu lassen, die sonst trotz aller Disposition latent geblieben wären.

Die Bedeutung, welche wir der Libidoquantität für die Krankheitsverursachung zugestehen müssen, stimmt in wünschenswerter Weise zu zwei Hauptsätzen der Neurosenlehre, die sich aus der Psychoanalyse ergeben haben. Erstens zu dem Satze, daß die Neurosen aus dem Konflikt zwischen dem Ich und der Libido entspringen, zweitens zu der Einsicht, daß keine qualitative Verschiedenheit zwischen den Bedingungen der Gesundheit und denen der Neurose bestehe, daß die Gesunden vielmehr mit denselben Aufgaben der Bewältigung der Libido zu kämpfen haben, nur daß es ihnen besser gelungen ist.

Es erübrigt noch, einige Worte über das Verhältnis dieser Typen zur Erfahrung zu sagen. Wenn ich die Anzahl von Kranken überblicke, mit deren Analyse ich gerade jetzt beschäftigt bin, so muß ich feststellen, daß keiner von ihnen einen der vier Erkrankungstypen rein realisiert. Ich finde vielmehr bei jedem ein Stück der Versagung wirksam neben einem Anteil von Unfähigkeit, sich der Realforderung anzupassen; der Gesichtspunkt der Entwicklungshemmung, die ja mit der Starrheit der Fixierungen zusammenfällt, kommt bei allen in Betracht, und die Bedeutung der Libidoquantität dürfen wir, wie oben ausgeführt, niemals vernachlässigen. Ja, ich erfahre, daß bei mehreren unter diesen Kranken die Krankheit in Schüben zum Vorschein gekommen ist, zwischen welchen Intervalle von Gesundheit lagen, und daß jeder dieser Schübe sich auf einen anderen Typus von Veranlassung zurückführen läßt. Die Aufstellung dieser vier Typen hat also keinen hohen theoretischen Wert; es sind bloß verschiedene Wege zur Herstellung einer gewissen pathogenen Konstellation im

seelischen Haushalt, nämlich der Libidostauung, welcher sich das
Ich mit seinen Mitteln nicht ohne Schaden erwehren kann. Die
Situation selbst wird aber nur pathogen infolge eines quantitativen Momentes; sie ist nicht etwa eine Neuheit für das Seelenleben und durch das Eindringen einer sogenannten „Krankheits-
ursache" geschaffen.

Eine gewisse praktische Bedeutung werden wir den Erkrankungstypen gerne zugestehen. Sie sind in einzelnen Fällen auch
rein zu beobachten; auf den dritten und vierten Typus wären
wir nicht aufmerksam geworden, wenn sie nicht die einzigen
Veranlassungen der Erkrankung für manche Individuen enthielten.
Der erste Typus hält uns den außerordentlich mächtigen Einfluß
der Außenwelt vor Augen, der zweite den nicht minder bedeutsamen der Eigenart des Individuums, welche sich diesem Einflusse widersetzt. Die Pathologie konnte dem Problem der Krankheitsveranlassung bei den Neurosen nicht gerecht werden, solange
sie sich bloß um die Entscheidung bemühte, ob diese Affektionen
endogener oder exogener Natur seien. Allen Erfahrungen,
welche auf die Bedeutung der Abstinenz (im weitesten Sinne)
als Veranlassung hinweisen, mußte sie immer den Einwand entgegensetzen, andere Personen vertrügen dieselben Schicksale, ohne
zu erkranken. Wollte sie aber die Eigenart des Individuums als
das für Krankheit und Gesundheit Wesentliche betonen, so mußte
sie sich die Vorhaltung gefallen lassen, daß Personen mit solcher
Eigenart die längste Zeit über gesund bleiben können, so lange
ihnen nur gestattet ist, diese Eigenart zu bewahren. Die Psychoanalyse hat uns gemahnt, den unfruchtbaren Gegensatz von
äußeren und inneren Momenten, von Schicksal und Konstitution,
aufzugeben, und hat uns gelehrt, die Verursachung der neurotischen Erkrankung regelmäßig in einer bestimmten psychischen
Situation zu finden, welche auf verschiedenen Wegen hergestellt
werden kann.

# ZUR EINLEITUNG
# DER ONANIE-DISKUSSION.
# SCHLUSSWORT

# ZUR EINLEITUNG
## DER ONANIE-DISKUSSION

Die Diskussionen in der „Wiener Psychoanalytischen Vereinigung" verfolgen niemals die Absicht, Gegensätze aufzuheben oder Entscheidungen zu gewinnen. Durch die gleichartige Grundauffassung der nämlichen Tatsachen zusammengehalten, getrauen sich die einzelnen Redner der schärfsten Ausprägung ihrer individuellen Variationen ohne Rücksicht auf die Wahrscheinlichkeit, den anders denkenden Hörer zu ihrer Meinung zu bekehren. Es mag dabei viel vorbeigeredet und vorbeigehört werden; die Endwirkung ist doch, daß jeder einzelne den klarsten Eindruck von abweichenden Anschauungen empfangen und selbst anderen vermittelt hat.

Die Diskussion über Onanie, von der hier eigentlich nur Bruchstücke veröffentlicht werden, dauerte mehrere Monate und spielte sich in der Weise ab, daß jeder Redner ein Referat erstattete, an welches sich eine ausführliche Debatte anschloß. In diese Publikation sind nur die Referate aufgenommen worden, nicht auch die an Anregung reichen Debatten, in denen die Gegensätze ausgesprochen und verfochten wurden. Dies Heft hätte sonst einen Umfang annehmen müssen, der seiner Verbreitung und Wirkung sicherlich im Wege gestanden wäre.

Die Wahl des Themas bedarf in unserer Zeit, in der endlich der Versuch gemacht wird, auch die Probleme des menschlichen Sexuallebens wissenschaftlicher Ergründung zu unterziehen, keiner

Entschuldigung. Mehrfache Wiederholungen derselben Gedanken und Behauptungen waren unvermeidlich; sie entsprechen ja Übereinstimmungen. Die vielen Widersprüche zwischen den Auffassungen der Vortragenden zu lösen, konnte ebensowenig eine Aufgabe der Redaktion sein wie ein Versuch, sie zu verheimlichen. Wir hoffen, daß weder die Wiederholungen noch die Widersprüche das Interesse der Leser abstoßen werden.

Unsere Absicht war, diesmal zu zeigen, auf welche Wege die Forschung über die Probleme der Onanie durch das Auftauchen der psychoanalytischen Arbeitsweise gedrängt worden ist. Wieweit uns diese Absicht gelungen ist, wird sich aus dem Beifall und vielleicht noch deutlicher aus dem Tadel der Leser ergeben.

Wien, im Sommer 1912.

# SCHLUSSWORT DER ONANIE-DISKUSSION

Meine Herren! Die älteren Mitglieder dieses Kreises werden sich zu erinnern wissen, daß wir schon vor mehreren Jahren den Versuch einer solchen Sammeldiskussion — eines Symposions nach dem Ausdruck amerikanischer Kollegen — über das Thema der Onanie unternommen haben. Damals ergaben sich so bedeutende Abweichungen der geäußerten Meinungen, daß wir uns nicht getrauen konnten, unsere Verhandlungen der Öffentlichkeit vorzulegen. Seither haben wir — dieselben Personen wie auch neu hinzugekommene — in unausgesetzter Berührung mit den Tatsachen der Erfahrung und in fortlaufendem Gedankenaustausch untereinander unsere Ansichten soweit geklärt und auf gemeinsamen Boden gehoben, daß uns das damals unterlassene Wagnis nicht mehr so groß erscheinen muß.

Ich habe wirklich den Eindruck, daß die Übereinstimmungen unter uns über das Thema der Onanie jetzt stärker und tiefgehender sind als die — sonst nicht zu verleugnenden — Uneinigkeiten. Mancher Anschein eines Widerspruches wird nur durch die Vielseitigkeit der Gesichtspunkte, die Sie entwickelt haben, hervorgerufen, während es sich in Wahrheit um Ansichten handelt, die gut nebeneinander Raum finden.

Gestatten Sie mir, daß· ich Ihnen ein Resumé vorführe, über welche Punkte wir einig oder uneinig zu sein scheinen.

Einig sind wir wohl alle:

*a)* über die Bedeutung der den onanistischen Akt begleitenden oder ihn vertretenden Phantasien,
*b)* über die Bedeutung des mit der Onanie verknüpften Schuldbewußtseins, woher immer dieses stammen mag,
*c)* über die Unmöglichkeit, eine qualitative Bedingung für die Schädlichkeit der Onanie anzugeben. (Hierüber nicht ohne Ausnahme einig.)

**Unausgeglichene Meinungsverschiedenheiten** haben sich gezeigt:
*a)* in Betreff der Leugnung des somatischen Faktors der Onaniewirkung,
*b)* in Betreff der Abweisung der Onanieschädlichkeit überhaupt,
*c)* in Bezug auf die Herkunft des Schuldgefühls, das die einen von Ihnen direkt aus der Unbefriedigung ableiten wollen, während andere soziale Faktoren oder die jeweilige Einstellung der Persönlichkeit mit heranziehen,
*d)* in Bezug auf die Ubiquität der Kinderonanie.

Endlich bestehen bedeutungsvolle **Unsicherheiten**:
*a)* über den Mechanismus der schädlichen Wirkung der Onanie, falls eine solche anzuerkennen ist,
*b)* über die ätiologische Beziehung der Onanie zu den Aktualneurosen.

In den meisten der zwischen uns strittigen Punkte danken wir die Infragestellung der auf starke und selbständige Erfahrung gestützten Kritik unseres Kollegen W. Stekel. Gewiß haben wir einer künftigen Schar von Beobachtern und Forschern noch sehr viel zur Feststellung und Klärung übrig gelassen, aber wir wollen uns damit trösten, daß wir ehrlich und nicht engherzig gearbeitet und dabei Richtungen eingeschlagen haben, auf denen sich auch die spätere Forschung bewegen wird.

Von meinen eigenen Beiträgen zu den uns beschäftigenden Fragen dürfen Sie nun nicht viel erwarten. Sie kennen meine Vorliebe für die fragmentarische Behandlung eines Gegenstandes zugunsten der Hervorhebung jener Punkte, die mir die gesichertsten scheinen. Ich habe nichts Neues zu geben, keine Lösungen, bloß einige Wiederholungen von Dingen, die ich schon früher einmal behauptet, einige Verteidigungen dieser alten Aufstellungen gegen Angriffe aus Ihrer Mitte, und dazu noch wenige Bemerkungen, wie sie sich dem Zuhörer bei Ihren Vorträgen aufdrängen mußten.

Ich habe bekanntlich die Onanie nach den Lebensaltern geschieden in *1)* die Säuglingsonanie, unter der alle autoerotischen, der sexuellen Befriedigung dienenden Vornahmen verstanden sind, *2)* die Kinderonanie, die aus ersterer unmittelbar hervorgeht und sich bereits an bestimmten erogenen Zonen fixiert hat, und *3)* die Pubertätsonanie, welche entweder an die Kinderonanie anschließt oder durch die Latenzzeit von ihr getrennt ist. In manchen der Darstellungen, die ich von Ihnen gehört habe, ist diese zeitliche Scheidung nicht ganz zu ihrem Recht gekommen. Die durch den medizinischen Sprachgebrauch nahegelegte angebliche Einheit der Onanie hat manche allgemeine Behauptung veranlaßt, wo die Differenzierung nach jenen drei Lebensepochen eher berechtigt gewesen wäre. Ich habe es auch bedauert, daß wir die Onanie des Weibes nicht in ähnlichem Maße wie die des Mannes berücksichtigen konnten, und meine, die weibliche Onanie sei eines besonderen Studiums wert, und gerade bei ihr fiele ein starker Akzent auf die durch das Lebensalter bedingten Modifikationen.

Ich komme nun zu den Einwendungen, die Reitler gegen mein teleologisches Argument für die Ubiquität der Säuglingsonanie gerichtet hat. Ich bekenne, daß ich dies Argument preisgebe. Wenn die „Sexualtheorie" noch eine Auflage erleben sollte, so wird diese den beanstandeten Satz nicht mehr enthalten. Ich werde darauf verzichten, die Absichten der Natur erraten zu wollen, und werde mich damit begnügen, den Sachverhalt zu beschreiben.

Auch Reitlers Bemerkung, daß gewisse nur dem Menschen eigentümliche Einrichtungen am Genitalapparat die Hintanhaltung des Sexualverkehrs im Kindesalter anzustreben scheinen, muß ich für sinnreich und bedeutsam erklären. Aber hier knüpfen meine Bedenken an. Der Verschluß der weiblichen Sexualhöhlung und der Wegfall des die Erektion versichernden Penisknochens sind doch nur gegen den Koitus selbst gerichtet, nicht gegen die sexuellen Erregungen überhaupt. Reitler scheint mir die Zielstrebigkeit der Natur allzu menschenähnlich zu erfassen, als handle es sich bei ihr wie bei Menschenwerk um die konsequente Durchführung einer einzigen Absicht. Soviel wir sehen, gehen aber in den natürlichen Vorgängen meist eine ganze Reihe von Zielstrebungen nebeneinander her, ohne einander aufzuheben. Wenn wir schon in menschlichen Terminis von der Natur sprechen, müssen wir sagen, sie erscheine uns als das, was wir beim Menschen inkonsequent heißen würden. Ich glaube meinerseits, Reitler sollte nicht soviel Gewicht auf seine eigenen teleologischen Argumente legen. Die Verwertung der Teleologie als heuristische Hypothese hat ihre Bedenken; man weiß im einzelnen Falle nie, ob man an eine „Harmonie" oder an eine „Disharmonie" geraten ist. Es ist, wie wenn man einen Nagel in eine Zimmerwand einzuschlagen hat; man weiß nicht, trifft man auf eine Fuge oder auf den Stein.

In der Frage des Zusammenhanges der Onanie und der Pollutionen mit der Verursachung der sog. Neurasthenie befinde ich mich, wie viele von Ihnen, im Gegensatz zu Stekel und halte gegen ihn meine früheren Angaben mit einer später anzuführenden Einschränkung aufrecht. Ich sehe nichts, was uns nötigen könnte, auf die Unterscheidung von Aktualneurosen und Psychoneurosen zu verzichten, und kann die Genese der Symptome bei den ersteren nur als eine toxische hinstellen. Kollege Stekel scheint mir hier die Psychogeneität wirklich sehr zu überspannen. Ich sehe es noch immer so, wie es mir zuerst vor mehr als fünfzehn Jahren erschienen ist, daß die beiden Aktualneurosen — Neurasthenie und Angstneurose — (vielleicht ist die eigentliche Hypochondrie als dritte Aktualneurose anzureihen) das somatische Entgegenkommen für die Psychoneurosen leisten, das Erregungsmaterial liefern, welches dann psychisch ausgewählt und umkleidet wird, so daß, allgemein gesprochen, der Kern des psychoneurotischen Symptoms — das Sandkorn im Zentrum der Perle — von einer somatischen Sexualäußerung gebildet wird. Dies ist für die Angstneurose und ihr Verhältnis zur Hysterie freilich deutlicher als für die Neurasthenie, über welche sorgfältige psychoanalytische Untersuchungen noch nicht angestellt worden sind. Bei der Angstneurose ist es, wie Sie sich oftmals überzeugen konnten, im Grunde ein Stückchen der nicht abgeführten Koituserregung, welches als Angstsymptom zum Vorschein kommt oder den Kern einer hysterischen Symptombildung abgibt.

Kollege Stekel teilt mit mehreren außerhalb der Psychoanalyse stehenden Autoren die Neigung, die morphologischen Differenzierungen, die wir innerhalb des Gewirres der Neurosen statuiert haben, zu verwerfen und sie alle unter einen Hut — etwa den der Psychasthenie — zu bringen. Wir haben ihm darin oftmals widersprochen und halten an der Erwartung fest, daß sich die morphologisch-klinischen Differenzen als noch unverstandene Anzeichen wesensverschiedener Prozesse wertvoll erweisen werden. Wenn er uns — mit Recht — vorhält, daß er bei den sog. Neurasthenikern regelmäßig dieselben Komplexe und Konflikte vorgefunden hat wie bei anderen Neurotikern, so trifft dies Argument wohl nicht die Streitfrage. Wir wissen längst, daß wir die nämlichen Komplexe und Konflikte auch bei allen Gesunden und Normalen zu erwarten haben. Ja, wir haben uns daran gewöhnt, jedem Kulturmenschen ein gewisses Maß von Verdrängung perverser Regungen, von Analerotik, Homosexualität u. dgl. sowie ein Stück Vater- und Mutterkomplex und noch andere Komplexe zuzumuten, wie wir bei der Elementaranalyse eines organischen Körpers die Elemente: Kohlenstoff, Sauerstoff, Wasserstoff, Stickstoff und etwas Schwefel mit Sicherheit nachzuweisen hoffen. Was die organischen Körper voneinander unterscheidet, ist das Mengenverhältnis dieser Elemente und die Konstitution der Verbindungen, die sie miteinander eingehen. So handelt es sich bei den Normalen und Neurotikern nicht um die Existenz dieser Komplexe und Konflikte, sondern um die Frage, ob dieselben pathogen geworden sind, und wenn, welche Mechanismen sie dabei in Anspruch genommen haben.

Das Wesentliche meiner seinerzeit aufgestellten und heute verteidigten Lehren über die Aktualneurosen liegt in der auf den Versuch gestützten Behauptung, daß deren Symptome nicht wie die psychoneurotischen analytisch zu zersetzen sind. Also daß die Obstipation, der Kopfschmerz, die Ermüdung der sog. Neurastheniker nicht die historische oder symbolische Zurückführung auf wirksame Erlebnisse gestatten, sich nicht als sexuelle Ersatzbefriedigungen, als Kompromisse entgegengesetzter Triebregungen verstehen lassen wie die (eventuell selbst gleichartig erscheinenden) psychoneurotischen Symptome. Ich glaube nicht, daß es gelingen wird, diesen Satz mit Hilfe der Psychoanalyse umzustürzen. Dagegen räume ich heute ein, was ich damals nicht glauben konnte, daß eine analytische Behandlung indirekt auch einen heilenden Einfluß auf die Aktualsymptome nehmen kann, indem sie entweder dazu führt, daß die aktuellen Schädlichkeiten besser vertragen werden, oder indem sie das kranke Individuum in den Stand setzt, sich durch Änderung des sexuellen Regimes diesen aktuellen Schädlichkeiten zu entziehen. Das sind ja gewiß erwünschte Aussichten für unser therapeutisches Interesse.

Sollte ich aber in der theoretischen Frage der Aktualneurosen am Ende des Irrtums überwiesen werden, so werde ich mich mit dem Fortschritt unserer Erkenntnis, der den Standpunkt des

Einzelnen entwerten muß, zu trösten wissen. Sie werden nun fragen, warum ich bei so lobenswerten Einsichten in die notwendige Begrenztheit der eigenen Unfehlbarkeit nicht lieber gleich den neuen Anregungen nachgebe und es vorziehe, das oft gesehene Schauspiel des alten Mannes zu wiederholen, der starr an seinen Meinungen festhält. Ich antworte, weil ich die Evidenz noch nicht erkenne, der ich nachgeben soll. In früheren Jahren haben meine Ansichten manche Veränderung erfahren, die ich vor der Öffentlichkeit nicht verheimlicht habe. Man hat mir aus diesen Wandlungen Vorwürfe gemacht, wie man sie heute aus meinen Beharrungen machen wird. Nicht, daß mich diese oder jene Vorwürfe abschrecken würden. Aber ich weiß, ich habe ein Schicksal zu erfüllen. Ich kann ihm nicht entkommen und brauche ihm nicht entgegen zu gehen. Ich werde es abwarten und mich unterdes gegen unsere Wissenschaft so verhalten, wie ich es von früher her erlernt habe.

Ungern nehme ich Stellung zu der von Ihnen viel behandelten Frage nach der Schädlichkeit der Onanie, denn dies ist kein ordentlicher Zugang zu den Problemen, die uns beschäftigen. Aber wir müssen es wohl alle. Die Welt scheint sich für nichts anderes an der Onanie zu interessieren. Wir hatten, wie Sie sich erinnern, an unseren ersten Diskussionsabenden über das Thema einen distinguierten Kinderarzt dieser Stadt als Gast in unserer Mitte. Was verlangte er in wiederholten Anfragen von uns zu erfahren? Nur, inwiefern die Onanie schädlich sei, und warum sie dem einen schade, dem anderen nicht. So müssen wir denn unsere Forschung nötigen, diesem praktischen Bedürfnis Rede zu stehen.

Ich gestehe es, ich kann auch hierin nicht den Standpunkt S t e k e l s teilen, trotz der vielen tapferen und richtigen Bemerkungen, die er uns über diese Frage vorgetragen hat. Für ihn ist die Schädlichkeit der Onanie eigentlich ein unsinniges Vorurteil, welchem wir nur infolge persönlicher Beengung nicht gründlich genug abschwören wollen. Ich meine aber, wenn wir das Problem *sine ira et studio* — soweit es eben uns möglich ist — ins Auge fassen, müssen wir eher aussagen, daß solche Parteinahme unseren grundlegenden Ansichten über die Ätiologie der Neurosen widerspricht. Die Onanie entspricht im wesentlichen der infantilen Sexualbetätigung und dann der Festhaltung derselben in reiferen Jahren. Die Neurosen leiten wir ab von einem Konflikt zwischen den Sexualstrebungen eines Individuums und seinen sonstigen (Ich-)Tendenzen. Nun könnte jemand sagen: für mich liegt der pathogene Faktor dieses ätiologischen Verhältnisses nur in der Reaktion des Ichs gegen seine Sexualität. Er würde damit etwa behaupten, jede Person könnte sich frei von Neurose halten, wenn sie nur ihre sexuellen Strebungen ohne Einschränkung befriedigen wollte. Aber es ist offenbar willkürlich und sichtlich auch unzweckmäßig, so zu entscheiden und nicht auch die Sexualstrebungen selbst an der Pathogeneität teilnehmen zu lassen. Geben Sie aber zu, daß die sexuellen Antriebe pathogen wirken können, so dürfen Sie diese Bedeutung nicht mehr der Onanie streitig machen, die ja nur in der Ausführung solcher sexuellen Triebregungen besteht. Gewiß werden Sie in jedem Falle, der die Onanie als pathogen zu beschuldigen scheint, die Wirkung weiter zurückführen können, auf die Triebe, die sich in der Onanie äußern, und auf die Widerstände, die sich gegen diese Triebe richten; die Onanie ist ja weder somatisch noch psychologisch etwas Letztes, kein wirkliches Agens, sondern nur ein Name für gewisse Tätigkeiten, aber trotz aller Weiterführungen bleibt das Urteil über die Krankheitsverursachung doch mit Recht an diese Tätigkeit geknüpft. Vergessen Sie auch nicht daran, die Onanie ist nicht gleichzusetzen der Sexualbetätigung überhaupt, sondern ist solche Betätigung mit gewissen einschränkenden Bedingungen. Es bleibt also auch möglich, daß gerade diese Besonderheiten der onanistischen Betätigung die Träger ihrer pathogenen Wirkung seien.

Wir werden also vom Argument weg wieder an die klinische

Beobachtung gewiesen, und diese mahnt uns, die Rubrik „Schädliche Wirkungen der Onanie" nicht zu streichen. Jedenfalls haben wir es bei den Neurosen mit Fällen zu tun, in denen die Onanie Schaden gebracht hat.

Dieser Schaden scheint sich auf drei verschiedenen Wegen durchzusetzen:

*a)* als **organische** Schädigung nach unbekanntem Mechanismus, wobei die von Ihnen oft erwähnten Gesichtspunkte der Maßlosigkeit und der inadäquaten Befriedigung in Betracht kommen.

*b)* auf dem Wege der **psychischen Vorbildlichkeit**, insoferne zur Befriedigung eines großen Bedürfnisses nicht die Veränderung der Außenwelt angestrebt werden muß. Wo sich aber eine ausgiebige Reaktion auf diese Vorbildlichkeit entwickelt, können die wertvollsten Charaktereigenschaften angebahnt werden.

*c)* durch die Ermöglichung der **Fixierung infantiler Sexualziele** und des Verbleibens im psychischen Infantilismus. Damit ist dann die Disposition für den Verfall in Neurose gegeben. Als Psychoanalytiker müssen wir für diesen Erfolg der Onanie — gemeint ist hier natürlich die Pubertätsonanie und die über die Zeit hinaus fortgesetzte — das größte Interesse aufbringen. Halten wir uns vor Augen, welche Bedeutung die Onanie als Exekution der Phantasie gewinnt, dieses Zwischenreiches, welches sich zwischen dem Leben nach dem Lust- und dem nach dem Realitätsprinzip eingeschaltet hat, wie die Onanie es ermöglicht, in der Phantasie sexuelle Entwicklungen und Sublimierungen zu vollziehen, die doch keine Fortschritte, sondern nur schädliche Kompromißbildungen sind. Derselbe Kompromiß macht allerdings nach Stekels wichtiger Bemerkung schwere Perversionsneigungen unschädlich und wendet die ärgsten Folgen der Abstinenz ab.

Eine dauernde Abschwächung der Potenz kann ich nach meinen ärztlichen Erfahrungen nicht aus der Reihe der Onaniefolgen ausschließen, wenngleich ich Stekel zugebe, daß sie in einer Anzahl von Fällen als bloß scheinbare zu entlarven ist. Gerade diese Folge der Onanie kann man aber nicht ohne weiteres zu den Schädigungen rechnen. Eine gewisse Herabsetzung der männlichen Potenz und der mit ihr verknüpften brutalen Initiative ist kulturell recht verwertbar. Sie erleichtert dem Kulturmenschen die Einhaltung der von ihm geforderten Tugenden der sexuellen Mäßigkeit und Verläßlichkeit. Tugend bei voller Potenz wird meist als eine schwierige Aufgabe erfunden.

Wenn Ihnen diese Behauptung zynisch erscheint, so nehmen Sie an, daß sie nicht als Zynismus gemeint ist. Sie will nichts sein als ein Stück dürrer Beschreibung, dem es gleich gilt, ob es Wohlgefallen oder Ärgernis erwecken kann. Die Onanie hat eben auch, wie so vieles andere, *les défauts de ses vertus* und umgekehrt *les vertus de ses défauts*. Wenn man einen komplizierten sachlichen Zusammenhang in einseitig praktischem Interesse auf Schaden oder Nutzen zerfasert, wird man sich solche unliebsamen Funde gefallen lassen müssen.

Ich meine übrigens, daß wir mit Vorteil von einander trennen können, was man die direkten Schädigungen durch die Onanie heißen kann, und was sich in indirekter Weise aus dem Widerstand und der Auflehnung des Ichs gegen diese Sexualbetätigung ableitet. Auf diese letzteren Wirkungen bin ich hier nicht eingegangen.

Nun noch einige notgedrungene Worte zur zweiten der an uns gerichteten peinlichen Fragen. Vorausgesetzt, daß die Onanie schädlich werden kann, unter welchen Bedingungen und bei welchen Individuen erweist sie sich als schädlich?

Ich möchte mit der Mehrzahl von Ihnen eine allgemeine Beantwortung dieser Frage ablehnen. Sie deckt sich ja zu einem Teil mit der anderen umfassenderen Frage, wann die sexuelle

Betätigung überhaupt für ein Individuum pathogen wird. Ziehen wir dieses Stück ab, so erübrigt eine Detailfrage, welche sich auf die Charaktere der Onanie bezieht, insoferne sie eine besondere Art und Weise der Sexualbefriedigung darstellt. Hier gälte es nun, Bekanntes und in anderem Zusammenhange Vorgebrachtes zu wiederholen, den Einfluß des quantitativen Faktors und des Zusammenwirkens mehrfacher pathogen wirksamer Momente zu würdigen, vor allem aber müßten wir den sogenannten konstitutionellen Dispositionen des Individuums einen großen Platz einräumen. Gestehen wir es aber nur: es ist eine üble Sache, mit diesen zu arbeiten. Wir pflegen die individuelle Disposition nämlich ex post zu erschließen; nachträglich, wenn die Person bereits erkrankt ist, schreiben wir ihr diese oder jene Disposition zu. Wir haben kein Mittel zur Hand, sie vorher zu erraten. Wir benehmen uns da wie jener schottische König in einem Roman von Victor Hugo, der sich eines unfehlbaren Mittels rühmte, um die Hexerei zu erkennen. Er ließ die Beschuldigte in heißem Wasser abbrühen, und dann kostete er die Suppe. Je nach dem Geschmack urteilte er dann: Ja, das war eine Hexe, oder: Nein, das war keine.

Ich könnte Sie noch auf ein Thema aufmerksam machen, welches in unseren Besprechungen zu wenig behandelt worden ist, das der sogenannten unbewußten Onanie. Ich meine die Onanie im Schlafe, in abnormen Zuständen, in Anfällen. Sie erinnern sich, wieviel hysterische Anfälle den onanistischen Akt in versteckter oder unkenntlicher Weise wiederbringen, nachdem das Individuum auf diese Art der Befriedigung verzichtet hat, und wieviel Symptome der Zwangsneurose diese einst verbotene Art der Sexualbetätigung zu ersetzen und zu wiederholen suchen. Man kann auch von einer therapeutischen Wiederkehr der Onanie sprechen. Mehrere von Ihnen werden bereits wie ich die Erfahrung gemacht haben, daß es einen großen Fortschritt bedeutet, wenn der Patient sich während der Behandlung wiederum der Onanie getraut, wenngleich er nicht die Absicht hat, dauernd auf dieser infantilen Station zu verweilen. Ich darf Sie dabei auch daran mahnen, daß eine ansehnliche Zahl gerade der schwersten Neurotiker in den historischen Zeiten ihrer Erinnerung die Onanie vermieden hat, während sich durch die Psychoanalyse nachweisen läßt, daß ihnen diese Sexualtätigkeit in vergessenen Frühzeiten keineswegs fremd geblieben war.

Doch ich denke, wir brechen hier ab. Wir sind ja alle in dem Urteil einig, daß das Thema der Onanie schier unerschöpflich ist.

# DIE BEDEUTUNG DER VOKALFOLGE

## DIE BEDEUTUNG DER VOKALFOLGE

Es ist sicherlich oft beanstandet worden, daß, wie Stekel behauptet, in Träumen und Einfällen Namen, die sich verbergen, durch andere ersetzt werden sollen, welche nur die Vokalfolge mit ihnen gemein haben. Doch liefert die Religionsgeschichte dazu eine frappante Analogie. Bei den alten Hebräern war der Name Gottes „*tabu*"; er sollte weder ausgesprochen noch niedergeschrieben werden; ein keineswegs vereinzeltes Beispiel von der besonderen Bedeutung der Namen in archaischen Kulturen. Dies Verbot wurde so gut eingehalten, daß die Vokalisation der vier Buchstaben des Gottesnamens יהוה auch heute unbekannt ist. Der Name wird Jehovah ausgesprochen, indem man ihm die Vokalzeichen des nicht verbotenen Wortes Adonai (Herr) verleiht. (S. Reinach, Cultes, Mythes et Religions. T. I, p. 1, 1908.)

# DIE HANDHABUNG
DER TRAUMDEUTUNG IN DER
PSYCHOANALYSE

# DIE HANDHABUNG DER TRAUMDEUTUNG IN DER PSYCHOANALYSE

Das „Zentralblatt für Psychoanalyse" hat sich nicht nur die eine Aufgabe gesetzt, über die Fortschritte der Psychoanalyse zu orientieren und selbst kleinere Beiträge zur Veröffentlichung zu bringen, sondern möchte auch den anderen Aufgaben genügen, das bereits Erkannte in klarer Fassung dem Lernenden vorzulegen und dem Anfänger in der analytischen Behandlung durch geeignete Anweisungen Aufwand an Zeit und Mühe zu ersparen. Es werden darum in dieser Zeitschrift von nun an auch Aufsätze didaktischer Natur und technischen Inhaltes erscheinen, an denen es nicht wesentlich ist, ob sie auch etwas Neues mitteilen.

Die Frage, die ich heute zu behandeln gedenke, ist nicht die nach der Technik der Traumdeutung. Es soll nicht erörtert werden, wie man Träume zu deuten und deren Deutung zu verwerten habe, sondern nur, welchen Gebrauch man bei der psychoanalytischen Behandlung von Kranken von der Kunst der Traumdeutung machen solle. Man kann dabei gewiß in verschiedener Weise vorgehen, aber die Antwort auf technische Fragen ist in der Psychoanalyse niemals selbstverständlich. Wenn es vielleicht mehr als nur einen guten Weg gibt, so gibt es doch sehr viele schlechte, und eine Vergleichung verschiedener

Techniken kann nur aufklärend wirken, auch wenn sie nicht zur Entscheidung für eine bestimmte Methode führen sollte.

Wer von der Traumdeutung her zur analytischen Behandlung kommt, der wird sein Interesse für den Inhalt der Träume festhalten und darum jeden Traum, den ihm der Kranke erzählt, zur möglichst vollständigen Deutung bringen wollen. Er wird aber bald merken können, daß er sich nun unter ganz andersartigen Verhältnissen befindet, und daß er mit den nächsten Aufgaben der Therapie in Kollision gerät, wenn er seinen Vorsatz durchführen will. Erwies sich etwa der erste Traum des Patienten als vortrefflich brauchbar für die Anknüpfung der ersten an den Kranken zu richtenden Aufklärungen, so stellen sich alsbald Träume ein, die so lang und so dunkel sind, daß ihre Deutung in der begrenzten Arbeitsstunde eines Tages nicht zu Ende gebracht werden kann. Setzt der Arzt diese Deutungsarbeit durch die nächsten Tage fort, so wird ihm unterdes von neuen Träumen berichtet, die zurückgestellt werden müssen, bis er den ersten Traum für erledigt halten kann. Gelegentlich ist die Traumproduktion so reichlich und der Fortschritt des Kranken im Verständnis der Träume dabei so zögernd, daß der Analytiker sich der Idee nicht erwehren kann, diese Art der Darreichung des Materials sei nur eine Äußerung des Widerstandes, welcher sich der Erfahrung bedient, daß die Kur den ihr so gebotenen Stoff nicht bewältigen kann. Unterdes ist die Kur aber ein ganzes Stück hinter der Gegenwart zurückgeblieben und hat den Kontakt mit der Aktualität eingebüßt. Einer solchen Technik muß man die Regel entgegenhalten, daß es für die Behandlung von größter Bedeutung ist, die jeweilige psychische Oberfläche des Kranken zu kennen, darüber orientiert zu sein, welche Komplexe und welche Widerstände derzeit bei ihm rege gemacht sind, und welche bewußte Reaktion dagegen sein Benehmen leiten wird. Dieses therapeutische Ziel darf kaum jemals zu

Gunsten des Interesses an der Traumdeutung hintangesetzt werden.

Wie soll man es also mit der Traumdeutung in der Analyse halten, wenn man jener Regel eingedenk bleiben will? Etwa so: Man begnüge sich jedesmal mit dem Ergebnis an Deutung, welches in einer Stunde zu gewinnen ist, und halte es nicht für einen Verlust, daß man den Inhalt des Traumes nicht vollständig erkannt hat. Am nächsten Tage setze man die Deutungsarbeit nicht wie selbstverständlich fort, sondern erst dann, wenn man merkt, daß inzwischen nichts anderes sich beim Kranken in den Vordergrund gedrängt hat. Man mache also von der Regel, immer das zu nehmen, was dem Kranken zunächst in den Sinn kommt, zu Gunsten einer unterbrochenen Traumdeutung keine Ausnahme. Haben sich neue Träume eingestellt, ehe man die früheren zu Ende gebracht, so wende man sich diesen rezenteren Produktionen zu und mache sich aus der Vernachlässigung der älteren keinen Vorwurf. Sind die Träume gar zu umfänglich und weitschweifig geworden, so verzichte man bei sich von vornherein auf eine vollständige Lösung. Man hüte sich im allgemeinen davor, ein ganz besonderes Interesse für die Deutung der Träume an den Tag zu legen oder im Kranken die Meinung zu erwecken, daß die Arbeit stille stehen müsse, wenn er keine Träume bringe. Man läuft sonst Gefahr, den Widerstand auf die Traumproduktion zu lenken und ein Versiegen der Träume hervorzurufen. Der Analysierte muß vielmehr zur Überzeugung erzogen werden, daß die Analyse in jedem Falle Material zu ihrer Fortsetzung findet, gleichgültig ob er Träume beibringt oder nicht, und in welchem Ausmaße man sich mit ihnen beschäftigt.

Man wird nun fragen: Verzichtet man nicht auf zuviel wertvolles Material zur Aufdeckung des Unbewußten, wenn man die Traumdeutung nur unter solchen methodischen Einschränkungen ausübt? Darauf ist folgendes zu erwidern: Der Verlust ist keineswegs so groß, wie es bei geringer Vertiefung in den Sachverhalt erscheinen wird. Man mache sich einerseits klar, daß irgend ausführliche Traumproduktionen bei schweren Fällen von Neurosen nach allen Voraussetzungen als prinzipiell nicht vollständig lösbar beurteilt werden müssen. Ein solcher Traum baut sich oft über dem gesamten pathogenen Material des Falles auf, welches Arzt und Patient noch nicht kennen (sogenannte Programmträume, biographische Träume); er ist gelegentlich einer Übersetzung des ganzen Inhalts der Neurose in die Traumsprache gleichzustellen. Beim Versuch einen solchen Traum zu deuten, werden alle noch unangetastet vorhandenen Widerstände zur Wirkung kommen und der Einsicht bald eine Grenze setzen. Die vollständige Deutung eines solchen Traumes fällt eben zusammen mit der Ausführung der ganzen Analyse. Hat man ihn zu Beginn der Analyse notiert, so kann man ihn etwa am Ende derselben, nach vielen Monaten, verstehen. Es ist derselbe Fall wie beim Verständnis eines einzelnen Symptoms (des Hauptsymptoms etwa). Die ganze Analyse dient der Aufklärung desselben; während der Behandlung muß man der Reihe nach bald dies bald jenes Stück der Symptombedeutung zu erfassen suchen, bis man all diese Stücke zusammensetzen kann. Mehr darf man also auch von einem zu Anfang der Analyse vorfallenden Traume nicht verlangen; man muß sich zufrieden geben, wenn man aus dem Deutungsversuch zunächst eine einzelne pathogene Wunschregung errät.

Man verzichtet also auf nichts Erreichbares, wenn man die Absicht einer vollständigen Traumdeutung aufgibt. Man verliert aber auch in der Regel nichts, wenn man die Deutung eines älteren Traumes abbricht, um sich einem rezenteren zuzuwenden. Wir haben aus schönen Beispielen voll gedeuteter Träume erfahren, daß mehrere aufeinanderfolgende Szenen desselben Traumes den nämlichen Inhalt haben können, der sich in ihnen etwa mit steigender Deutlichkeit durchsetzt. Wir haben ebenso gelernt, daß mehrere in derselben Nacht vorfallende Träume nichts anderes zu sein brauchen als Versuche, denselben Inhalt in verschiedener Ausdrucksweise darzustellen. Wir können ganz allgemein versichert sein, daß jede Wunschregung, die sich heute einen Traum schafft, in einem anderen Traume wiederkehren wird, solange sie nicht verstanden und der Herrschaft des Unbewußten entzogen ist. So wird auch oft der beste Weg, um die Deutung eines Traumes zu vervollständigen, darin bestehen, daß man ihn verläßt, um sich dem neuen Traume zu widmen, der das nämliche Material in vielleicht zugänglicherer Form wieder aufnimmt. Ich weiß, daß es nicht nur für den Analysierten, sondern auch für den Arzt eine starke Zumutung ist, die bewußten Zielvorstellungen bei der Behandlung aufzugeben und sich ganz einer Leitung zu überlassen, die uns doch immer wieder als „zufällig" erscheint. Aber ich kann versichern, es lohnt sich jedesmal, wenn man sich entschließt, seinen eigenen theoretischen Behauptungen Glauben zu schenken, und sich dazu überwindet, die Herstellung des Zusammenhanges der Führung des Unbewußten nicht streitig zu machen.

Ich plädiere also dafür, daß die Traumdeutung in der analytischen Behandlung nicht als Kunst um ihrer selbst willen betrieben werden soll, sondern daß ihre Handhabung jenen technischen Regeln unterworfen werde, welche die Ausführung der Kur überhaupt beherrschen. Natürlich kann man es gelegentlich auch anders machen und seinem theoretischen Interesse ein Stück weit nachgehen. Man muß dabei aber immer wissen, was man tut. Ein anderer Fall ist noch in Betracht zu ziehen, der sich ergeben hat, seitdem wir zu unserem Verständnis der Traumsymbolik größeres Zutrauen haben und uns von den Einfällen der Patienten unabhängiger wissen. Ein besonders geschickter Traumdeuter kann sich etwa in der Lage befinden, daß er jeden Traum des Patienten durchschaut, ohne diesen zur mühsamen und zeitraubenden Bearbeitung des Traumes anhalten zu müssen.

Für einen solchen Analytiker entfallen also alle Konflikte zwischen den Anforderungen der Traumdeutung und jenen der Therapie. Er wird sich auch versucht fühlen, die Traumdeutung jedesmal voll auszunützen und dem Patienten alles mitzuteilen, was er aus seinen Träumen erraten hat. Dabei hat er aber eine Methodik der Behandlung eingeschlagen, die von der regulären nicht unerheblich abweicht, wie ich in anderem Zusammenhange dartun werde. Dem Anfänger in der psychoanalytischen Behandlung ist jedenfalls zu widerraten, daß er sich diesen außergewöhnlichen Fall zum Vorbild nehme.

Gegen die allerersten Träume, die ein Patient in der analytischen Behandlung mitteilt, so lange er selbst noch nichts von der Technik der Traumübersetzung gelernt hat, verhält sich jeder Analytiker wie jener von uns angenommene überlegene Traumdeuter. Diese initialen Träume sind sozusagen naiv, sie verraten dem Zuhörer sehr viel, ähnlich wie die Träume sogenannt gesunder Menschen. Es entsteht nun die Frage, soll der Arzt auch sofort dem Kranken alles übersetzen, was er selbst aus dem Traume herausgelesen hat. Diese Frage soll aber hier nicht beantwortet werden, denn sie ist offenbar der umfassenderen Frage untergeordnet, in welchen Phasen der Behandlung und in welchem Tempo der Kranke in die Kenntnis des ihm seelisch Verhüllten vom Arzte eingeführt werden soll. Je mehr dann der Patient von der Übung der Traumdeutung erlernt hat, desto dunkler werden in der Regel seine späteren Träume. Alles erworbene Wissen um den Traum dient auch der Traumbildung als Warnung.

In den „wissenschaftlichen" Arbeiten über den Traum, die trotz der Ablehnung der Traumdeutung einen neuen Impuls durch die Psychoanalyse empfangen haben, findet man immer wieder eine recht überflüssige Sorgfalt auf die getreue Erhaltung des Traumtextes verlegt, der angeblich vor den Entstellungen und Usuren der nächsten Tagesstunden bewahrt werden muß. Auch manche Psychoanalytiker scheinen sich ihrer Einsicht in die Bedingungen der Traumbildung nicht konsequent genug zu bedienen, wenn sie dem Behandelten den Auftrag geben, jeden Traum unmittelbar nach dem Erwachen schriftlich zu fixieren. Diese Maßregel ist in der Therapie überflüssig; auch bedienen sich die Kranken der Vorschrift gern, um sich im Schlafe zu stören und einen großen Eifer dort anzubringen, wo er nicht von Nutzen sein kann. Hat man nämlich auf solche Weise mühselig einen Traumtext gerettet, der sonst vom Vergessen verzehrt worden wäre, so kann man sich doch leicht überzeugen, daß für den Kranken damit nichts erreicht ist. Zu dem Text stellen sich die Einfälle nicht ein, und der Effekt ist der nämliche, als ob der Traum nicht erhalten geblieben wäre. Der Arzt hat allerdings in dem einen Falle etwas erfahren, was ihm im anderen entgangen wäre. Aber es ist nicht dasselbe, ob der Arzt oder ob der Patient etwas weiß; die Bedeutung dieses Unterschiedes für die Technik der Psychoanalyse soll ein anderes Mal von uns gewürdigt werden.

Ich will endlich noch einen besonderen Typus von Träumen erwähnen, die ihren Bedingungen nach nur in einer psychoanalytischen Kur vorkommen können, und die den Anfänger befremden oder irreführen mögen. Es sind dies die sogenannten nachhinkenden oder bestätigenden Träume, die der Deutung leicht zugänglich sind und als Übersetzung nichts anderes ergeben, als was die Kur in den letzten Tagen aus dem Material der Tageseinfälle erschlossen hatte. Es sieht dann so aus, als hätte der Patient die Liebenswürdigkeit gehabt, gerade das in Traumform zu bringen, was man ihm unmittelbar vorher „suggeriert" hat. Der geübtere Analytiker hat allerdings Schwierigkeiten, seinem Patienten solche Liebenswürdigkeiten zuzumuten; er greift solche Träume als erwünschte Bestätigungen auf und konstatiert, daß sie nur unter bestimmten Bedingungen der Beeinflussung durch die Kur beobachtet werden. Die weitaus zahlreichsten Träume eilen ja der Kur voran, so daß sich aus ihnen nach Abzug von allem bereits Bekannten und Verständlichen ein mehr oder minder deutlicher Hinweis auf etwas, was bisher verborgen war, ergibt.

# „GROSS IST DIE DIANA
# DER EPHESER"

## „GROSS IST DIE DIANA DER EPHESER"

Die alte Griechenstadt Ephesos in Kleinasien, um deren Ruinen sich gerade die österreichische archäologische Forschung verdient gemacht hat, war im Altertum vor allem berühmt durch ihren grossartigen, der Artemis (Diana) geweihten Tempel. Ionische Emigranten bemächtigten sich vielleicht im 8. Jahrhundert der längst von asiatischen Völkerstämmen bewohnten Stadt, fanden in ihr den Kult einer alten mütterlichen Gottheit vor, die möglicherweise den Namen Oupis trug, und identifizierten diese mit ihrer heimatlichen Gottheit Artemis. Nach dem Zeugnis der Ausgrabungen erhoben sich im Laufe der Jahrhunderte mehrere Tempelbauten auf derselben Stätte zu Ehren der Gottheit. Es war der vierte dieser Tempel, der im Jahre 356 in der Nacht, in welcher Alexander der Grosse geboren wurde, durch einen von dem wahnwitzigen Herostratos angestifteten Brand zugrunde ging. Er wurde herrlicher denn je wieder aufgebaut. Mit ihrem Getriebe von Priestern, Magiern, Wallfahrern, ihren Kaufläden, in denen Amulette, Andenken, Weihgeschenke feilgeboten wurden, konnte sich die Handelsgrosstadt Ephesos einem modernen Lourdes vergleichen.

Um das Jahr 54 unserer Zeitrechnung kam der Apostel Paulus zu mehrjährigem Aufenthalt nach Ephesos. Er predigte, tat Wunder und gewann einen grossen Anhang im Volke. Von den Juden verfolgt und verklagt, trennte er sich von ihnen ab und gründete eine unabhängige Christengemeinde. Unter der Ausbreitung seiner Lehre begann das Gewerbe der Goldschmiede zu leiden, die für die Gläubigen und Pilger aus aller Welt die Andenken an den Gnadenort, die kleinen Nachbildungen der Artemis und ihres Tempels fabriziert hatten.[1] Paulus war viel zu sehr starrer Jude, um die alte Gottheit unter anderem Namen neben seiner Gottheit fortbestehen zu lassen, sie umzutaufen, wie die jonischen Eroberer mit der Göttin Oupis verfahren hatten. Da musste es den frommen Handwerkern und Künstlern der Stadt um ihre Göttin wie um ihren Erwerb bange werden. Sie empörten sich und strömten unter dem unaufhörlich wiederholten Ruf „Gross ist die Diana der

---

[1] Siehe auch Goethes Gedicht, Bd. 2 der Sophien-Ausgabe, S. 195.

Epheser" durch die Hauptstrasse Arkadiane zum Theater, wo ihr Führer Demetrios eine Brandrede gegen die Juden und gegen Paulus hielt. Mit Mühe gelang es der Behörde, den Aufruhr durch die Versicherung zu dämpfen, dass die Majestät der grossen Göttin unantastbar und über jeden Angriff erhaben sei.[1]

Die von Paulus gegründete Kirche von Ephesos blieb ihm nicht lange treu. Sie geriet unter den Einfluss eines Mannes Johannes, dessen Persönlichkeit der Kritik schwere Aufgaben gestellt hat. Er war vielleicht der Verfasser der Apokalypse, die von Invektiven gegen den Apostel Paulus strotzt. Die Tradition liess ihn mit dem Apostel Johannes zusammenfallen, dem das vierte Evangelium zugeschrieben wird. Nach diesem Evangelium hatte Jesus am Kreuze seinem Lieblingsschüler auf Maria deutend zugerufen: Siehe, das ist deine Mutter, und von diesem Augenblicke an nahm Johannes die Maria zu sich. Wenn also Johannes nach Ephesos gegangen war, so war auch Maria mit ihm dahin gekommen. In Ephesos erhob sich also neben der Kirche des Apostels die erste, schon im vierten Jahrhundert bezeugte, Basilika zu Ehren der neuen mütterlichen Gottheit der Christen. Die Stadt hatte ihre grosse Göttin wieder, es hatte sich ausser dem Namen wenig verändert; auch die Goldschmiede fanden wieder Arbeit, Abbilder des Tempels und der Gottheit für die neuen Pilger zu schaffen; nur die Leistung der Artemis, die sich in ihrem Attribut Κουροτρόφος ausdrückte, überging auf einen heiligen Artimitoros, welcher sich der Frauen in Kindesnöten annimmt.

Dann kam die Eroberung der Stadt durch den Islam und endlich ihr Untergang und ihre Verödung durch die Versandung des Flusses. Aber die grosse Göttin von Ephesos hatte ihren Anspruch noch immer nicht aufgegeben. Noch in unseren Tagen erschien sie als heilige Jungfrau einem frommen deutschen Mädchen, Katharina Emmerich in Dulmen, beschrieb ihr ihre Reise nach Ephesos, die Einrichtung des Hauses, das sie dort bewohnte und in dem sie starb, die Form ihres Bettes usw. Und Haus und Bett haben sich wirklich gefunden, sowie sie die Jungfrau beschrieben hatte, und sind wiederum das Ziel von Pilgerfahrten der Gläubigen.

(Nach F. Sartiaux, Villes mortes d'Asie mineure, Paris 1911.)

---

[1] Apostelgeschichte, Kap. XIX.

# ZUR DYNAMIK DER ÜBERTRAGUNG

# ZUR DYNAMIK DER ÜBERTRAGUNG

Das schwer zu erschöpfende Thema der „Übertragung" ist kürzlich in diesem Zentralblatt von W. Stekel in deskriptiver Weise behandelt worden.¹ Ich möchte nun hier einige Bemerkungen anfügen, die verstehen lassen sollen, wie die Übertragung während einer psychoanalytischen Kur notwendig zustande kommt, und wie sie zu der bekannten Rolle während der Behandlung gelangt.

Machen wir uns klar, daß jeder Mensch durch das Zusammenwirken von mitgebrachter Anlage und von Einwirkungen auf ihn während seiner Kinderjahre eine bestimmte Eigenart erworben hat, wie er das Liebesleben ausübt, also welche Liebesbedingungen er stellt, welche Triebe er dabei befriedigt, und welche Ziele er sich setzt.² Das ergibt sozusagen ein Klischee (oder auch

---

1) Zentralblatt für Psychoanalyse, Jahrgang II, Nr. II, S. 26.

2) Verwahren wir uns an dieser Stelle gegen den mißverständlichen Vorwurf, als hätten wir die Bedeutung der angeborenen (konstitutionellen) Momente geleugnet, weil wir die der infantilen Eindrücke hervorgehoben haben. Ein solcher Vorwurf stammt aus der Enge des Kausalbedürfnisses der Menschen, welches sich im Gegensatz zur gewöhnlichen Gestaltung der Realität mit einem einzigen verursachenden Moment zufrieden geben will. Die Psychoanalyse hat · über die akzidentellen Faktoren der Ätiologie viel, über die konstitutionellen wenig geäußert, aber nur darum, weil sie zu den ersteren etwas Neues beibringen konnte, über die letzteren hingegen zunächst nicht mehr wußte, als man sonst weiß. Wir lehnen es ab, einen prinzipiellen Gegensatz zwischen beiden Reihen von ätiologischen Momenten zu statuieren; wir nehmen vielmehr ein regelmäßiges Zusammenwirken beider zur Hervorbringung des beobachteten Effekts an. Δαιμων και Τυχη bestimmen das Schicksal eines Menschen;

mehrere), welches im Laufe des Lebens regelmäßig wiederholt, neu abgedruckt wird, insoweit die äußeren Umstände und die Natur der zugänglichen Liebesobjekte es gestatten, welches gewiß auch gegen rezente Eindrücke nicht völlig unveränderlich ist. Unsere Erfahrungen haben nun ergeben, daß von diesen das Liebesleben bestimmenden Regungen nur ein Anteil die volle psychische Entwicklung durchgemacht hat; dieser Anteil ist der Realität zugewendet, steht der bewußten Persönlichkeit zur Verfügung und macht ein Stück von ihr aus. Ein anderer Teil dieser libidinösen Regungen ist in der Entwicklung aufgehalten worden, er ist von der bewußten Persönlichkeit wie von der Realität abgehalten, durfte sich entweder nur in der Phantasie ausbreiten oder ist gänzlich im Unbewußten verblieben, so daß er dem Bewußtsein der Persönlichkeit unbekannt ist. Wessen Liebesbedürftigkeit nun von der Realität nicht restlos befriedigt wird, der muß sich mit libidinösen Erwartungsvorstellungen jeder neu auftretenden Person zuwenden, und es ist durchaus wahrscheinlich, daß beide Portionen seiner Libido, die bewußtseinsfähige wie die unbewußte, an dieser Einstellung Anteil haben.

Es ist also völlig normal und verständlich, wenn die erwartungsvoll bereitgehaltene Libidobesetzung des teilweise Unbefriedigten sich auch der Person des Arztes zuwendet. Unserer Voraussetzung gemäß, wird sich diese Besetzung an Vorbilder halten, an eines der Klischees anknüpfen, die bei der betreffenden Person vorhanden sind oder, wie wir auch sagen können, sie wird den Arzt in eine der psychischen „Reihen" einfügen, die der Leidende bisher gebildet hat. Es entspricht den realen Beziehungen zum

---

selten, vielleicht niemals, eine dieser Mächte allein. Die Aufteilung der ätiologischen Wirksamkeit zwischen den beiden wird sich nur individuell und im einzelnen vollziehen lassen. Die Reihe, in welcher sich wechselnde Größen der beiden Faktoren zusammensetzen, wird gewiß auch ihre extremen Fälle haben. Je nach dem Stande unserer Erkenntnis werden wir den Anteil der Konstitution oder des Erlebens im Einzelfalle anders einschätzen und das Recht behalten, mit der Veränderung unserer Einsichten unser Urteil zu modifizieren. Übrigens könnte man es wagen, die Konstitution selbst aufzufassen als den Niederschlag aus den akzidentellen Einwirkungen auf die unendlich große Reihe der Ahnen.

Arzte, wenn für diese Einreihung die Vater-Imago (nach Jungs glücklichem Ausdruck)[1] maßgebend wird. Aber die Übertragung ist an dieses Vorbild nicht gebunden, sie kann auch nach der Mutter- oder Bruder-Imago usw. erfolgen. Die Besonderheiten der Übertragung auf den Arzt, durch welche sie über Maß und Art dessen hinausgeht, was sich nüchtern und rationell rechtfertigen läßt, werden durch die Erwägung verständlich, daß eben nicht nur die bewußten Erwartungsvorstellungen, sondern auch die zurückgehaltenen oder unbewußten diese Übertragung hergestellt haben.

Über dieses Verhalten der Übertragung wäre weiter nichts zu sagen oder zu grübeln, wenn nicht dabei zwei Punkte unerklärt blieben, die für den Psychoanalytiker von besonderem Interesse sind. Erstens verstehen wir nicht, daß die Übertragung bei neurotischen Personen in der Analyse soviel intensiver ausfällt als bei anderen, nicht analysierten, und zweitens bleibt es rätselhaft, weshalb uns bei der Analyse die Übertragung als der **stärkste Widerstand** gegen die Behandlung entgegentritt, während wir sie außerhalb der Analyse als Trägerin der Heilwirkung, als Bedingung des guten Erfolges anerkennen müssen. Es ist doch eine beliebig oft zu bestätigende Erfahrung, daß, wenn die freien Assoziationen eines Patienten versagen[2], jedesmal die Stockung beseitigt werden kann durch die Versicherung, er stehe jetzt unter der Herrschaft eines Einfalles, der sich mit der Person des Arztes oder mit etwas zu ihm Gehörigen beschäftigt. Sobald man diese Aufklärung gegeben hat, ist die Stockung beseitigt, oder man hat die Situation des Versagens in die des Verschweigens der Einfälle verwandelt.

Es scheint auf den ersten Blick ein riesiger methodischer Nachteil der Psychoanalyse zu sein, daß sich in ihr die Übertragung,

---

1) Symbole und Wandlungen der Libido. Jahrbuch für Psychoanalyse, III, S. 164.
2) Ich meine, wenn sie wirklich ausbleiben, und nicht etwa infolge eines banalen Unlustgefühles von ihm verschwiegen werden.

sonst der mächtigste Hebel des Erfolgs, in das stärkste Mittel des Widerstandes verwandelt. Bei näherem Zusehen wird aber wenigstens das erste der beiden Probleme weggeräumt. Es ist nicht richtig, daß die Übertragung während der Psychoanalyse intensiver und ungezügelter auftritt als außerhalb derselben. Man beobachtet in Anstalten, in denen Nervöse nicht analytisch behandelt werden, die höchsten Intensitäten und die unwürdigsten Formen einer bis zur Hörigkeit gehenden Übertragung, auch die unzweideutigste erotische Färbung derselben. Eine feinsinnige Beobachterin wie die Gabriele Reuter hat dies zur Zeit, als es noch kaum eine Psychoanalyse gab, in einem merkwürdigen Buche geschildert, welches überhaupt die besten Einsichten in das Wesen und die Entstehung der Neurosen verrät.[1] Diese Charaktere der Übertragung sind also nicht auf Rechnung der Psychoanalyse zu setzen, sondern der Neurose selbst zuzuschreiben. Das zweite Problem bleibt vorläufig unangetastet.

Diesem Problem, der Frage, warum die Übertragung uns in der Psychoanalyse als Widerstand entgegentritt, müssen wir nun näher rücken. Vergegenwärtigen wir uns die psychologische Situation der Behandlung: Eine regelmäßige und unentbehrliche Vorbedingung jeder Erkrankung an einer Psychoneurose ist der Vorgang, den Jung treffend als Introversion der Libido bezeichnet hat.[2] Das heißt: Der Anteil der bewußtseinsfähigen, der Realität zugewendeten Libido wird verringert, der Anteil der von der Realität abgewendeten, unbewußten, welche etwa noch die Phantasien der Person speisen darf, aber dem Unbewußten angehört, um so viel vermehrt. Die Libido hat sich (ganz oder teilweise) in die Regression begeben und die infantilen Imagines wiederbelebt.[3] Dorthin folgt ihr nun die analytische Kur nach,

---
[1] Aus guter Familie, 1895.
[2] Wenngleich manche Äußerungen Jungs den Eindruck machen, als sehe er in dieser Introversion etwas für die Dementia praecox Charakteristisches, was bei anderen Neurosen nicht ebenso in Betracht käme.
[3] Es wäre bequem zu sagen: Sie hat die infantilen „Komplexe" wieder besetzt. Aber das wäre unrichtig; einzig zu rechtfertigen wäre die Aussage: Die unbewußten

welche die Libido aufsuchen, wieder dem Bewußtsein zugänglich und endlich der Realität dienstbar machen will. Wo die analytische Forschung auf die in ihre Verstecke zurückgezogene Libido stößt, muß ein Kampf ausbrechen; alle die Kräfte, welche die Regression der Libido verursacht haben, werden sich als „Widerstände" gegen die Arbeit erheben, um diesen neuen Zustand zu konservieren. Wenn nämlich die Introversion oder Regression der Libido nicht durch eine bestimmte Relation zur Außenwelt (im allgemeinsten: durch die Versagung der Befriedigung) berechtigt und selbst für den Augenblick zweckmäßig gewesen wäre, hätte sie überhaupt nicht zustande kommen können. Die Widerstände dieser Herkunft sind aber nicht die einzigen, nicht einmal die stärksten. Die der Persönlichkeit verfügbare Libido hatte immer unter der Anziehung der unbewußten Komplexe (richtiger der dem Unbewußten angehörenden Anteile dieser Komplexe) gestanden und war in die Regression geraten, weil die Anziehung der Realität nachgelassen hatte. Um sie frei zu machen, muß nun diese Anziehung des Unbewußten überwunden, also die seither in dem Individuum konstituierte Verdrängung der unbewußten Triebe und ihrer Produktionen aufgehoben werden. Dies ergibt den bei weitem großartigeren Anteil des Widerstandes, der ja so häufig die Krankheit fortbestehen läßt, auch wenn die Abwendung von der Realität die zeitweilige Begründung wieder verloren hat. Mit den Widerständen aus beiden Quellen hat die Analyse zu kämpfen. Der Widerstand begleitet die Behandlung auf jedem Schritt; jeder einzelne Einfall, jeder Akt des Behandelten muß dem Widerstande Rechnung tragen, stellt sich als ein Kompromiß aus den

---

Anteile dieser Komplexe. — Die außerordentliche Verschlungenheit des in dieser Arbeit behandelten Themas legt die Versuchung nahe, auf eine Anzahl von anstoßenden Problemen einzugehen, deren Klärung eigentlich erforderlich wäre, ehe man von den hier zu beschreibenden psychischen Vorgängen in unzweideutigen Worten reden könnte. Solche Probleme sind: Die Abgrenzung der Introversion und der Regression gegeneinander, die Einfügung der Komplexlehre in die Libidotheorie, die Beziehungen des Phantasierens zum Bewußten und Unbewußten wie zur Realität u. a. Es bedarf keiner Entschuldigung, wenn ich an dieser Stelle diesen Versuchungen widerstanden habe.

zur Genesung zielenden Kräften und den angeführten, ihr widerstrebenden, dar.

Verfolgt man nun einen pathogenen Komplex von seiner (entweder als Symptom auffälligen oder auch ganz unscheinbaren) Vertretung im Bewußten gegen seine Wurzel im Unbewußten hin, so wird man bald in eine Region kommen, wo der Widerstand sich so deutlich geltend macht, daß der nächste Einfall ihm Rechnung tragen und als Kompromiß zwischen seinen Anforderungen und denen der Forschungsarbeit erscheinen muß. Hier tritt nun nach dem Zeugnisse der Erfahrung die Übertragung ein. Wenn irgend etwas aus dem Komplexstoff (dem Inhalt des Komplexes) sich dazu eignet, auf die Person des Arztes übertragen zu werden, so stellt sich diese Übertragung her, ergibt den nächsten Einfall und kündigt sich durch die Anzeichen eines Widerstandes, etwa durch eine Stockung, an. Wir schließen aus dieser Erfahrung, daß diese Übertragungsidee darum vor allen anderen Einfallsmöglichkeiten zum Bewußtsein durchgedrungen ist, w e i l sie auch dem Widerstande Genüge tut. Ein solcher Vorgang wiederholt sich im Verlaufe einer Analyse ungezählte Male. Immer wieder wird, wenn man sich einem pathogenen Komplexe annähert, zuerst der zur Übertragung befähigte Anteil des Komplexes ins Bewußtsein vorgeschoben und mit der größten Hartnäckigkeit verteidigt.[1]

Nach seiner Überwindung macht die der anderen Komplexbestandteile wenig Schwierigkeiten mehr. Je länger eine analytische Kur dauert, und je deutlicher der Kranke erkannt hat, daß Entstellungen des pathogenen Materials allein keinen Schutz gegen die Aufdeckung bieten, desto konsequenter bedient er sich der einen Art von Entstellung, die ihm offenbar die größten Vorteile

---

[1] Woraus man aber nicht allgemein auf eine besondere pathogene Bedeutsamkeit des zum Übertragungswiderstand gewählten Elementes schließen darf. Wenn in einer Schlacht um den Besitz eines gewissen Kirchleins oder eines einzelnen Gehöfts mit besonderer Erbitterung gestritten wird, braucht man nicht anzunehmen, daß die Kirche etwa ein Nationalheiligtum sei, oder daß das Haus den Armeeschatz berge. Der Wert der Objekte kann ein bloß taktischer sein, vielleicht nur in dieser einen Schlacht zur Geltung kommen.

bringt, der Entstellung durch Übertragung. Diese Verhältnisse nehmen die Richtung nach einer Situation, in welcher schließlich alle Konflikte auf dem Gebiete der Übertragung ausgefochten werden müssen.

So erscheint uns die Übertragung in der analytischen Kur zunächst immer nur als die stärkste Waffe des Widerstandes, und wir dürfen den Schluß ziehen, daß die Intensität und Ausdauer der Übertragung eine Wirkung und ein Ausdruck des Widerstandes seien. Der Mechanismus der Übertragung ist zwar durch ihre Zurückführung auf die Bereitschaft der Libido erledigt, die im Besitze infantiler Imagines geblieben ist; die Aufklärung ihrer Rolle in der Kur gelingt aber nur, wenn man auf ihre Beziehungen zum Widerstande eingeht.

Woher kommt es, daß sich die Übertragung so vorzüglich zum Mittel des Widerstandes eignet? Man sollte meinen, diese Antwort wäre nicht schwer zu geben. Es ist ja klar, daß das Geständnis einer jeden verpönten Wunschregung besonders erschwert wird, wenn es vor jener Person abgelegt werden soll, der die Regung selbst gilt. Diese Nötigung ergibt Situationen, die in der Wirklichkeit als kaum durchführbar erscheinen. Gerade das will nun der Analysierte erzielen, wenn er das Objekt seiner Gefühlsregungen mit dem Arzte zusammenfallen läßt. Eine nähere Überlegung zeigt aber, daß dieser scheinbare Gewinn nicht die Lösung des Problems ergeben kann. Eine Beziehung von zärtlicher, hingebungsvoller Anhänglichkeit kann ja anderseits über alle Schwierigkeiten des Geständnisses hinweghelfen. Man pflegt ja unter analogen realen Verhältnissen zu sagen: Vor dir schäme ich mich nicht, dir kann ich alles sagen. Die Übertragung auf den Arzt könnte also ebensowohl zur Erleichterung des Geständnisses dienen, und man verstünde nicht, warum sie eine Erschwerung hervorruft.

Die Antwort auf diese hier wiederholt gestellte Frage wird nicht durch weitere Überlegung gewonnen, sondern durch die

Erfahrung gegeben, die man bei der Untersuchung der einzelnen Übertragswiderstände in der Kur macht. Man merkt endlich, daß man die Verwendung der Übertragung zum Widerstande nicht verstehen kann, solange man an „Übertragung" schlechtweg denkt. Man muß sich entschließen, eine „positive" Übertragung von einer „negativen" zu sondern, die Übertragung zärtlicher Gefühle von der feindseliger, und beide Arten der Übertragung auf den Arzt gesondert zu behandeln. Die positive Übertragung zerlegt sich dann noch in die solcher freundlicher oder zärtlicher Gefühle, welche bewußtseinsfähig sind, und in die ihrer Fortsetzungen ins Unbewußte. Von den letzteren weist die Analyse nach, daß sie regelmäßig auf erotische Quellen zurückgehen, so daß wir zur Einsicht gelangen müssen, alle unsere im Leben verwertbaren Gefühlsbeziehungen von Sympathie, Freundschaft, Zutrauen und dergleichen seien genetisch mit der Sexualität verknüpft und haben sich durch Abschwächung des Sexualzieles aus rein sexuellen Begehrungen entwickelt, so rein und unsinnlich sie sich auch unserer bewußten Selbstwahrnehmung darstellen mögen. Ursprünglich haben wir nur Sexualobjekte gekannt; die Psychoanalyse zeigt uns, daß die bloß geschätzten oder verehrten Personen unserer Realität für das Unbewußte in uns immer noch Sexualobjekte sein können.

Die Lösung des Rätsels ist also, daß die Übertragung auf den Arzt sich nur insofern zum Widerstande in der Kur eignet, als sie negative Übertragung oder positive von verdrängten erotischen Regungen ist. Wenn wir durch Bewußtmachen die Übertragung „aufheben", so lösen wir nur diese beiden Komponenten des Gefühlsaktes von der Person des Arztes ab; die andere bewußtseinsfähige und unanstößige Komponente bleibt bestehen und ist in der Psychoanalyse genau ebenso die Trägerin des Erfolges wie bei anderen Behandlungsmethoden. Insofern gestehen wir gerne zu, die Resultate der Psychoanalyse beruhten auf Suggestion; nur muß man unter Suggestion das verstehen, was wir mit

Ferenczi[1] darin finden: die Beeinflussung eines Menschen vermittels der bei ihm möglichen Übertragungsphänomene. Für die endliche Selbständigkeit des Kranken sorgen wir, indem wir die Suggestion dazu benützen, ihn eine psychische Arbeit vollziehen zu lassen, die eine dauernde Verbesserung seiner psychischen Situation zur notwendigen Folge hat.

Es kann noch gefragt werden, warum die Widerstandsphänomene der Übertragung nur in der Psychoanalyse, nicht auch bei indifferenter Behandlung, z. B. in Anstalten zum Vorschein kommen. Die Antwort lautet: sie zeigen sich auch dort, nur· müssen sie als solche gewürdigt werden. Das Hervorbrechen der negativen Übertragung ist in Anstalten sogar recht häufig. Der Kranke verläßt eben die Anstalt ungeändert oder rückfällig, sobald er unter die Herrschaft der negativen Übertragung gerät. Die erotische Übertragung wirkt in Anstalten nicht so hemmend, da sie dort wie im Leben beschönigt, anstatt aufgedeckt wird; sie äußert sich aber ganz deutlich als Widerstand gegen die Genesung, zwar nicht, indem sie den Kranken aus der Anstalt treibt, — sie hält ihn im Gegenteil in der Anstalt zurück, — wohl aber dadurch, daß sie ihn vom Leben ferne hält. Für die Genesung ist es nämlich recht gleichgültig, ob der Kranke in der Anstalt diese oder jene Angst oder Hemmung überwindet; es kommt vielmehr darauf an, daß er auch in der Realität seines Lebens davon frei wird.

Die negative Übertragung verdiente eine eingehende Würdigung, die ihr im Rahmen dieser Ausführungen nicht zuteil werden kann. Bei den heilbaren Formen von Psychoneurosen findet sie sich neben der zärtlichen Übertragung, oft gleichzeitig auf die nämliche Person gerichtet, für welchen Sachverhalt B l e u l e r den guten Ausdruck A m b i v a l e n z geprägt hat.[2] Eine solche

---

[1] F e r e n c z i, Introjektion und Übertragung, Jahrbuch für Psychoanalyse, Bd. I, 1909.
[2] E. B l e u l e r, Dementia praecox oder Gruppe der Schizophrenien in A s c h a f f e n b u r g s Handbuch der Psychiatrie, 1911. — Vortrag über Ambivalenz

Ambivalenz der Gefühle scheint bis zu einem gewissen Maße normal zu sein, aber ein hoher Grad von Ambivalenz der Gefühle ist gewiß eine besondere Auszeichnung neurotischer Personen. Bei der Zwangneurose scheint eine frühzeitige „Trennung der Gegensatzpaare" für das Triebleben charakteristisch zu sein und eine ihrer konstitutionellen Bedingungen darzustellen. Die Ambivalenz der Gefühlsrichtungen erklärt uns am besten die Fähigkeit der Neurotiker, ihre Übertragungen in den Dienst des Widerstandes zu stellen. Wo die Übertragungsfähigkeit im wesentlichen negativ geworden ist, wie bei den Paranoiden, da hört die Möglichkeit der Beeinflussung und der Heilung auf.

Mit allen diesen Erörterungen haben wir aber bisher nur eine Seite des Übertragungsphänomens gewürdigt; es wird erfordert, unsere Aufmerksamkeit einem anderen Aspekt derselben Sache zuzuwenden. Wer sich den richtigen Eindruck davon geholt hat, wie der Analysierte aus seinen realen Beziehungen zum Arzte herausgeschleudert wird, sobald er unter die Herrschaft eines ausgiebigen Übertragungswiderstandes gerät, wie er sich dann die Freiheit herausnimmt, die psychoanalytische Grundregel zu vernachlässigen, daß man ohne Kritik alles mitteilen solle, was einem in den Sinn kommt, wie er die Vorsätze vergißt, mit denen er in die Behandlung getreten war, und wie ihm logische Zusammenhänge und Schlüsse nun gleichgültig werden, die ihm kurz vorher den größten Eindruck gemacht hatten, der wird das Bedürfnis haben, sich diesen Eindruck noch aus anderen als den bisher angeführten Momenten zu erklären, und solche liegen in der Tat nicht ferne; sie ergeben sich wiederum aus der psychologischen Situation, in welche die Kur den Analysierten versetzt hat.

In der Aufspürung der dem Bewußten abhanden gekommenen Libido ist man in den Bereich des Unbewußten eingedrungen. Die Reaktionen, die man erzielt, bringen nun manches von den

---

in Bern 1910, referiert im Zentralblatt f. Psa. I, p. 266. — Für die gleichen Phänomene hatte W. Stekel vorher die Bezeichnung „Bipolarität" vorgeschlagen.

Charakteren unbewußter Vorgänge mit ans Licht, wie wir sie durch das Studium der Träume kennen gelernt haben. Die unbewußten Regungen wollen nicht erinnert werden, wie die Kur es wünscht, sondern sie streben danach, sich zu reproduzieren, entsprechend der Zeitlosigkeit und der Halluzinationsfähigkeit des Unbewußten. Der Kranke spricht ähnlich wie im Traume den Ergebnissen der Erweckung seiner unbewußten Regungen Gegenwärtigkeit und Realität zu; er will seine Leidenschaften agieren, ohne auf die reale Situation Rücksicht zu nehmen. Der Arzt will ihn dazu nötigen, diese Gefühlsregungen in den Zusammenhang der Behandlung und in den seiner Lebensgeschichte einzureihen, sie der denkenden Betrachtung unterzuordnen und nach ihrem psychischen Werte zu erkennen. Dieser Kampf zwischen Arzt und Patienten, zwischen Intellekt und Triebleben, zwischen Erkennen und Agierenwollen spielt sich fast ausschließlich an den Übertragungsphänomenen ab. Auf diesem Felde muß der Sieg gewonnen werden, dessen Ausdruck die dauernde Genesung von der Neurose ist. Es ist unleugbar, daß die Bezwingung der Übertragungsphänomene dem Psychoanalytiker die größten Schwierigkeiten bereitet, aber man darf nicht vergessen, daß gerade sie uns den unschätzbaren Dienst erweisen, die verborgenen und vergessenen Liebesregungen der Kranken aktuell und manifest zu machen, denn schließlich kann niemand *in absentia* oder *in effigie* erschlagen werden.

# RATSCHLÄGE
# FÜR DEN ARZT BEI DER
# PSYCHOANALYTISCHEN
# BEHANDLUNG

# RATSCHLÄGE FÜR DEN ARZT BEI DER PSYCHOANALYTISCHEN BEHANDLUNG

Die technischen Regeln, die ich hier in Vorschlag bringe, haben sich mir aus der langjährigen eigenen Erfahrung ergeben, nachdem ich durch eigenen Schaden von der Verfolgung anderer Wege zurückgekommen war. Man wird leicht bemerken, daß sie sich, wenigstens viele von ihnen, zu einer einzigen Vorschrift zusammensetzen. Ich hoffe, daß ihre Berücksichtigung den analytisch tätigen Ärzten viel unnützen Aufwand ersparen und sie vor manchem Übersehen behüten wird; aber ich muß ausdrücklich sagen, diese Technik hat sich als die einzig zweckmäßige für meine Individualität ergeben; ich wage es nicht in Abrede zu stellen, daß eine ganz anders konstituierte ärztliche Persönlichkeit dazu gedrängt werden kann, eine andere Einstellung gegen den Kranken und gegen die zu lösende Aufgabe zu bevorzugen.

*a)* Die nächste Aufgabe, vor die sich der Analytiker gestellt sieht, der mehr als einen Kranken im Tage so behandelt, wird ihm auch als die schwierigste erscheinen. Sie besteht ja darin, alle die unzähligen Namen, Daten, Einzelheiten der Erinnerung, Einfälle und Krankheitsproduktionen während der Kur, die ein Patient im Laufe von Monaten und Jahren vorbringt, im Gedächtnis zu behalten und sie nicht mit ähnlichem Material zu verwechseln, das von anderen gleichzeitig oder früher analysierten Patienten herrührt. Ist man gar genötigt, täglich sechs, acht Kranke oder selbst mehr zu analysieren, so wird eine Gedächtnisleistung, der solches gelingt, bei Außenstehenden Unglauben, Bewunderung oder selbst Bedauern wecken. In jedem Falle wird man auf die Technik neugierig sein, welche die Bewältigung einer solchen Fülle gestattet, und wird erwarten, daß dieselbe sich besonderer Hilfsmittel bediene.

Indes ist diese Technik eine sehr einfache. Sie lehnt alle Hilfsmittel, wie wir hören werden, selbst das Niederschreiben ab und besteht einfach darin, sich nichts besonders merken zu wollen und allem, was man zu hören bekommt, die nämliche „gleichschwebende Aufmerksamkeit", wie ich es schon einmal genannt habe, entgegenzubringen. Man erspart sich auf diese Weise eine Anstrengung der Aufmerksamkeit, die man doch nicht durch viele Stunden täglich festhalten könnte, und vermeidet eine Gefahr, die von dem absichtlichen Aufmerken unzertrennlich ist. Sowie man nämlich seine Aufmerksamkeit absichtlich bis zu einer gewissen Höhe anspannt, beginnt man auch unter dem dargebotenen Materiale auszuwählen; man fixiert das eine Stück besonders scharf, eliminiert dafür ein anderes, und folgt bei dieser Auswahl seinen Erwartungen oder seinen Neigungen. Gerade dies darf man aber nicht; folgt man bei der Auswahl seinen Erwartungen, so ist man in Gefahr, niemals etwas anderes zu finden, als was man bereits weiß; folgt man seinen Neigungen, so wird man sicherlich die mögliche Wahrnehmung fälschen. Man darf nicht darauf vergessen, daß man ja zumeist Dinge zu hören bekommt, deren Bedeutung erst nachträglich erkannt wird.

Wie man sieht, ist die Vorschrift, sich alles gleichmäßig zu merken, das notwendige Gegenstück zu der Anforderung an den Analysierten, ohne Kritik und Auswahl alles zu erzählen, was ihm einfällt. Benimmt sich der Arzt anders, so macht er zum großen Teile den Gewinn zunichte, der aus der Befolgung der

„psychoanalytischen Grundregel" von seiten des Patienten resultiert. Die Regel für den Arzt läßt sich so aussprechen: Man halte alle bewußten Einwirkungen von seiner Merkfähigkeit ferne und überlasse sich völlig seinem „unbewußten Gedächtnisse", oder rein technisch ausgedrückt: Man höre zu und kümmere sich nicht darum, ob man sich etwas merke.

Was man auf diese Weise bei sich erreicht, genügt allen Anforderungen während der Behandlung. Jene Bestandteile des Materials, die sich bereits zu einem Zusammenhange fügen, werden für den Arzt auch bewußt verfügbar; das andere, noch zusammenhanglose, chaotisch ungeordnete, scheint zunächst versunken, taucht aber bereitwillig im Gedächtnisse auf, sobald der Analysierte etwas Neues vorbringt, womit es sich in Beziehung bringen und wodurch es sich fortsetzen kann. Man nimmt dann lächelnd das unverdiente Kompliment des Analysierten wegen eines „besonders guten Gedächtnisses" entgegen, wenn man nach Jahr und Tag eine Einzelheit reproduziert, die der bewußten Absicht, sie im Gedächtnisse zu fixieren, wahrscheinlich entgangen wäre.

Irrtümer in diesem Erinnern ereignen sich nur zu Zeiten und an Stellen, wo man durch die Eigenbeziehung gestört wird (siehe unten), hinter dem Ideale des Analytikers also in arger Weise zurückbleibt. Verwechslungen mit dem Materiale anderer Patienten kommen recht selten zustande. In einem Streite mit dem Analysierten, ob und wie er etwas einzelnes gesagt habe, bleibt der Arzt zumeist im Rechte.[1]

*b)* Ich kann es nicht empfehlen, während der Sitzungen mit dem Analysierten Notizen in größerem Umfange zu machen,

---

[1] Der Analysierte behauptet oft, eine gewisse Mitteilung bereits früher gemacht zu haben, während man ihm mit ruhiger Überlegenheit versichern kann, sie erfolge jetzt zum erstenmal. Es stellt sich dann heraus, daß der Analysierte früher einmal die Intention zu dieser Mitteilung gehabt hat, an ihrer Ausführung aber durch einen noch bestehenden Widerstand gehindert wurde. Die Erinnerung an diese Intention ist für ihn ununterscheidbar von der Erinnerung an deren Ausführung.

Protokolle anzulegen u. dgl. Abgesehen von dem ungünstigen Eindruck, den dies bei manchen Patienten hervorruft, gelten dagegen die nämlichen Gesichtspunkte, die wir beim Merken gewürdigt haben. Man trifft notgedrungen eine schädliche Auswahl aus dem Stoffe, während man nachschreibt oder stenographiert, und man bindet ein Stück seiner eigenen Geistestätigkeit, das in der Deutung des Angehörten eine bessere Verwendung finden soll. Man kann ohne Vorwurf Ausnahmen von dieser Regel zulassen für Daten, Traumtexte oder einzelne bemerkenswerte Ergebnisse, die sich leicht aus dem Zusammenhange lösen lassen und für eine selbständige Verwendung als Beispiele geeignet sind. Aber ich pflege auch dies nicht zu tun. Beispiele schreibe ich am Abend nach Abschluß der Arbeit aus dem Gedächtnis nieder; Traumtexte, an denen mir gelegen ist, lasse ich von den Patienten nach der Erzählung des Traumes fixieren.

c) Die Niederschrift während der Sitzung mit dem Patienten könnte durch den Vorsatz gerechtfertigt werden, den behandelten Fall zum Gegenstande einer wissenschaftlichen Publikation zu machen. Das kann man ja prinzipiell kaum versagen. Aber man muß doch im Auge behalten, daß genaue Protokolle in einer analytischen Krankengeschichte weniger leisten, als man von ihnen erwarten sollte. Sie gehören, streng genommen, jener Scheinexaktheit an, für welche uns die „moderne" Psychiatrie manche auffällige Beispiele zur Verfügung stellt. Sie sind in der Regel ermüdend für den Leser und bringen es doch nicht dazu, ihm die Anwesenheit bei der Analyse zu ersetzen. Wir haben überhaupt die Erfahrung gemacht, daß der Leser, wenn er dem Analytiker glauben will, ihm auch Kredit für das bißchen Bearbeitung einräumt, das er an seinem Material vorgenommen hat; wenn er die Analyse und den Analytiker aber nicht ernst nehmen will, so setzt er sich auch über getreue Behandlungsprotokolle hinweg. Dies scheint nicht der Weg, um dem Mangel an Evidenz abzuhelfen, der an den psychoanalytischen Darstellungen gefunden wird.

*d)* Es ist zwar einer der Ruhmestitel der analytischen Arbeit, daß Forschung und Behandlung bei ihr zusammenfallen, aber die Technik, die der einen dient, widersetzt sich von einem gewissen Punkte an doch der anderen. Es ist nicht gut, einen Fall wissenschaftlich zu bearbeiten, solange seine Behandlung noch nicht abgeschlossen ist, seinen Aufbau zusammenzusetzen, seinen Fortgang erraten zu wollen, von Zeit zu Zeit Aufnahmen des gegenwärtigen Status zu machen, wie das wissenschaftliche Interesse es fordern würde. Der Erfolg leidet in solchen Fällen, die man von vornherein der wissenschaftlichen Verwertung bestimmt und nach deren Bedürfnissen behandelt; dagegen gelingen jene Fälle am besten, bei denen man wie absichtslos verfährt, sich von jeder Wendung überraschen läßt, und denen man immer wieder unbefangen und voraussetzungslos entgegentritt. Das richtige Verhalten für den Analytiker wird darin bestehen, sich aus der einen psychischen Einstellung nach Bedarf in die andere zu schwingen, nicht zu spekulieren und zu grübeln, solange er analysiert, und erst dann das gewonnene Material der synthetischen Denkarbeit zu unterziehen, nachdem die Analyse abgeschlossen ist. Die Unterscheidung der beiden Einstellungen würde bedeutungslos, wenn wir bereits im Besitze aller oder doch der wesentlichen Erkenntnisse über die Psychologie des Unbewußten und über die Struktur der Neurosen wären, die wir aus der psychoanalytischen Arbeit gewinnen können. Gegenwärtig sind wir von diesem Ziele noch weit entfernt, und dürfen uns die Wege nicht verschließen, um das bisher Erkannte nachzuprüfen und Neues dazu zu finden.

*e)* Ich kann den Kollegen nicht dringend genug empfehlen, sich während der psychoanalytischen Behandlung den Chirurgen zum Vorbild zu nehmen, der alle seine Affekte und selbst sein menschliches Mitleid beiseite drängt und seinen geistigen Kräften ein einziges Ziel setzt: die Operation so kunstgerecht als möglich zu vollziehen. Für den Psychoanalytiker wird unter den heute waltenden Umständen eine Affektstrebung am gefährlichsten, der therapeutische Ehrgeiz, mit seinem neuen und viel angefochtenen Mittel etwas zu leisten, was überzeugend auf andere wirken kann. Damit bringt er nicht nur sich selbst in eine für die Arbeit ungünstige Verfassung, er setzt sich auch wehrlos gewissen Widerständen des Patienten aus, von dessen Kräftespiel ja die Genesung in erster Linie abhängt. Die Rechtfertigung dieser vom Analytiker zu fordernden Gefühlskälte liegt darin, daß sie für beide Teile die vorteilhaftesten Bedingungen schafft, für den Arzt die wünschenswerte Schonung seines eigenen Affektlebens, für den Kranken das größte Ausmaß von Hilfeleistung, das uns heute möglich ist. Ein alter Chirurg hatte zu seinem Wahlspruch die Worte genommen: *Je le pansai, Dieu le guérit.* Mit etwas Ähnlichem sollte sich der Analytiker zufrieden geben.

*f)* Es ist leicht zu erraten, in welchem Ziele diese einzeln vorgebrachten Regeln zusammentreffen. Sie wollen alle beim Arzte das Gegenstück zu der für den Analysierten aufgestellten „psychoanalytischen Grundregel" schaffen. Wie der Analysierte alles mitteilen soll, was er in seiner Selbstbeobachtung erhascht, mit Hintanhaltung aller logischen und affektiven Einwendungen, die ihn bewegen wollen, eine Auswahl zu treffen, so soll sich der Arzt in den Stand setzen, alles ihm Mitgeteilte für die Zwecke der Deutung, der Erkennung des verborgenen Unbewußten zu verwerten, ohne die vom Kranken aufgegebene Auswahl durch eine eigene Zensur zu ersetzen, in eine Formel gefaßt: er soll dem gebenden Unbewußten des Kranken sein eigenes Unbewußtes als empfangendes Organ zuwenden, sich auf den Analysierten einstellen wie der Receiver des Telephons zum Teller eingestellt ist. Wie der Receiver die von Schallwellen angeregten elektrischen Schwankungen der Leitung wieder in Schallwellen verwandelt, so ist das Unbewußte des Arztes befähigt, aus den ihm mitgeteilten Abkömmlingen des Unbewußten dieses Unbewußte, welches die Einfälle des Kranken determiniert hat, wiederherzustellen.

Wenn der Arzt aber imstande sein soll, sich seines Unbewußten in solcher Weise als Instrument bei der Analyse zu bedienen, so muß er selbst eine psychologische Bedingung in weitem Ausmaße erfüllen. Er darf in sich selbst keine Widerstände dulden, welche das von seinem Unbewußten Erkannte von seinem Bewußtsein abhalten, sonst würde er eine neue Art von Auswahl und Entstellung in die Analyse einführen, welche weit schädlicher wäre als die durch Anspannung seiner bewußten Aufmerksamkeit hervorgerufene. Es genügt nicht hiefür, daß er selbst ein annähernd normaler Mensch sei, man darf vielmehr die Forderung aufstellen, daß er sich einer psychoanalytischen Purifizierung unterzogen und von jenen Eigenkomplexen Kenntnis genommen habe, die geeignet wären, ihn in der Erfassung des vom Analysierten Dargebotenen zu stören. An der disqualifizierenden Wirkung solcher eigener Defekte kann billigerweise nicht gezweifelt werden; jede ungelöste Verdrängung beim Arzte entspricht nach einem treffenden Worte von W. Stekel einem „blinden Fleck" in seiner analytischen Wahrnehmung.

Vor Jahren erwiderte ich auf die Frage, wie man ein Analytiker werden könne: Durch die Analyse seiner eigenen Träume. Gewiß reicht diese Vorbereitung für viele Personen aus, aber nicht für alle, die die Analyse erlernen möchten. Auch gelingt es nicht allen, die eigenen Träume ohne fremde Hilfe zu deuten. Ich rechne es zu den vielen Verdiensten der Züricher analytischen Schule, daß sie die Bedingung verschärft und in der Forderung niedergelegt hat, es solle sich jeder, der Analysen an anderen ausführen will, vorher selbst einer Analyse bei einem Sachkundigen unterziehen. Wer es mit der Aufgabe ernst meint, sollte diesen Weg wählen, der mehr als einen Vorteil verspricht; das Opfer, sich ohne Krankheitszwang einer fremden Person eröffnet zu haben, wird reichlich gelohnt. Man wird nicht nur seine Absicht, das Verborgene der eigenen Person kennen zu lernen, in weit kürzerer Zeit und mit geringerem affektiven Aufwand verwirklichen, sondern auch Eindrücke und Überzeugungen am eigenen Leibe gewinnen, die man durch das Studium von Büchern und Anhören von Vorträgen vergeblich anstrebt. Endlich ist auch der Gewinn aus der dauernden seelischen Beziehung nicht gering anzuschlagen, die sich zwischen dem Analysierten und seinem Einführenden herzustellen pflegt.

Eine solche Analyse eines praktisch Gesunden wird begreiflicherweise unabgeschlossen bleiben. Wer den hohen Wert der durch sie erworbenen Selbsterkenntnis und Steigerung der Selbstbeherrschung zu würdigen weiß, wird die analytische Erforschung seiner eigenen Person nachher als Selbstanalyse fortsetzen und sich gerne damit bescheiden, daß er in sich wie außerhalb seiner immer Neues zu finden erwarten muß. Wer aber als Analytiker die Vorsicht der Eigenanalyse verschmäht hat, der wird nicht nur durch die Unfähigkeit bestraft, über ein gewisses Maß an seinen Kranken zu lernen, er unterliegt auch einer ernsthafteren Gefahr, die zur Gefahr für andere werden kann. Er wird leicht in die Versuchung geraten, was er in dumpfer Selbstwahrnehmung von den Eigentümlichkeiten seiner eigenen Person erkennt, als allgemeingültige Theorie in die Wissenschaft hinauszuprojizieren, er wird die psychoanalytische Methode in Mißkredit bringen und Unerfahrene irreleiten.

*g)* Ich füge noch einige andere Regeln an, in welchen der Übergang gemacht wird von der Einstellung des Arztes zur Behandlung des Analysierten.

Es ist gewiß verlockend für den jungen und eifrigen Psychoanalytiker, daß er viel von der eigenen Individualität einsetze, um den Patienten mit sich fortzureißen und ihn im Schwung über die Schranken seiner engen Persönlichkeit zu erheben. Man sollte meinen, es sei durchaus zulässig, ja zweckmäßig für die Überwindung der beim Kranken bestehenden Widerstände, wenn

der Arzt ihm Einblick in die eigenen seelischen Defekte und
Konflikte gestattet, ihm durch vertrauliche Mitteilungen aus
seinem Leben die Gleichstellung ermöglicht. Ein Vertrauen ist
doch das andere wert, und wer Intimität vom anderen fordert,
muß ihm doch auch solche bezeugen.

Allein im psychoanalytischen Verkehre läuft manches anders
ab, als wir es nach den Voraussetzungen der Bewußtseinspsychologie erwarten dürfen. Die Erfahrung spricht nicht für die Vorzüglichkeit einer solchen affektiven Technik. Es ist auch nicht
schwer einzusehen, daß man mit ihr den psychoanalytischen
Boden verläßt und sich den Suggestionsbehandlungen annähert.
Man erreicht so etwa, daß der Patient eher und leichter mitteilt, was ihm selbst bekannt ist, und was er aus konventionellen
Widerständen noch eine Weile zurückgehalten hätte. Für die
Aufdeckung des dem Kranken Unbewußten leistet diese Technik
nichts, sie macht ihn nur noch unfähiger, tiefere Widerstände
zu überwinden, und sie versagt in schwereren Fällen regelmäßig
an der rege gemachten Unersättlichkeit des Kranken, der dann
gerne das Verhältnis umkehren möchte und die Analyse des
Arztes interessanter findet als die eigene. Auch die Lösung der
Übertragung, eine der Hauptaufgaben der Kur, wird durch die
intime Einstellung des Arztes erschwert, so daß der etwaige
Gewinn zu Anfang schließlich mehr als wettgemacht wird. Ich
stehe darum nicht an, diese Art der Technik als eine fehlerhafte
zu verwerfen. Der Arzt soll undurchsichtig für den Analysierten
sein und wie eine Spiegelplatte nichts anderes zeigen, als was
ihm gezeigt wird. Es ist allerdings praktisch nichts dagegen zu
sagen, wenn ein Psychotherapeut ein Stück Analyse mit einer
Portion Suggestivbeeinflussung vermengt, um in kürzerer Zeit
sichtbare Erfolge zu erzielen, wie es zum Beispiel in Anstalten
notwendig wird, aber man darf verlangen, daß er selbst nicht
im Zweifel darüber sei, was er vornehme, und daß er wisse,
seine Methode sei nicht die der richtigen Psychoanalyse.

*h)* Eine andere Versuchung ergibt sich aus der erzieherischen Tätigkeit, die dem Arzte bei der psychoanalytischen Behandlung ohne besonderen Vorsatz zufällt. Bei der Lösung von Entwicklungshemmungen macht es sich von selbst, daß der Arzt in die Lage kommt, den freigewordenen Strebungen neue Ziele anzuweisen. Es ist dann nur ein begreiflicher Ehrgeiz, wenn er sich bemüht, die Person, auf deren Befreiung von der Neurose er soviel Mühe aufgewendet hat, auch zu etwas besonders Vortrefflichem zu machen, und ihren Wünschen hohe Ziele vorschreibt. Aber auch hiebei sollte der Arzt sich in der Gewalt haben und weniger die eigenen Wünsche als die Eignung des Analysierten zur Richtschnur nehmen. Nicht alle Neurotiker bringen viel Talent zur Sublimierung mit; von vielen unter ihnen kann man annehmen, daß sie überhaupt nicht erkrankt wären, wenn sie die Kunst, ihre Triebe zu sublimieren, besessen hätten. Drängt man sie übermäßig zur Sublimierung und schneidet ihnen die nächsten und bequemsten Triebbefriedigungen ab, so macht man ihnen das Leben meist noch schwieriger, als sie es ohnedies empfinden. Als Arzt muß man vor allem tolerant sein gegen die Schwäche des Kranken, muß sich bescheiden, auch einem nicht Vollwertigen ein Stück Leistungs- und Genußfähigkeit wiedergewonnen zu haben. Der erzieherische Ehrgeiz ist so wenig zweckmäßig wie der therapeutische. Es kommt außerdem in Betracht, daß viele Personen gerade an dem Versuche erkrankt sind, ihre Triebe über das von ihrer Organisation gestattete Maß hinaus zu sublimieren, und daß sich bei den zur Sublimierung Befähigten dieser Prozeß von selbst zu vollziehen pflegt, sobald ihre Hemmungen durch die Analyse überwunden sind. Ich meine also, das Bestreben, die analytische Behandlung regelmäßig zur Triebsublimierung zu verwenden, ist zwar immer lobenswert, aber keineswegs in allen Fällen empfehlenswert.

*i)* In welchen Grenzen soll man die intellektuelle Mitarbeit des Analysierten bei der Behandlung in Anspruch nehmen? Es ist schwer, hierüber etwas allgemein Gültiges auszusagen. Die Persönlichkeit des Patienten entscheidet in erster Linie. Aber Vorsicht und Zurückhaltung sind hiebei jedenfalls zu beobachten. Es ist unrichtig, dem Analysierten Aufgaben zu stellen, er solle seine Erinnerung sammeln, über eine gewisse Zeit seines Lebens nachdenken u. dgl. Er hat vielmehr vor allem zu lernen, was keinem leicht fällt anzunehmen, daß durch geistige Tätigkeit von der Art des Nachdenkens, daß durch Willens- und Aufmerksamkeitsanstrengung keines der Rätsel der Neurose gelöst wird, sondern nur durch die geduldige Befolgung der psychoanalytischen Regel, welche die Kritik gegen das Unbewußte und dessen Abkömmlinge auszuschalten gebietet. Besonders unerbittlich sollte man auf der Befolgung dieser Regel bei jenen Kranken bestehen, die die Kunst üben, bei der Behandlung ins Intellektuelle auszuweichen, dann viel und oft sehr weise über ihren Zustand reflektieren, und es sich so ersparen, etwas zu seiner Bewältigung zu tun. Ich nehme darum bei meinen Patienten auch die Lektüre analytischer Schriften nicht gerne zu Hilfe; ich verlange, daß sie an der eigenen Person lernen sollen, und versichere ihnen, daß sie dadurch mehr und Wertvolleres erfahren werden, als ihnen die gesamte psychoanalytische Literatur sagen könnte. Ich sehe aber ein, daß es unter den Bedingungen eines Anstaltsaufenthaltes sehr vorteilhaft werden kann, sich der Lektüre zur Vorbereitung der Analysierten und zur Herstellung einer Atmosphäre von Beeinflussung zu bedienen.

Am dringendsten möchte ich davor warnen, um die Zustimmung und Unterstützung von Eltern oder Angehörigen zu werben, indem man ihnen ein — einführendes oder tiefer gehendes — Werk unserer Literatur zu lesen gibt. Meist reicht dieser wohlgemeinte Schritt hin, um die naturgemäße, irgendeinmal unvermeidliche Gegnerschaft der Angehörigen gegen die psychoanalytische Behandlung der Ihrigen vorzeitig losbrechen zu lassen, so daß es überhaupt nicht zum Beginne der Behandlung kommt.

Ich gebe der Hoffnung Ausdruck, daß die fortschreitende Erfahrung der Psychoanalytiker bald zu einer Einigung über die Fragen der Technik führen wird, wie man am zweckmäßigsten die Neurotiker behandeln solle. Was die Behandlung der „Angehörigen" betrifft, so gestehe ich meine völlige Ratlosigkeit ein und setze auf deren individuelle Behandlung überhaupt wenig Zutrauen.

# DAS INTERESSE AN DER
PSYCHOANALYSE

ERSTER TEIL

## DAS PSYCHOLOGISCHE INTERESSE

Die Psychoanalyse ist ein ärztliches Verfahren, welches die Heilung gewisser Formen von Nervosität (Neurosen) mittels einer psychologischen Technik anstrebt. In einer kleinen, 1910 veröffentlichten Schrift habe ich die Entwicklung der Psychoanalyse aus dem kathartischen Verfahren von J. Breuer und ihre Beziehung zu den Lehren von Charcot und P. Janet dargestellt.[1]

Als Beispiele der Krankheitsformen, welche der psychoanalytischen Therapie zugänglich sind, kann man die hysterischen Krämpfe und Hemmungserscheinungen sowie die mannigfaltigen Symptome der Zwangsneurose (Zwangsvorstellungen, Zwangshandlungen) nennen. Es sind durchwegs Zustände, welche gelegentlich eine spontane Heilung zeigen und in launenhafter, bisher nicht verstandener Weise dem persönlichen Einfluß des Arztes unterliegen. Bei den schwereren Formen der eigentlichen Geistesstörungen leistet die Psychoanalyse therapeutisch nichts. Aber sowohl bei Psychosen wie bei den Neurosen gestattet sie, — zum erstenmal in der Geschichte der Medizin — einen Einblick in die Herkunft und in den Mechanismus dieser Erkrankungen zu gewinnen.

Diese ärztliche Bedeutung der Psychoanalyse würde indes den Versuch nicht rechtfertigen, sie einem Kreise von Gelehrten vor-

---

1) Über Psychoanalyse, 6. Aufl. 1922. [Enthalten in diesem Bande der Gesamtausgabe.]

zustellen, die sich für die Synthese der Wissenschaften interessieren. Zumal da dies Unternehmen verfrüht erscheinen müßte, solange noch ein großer Teil der Psychiater und Neurologen sich ablehnend gegen das neue Heilverfahren benimmt und die Voraussetzungen wie die Ergebnisse desselben verwirft. Wenn ich diesen Versuch dennoch als legitim erachte, so berufe ich mich darauf, daß die Psychoanalyse auch bei anderen als Psychiatern Interesse beansprucht, indem sie verschiedene andere Wissensgebiete streift und unerwartete Beziehungen zwischen diesen und der Pathologie des Seelenlebens herstellt.

Ich werde also jetzt das ärztliche Interesse an der Psychoanalyse beiseite lassen, und was ich von dieser jungen Wissenschaft behauptet habe, an einer Reihe von Beispielen erläutern.

*

Es gibt eine große Anzahl von mimischen und sprachlichen Äußerungen sowie von Gedankenbildungen, — bei normalen wie bei kranken Menschen, — welche bisher nicht Gegenstand der Psychologie gewesen sind, weil man in ihnen nichts anderes erblickte als Erfolge von organischer Störung oder abnormem Ausfall an Funktion des seelischen Apparates. Ich meine die Fehlleistungen (Versprechen, Verschreiben, Vergessen usw.), die Zufallshandlungen und die Träume bei normalen, die Krampfanfälle, Delirien, Visionen, Zwangsideen und Zwangshandlungen bei neurotischen Menschen. Man wies diese Phänomene — soweit sie nicht wie die Fehlleistungen überhaupt unbeachtet blieben — der Pathologie zu und bestrebte sich, physiologische Erklärungen für sie zu geben, die nun in keinem Falle befriedigend geworden sind. Dagegen gelang es der Psychoanalyse zu erweisen, daß all diese Dinge durch Annahmen rein psychologischer Natur verständlich gemacht und in den Zusammenhang des uns bekannten psychischen Geschehens eingereiht werden können. So hat die Psychoanalyse einerseits die physiologische Denkweise eingeschränkt und andererseits ein großes Stück der Pathologie für die Psychologie erobert. Die stärkere Beweiskraft kommt hier den normalen Phänomenen zu. Man kann der Psychoanalyse nicht vorwerfen, daß sie am pathologischen Material gewonnene Einsichten auf das normale überträgt. Sie führt die Beweise hier und dort unabhängig voneinander und zeigt so, daß normale, wie sogenannte pathologische Vorgänge denselben Regeln folgen.

Von den normalen Phänomenen, die hier in Betracht kommen, das heißt von den am normalen Menschen zu beobachtenden, werde ich zweierlei ausführlicher behandeln, die Fehlleistungen und die Träume.

Die Fehlleistungen, also das Vergessen von sonst vertrauten Worten und Namen, von Vorsätzen, das Versprechen, Verlesen, Verschreiben, das Verlegen von Dingen, so daß sie unauffindbar werden, das Verlieren, gewisse Irrtümer gegen besseres Wissen, manche gewohnheitsmäßige Gesten und Bewegungen — all dies, was ich als Fehlleistungen des gesunden und normalen Menschen zusammenfasse — ist von der Psychologie im ganzen wenig gewürdigt worden, wurde als „Zerstreutheit" klassifiziert, und von Ermüdung, Ablenkung der Aufmerksamkeit, von der Nebenwirkung gewisser leichter Krankheitszustände abgeleitet. Die analytische Untersuchung zeigt aber mit einer allen Ansprüchen genügenden Sicherheit, daß diese letztgenannten Momente bloß den Wert von Begünstigungen haben, die auch wegfallen können. Die Fehlleistungen sind vollgültige psychische Phänomene und haben jedesmal Sinn und Tendenz. Sie dienen bestimmten Absichten, die sich infolge der jeweiligen psychologischen Situation nicht anders zum Ausdruck bringen können. Diese Situationen sind in der Regel die eines psychischen Konflikts, durch welchen die unterliegende Tendenz vom direkten Ausdruck abgedrängt und auf indirekte Wege gewiesen wird. Das Individuum, welches die Fehlleistung begeht, kann sie bemerken oder übersehen; die ihr zugrunde liegende unterdrückte Tendenz kann ihm wohl bekannt sein, aber es weiß für gewöhnlich nicht ohne Analyse, daß die betreffende Fehlhandlung das Werk dieser Tendenz ist. Die Analysen der Fehlhandlungen sind oft sehr leicht und rasch anzustellen. Wenn man auf den Mißgriff aufmerksam geworden ist, bringt der nächste Einfall dessen Erklärung.

Fehlleistungen sind das bequemste Material für jeden, der sich von der Glaubwürdigkeit der analytischen Auffassungen überzeugen lassen will. In einem kleinen, zuerst 1904 veröffentlichten Buche habe ich eine große Anzahl solcher Beispiele nebst ihrer Deutung mitgeteilt und habe diese Sammlung seither durch zahlreiche Beiträge anderer Beobachter bereichern können.[1]

Als das häufigste Motiv zur Unterdrückung einer Absicht, welche dann genötigt ist, sich mit der Darstellung durch eine Fehlleistung zu begnügen, stellt sich die Vermeidung von Unlust heraus. So vergißt man hartnäckig Eigennamen, wenn man gegen die Träger derselben einen geheimen Groll hegt, man vergißt Vorsätze auszuführen, wenn man sie im Grunde genommen nur ungern ausgeführt hätte, z. B. nur um einer konventionellen Nötigung zu folgen. Man verliert Gegenstände, wenn man sich mit demjenigen verfeindet hat, an welchen dieser Gegenstand mahnt, von dem er z. B. geschenkt worden ist. Man irrt sich beim Einsteigen in einen Eisenbahnzug, wenn man diese Fahrt ungerne macht und lieber anderswo geblieben wäre. Am deutlichsten zeigt sich das Motiv der Vermeidung von Unlust beim Vergessen von Eindrücken und Erlebnissen, wie es bereits von mehreren Autoren vor der Zeit der Psychoanalyse bemerkt worden ist. Das Gedächtnis ist parteiisch und gerne bereit, alle jene Eindrücke von der Reproduktion auszuschließen, an denen ein peinlicher Affekt haftet, wenngleich diese Tendenz nicht in allen Fällen zur Verwirklichung gelangen kann.

---

[1] Zur Psychopathologie des Alltagslebens. [10. Aufl., 1924. Enthalten in Band IV dieser Gesamtausgabe.] Dazu Arbeiten von M a e d e r, A. A. B r i l l, E. J o n e s, O. R a n k u. a.

Andere Male ist die Analyse einer Fehlleistung minder einfach und führt zu weniger durchsichtigen Auflösungen infolge der Einmengung eines Vorganges, den wir als Verschiebung bezeichnen. Man vergißt z. B. auch den Namen einer Person, gegen die man nichts einzuwenden hat; aber die Analyse weist nach, daß dieser Name assoziativ die Erinnerung an eine andere Person mit gleichem oder ähnlich klingendem Namen geweckt hat, welche auf unsere Abneigung berechtigten Anspruch macht. Infolge dieses Zusammenhanges ist der Name der harmlosen Person vergessen worden; die Absicht zu vergessen hat sich gleichsam längs einer gewissen Assoziationsbahn verschoben.

Auch ist die Absicht, Unlust zu vermeiden, nicht die einzige, die sich durch Fehlleistungen verwirklicht. Die Analyse deckt in vielen Fällen andere Tendenzen auf, die in der betreffenden Situation unterdrückt worden sind und sich gleichsam aus dem Hintergrunde als Störungen äußern müssen. So dient das Versprechen häufig dem Verrat von Meinungen, die vor dem Partner geheim gehalten werden sollen. Die großen Dichter haben Versprechungen in diesem Sinne verstanden und in ihren Werken gebraucht. Das Verlieren wertvoller Gegenstände erweist sich oft als Opferhandlung, um ein erwartetes Unheil abzuwenden, und manch anderer Aberglaube setzt sich bei den Gebildeten noch als Fehlleistung durch. Das Verlegen von Gegenständen ist gewöhnlich nichts anderes als eine Beseitigung derselben; Sachbeschädigungen werden anscheinend unabsichtlich vorgenommen, um zum Ersatz durch Besseres zu nötigen usw.

Die psychoanalytische Aufklärung der Fehlleistungen bringt immerhin einige leise Abänderungen des Weltbildes mit sich, so geringfügig die betrachteten Erscheinungen auch sein mögen. Wir finden auch den normalen Menschen weit häufiger von gegensätzlichen Tendenzen bewegt, als wir erwarten konnten. Die Anzahl der Ereignisse, die wir „zufällige" geheißen haben, erfährt eine erhebliche Einschränkung. Es ist fast ein Trost, daß das

Verlieren von Gegenständen zumeist aus den Zufälligkeiten des Lebens ausscheidet; unsere Ungeschicklichkeit wird oft genug zum Deckmantel unserer geheimen Absichten. Bedeutungsvoller ist aber, daß viele schwere Unglücksfälle, die wir sonst ganz dem Zufall zugeschrieben hatten, in der Analyse den Anteil des eigenen, wenn auch nicht klar eingestandenen Willens enthüllen. Die in der Praxis oft so schwierige Unterscheidung der zufälligen Verunglückung vom absichtlich gesuchten Tod wird durch die analytische Betrachtung noch mehr zweifelhaft.

Verdankt die Aufklärung der Fehlleistungen ihren theoretischen Wert der Leichtigkeit der Lösung und der Häufigkeit des Vorkommens dieser Phänomene beim normalen Menschen, so steht dieser Erfolg der Psychoanalyse doch an Bedeutung weit hinter einem nächsten zurück, welcher an einem anderen Phänomen des Seelenlebens Gesunder gewonnen wurde. Ich meine die Deutung der T r ä u m e, mit welcher erst das Schicksal der Psychoanalyse, sich in einen Gegensatz zur offiziellen Wissenschaft zu stellen, seinen Anfang nimmt. Die medizinische Forschung erklärt den Traum für ein rein somatisches Phänomen ohne Sinn und Bedeutung, sieht in ihm die Äußerung des in den Schlafzustand versunkenen Seelenorgans auf körperliche Reize, die ein partielles Erwachen erzwingen. Die Psychoanalyse erhebt den Traum zu einem psychischen Akt, der Sinn, Absicht und eine Stelle im Seelenleben des Individuums hat, und setzt sich dabei über die Fremdartigkeit, die Inkohärenz und die Absurdität des Traumes hinaus. Die körperlichen Reize spielen dabei nur die Rolle von Materialien, welche bei der Traumbildung verarbeitet werden. Zwischen diesen beiden Auffassungen des Traumes gibt es keine Vermittlung. Gegen die physiologische Auffassung spricht ihre Unfruchtbarkeit, für die psychoanalytische kann man geltend machen, daß sie mehrere Tausende von Träumen sinnvoll übersetzt und für die Kenntnis des intimen menschlichen Seelenlebens verwertet hat.

Ich habe das bedeutsame Thema der „Traumdeutung" in einem 1900 veröffentlichten Werke behandelt und die Befriedigung gehabt, daß fast alle Mitarbeiter an der Psychoanalyse die darin vertretenen Lehren durch ihre Beiträge bestätigt und gefördert haben.[1] In allgemeiner Übereinstimmung wird behauptet, daß die Traumdeutung der Grundstein der psychoanalytischen Arbeit ist, und daß ihre Ergebnisse den wichtigsten Beitrag der Psychoanalyse zur Psychologie darstellen.

Ich kann hier weder die Technik, durch welche man die Deutung des Traumes gewinnt, darlegen, noch die Resultate begründen, zu welchen die psychoanalytische Bearbeitung des Traumes geführt hat. Ich muß mich auf die Aufstellung einiger neuer Begriffe, die Mitteilung der Ergebnisse und die Hervorhebung ihrer Bedeutung für die Normalpsychologie beschränken.

Die Psychoanalyse lehrt also: Jeder Traum ist sinnvoll, seine Fremdartigkeit rührt von Entstellungen her, die an dem Ausdruck seines Sinnes vorgenommen worden sind, seine Absurdität ist absichtlich und drückt Hohn, Spott und Widerspruch aus, seine Inkohärenz ist für die Deutung gleichgültig. Der Traum, wie wir ihn nach dem Erwachen erinnern, soll manifester Trauminhalt genannt werden. Durch die Deutungsarbeit an diesem wird man zu den latenten Traumgedanken geführt, welche sich hinter dem manifesten Inhalt verbergen und durch ihn vertreten lassen. Diese latenten Traumgedanken sind nicht mehr fremdartig, inkohärent oder absurd, es sind vollwertige Bestandteile unseres Wachdenkens. Den Prozeß, welcher die latenten Traumgedanken in den manifesten Trauminhalt verwandelt hat, heißen wir die

---

1) Die Traumdeutung [7. Aufl. 1922; enthalten im Band II und III dieser Gesamtausgabe]. Dazu die kleinere Schrift: Über den Traum [3. Aufl. 1921; enthalten im Band II/III dieser Gesamtausgabe]. Andere Publikationen von O. Rank, W. Stekel, E. Jones, H. Silberer, A. A. Brill, A. Maeder, K. Abraham. S. Ferenczi u. a.

Traumarbeit; er bringt die Entstellung zustande, in deren Folge wir die Traumgedanken im Trauminhalt nicht mehr erkennen.

Die Traumarbeit ist ein psychologischer Prozeß, dessen gleichen in der Psychologie bisher nicht bekannt war. Sie nimmt unser Interesse nach zwei Hauptrichtungen in Anspruch. Erstens, indem sie neuartige Vorgänge wie die **Verdichtung** (von Vorstellungen) oder die **Verschiebung** (des psychischen Akzents von einer Vorstellung zur anderen) aufweist, die wir im Wachdenken überhaupt nicht oder nur als Grundlage sogenannter Denkfehler aufgefunden haben. Zweitens, indem sie uns gestattet, ein Kräftespiel im Seelenleben zu erraten, dessen Wirksamkeit unserer bewußten Wahrnehmung verborgen war. Wir erfahren, daß es eine **Zensur**, eine prüfende Instanz in uns gibt, welche darüber entscheidet, ob eine auftauchende Vorstellung zum Bewußtsein gelangen darf, und unerbittlich ausschließt, soweit ihre Macht reicht, was Unlust erzeugen oder wiedererwecken könnte. Wir erinnern uns hier, daß wir sowohl von dieser Tendenz, Unlust bei der Erinnerung zu vermeiden, als auch von den Konflikten zwischen den Tendenzen des Seelenlebens Andeutungen bei der Analyse der Fehlleistungen gewonnen haben.

Das Studium der Traumarbeit drängt uns als unabweisbar eine Auffassung des Seelenlebens auf, welche die bestrittensten Fragen der Psychologie zu entscheiden scheint. Die Traumarbeit zwingt uns, eine **unbewußte** psychische Tätigkeit anzunehmen, welche umfassender und bedeutsamer ist als die uns bekannte mit Bewußtsein verbundene. (Darüber einige Worte mehr bei der Erörterung des philosophischen Interesses an der Psychoanalyse.) Sie gestattet uns, eine Gliederung des psychischen Apparates in verschiedene Instanzen oder Systeme vorzunehmen, und zeigt, daß in dem System der unbewußten Seelentätigkeit Prozesse von ganz anderer Art ablaufen als im Bewußtsein wahrgenommen werden.

Die Funktion der Traumarbeit ist immer nur die, den Schlaf zu erhalten. „Der Traum ist der Hüter des Schlafes." Die Traumgedanken selbst mögen im Dienste der verschiedensten seelischen Funktionen stehen. Die Traumarbeit erfüllt ihre Aufgabe, indem sie einen aus den Traumgedanken sich erhebenden Wunsch auf halluzinatorischem Wege als erfüllt darstellt.

Man darf es wohl aussprechen, daß das psychoanalytische Studium der Träume den ersten Einblick in eine bisher nicht geahnte Tiefenpsychologie eröffnet hat.[1] Es werden grundstürzende Abänderungen der Normalpsychologie erforderlich sein, um sie in Einklang mit diesen neuen Einsichten zu bringen.

Es ist ganz unmöglich, im Rahmen dieser Darstellung das psychologische Interesse an der Traumdeutung zu erschöpfen. Vergessen wir nicht, daß wir nur hervorzuheben beabsichtigten, der Traum sei sinnvoll und sei ein Objekt der Psychologie, und setzen wir mit den Neuerwerbungen für die Psychologie auf pathologischem Gebiete fort.

Die aus Traum und Fehlleistungen erschlossenen psychologischen Neuheiten müssen noch zur Aufkärung anderer Phänomene brauchbar werden, wenn wir an ihren Wert, ja auch nur an ihre Existenz glauben sollen. Und nun hat die Psychoanalyse wirklich gezeigt, daß die Annahmen der unbewußten Seelentätigkeit, der Zensur und der Verdrängung, der Entstellung und Ersatzbildung, welche wir durch die Analyse jener normalen Phänomene gewonnen haben, uns auch das erste Verständnis einer Reihe von pathologischen Phänomenen ermöglichen, uns sozusagen die Schlüssel zu allen Rätseln der Neurosenpsychologie in die Hände spielen. Der Traum wird so zum Normalvorbild aller psychopathologischen Bildungen. Wer den Traum versteht, kann auch den psychischen Mechanismus der Neurosen und Psychosen durchschauen.

---

[1] Eine Beziehung dieser psychischen Topik auf anatomische Lagerung oder histologische Schichtung wird von der Psychoanalyse derzeit zurückgewiesen.

Die Psychoanalyse ist durch ihre vom Traum ausgehenden Untersuchungen in den Stand gesetzt worden, eine Neurosenpsychologie aufzubauen, zu welcher in stetig fortgesetzter Arbeit Stück um Stück hinzugefügt wird. Doch erfordert das psychologische Interesse, welchem wir hier folgen, nicht mehr, als daß wir zwei Bestandteile dieses großen Zusammenhanges ausführlicher behandeln: den Nachweis, daß viele Phänomene der Pathologie, die man glaubte physiologisch erklären zu müssen, psychische Akte sind, und daß die Prozesse, welche die abnormen Ergebnisse liefern, auf psychische Triebkräfte zurückgeführt werden können.

Ich will die erste Behauptung durch einige Beispiele erläutern: Die hysterischen Anfälle sind längst als Zeichen gesteigerter emotiver Erregung erkannt und den Affektausbrüchen gleichgestellt worden. Charcot versuchte die Mannigfaltigkeit ihrer Erscheinungsformen in deskriptive Formeln zu bannen; P. Janet erkannte die unbewußte Vorstellung, die hinter diesen Anfällen wirkt; die Psychoanalyse hat dargetan, daß sie mimische Darstellungen von erlebten und gedichteten Szenen sind, welche die Phantasie der Kranken beschäftigen, ohne ihnen bewußt zu werden. Durch Verdichtungen und Entstellungen der dargestellten Aktionen werden diese Pantomimen für den Zuschauer undurchsichtig gemacht. Unter dieselben Gesichtspunkte fallen aber auch alle anderen sogenannten Dauersymptome der hysterischen Kranken. Es sind durchwegs mimische oder halluzinatorische Darstellungen von Phantasien, welche deren Gefühlsleben unbewußt beherrschen und eine Erfüllung ihrer geheimen verdrängten Wünsche bedeuten. Der qualvolle Charakter dieser Symptome rührt von dem inneren Konflikt her, in welchen das Seelenleben dieser Kranken durch die Notwendigkeit der Bekämpfung solcher unbewußter Wunschregungen versetzt wird.

Bei einer anderen neurotischen Affektion, der Zwangsneurose, verfallen die Kranken einem peinlich gehandhabten, anscheinend sinnlosen Zeremoniell, das sich in der Wiederholung und Rhythmierung der gleichgültigsten Handlungen, wie Waschen, Ankleiden, oder in der Ausführung unsinniger Vorschriften, in der Einhaltung rätselhafter Verbote äußert. Es war geradezu ein Triumph der psychoanalytischen Arbeit, als es ihr gelang nachzuweisen, wie sinnvoll all diese Zwangshandlungen sind, selbst die unscheinbarsten und geringfügigsten unter ihnen, wie sie die Konflikte des Lebens, den Kampf zwischen Versuchungen und moralischen Hemmungen, den verfemten Wunsch selbst und die Strafen und Bußen dafür am indifferenten Material widerspiegeln. Bei einer anderen Form derselben Krankheit leiden die Betroffenen an peinigenden Vorstellungen, Zwangsideen, deren Inhalt sich ihnen gebieterisch aufdrängt, von Affekten begleitet, die in Art und Intensität durch den Wortlaut der Zwangsideen selbst oft nur sehr wenig erklärt werden. Die analytische Untersuchung hat hier gezeigt, daß die Affekte voll berechtigt sind, indem sie Vorwürfen entsprechen, denen wenigstens eine **psychische Realität** zugrunde liegt. Die an diese Affekte gehängten Vorstellungen sind aber nicht mehr die ursprünglichen, sondern durch Verschiebung (Ersetzung, Substitution) von etwas Verdrängtem in diese Verknüpfung geraten. Die Reduktion (das Rückgängigmachen) dieser Verschiebungen bahnt den Weg zur Erkenntnis der verdrängten Ideen und läßt die Verknüpfung von Affekt und Vorstellung als durchaus angemessen erscheinen.

Bei einer anderen neurotischen Affektion, der eigentlich unheilbaren **Dementia praecox** (Paraphrenie, Schizophrenie), welche in ihren schlimmsten Ausgängen die Kranken völlig teilnahmslos erscheinen läßt, erübrigen oft als einzige Aktionen gewisse gleichförmig wiederholte Bewegungen und Gesten, die als Stereotypien bezeichnet worden sind. Die analytische Untersuchung solcher Reste (durch C. G. Jung) hat sie als Überbleibsel von sinnvollen mimischen Akten erkennen lassen, in denen sich einst die das Individuum beherrschenden Wunschregungen Ausdruck verschafften.

Die tollsten Reden und sonderbarsten Stellungen und Haltungen dieser Kranken haben ein Verständnis und die Einreihung in den Zusammenhang des Seelenlebens gestattet, seitdem man mit psychoanalytischen Voraussetzungen an sie herangetreten ist.
Ganz ähnliches gilt für die Delirien und Halluzinationen und für die Wahnsysteme verschiedener Geisteskranker. Überall, wo bisher nur die bizarrste Laune zu walten schien, hat die psychoanalytische Arbeit Gesetz, Ordnung und Zusammenhang aufgezeigt oder wenigstens ahnen lassen, insoferne diese Arbeit noch unvollendet ist. Die verschiedenartigen psychischen Erkrankungsformen erkennt man aber als Ausgänge von Prozessen, welche im Grunde identisch sind, und die sich mit psychologischen Begriffen erfassen und beschreiben lassen. Überall sind der schon bei der Traumbildung aufgedeckte **psychische Konflikt** im Spiele, die **Verdrängung** gewisser Triebregungen, die von anderen Seelenkräften ins Unbewußte zurückgewiesen werden, die **Reaktionsbildungen** der verdrängenden Kräfte und die **Ersatzbildungen** der verdrängten, aber ihrer Energie nicht völlig beraubten Triebe. Überall äußern sich bei diesen Vorgängen die vom Traum her bekannten Prozesse der **Verdichtung** und **Verschiebung**. Die Mannigfaltigkeit der in der psychiatrischen Klinik beobachteten Krankheitsformen hängt von zwei anderen Mannigfaltigkeiten ab: von der Vielheit der psychischen Mechanismen, welche der Verdrängungsarbeit zu Gebote stehen, und von der Vielheit der entwicklungsgeschichtlichen Dispositionen, welche den verdrängten Regungen den Durchbruch zu Ersatzbildungen ermöglichen.

Die gute Hälfte der psychiatrischen Aufgabe wird von der Psychoanalyse zur Erledigung an die Psychologie gewiesen. Doch wäre es ein arger Irrtum, wollte man annehmen, daß die Analyse eine rein psychologische Auffassung der Seelenstörungen anstrebt oder befürwortet. Sie kann nicht verkennen, daß die andere Hälfte der psychiatrischen Arbeit den Einfluß organischer Faktoren (mechanischer, toxischer, infektiöser) auf den seelischen Apparat zum Inhalt hat. In der Ätiologie der Seelenstörungen nimmt sie nicht einmal für die mildesten derselben, für die Neurosen, einen rein psychogenen Ursprung in Anspruch, sondern sucht deren Verursachung in der Beeinflussung des Seelenlebens durch ein später zu erwähnendes, unzweifelhaft organisches Moment. Die detaillierten Ergebnisse der Psychoanalyse, welche für die allgemeine Psychologie bedeutsam werden müssen, sind allzu zahlreich, als daß ich sie hier anführen könnte. Ich will nur noch zwei Punkte mit einer Erwähnung streifen: Die unzweideutige Art, wie die Psychoanalyse das Primat im Seelenleben für die Affektvorgänge in Anspruch nimmt, und den Nachweis eines ungeahnten Ausmaßes von affektiver Störung und Verblendung des Intellekts bei den normalen nicht anders als bei den kranken Menschen.

ZWEITER TEIL

# DAS INTERESSE DER PSYCHOANALYSE FÜR DIE NICHT PSYCHOLOGISCHEN WISSENSCHAFTEN

## A) Das sprachwissenschaftliche Interesse

Ich überschreite gewiß die gebräuchliche Wortbedeutung, wenn ich das Interesse des Sprachforschers für die Psychoanalyse postuliere. Unter Sprache muß hier nicht bloß der Ausdruck von Gedanken in Worten, sondern auch die Gebärdensprache und jede andere Art von Ausdruck seelischer Tätigkeit, wie die Schrift, verstanden werden. Dann aber darf man geltend machen, daß die Deutungen der Psychoanalyse zunächst Übersetzungen aus einer uns fremden Ausdrucksweise in die unserem Denken vertraute sind. Wenn wir einen Traum deuten, so übersetzen wir bloß einen gewissen Gedankeninhalt (die latenten Traumgedanken) aus der „Sprache des Traumes" in die unseres Wachlebens. Man lernt dabei die Eigentümlichkeiten dieser Traumsprache kennen und gewinnt den Eindruck, daß sie einem in hohem Grade archaischen Ausdruckssystem angehört. So z. B. wird die Negation in der Sprache des Traumes niemals besonders bezeichnet. Gegensätze vertreten einander im Trauminhalt und werden durch dasselbe Element dargestellt. Oder, wie man auch sagen kann: in der Traumsprache sind die Begriffe noch ambivalent, vereinigen in sich entgegengesetzte Bedeutungen, wie es nach den Annahmen der Sprachforscher bei den ältesten

Wurzeln der historischen Sprachen der Fall gewesen ist.¹ Ein anderer auffälliger Charakter unserer Traumsprache ist die überaus häufige Verwendung der Symbole, die in gewissem Maße eine Übersetzung des Trauminhaltes unabhängig von den individuellen Assoziationen gestatten. Das Wesen dieser Symbole ist von der Forschung noch nicht klar genug erfaßt; es sind Ersetzungen und Vergleichungen auf Grund von Ähnlichkeiten, die zum Teil klar zutage liegen; bei einem anderen Teile dieser Symbole ist aber das zu vermutende Tertium comparationis unserer bewußten Kenntnis abhanden gekommen. Gerade diese Symbole dürften aus den ältesten Phasen der Sprachentwicklung und Begriffsbildung stammen. Im Traume sind es vorwiegend die Sexualorgane und die sexuellen Verrichtungen, welche eine symbolische Darstellung, anstatt einer direkten, erfahren. Ein Sprachforscher, Hans S p e r b e r (Upsala), hat erst kürzlich den Nachweis versucht, daß Worte, die ursprünglich sexuelle Tätigkeiten bedeuteten, auf Grund solcher Vergleichung zu einem außerordentlich reichen Bedeutungswandel gelangt sind.²

Wenn wir daran denken, daß die Darstellungsmittel des Traumes hauptsächlich visuelle Bilder, nicht Worte, sind, so wird uns der Vergleich des Traumes mit einem Schriftsystem noch passender erscheinen als der mit einer Sprache. In der Tat ist die Deutung eines Traumes durchaus analog der Entzifferung einer alten Bilderschrift, wie der ägyptischen Hieroglyphen. Es gibt hier wie dort Elemente, die nicht zur Deutung, respektive Lesung, bestimmt sind, sondern nur als Determinativa das Verständnis anderer Elemente sichern sollen. Die Vieldeutigkeit verschiedener Traumelemente findet ihr Gegenstück in diesen alten Schriftsystemen ebenso wie die Auslassung verschiedener

---

1) Vgl. A b e l, Über den Gegensinn der Urworte. Referat im „Jahrbuch für psychoanalytische und psychopathologische Forschungen", II. Bd., 1910. (Enthalten in diesem Bande).

2) „Über den Einfluß sexueller Momente auf Entstehung und Entwicklung der Sprache" (Imago I, 1912).

Relationen, die hier wie dort aus dem Zusammenhange ergänzt werden müssen. Wenn eine solche Auffassung der Traumdarstellung noch keine weitere Ausführung gefunden hat, so geht dies auf den leicht begreiflichen Umstand zurück, daß dem Psychoanalytiker durchwegs jene Gesichtspunkte und Kenntnisse abgehen, mit denen der Sprachforscher an ein Thema wie das des Traumes herantreten würde.

Die Traumsprache, kann man sagen, ist die Ausdrucksweise der unbewußten Seelentätigkeit. Aber das Unbewußte spricht mehr als nur einen Dialekt. Unter den veränderten psychologischen Bedingungen, welche die einzelnen Formen von Neurose charakterisieren und voneinander scheiden, ergeben sich auch konstante Abänderungen des Ausdruckes für unbewußte seelische Regungen. Während die Gebärdensprache der Hysterie im ganzen mit der Bildersprache des Traumes, der Visionen usw. zusammentrifft, ergeben sich besondere idiomatische Ausbildungen für die Gedankensprache der Zwangsneurose und der Paraphrenien (Dementia praecox und Paranoia), die wir in einer Reihe von Fällen bereits verstehen und aufeinander beziehen können. Was z. B. eine Hysterika durch Erbrechen darstellt, das wird sich beim Zwangskranken durch peinliche Schutzmaßregeln gegen Infektion äußern und den Paraphreniker zur Klage oder zum Verdacht, daß er vergiftet werde, veranlassen. Was hier so verschiedenen Ausdruck findet, ist der ins Unbewußte verdrängte Wunsch nach Schwängerung, respektive die Abwehr der erkrankten Person gegen denselben.

## B) Das philosophische Interesse

Insofern die Philosophie auf Psychologie aufgebaut ist, wird sie nicht umhin können, den psychoanalytischen Beiträgen zur Psychologie in ausgiebigster Weise Rechnung zu tragen und auf diese neue Bereicherung unseres Wissens in ähnlicher Art zu reagieren, wie sie es bei allen bedeutenderen Fortschritten der Spezialwissenschaften gezeigt hat. Insbesondere die Aufstellung der unbewußten Seelentätigkeiten muß die Philosophie nötigen, Partei zu nehmen und im Falle der Zustimmung ihre Hypothesen über das Verhältnis des Seelischen zum Leiblichen zu modifizieren, bis sie der neuen Kenntnis entsprechen. Die Philosophie hat sich allerdings wiederholt mit dem Problem des Unbewußten beschäftigt, aber ihre Vertreter haben dabei — mit wenigen Ausnahmen — eine von den zwei Positionen eingenommen, die nun anzuführen sind. Entweder ihr Unbewußtes war etwas Mystisches, nicht Greifbares und nicht Aufzeigbares, dessen Beziehung zum Seelischen im Dunkeln blieb, oder sie haben das Seelische mit dem Bewußten identifiziert und dann aus dieser Definition abgeleitet, daß etwas Unbewußtes nichts Seelisches und kein Gegenstand der Psychologie sein könne. Die Äußerungen rühren daher, daß die Philosophen das Unbewußte beurteilt haben, ohne die Phänomene der unbewußten Seelentätigkeit zu kennen, also ohne zu ahnen, inwieweit sie den bewußten Phänomenen nahe kommen und worin sie sich von ihnen unterscheiden. Will jemand trotz dieser Kenntnisnahme an der Konvention festhalten, welche Bewußtes und Psychisches gleichstellt, und darum dem Unbewußten den psychischen Charakter absprechen, so ist dagegen natürlich nichts einzuwenden, außer daß eine solche Scheidung sich als höchst unpraktisch herausstellt. Denn das Unbewußte ist von seiten seiner Beziehung zum Bewußten, mit dem es so vieles gemeinsam hat, leicht zu beschreiben und in seinen Entwicklungen zu verfolgen; von der Seite des physischen Prozesses ihm näher zu kommen, erscheint hingegen jetzt noch völlig ausgeschlossen. Es muß also Objekt der Psychologie bleiben.

Noch in anderer Art kann die Philosophie aus der Psychoanalyse Anregung gewinnen, nämlich indem sie selbst zum Objekt derselben wird. Die philosophischen Lehren und Systeme sind das Werk einer geringen Anzahl von Personen von hervorragender individueller Ausprägung; in keiner anderen Wissenschaft fällt auch der Persönlichkeit des wissenschaftlichen Arbeiters eine annähernd so große Rolle zu wie gerade bei der Philosophie. Nun setzt uns erst die Psychoanalyse in den Stand, eine Psychographie der Persönlichkeit zu geben. (Vgl. unten: Das soziologische Interesse.) Sie lehrt uns die affektiven Einheiten — die von Trieben abhängigen Komplexe — kennen, welche in jedem Individuum vorauszusetzen sind, und leitet uns in das Studium der Umwandlungen und Endergebnisse, welche aus diesen Triebkräften hervorgehen. Sie deckt die Beziehungen auf, welche zwischen konstitutionellen Anlagen und Lebensschicksalen einer Person und den dank einer besonderen Begabung bei ihr möglichen Leistungen bestehen. Die intime Persönlichkeit des Künstlers, die sich hinter seinem Werk verbirgt, vermag sie aus diesem Werk mit größerer oder geringerer Treffsicherheit zu erraten. So kann die Psychoanalyse auch die subjektive und individuelle Motivierung von philosophischen Lehren aufzeigen, welche vorgeblich unparteiischer logischer Arbeit entsprungen sind, und der Kritik selbst die schwachen Punkte des Systems anzeigen. Diese Kritik selbst zu besorgen, ist nicht Sache der Psychoanalyse, denn, wie begreiflich, schließt die psychologische Determinierung einer Lehre ihre wissenschaftliche Korrektheit keineswegs aus.

## C) Das biologische Interesse

Die Psychoanalyse hat nicht wie andere junge Wissenschaften das Schicksal gehabt, von erwartungsvoller Teilnahme der am Fortschritt der Erkenntnis Interessierten begrüßt zu werden. Sie wurde lange Zeit nicht angehört, und als endlich Vernachlässigung nicht mehr möglich war, wurde sie aus affektiven Gründen Gegenstand heftigster Anfeindung von seiten solcher, die sich nicht die Mühe gegeben hatten, sie kennen zu lernen. Diese unfreundliche Aufnahme verdankt sie dem einen Umstand, daß sie an ihren Forschungsobjekten frühzeitig die Entdeckung machen mußte, die nervösen Erkrankungen seien der Ausdruck von Störung der Sexualfunktion, und darum Gründe hatte, sich der Erforschung der allzu lange vernachlässigten Sexualfunktion zu widmen. Wer aber .an der Forderung festhält, daß wissenschaftliches Urteil nicht durch affektive Einstellungen beeinflußt werden darf, wird der Psychoanalyse wegen dieser ihrer Forschungsrichtung hohes biologisches Interesse zugestehen und die Widerstände gegen sie gerade als Beweise für ihre Behauptungen verwerten.

Die Psychoanalyse ist der menschlichen Sexualfunktion gerecht geworden, indem sie die von vielen Dichtern und manchen Philosophen betonte, von der Wissenschaft niemals anerkannte Bedeutung derselben für das seelische und praktische Leben bis ins Einzelne verfolgte. Für diese Absicht mußte zunächst der ungebührlich eingeengte Begriff der Sexualität eine Erweiterung erfahren, welche sich durch die Berufung auf die Überschreitungen der Sexualität (die sogenannten Perversionen) und auf das Benehmen des Kindes rechtfertigen ließ. Es zeigte sich als unhaltbar, noch länger zu behaupten, daß die Kindheit asexuell sei und erst zur Zeit der Pubertät von dem plötzlichen Einbruch der sexuellen Regungen überfallen werde. Vielmehr konnte die Beobachtung, wenn sie sich nur erst der Blendung durch Interesse und Vorurteil entzogen hatte, mit Leichtigkeit nachweisen, daß sexuelle Interessen und Betätigungen beim menschlichen Kinde fast zu jeder Lebenszeit und von allem Anfang an bestehen. Diese infantile Sexualität wird in ihrer Bedeutsamkeit nicht dadurch beeinträchtigt, daß ihre Grenzen gegen das asexuelle Tun des Kindes nicht an allen Stellen mit voller Sicherheit abzustecken sind. Sie ist aber etwas anderes als die „normal" genannte Sexualität des Erwachsenen. Ihr Umfang schließt die Keime zu all jenen sexuellen Betätigungen ein, die später als Perversionen dem normalen Sexualleben schroff gegenübergestellt werden, dann aber auch unbegreiflich und lasterhaft erscheinen müssen. Aus der infantilen Sexualität geht die normale des Erwachsenen hervor durch eine Reihe von Entwicklungsvorgängen, Zusammensetzungen, Abspaltungen und Unterdrückungen, welche fast niemals in idealer Vollkommenheit erfolgen und darum die Dispositionen zur Rückbildung der Funktion in Krankheitszuständen hinterlassen.

Die infantile Sexualität läßt zwei weitere Eigenschaften erkennen, welche für die biologische Auffassung bedeutungsvoll sind. Sie erweist ihre Zusammensetzung aus einer Reihe von Partialtrieben, welche an gewisse Körperregionen — erogene Zonen — geknüpft erscheinen, und von denen einzelne von Anfang an in Gegensatzpaaren — als Trieb mit aktivem und passivem Ziel — auftreten. Wie späterhin in Zuständen des sexuellen Begehrens nicht bloß die Geschlechtsorgane der geliebten Person, sondern deren ganzer Körper zum Sexualobjekt wird, so sind von allem Anfang an nicht bloß die Genitalien, sondern auch verschiedene andere Körperstellen die Ursprungsstätten sexueller Erregung und ergeben bei geeigneter Reizung sexuelle Lust. Damit in engem Zusammenhange steht der zweite Charakter der infantilen Sexualität, ihre anfängliche Anlehnung an die der Selbsterhaltung dienenden Funktionen der Nahrungsaufnahme und der Ausscheidung, wahrscheinlich auch der Muskelerregung und der Sinnestätigkeit.

Wenn wir die Sexualität mit Hilfe der Psychoanalyse beim gereiften Individuum studieren und das Leben des Kindes im Lichte der so gewonnenen Einsichten betrachten, erscheint uns die Sexualität nicht als eine bloß der Fortpflanzung dienende, der Verdauung, Atmung usw. gleichzustellende Funktion, sondern als etwas weit Selbständigeres, was sich vielmehr allen anderen Tätigkeiten des Individuums gegenüberstellt und erst durch eine komplizierte, an Einschränkungen reiche Entwicklung in den Verband der individuellen Ökonomie gezwungen wird. Der

theoretisch sehr wohl denkbare Fall, daß die Interessen dieser
sexuellen Strebungen nicht mit denen der individuellen Selbsterhaltung zusammenfallen, scheint in der Krankheitsgruppe der
Neurosen verwirklicht zu sein, denn die letzte Formel, welche
die Psychoanalyse über das Wesen der Neurosen ergibt, lautet:
Der Urkonflikt, aus welchem die Neurosen hervorgehen, ist der
zwischen den das Ich erhaltenden und den sexuellen Trieben.
Die Neurosen entsprechen einer mehr oder weniger partiellen
Überwältigung des Ich durch die Sexualität, nachdem dem Ich
der Versuch zur Unterdrückung der Sexualität mißlungen ist.

Wir haben es notwendig gefunden, biologische Gesichtspunkte
während der psychoanalytischen Arbeit ferne zu halten, und
solche auch nicht zu heuristischen Zwecken zu verwenden, damit
wir in der unparteiischen Beurteilung der uns vorliegenden
psychoanalytischen Tatbestände nicht beirrt werden. Nach vollzogener psychoanalytischer Arbeit müssen wir aber den Anschluß
an die Biologie finden und dürfen zufrieden sein, wenn er schon
jetzt in dem einen oder anderen wesentlichen Punkte gesichert
scheint. Der Gegensatz zwischen Ichtrieben und Sexualtrieb, auf
den wir die Entstehung der Neurosen zurückführen mußten,
setzt sich als Gegensatz zwischen Trieben, welche der Erhaltung
des Individuums, und solchen, die der Fortsetzung der Art dienen,
aufs biologische Gebiet fort. In der Biologie tritt uns die
umfassendere Vorstellung des unsterblichen Keimplasmas entgegen,
an welchem wie sukzessiv entwickelte Organe die einzelnen ver-
gänglichen Individuen hängen; erst aus dieser können wir die
Rolle der sexuellen Triebkräfte in der Physiologie und Psychologie
des Einzelwesens richtig verstehen.

Trotz aller Bemühung, biologische Termini und Gesichtspunkte
nicht zur Herrschaft in der psychoanalytischen Arbeit gelangen
zu lassen, können wir es nicht vermeiden, sie schon in der
Beschreibung der von uns studierten Phänomene zu gebrauchen.
Wir können dem „Trieb" nicht ausweichen als einem Grenz-

begriff zwischen psychologischer und biologischer Auffassung, und wir sprechen von „männlichen" und „weiblichen" seelischen Eigenschaften und Strebungen, obwohl die Geschlechtsverschiedenheiten streng genommen keine besondere psychische Charakteristik beanspruchen können. Was wir im Leben männlich oder weiblich heißen, reduziert sich für die psychologische Betrachtung auf die Charaktere der Aktivität und der Passivität, das heißt auf Eigenschaften, welche nicht von den Trieben selbst, sondern von deren Zielen anzugeben sind. In der regelmäßigen Gemeinschaft solcher „aktiver" und „passiver" Triebe im Seelenleben spiegelt sich die Bisexualität der Individuen, welche zu den klinischen Voraussetzungen der Psychoanalyse gehört.

Ich werde befriedigt sein, wenn diese wenigen Bemerkungen darauf aufmerksam gemacht haben, welch ausgiebige Vermittlung zwischen der Biologie und der Psychologie durch die Psychoanalyse hergestellt wird.

## D) Das entwicklungsgeschichtliche Interesse

Nicht jede Analyse psychologischer Phänomene wird den Namen einer Psychoanalyse verdienen. Die letztere bedeutet mehr als die Zerlegung zusammengesetzter Erscheinungen in einfachere; sie besteht in einer Zurückführung einer psychischen Bildung auf andere, welche ihr zeitlich vorhergegangen sind, aus denen sie sich entwickelt hat. Das ärztliche psychoanalytische Verfahren konnte kein Leidenssymptom beseitigen, wenn es nicht seiner Entstehung und Entwicklung nachspürte: so ist die Psychoanalyse von allem Anfang an auf die Verfolgung von Entwicklungsvorgängen gewiesen worden. Sie hat zuerst die Genese neurotischer Symptome aufgedeckt; im weiteren Fortschritt mußte sie andere psychische Bildungen in Angriff nehmen und die Arbeit einer genetischen Psychologie an ihnen leisten.

Die Psychoanalyse ist genötigt worden, das Seelenleben des Erwachsenen aus dem des Kindes abzuleiten, Ernst zu machen mit dem Satze: das Kind ist der Vater des Mannes. Sie hat die Kontinuität der infantilen Psyche mit der des Erwachsenen verfolgt, aber auch die Umwandlungen und Umordnungen gemerkt, welche auf diesem Wege vor sich gehen. Die meisten von uns haben eine Gedächtnislücke für ihre ersten Kinderjahre, aus welcher sich nur einzelne Brocken Erinnerung herausheben. Man darf behaupten, daß die Psychoanalyse diese Lücke ausgefüllt, diese Kindheitsamnesie der Menschen beseitigt hat. (Vgl.: Das pädagogische Interesse.)

Während der Vertiefung in das infantile Seelenleben haben sich einige bemerkenswerte Funde ergeben. So ließ sich bestätigen, was man oftmals vorher geahnt hatte, von welch außerordentlicher Bedeutung für die ganze spätere Richtung eines Menschen die Eindrücke seiner Kindheit, ganz besonders aber seiner ersten Kindheitsjahre, sind. Man ist dabei auf ein psychologisches Paradoxon gestoßen, welches nur für die psychoanalytische Auffassung keines ist, daß gerade diese allerbedeutsamsten Eindrücke im Gedächtnis der späteren Jahre nicht enthalten sind. Die Psychoanalyse hat diese Vorbildlichkeit und Unverlöschbarkeit frühester Erlebnisse gerade für das Sexualleben am deutlichsten feststellen können. „On revient toujours à ses premiers amours" ist eine nüchterne Wahrheit. Die vielen Rätsel des Liebeslebens Erwachsener lösen sich erst durch die Hervorhebung der infantilen Momente in der Liebe. Für die Theorie dieser Wirkungen kommt in Betracht, daß die ersten Kindererlebnisse dem Individuum nicht nur als Zufälligkeiten widerfahren, sondern auch den ersten Betätigungen der von ihm konstitutionell mitgebrachten Triebanlagen entsprechen.

Eine andere, weit überraschendere Aufdeckung hat zum Inhalt, daß von den infantilen seelischen Formationen trotz aller späteren Entwicklung beim Erwachsenen nichts untergeht. Alle Wünsche,

Triebregungen, Reaktionsweisen, Einstellungen des Kindes sind beim gereiften Menschen nachweisbar noch vorhanden und können unter geeigneten Konstellationen wieder zum Vorschein kommen. Sie sind nicht zerstört, sondern bloß überlagert, wie die psychoanalytische Psychologie in ihrer räumlichen Darstellungsweise sagen muß. Es wird so zum Charakter der seelischen Vergangenheit, daß sie nicht, wie die historische, von ihren Abkömmlingen aufgezehrt wird; sie besteht weiter neben dem, was aus ihr geworden ist, entweder bloß virtuell oder in realer Gleichzeitigkeit. Beweis dieser Behauptung ist es, daß der Traum des normalen Menschen allnächtlich dessen Kindercharakter wiederbelebt und sein ganzes Seelenleben auf eine infantile Stufe zurückführt. Dieselbe Rückkehr zum psychischen Infantilismus (Regression) stellt sich bei den Neurosen und Psychosen heraus, deren Eigentümlichkeiten zum großen Teil als psychische Archaismen zu beschreiben sind. In der Stärke, welche den infantilen Resten im Seelenleben verblieben ist, sehen wir das Maß der Krankheitsdisposition, so daß uns diese zum Ausdruck einer Entwicklungshemmung wird. Das infantil Gebliebene, als unbrauchbar Verdrängte im psychischen Material eines Menschen bildet nun den Kern seines Unbewußten, und wir glauben in den Lebensgeschichten unserer Kranken verfolgen zu können, wie dieses von den verdrängenden Kräften zurückgehaltene Unbewußte auf Betätigung lauert und die Gelegenheiten ausnützt, wenn es den späteren und höheren psychischen Bildungen nicht gelingt, der Schwierigkeiten der realen Welt Herr zu werden.

In den allerletzten Jahren hat sich die psychoanalytische Arbeit darauf besonnen, daß der Satz „die Ontogenie sei eine Wiederholung der Phylogenie" auch auf das Seelenleben anwendbar sein müsse,[1] und daraus ist eine neue Erweiterung des psychoanalytischen Interesses hervorgegangen.

---

1) Abraham, Spielrein, Jung.

### E) Das kulturhistorische Interesse

Die Vergleichung der Kindheit des einzelnen Menschen mit der Frühgeschichte der Völker hat sich bereits nach mehreren Richtungen als fruchtbar erwiesen, trotzdem diese Arbeit kaum mehr als begonnen werden konnte. Die psychoanalytische Denkweise benimmt sich dabei wie ein neues Instrument der Forschung. Die Anwendung ihrer Voraussetzungen auf die Völkerpsychologie gestattet ebenso neue Probleme aufzuwerfen wie die bereits bearbeiteten in neuem Lichte zu sehen und zu deren Lösung beizutragen.

Zunächst erscheint es durchaus möglich, die am Traum gewonnene psychoanalytische Auffassung auf Produkte der Völkerphantasie wie Mythus und Märchen zu übertragen.[1] Die Aufgabe einer Deutung dieser Gebilde liegt seit langem vor; man ahnt einen „geheimen Sinn" derselben, man ist auf Abänderungen und auf Umwandlungen vorbereitet, welche diesen Sinn verdecken. Die Psychoanalyse bringt von ihren Arbeiten an Traum und Neurose die Schulung mit, welche die technischen Wege dieser Entstellungen erraten kann. Sie kann aber auch in einer Reihe von Fällen die verborgenen Motive aufdecken, welche diese Wandlungen des Mythus von seinem ursprünglichen Sinn verursacht haben. Den ersten Anstoß zur Mythenbildung kann sie nicht in einem theoretischen Bedürfnis nach Erklärung der Naturerscheinungen und nach Rechenschaft für unverständlich gewordene Kultvorschriften und Gebräuche erblicken, sondern sucht ihn in den nämlichen psychischen „Komplexen", in denselben affektiven Strebungen, welche sie zu Grunde der Träume und der Symptombildungen nachgewiesen hat.

Durch die gleiche Übertragung ihrer Gesichtspunkte, Voraussetzungen und Erkenntnisse wird die Psychoanalyse befähigt, Licht auf die Ursprünge unserer großen kulturellen Institutionen,

---

[1] Abraham. Rank. Jung.

der Religion, der Sittlichkeit, des Rechts, der Philosophie zu werfen.¹ Indem sie den primitiven psychologischen Situationen nachspürt, aus denen sich die Antriebe zu solchen Schöpfungen ergeben konnten, kommt sie in die Lage, manchen Erklärungsversuch zurückzuweisen, der auf eine psychologische Vorläufigkeit gegründet war, und ihn durch tiefer reichende Einsichten zu ersetzen.

Die Psychoanalyse stellt eine innige Beziehung her zwischen all diesen psychischen Leistungen der einzelnen und der Gemeinschaften, indem sie dieselbe dynamische Quelle für beide postuliert. Sie knüpft an die Grundvorstellung an, daß es die Hauptfunktion des seelischen Mechanismus ist, das Geschöpf von den Spannungen zu entlasten, die durch Bedürfnisse in ihm erzeugt werden. Ein Teil dieser Aufgabe wird lösbar durch Befriedigung, welche man von der Außenwelt erzwingt; zu diesem Zwecke wird die Beherrschung der realen Welt Erfordernis. Einem anderen Teil dieser Bedürfnisse, darunter wesentlich gewissen affektiven Strebungen, versagt die Realität regelmäßig die Befriedigung. Daraus geht ein zweites Stück der Aufgabe hervor, den unbefriedigten Strebungen eine andersartige Erledigung zu verschaffen. Alle Kulturgeschichte zeigt nur, welche Wege die Menschen zur Bindung ihrer unbefriedigten Wünsche einschlagen unter den wechselnden und durch technischen Fortschritt veränderten Bedingungen der Gewährung und Versagung von seiten der Realität.

Die Untersuchung der primitiven Völker zeigt die Menschen zunächst im kindlichen Allmachtsglauben befangen² und läßt

---

1) Ansätze hiezu bei J u n g, Wandlungen und Symbole der Libido, 1912, und F r e u d, Übereinstimmungen im Seelenleben der Wilden und der Neurotiker. Imago, I u. II. [Totem und Tabu. Enthalten in Bd. IX dieser Gesamtausgabe.]
2) F e r e n c z i, Entwicklungsstufen des Wirklichkeitssinnes. Intern. Zeitschr. f. ärztl. Psychoanalyse I, 1913. — F r e u d, Animismus, Magie und Allmacht der Gedanken. Imago, II, 1913. [Totem und Tabu. Enthalten in Bd. IX dieser Gesamtausgabe.]

eine Menge von seelischen Bildungen als Bemühungen verstehen, die Störungen dieser Allmacht abzuleugnen und so die Realität von ihrer Wirkung aufs Affektleben fern zu halten, solange man dieselbe nicht besser beherrschen und zur Befriedigung ausnützen kann. Das Prinzip der Unlustvermeidung beherrscht das menschliche Tun so lange, bis es durch das bessere der Anpassung an die Außenwelt abgelöst wird. Parallel zur fortschreitenden Weltbeherrschung des Menschen geht eine Entwicklung seiner Weltanschauung, welche sich immer mehr von dem ursprünglichen Allmachtsglauben abwendet, und von der animistischen Phase durch die religiöse zur wissenschaftlichen ansteigt. In diesen Zusammenhang fügen sich Mythus, Religion und Sittlichkeit als Versuche, sich für die mangelnde Wunschbefriedigung Entschädigung zu schaffen.

Die Kenntnis der neurotischen Erkrankungen einzelner Menschen hat für das Verständnis der großen sozialen Institutionen gute Dienste geleistet, denn die Neurosen selbst enthüllten sich als Versuche, die Probleme der Wunschkompensation individuell zu lösen, welche durch die Institutionen sozial gelöst werden sollen. Das Zurücktreten des sozialen Faktors und das Überwiegen des sexuellen macht diese neurotischen Lösungen der psychologischen Aufgabe zu Zerrbildern, unbrauchbar für anderes als für unsere Aufklärung über diese bedeutsamen Probleme.

*F) Das kunstwissenschaftliche Interesse*

Über einige der Probleme, welche sich an Kunst und Künstler knüpfen, gibt die psychoanalytische Betrachtung befriedigenden Aufschluß; andere entgehen ihr völlig. Sie erkennt auch in der Übung der Kunst eine Tätigkeit, welche die Beschwichtigung unerledigter Wünsche beabsichtigt, und zwar zunächst beim schaffenden Künstler selbst, in weiterer Folge beim Zuhörer oder Zuschauer. Die Triebkräfte der Kunst sind dieselben Konflikte, welche andere

Individuen in die Neurose drängen, die Gesellschaft zum Aufbau ihrer Institutionen bewogen haben. Woher dem Künstler die Fähigkeit zum Schaffen kommt, ist keine Frage der Psychologie. Der Künstler sucht zunächst Selbstbefreiung und führt dieselbe durch Mitteilung seines Werkes den anderen zu, die an den gleichen verhaltenen Wünschen leiden.[1] Er stellt zwar seine persönlichsten Wunschphantasien als erfüllt dar, aber diese werden zum Kunstwerk erst durch eine Umformung, welche das Anstößige dieser Wünsche mildert, den persönlichen Ursprung derselben verhüllt, und durch die Einhaltung von Schönheitsregeln den anderen bestechende Lustprämien bietet. Es fällt der Psychoanalyse nicht schwer, neben dem manifesten Anteil des künstlerischen Genusses einen latenten, wiewohl weit wirksameren, aus den versteckten Quellen der Triebbefreiung nachzuweisen. Der Zusammenhang zwischen den Kindheitseindrücken und Lebensschicksalen des Künstlers und seinen Werken als Reaktionen auf diese Anregungen gehört zu den anziehendsten Objekten der analytischen Betrachtung.[2]

Im übrigen harren noch die meisten Fragen des Kunstschaffens und Kunstgenießens einer Bearbeitung, welche das Licht analytischer Erkenntnis auf sie fallen läßt und ihnen ihre Stelle in dem komplizierten Aufbau der menschlichen Wunschkompensationen anweist. Als konventionell zugestandene Realität, in welcher dank der künstlerischen Illusion Symbole und Ersatzbildungen wirkliche Affekte hervorrufen dürfen, bildet die Kunst ein Zwischenreich zwischen der wunschversagenden Realität und der wunscherfüllenden Phantasiewelt, ein Gebiet, auf dem die Allmachtbestrebungen der primitiven Menschheit gleichsam in Kraft verblieben sind.

---

1) Vgl. O. Rank, Der Künstler, Wien 1907.
2) Siehe O. Rank, Das Inzestmotiv in Dichtung und Sage. Wien 1912. — Auch für die Anwendung auf ästhetische Probleme: Freud, Der Witz und seine Beziehung zum Unbewußten, 1905. [Enthalten in Bd. VI dieser Gesamtausgabe.]

## G) Das soziologische Interesse

Die Psychoanalyse hat zwar die individuelle Psyche zum Objekt genommen, aber bei der Erforschung derselben konnten ihr die affektiven Grundlagen für das Verhältnis des einzelnen zur Gesellschaft nicht entgehen. Sie hat gefunden, daß die sozialen Gefühle regelmäßig einen Beitrag von seiten der Erotik führen, dessen Überbetonung und nachfolgende Verdrängung zur Charakteristik einer bestimmten Gruppe von Seelenstörungen wird. Sie hat den asozialen Charakter der Neurosen überhaupt erkannt, welche ganz allgemein dahin streben, das Individuum aus der Gesellschaft zu drängen und ihm das Klosterasyl früherer Zeiten durch die Krankheitsisolierung zu ersetzen. Das intensive Verschuldungsgefühl, welches so viele Neurosen beherrscht, erwies sich ihr als die soziale Modifikation der neurotischen Angst.

Andererseits deckt die Psychoanalyse den Anteil, welchen soziale Verhältnisse und Anforderungen an der Verursachung der Neurose haben, im weitesten Ausmaße auf. Die Kräfte, welche die Triebeinschränkung und Triebverdrängung von seiten des Ich herbeiführen, entspringen wesentlich der Gefügigkeit gegen die sozialen Kulturforderungen. Dieselbe Konstitution und dieselben Kindheitserlebnisse, welche sonst zur Neurose führen müßten, werden diese Wirkung nicht hervorrufen, wenn solche Gefügigkeit nicht vorhanden ist, oder solche Anforderungen von dem sozialen Kreis, für welchen das Individuum lebt, nicht gestellt werden. Die alte Behauptung, daß die fortschreitende Nervosität ein Produkt der Kultur sei, deckt wenigstens die Hälfte des wahren Sachverhalts. Erziehung und Beispiel bringen die Kulturforderung an das jugendliche Individuum heran; wo sich bei diesem die Triebverdrängung unabhängig von den beiden einstellt, liegt die Annahme nahe, daß urvorzeitliche Anforderung endlich zum organisierten erblichen Besitz der Menschen geworden ist. Das Kind, welches spontan Triebverdrängungen produziert, würde auch damit nur ein Stück der Kulturgeschichte wiederholen. Was heute eine innere Abhaltung ist, war einmal nur eine äußere, vielleicht durch die Not der Zeiten gebotene, und so kann auch einmal zur internen Verdrängungsanlage werden, was heute noch als äußere Kulturforderung an jedes heranwachsende Individuum herantritt.

## H) Das pädagogische Interesse

Das gewichtige Interesse der Erziehungslehre an der Psychoanalyse stützt sich auf einen zur Evidenz gebrachten Satz. Ein Erzieher kann nur sein, wer sich in das kindliche Seelenleben einfühlen kann, und wir Erwachsenen verstehen die Kinder nicht, weil wir unsere eigene Kindheit nicht mehr verstehen. Unsere Kindheitsamnesie ist ein Beweis dafür, wie sehr wir ihr entfremdet sind. Die Psychoanalyse hat die Wünsche, Gedankenbildungen, Entwicklungsvorgänge der Kindheit aufgedeckt; alle früheren Bemühungen waren in ärgster Weise unvollständig und irreleitend, weil sie den unschätzbar wichtigen Faktor der Sexualität in ihren körperlichen und seelischen Äußerungen ganz beiseite gelassen hatten. Das ungläubige Erstaunen, mit welchem die gesichertsten Ermittlungen der Psychoanalyse über die Kindheit aufgenommen werden — über den Ödipuskomplex, die Selbstverliebtheit (Narzißmus), die perversen Anlagen, die Analerotik, die sexuelle Wißbegierde — mißt die Distanz, welche unser Seelenleben, unsere Wertungen, ja unsere Gedankenprozesse von denen auch des normalen Kindes trennt.

Wenn sich die Erzieher mit den Resultaten der Psychoanalyse vertraut gemacht haben, werden sie es leichter finden, sich mit gewissen Phasen der kindlichen Entwicklung zu versöhnen, und werden unter anderem nicht in Gefahr sein, beim Kind auftretende sozial unbrauchbare oder perverse Triebregungen zu überschätzen. Sie werden sich eher von dem Versuch einer gewaltsamen Unterdrückung dieser Regungen zurückhalten, wenn sie erfahren, daß solche Beeinflussungen oft nicht minder unerwünschte Erfolge liefern, als das von der Erziehung gefürchtete Gewährenlassen kindlicher Schlechtigkeit. Gewalttätige Unterdrückung starker Triebe von außen bringt bei Kindern niemals das Erlöschen oder die Beherrschung derselben zustande, sondern erzielt eine Verdrängung, welche die Neigung zu späterer neurotischer Erkrankung setzt. Die Psychoanalyse hat oft Gelegenheit zu erfahren, welchen Anteil die unzweckmäßige einsichtslose Strenge der Erziehung an der Erzeugung von nervöser Krankheit hat, oder mit welchen Verlusten an Leistungsfähigkeit und Genußfähigkeit die geforderte Normalität erkauft wird. Sie kann aber auch lehren, welch wertvolle Beiträge zur Charakterbildung diese asozialen und perversen Triebe des Kindes ergeben, wenn sie nicht der Verdrängung unterliegen, sondern durch den Prozeß der sogenannten Sublimierung von ihren ursprünglichen Zielen weg zu wertvolleren gelenkt werden. Unsere besten Tugenden sind als Reaktionsbildungen und Sublimierungen auf dem Boden der bösesten Anlagen erwachsen. Die Erziehung sollte sich vorsorglich hüten, diese kostbaren Kraftquellen zu verschütten und sich darauf beschränken, die Prozesse zu befördern, durch welche diese Energien auf gute Wege geleitet werden. In der Hand einer psychoanalytisch aufgeklärten Erziehung ruht, was wir von einer individuellen Prophylaxe der Neurosen erwarten können. (Vergl. die Arbeiten des Züricher Pastors Dr. Oskar Pfister.)

Ich konnte mir in diesem Aufsatze nicht die Aufgabe stellen, Umfang und Inhalt der Psychoanalyse, die Voraussetzungen, Probleme und Ergebnisse derselben einem wissenschaftlich interessierten Publikum vorzuführen. Meine Absicht ist erfüllt, wenn deutlich geworden ist, für wie viele Wissensgebiete sie interessant ist, und wie reiche Verknüpfungen sie zwischen denselben herzustellen beginnt.

# ZWEI KINDERLÜGEN

# ZWEI KINDERLÜGEN

Es ist begreiflich, daß Kinder lügen, wenn sie damit die Lügen der Erwachsenen nachahmen. Aber eine Anzahl von Lügen von gut geratenen Kindern haben eine besondere Bedeutung und sollten die Erzieher nachdenklich machen anstatt sie zu erbittern. Sie erfolgen unter dem Einfluß überstarker Liebesmotive und werden verhängnisvoll, wenn sie ein Mißverständnis zwischen dem Kinde und der von ihm geliebten Person herbeiführen.

## I

Das siebenjährige Mädchen (im zweiten Schuljahr) hat vom Vater Geld verlangt, um Farben zum Bemalen von Ostereiern zu kaufen. Der Vater hat es abgeschlagen mit der Begründung, er habe kein Geld. Kurz darauf verlangt es vom Vater Geld, um zu einem Kranz für die verstorbene Landesfürstin beizusteuern. Jedes der Schulkinder soll fünfzig Pfennige bringen. Der Vater gibt ihr zehn Mark; sie bezahlt ihren Beitrag, legt dem Vater neun Mark auf den Schreibtisch und hat für die übrigen fünfzig Pfennige Farben gekauft, die sie im Spielschrank verbirgt. Bei Tisch fragt der Vater argwöhnisch, was sie mit den fehlenden fünfzig Pfennigen gemacht, und ob sie dafür nicht doch Farben gekauft hat. Sie leugnet es, aber der um zwei Jahre ältere Bruder, mit dem gemeinsam sie die Eier bemalen wollte, verrät sie; die Farben werden im Schrank gefunden. Der erzürnte Vater überläßt die Missetäterin der Mutter zur Züchtigung, die sehr energisch ausfällt. Die Mutter ist nachher selbst erschüttert, als sie merkt, wie sehr das Kind verzweifelt ist. Sie liebkost es nach der Züchtigung, geht mit ihm spazieren, um es zu trösten. Aber die Wirkungen dieses Erlebnisses, von der Patientin selbst als „Wendepunkt" ihrer Jugend bezeichnet, erweisen sich als unaufhebbar. Sie war bis dahin ein wildes, zuversichtliches Kind, sie wird von da an scheu und zaghaft. In ihrer Brautzeit gerät sie in eine ihr unverständliche Wut, als die Mutter ihr die Möbel und Aussteuer besorgt. Es schwebt ihr vor, es ist doch ihr Geld, dafür darf kein anderer etwas kaufen. Als junge Frau scheut sie sich, von ihrem Manne Ausgaben für ihren persönlichen Bedarf zu verlangen und scheidet in überflüssiger Weise „ihr" Geld von seinem Geld. Während der Zeit der Behandlung trifft es sich einige Male, daß die Geldzusendungen ihres Mannes sich verspäten, so daß sie in der fremden Stadt mittellos bleibt. Nachdem sie mir dies einmal erzählt hat, will ich ihr das Versprechen abnehmen, in der Wiederholung dieser Situation die kleine Summe, die sie unterdes braucht, von mir zu entlehnen. Sie gibt dieses Versprechen, hält es aber bei der nächsten Geldverlegenheit nicht ein und zieht es vor, ihre Schmuckstücke zu verpfänden. Sie erklärt, sie kann kein Geld von mir nehmen.

Die Aneignung der fünfzig Pfennige in der Kindheit hatte eine Bedeutung, die der Vater nicht ahnen konnte. Einige Zeit vor der Schule hatte sie ein merkwürdiges Stückchen mit Geld aufgeführt. Eine befreundete Nachbarin hatte sie mit einem kleinen Geldbetrag als Begleiterin ihres noch jüngeren Söhnchens in einen Laden geschickt, um irgendetwas einzukaufen. Den Rest des Geldes nach dem Einkaufe trug sie als die ältere nach Hause. Als sie aber auf der Straße dem Dienstmädchen der Nachbarin begegnete, warf sie das Geld auf das Straßenpflaster hin. Zur Analyse dieser ihr selbst unerklärlichen Handlung fiel ihr Judas ein, der die Silberlinge hinwarf, die er für den Verrat am Herrn bekommen. Sie erklärt es für sicher, daß sie mit der Passionsgeschichte schon vor dem Schulbesuch bekannt wurde. Aber inwiefern durfte sie sich mit Judas identifizieren? Im Alter von dreieinhalb Jahren hatte sie ein Kindermädchen, dem sie sich sehr innig anschloß. Dieses Mädchen geriet in erotische Beziehungen zu einem Arzt, dessen Ordination sie mit dem Kinde besuchte. Es scheint, daß das Kind damals Zeuge verschiedener sexueller Vorgänge wurde. Ob sie sah, daß der Arzt dem Mädchen Geld gab, ist nicht sichergestellt; unzweifelhaft aber, daß das Mädchen dem Kinde kleine Münzen schenkte, um sich seiner Verschwiegenheit zu versichern, für welche auf dem Heimwege Einkäufe (wohl an Süßigkeiten) gemacht wurden. Es ist auch möglich, daß der Arzt selbst dem Kinde gelegentlich Geld schenkte. Dennoch verriet das Kind sein Mädchen an die Mutter, aus Eifersucht. Es spielte so auffällig mit den heimgebrachten Groschen, daß die Mutter fragen mußte: Woher hast du das Geld? Das Mädchen wurde weggeschickt.

Geld von jemandem nehmen hatte also für sie frühzeitig die Bedeutung der körperlichen Hingebung, der Liebesbeziehung, bekommen. Vom Vater Geld nehmen hatte den Wert einer Liebeserklärung. Die Phantasie, daß der Vater ihr Geliebter sei, war so verführerisch, daß der Kinderwunsch nach den Farben für die Ostereier sich mit ihrer Hilfe gegen das Verbot leicht durchsetzte. Eingestehen konnte sie aber die Aneignung des Geldes nicht, sie mußte leugnen, weil das Motiv der Tat, ihr selbst unbewußt, nicht einzugestehen war. Die Züchtigung des Vaters war also eine Abweisung der ihm angebotenen Zärtlichkeit, eine Verschmähung, und brach darum ihren Mut. In der Behandlung brach ein schwerer Verstimmungszustand los, dessen Auflösung zu der Erinnerung des hier Mitgeteilten führte, als ich einmal genötigt war, die Verschmähung zu kopieren, indem ich sie bat, keine Blumen mehr zu bringen.

Für den Psychoanalytiker bedarf es kaum der Hervorhebung, daß in dem kleinen Erlebnis des Kindes einer jener so überaus häufigen Fälle von Fortsetzung der früheren Analerotik in das spätere Liebesleben vorliegt. Auch die Lust, die Eier farbig zu bemalen, entstammt derselben Quelle.

## II

Eine heute infolge einer Versagung im Leben schwerkranke Frau war früher einmal ein besonders tüchtiges, wahrheitsliebendes, ernsthaftes und gutes Mädchen gewesen und dann eine zärtliche Frau geworden. Noch früher aber, in den ersten Lebensjahren, war sie ein eigensinniges und unzufriedenes Kind gewesen, und während sie sich ziemlich rasch zur Übergüte und Übergewissenhaftigkeit wandelte, ereigneten sich noch in ihrer Schulzeit Dinge, die ihr in den Zeiten der Krankheit schwere Vorwürfe einbrachten und von ihr als Beweise gründlicher Verworfenheit beurteilt wurden. Ihre Erinnerung sagte ihr, daß sie damals oft geprahlt und gelogen hatte. Einmal rühmte sich auf dem Schulweg eine Kollegin: Gestern haben wir zu Mittag Eis gehabt. Sie erwiderte: Oh, Eis haben wir alle Tage. In Wirklichkeit verstand sie nicht, was Eis zur Mittagsmahlzeit bedeuten sollte; sie kannte das Eis nur in den langen Blöcken, wie es auf Wagen verführt wird, aber sie nahm an, es müsse etwas Vornehmes damit gemeint sein, und darum wollte sie hinter der Kollegin nicht zurückbleiben.

Als sie zehn Jahre alt war, wurde in der Zeichenstunde einmal die Aufgabe gegeben, aus freier Hand einen Kreis zu ziehen. Sie bediente sich dabei aber des Zirkels, brachte so leicht einen vollkommenen Kreis zustande und zeigte ihre Leistung triumphierend ihrer Nachbarin. Der Lehrer kam hinzu, hörte die Prahlerin, entdeckte die Zirkelspuren in der Kreislinie und stellte das Mädchen zur Rede. Dieses aber leugnete hartnäckig, ließ sich durch keine Beweise überführen und half sich durch trotziges Verstummen. Der Lehrer konferierte darüber mit dem Vater; beide ließen sich durch die sonstige Bravheit des Mädchens bestimmen, dem Vergehen keine weitere Folge zu geben.

Beide Lügen des Kindes waren durch den nämlichen Komplex motiviert. Als älteste von fünf Geschwistern entwickelte die Kleine frühzeitig eine ungewöhnlich intensive Anhänglichkeit an den Vater, an welcher dann in reifen Jahren ihr Lebensglück scheitern sollte. Sie mußte aber bald die Entdeckung machen, daß dem geliebten Vater nicht die Größe zukomme, die sie ihm zuzuschreiben bereit war. Er hatte mit Geldschwierigkeiten zu kämpfen, er war nicht so mächtig oder so vornehm, wie sie gemeint hatte. Diesen Abzug von ihrem Ideal konnte sie sich aber nicht gefallen lassen. Indem sie nach Art des Weibes ihren ganzen Ehrgeiz auf den geliebten Mann verlegte, wurde es zum überstarken Motiv für sie, den Vater gegen die Welt zu stützen. Sie prahlte also vor den Kolleginnen, um den Vater nicht verkleinern zu müssen. Als sie später das Eis beim Mittagessen mit „Glace" übersetzen lernte, war der Weg gebahnt, auf welchem dann der Vorwurf wegen dieser Reminiszenz in eine Angst vor Glasscherben und Splittern einmünden konnte.

Der Vater war ein vorzüglicher Zeichner und hatte durch die Proben seines Talents oft genug das Entzücken und die Bewunderung der Kinder hervorgerufen. In der Identifizierung mit dem Vater zeichnete sie in der Schule jenen Kreis, der ihr nur durch betrügerische Mittel gelingen konnte. Es war, als ob sie sich rühmen wollte: Schau her, was mein Vater kann! Das Schuldbewußtsein, das der überstarken Neigung zum Vater anhaftete, fand in dem versuchten Betrug seinen Ausdruck; ein Geständnis war aus demselben Grunde unmöglich wie in der vorstehenden Beobachtung, es hätte das Geständnis der verborgenen inzestuösen Liebe sein müssen.

Man möge nicht gering denken von solchen Episoden des Kinderlebens. Es wäre eine arge Verfehlung, wenn man aus solchen kindlichen Vergehen die Prognose auf Entwicklung eines unmoralischen Charakters stellen würde. Wohl aber hängen sie mit den stärksten Motiven der kindlichen Seele zusammen und künden die Dispositionen zu späteren Schicksalen oder künftigen Neurosen an.

# EINIGE BEMERKUNGEN ÜBER DEN BEGRIFF DES UNBEWUSSTEN IN DER PSYCHOANALYSE

# EINIGE BEMERKUNGEN ÜBER DEN BEGRIFF DES UNBEWUSSTEN IN DER PSYCHOANALYSE

Ich möchte mit wenigen Worten und so klar als möglich darlegen, welcher Sinn dem Ausdruck „Unbewußtes" in der Psychoanalyse, nur in der Psychoanalyse, zukommt.

Eine Vorstellung — oder jedes andere psychische Element — kann jetzt in meinem Bewußtsein gegenwärtig sein und im nächsten Augenblick daraus verschwinden; sie kann nach einer Zwischenzeit ganz unverändert wiederum auftauchen, und zwar, wie wir es ausdrücken, aus der Erinnerung, nicht als Folge einer neuen Sinneswahrnehmung. Um dieser Tatsache Rechnung zu tragen, sind wir zu der Annahme genötigt, daß die Vorstellung auch während der Zwischenzeit in unserem Geiste gegenwärtig gewesen sei, wenn sie auch im Bewußtsein latent blieb. In welcher Gestalt sie aber existiert haben kann, während sie im Seelenleben gegenwärtig und im Bewußtsein latent war, darüber können wir keine Vermutungen aufstellen.

An diesem Punkte müssen wir darauf gefaßt sein, dem philosophischen Einwurf zu begegnen, daß die latente Vorstellung nicht als Objekt der Psychologie vorhanden gewesen sei, sondern nur als physische Disposition für den Wiederablauf desselben psychischen Phänomens, nämlich eben jener Vorstellung. Aber wir können darauf erwidern, daß eine solche Theorie das Gebiet der eigentlichen Psychologie weit überschreitet, daß sie das Problem einfach umgeht, indem sie daran festhält, daß „bewußt" und

„psychisch" identische Begriffe sind, und daß sie offenbar im Unrecht ist, wenn sie der Psychologie das Recht bestreitet, eine ihrer gewöhnlichsten Tatsachen, wie das Gedächtnis, durch ihre eigenen Hilfsmittel zu erklären.

Wir wollen nun die Vorstellung, die in unserem Bewußtsein gegenwärtig ist und die wir wahrnehmen, „bewußt" nennen und nur dies als Sinn des Ausdruckes „bewußt" gelten lassen; hingegen sollen latente Vorstellungen, wenn wir Grund zur Annahme haben, daß sie im Seelenleben enthalten sind — wie es beim Gedächtnis der Fall war — mit dem Ausdruck „unbewußt" gekennzeichnet werden.

Eine unbewußte Vorstellung ist dann eine solche, die wir nicht bemerken, deren Existenz wir aber trotzdem auf Grund anderweitiger Anzeichen und Beweise zuzugeben bereit sind.

Dies könnte als eine recht uninteressante deskriptive oder klassifikatorische Arbeit aufgefaßt werden, wenn keine andere Erfahrung für unser Urteil in Betracht käme als die Tatsachen des Gedächtnisses oder die der Assoziation über unbewußte Mittelglieder. Aber das wohlbekannte Experiment der „posthypnotischen Suggestion" lehrt uns an der Wichtigkeit der Unterscheidung zwischen bewußt und unbewußt festhalten und scheint ihren Wert zu erhöhen.

Bei diesem Experiment, wie es Bernheim ausgeführt hat, wird eine Person in einen hypnotischen Zustand versetzt und dann daraus erweckt. Während sie sich in dem hypnotischen Zustande, unter dem Einflusse des Arztes, befand, wurde ihr der Auftrag erteilt, eine bestimmte Handlung zu einem genau bestimmten Zeitpunkt, z. B. eine halbe Stunde später, auszuführen. Nach dem Erwachen ist allem Anscheine nach volles Bewußtsein und die gewöhnliche Geistesverfassung wiederum eingetreten, eine Erinnerung an den hypnotischen Zustand ist nicht vorhanden, und trotzdem drängt sich in dem vorher festgesetzten Augenblick der Impuls, dieses oder jenes zu tun, dem Geiste auf, und die

Handlung wird mit Bewußtsein, wenn auch ohne zu wissen weshalb, ausgeführt. Es dürfte kaum möglich sein, eine andere Beschreibung des Phänomens zu geben, als mit den Worten, daß der Vorsatz im Geiste jener Person in **latenter Form** oder **unbewußt** vorhanden war, bis der gegebene Moment kam, in dem er dann bewußt geworden ist. Aber nicht in seiner Gänze ist er im Bewußtsein aufgetaucht, sondern nur die Vorstellung des auszuführenden Aktes. Alle anderen mit dieser Vorstellung assoziierten Ideen — der Auftrag, der Einfluß des Arztes, die Erinnerung an den hypnotischen Zustand, blieben auch dann noch unbewußt.

Wir können aber aus einem solchen Experiment noch mehr lernen. Wir werden von einer rein beschreibenden zu einer **dynamischen** Auffassung des Phänomens hinübergeleitet. Die Idee der in der Hypnose aufgetragenen Handlung wurde in einem bestimmten Augenblick nicht bloß ein Objekt des Bewußtseins, sondern sie wurde auch **wirksam**, und dies ist die auffallendere Seite des Tatbestandes; sie wurde in Handlung übertragen, sobald das Bewußtsein ihre Gegenwart bemerkt hatte. Da der wirkliche Antrieb zum Handeln der Auftrag des Arztes ist, kann man kaum anders als einräumen, daß auch die Idee des Auftrages wirksam geworden ist.

Dennoch wurde dieser letztere Gedanke nicht ins Bewußtsein aufgenommen, wie es mit seinem Abkömmling, der Idee der Handlung, geschah; er verblieb unbewußt und war daher gleichzeitig **wirksam und unbewußt**.

Die posthypnotische Suggestion ist ein Produkt des Laboratoriums, eine künstlich geschaffene Tatsache. Aber wenn wir die Theorie der hysterischen Phänomene, die zuerst durch P. Janet aufgestellt und von Breuer und mir ausgearbeitet wurde, annehmen, so stehen uns natürliche Tatsachen in Fülle zur Verfügung, die den psychologischen Charakter der posthypnotischen Suggestion sogar noch klarer und deutlicher zeigen.

Das Seelenleben des hysterischen Patienten ist erfüllt mit wirksamen, aber unbewußten Gedanken; von ihnen stammen alle Symptome ab. Es ist in der Tat der auffälligste Charakterzug der hysterischen Geistesverfassung, daß sie von unbewußten Vorstellungen beherrscht wird. Wenn eine hysterische Frau erbricht, so kann sie dies wohl infolge der Idee tun, daß sie schwanger sei. Dennoch hat sie von dieser Idee keine Kenntnis, obwohl dieselbe durch eine der technischen Prozeduren der Psychoanalyse leicht in ihrem Seelenleben entdeckt und für sie bewußt gemacht werden kann. Wenn sie die Zuckungen und Gesten ausführt, die ihren „Anfall" ausmachen, so stellt sie sich nicht einmal die von ihr beabsichtigten Aktionen bewußt vor und beobachtet sie vielleicht mit den Gefühlen eines unbeteiligten Zuschauers. Nichtsdestoweniger vermag die Analyse nachzuweisen, daß sie ihre Rolle in der dramatischen Wiedergabe einer Szene aus ihrem Leben spielte, deren Erinnerung während der Attacke unbewußt wirksam war. Dasselbe Vorwalten wirksamer unbewußter Ideen wird durch die Analyse als das Wesentliche in der Psychologie aller anderen Formen von Neurose enthüllt.

Wir lernen also aus der Analyse neurotischer Phänomene, daß ein latenter oder unbewußter Gedanke nicht notwendigerweise schwach sein muß, und daß die Anwesenheit eines solchen Gedankens im Seelenleben indirekte Beweise der zwingendsten Art gestattet, die dem direkten durch das Bewußtsein gelieferten Beweis fast gleichwertig sind. Wir fühlen uns gerechtfertigt, unsere Klassifikation mit dieser Vermehrung unserer Kenntnisse in Übereinstimmung zu bringen, indem wir eine grundlegende Unterscheidung zwischen verschiedenen Arten von latenten und unbewußten Gedanken einführen. Wir waren gewohnt zu denken, daß jeder latente Gedanke dies infolge seiner Schwäche war, und daß er bewußt wurde, sowie er Kraft erhielt. Wir haben nun die Überzeugung gewonnen, daß es gewisse latente Gedanken gibt, die nicht ins Bewußtsein eindringen, wie stark sie auch sein mögen. Wir wollen daher die latenten Gedanken der ersten Gruppe vorbewußt nennen, während wir den Ausdruck unbewußt (im eigentlichen Sinne) für die zweite Gruppe reservieren, die wir bei den Neurosen betrachtet haben. Der Ausdruck unbewußt, den wir bisher bloß im beschreibenden Sinne benützt haben, erhält jetzt eine erweiterte Bedeutung. Er bezeichnet nicht bloß latente Gedanken im allgemeinen, sondern besonders solche mit einem bestimmten dynamischen Charakter, nämlich diejenigen, die sich trotz ihrer Intensität und Wirksamkeit dem Bewußtsein ferne halten.

Ehe ich meine Auseinandersetzungen fortführe, will ich auf zwei Einwendungen Bezug nehmen, die sich voraussichtlich an diesem Punkte erheben. Die erste kann folgendermaßen formuliert werden: anstatt uns die Hypothese der unbewußten Gedanken, von denen wir nichts wissen, anzueignen, täten wir besser anzunehmen, daß das Bewußtsein geteilt werden kann, so daß einzelne Gedanken oder andere Seelenvorgänge ein gesondertes Bewußtsein bilden können, das von der Hauptmasse bewußter psychischer Tätigkeit losgelöst und ihr entfremdet wurde. Wohlbekannte pathologische Fälle, wie jener des Dr. Azam, scheinen sehr geeignet zu sein, zu beweisen, daß die Teilung des Bewußtseins keine phantastische Einbildung ist.

Ich gestatte mir, dieser Theorie entgegenzuhalten, daß sie einfach aus dem Mißbrauch mit dem Worte „bewußt" Kapital schlägt. Wir haben kein Recht, den Sinn dieses Wortes so weit auszudehnen, daß damit auch ein Bewußtsein bezeichnet werden kann, von dem sein Besitzer nichts weiß. Wenn Philosophen eine Schwierigkeit darin finden, an die Existenz eines unbewußten Gedankens zu glauben, so scheint mir die Existenz eines unbewußten Bewußtseins noch angreifbarer. Die Fälle, die man als Teilung des Bewußtseins beschreibt, wie der des Dr. Azam, können besser als Wandern des Bewußtseins angesehen werden, wobei diese Funktion — oder was immer es sein mag — zwischen zwei verschiedenen psychischen Komplexen hin- und herschwankt, die abwechselnd bewußt und unbewußt werden.

Der andere Einwand, der voraussichtlich erhoben werden wird, wäre der, daß wir auf die Psychologie der Normalen Folgerungen anwenden, die hauptsächlich aus dem Studium pathologischer Zustände stammen. Wir können ihn durch eine Tatsache erledigen, deren Kenntnis wir der Psychoanalyse verdanken. Gewisse Funktionsstörungen, die sich bei Gesunden höchst häufig ereignen, z. B. Lapsus linguae, Gedächtnis- und Sprachirrtümer, Namenvergessen usw. können leicht auf die Wirksamkeit starker unbewußter Gedanken zurückgeführt werden, gerade so wie die neurotischen Symptome. Wir werden mit einem zweiten, noch überzeugenderen Argument in einem späteren Abschnitt dieser Erörterung zusammentreffen.

Durch die Auseinanderhaltung vorbewußter und unbewußter Gedanken werden wir dazu veranlaßt, das Gebiet der Klassifikation zu verlassen und uns über die funktionalen und dynamischen Relationen in der Tätigkeit der Psyche eine Meinung zu bilden. Wir fanden ein wirksames Vorbewußtes, das ohne Schwierigkeit ins Bewußtsein übergeht, und ein wirksames Unbewußtes, das unbewußt bleibt und vom Bewußtsein abgeschnitten zu sein scheint.

Wir wissen nicht, ob diese zwei Arten psychischer Tätigkeit von Anfang an identisch oder ihrem Wesen nach entgegengesetzt sind, aber wir können uns fragen, warum sie im Verlaufe der psychischen Vorgänge verschieden geworden sein sollten. Auf diese Frage gibt uns die Psychoanalyse ohne Zögern klare Antwort. Es ist dem Erzeugnis des wirksamen Unbewußten keineswegs unmöglich, ins Bewußtsein einzudringen, aber zu dieser Leistung ist ein gewisser Aufwand von Anstrengung notwendig. Wenn wir es an uns selbst versuchen, erhalten wir das deutliche Gefühl einer Abwehr, die bewältigt werden muß, und wenn wir es bei einem Patienten hervorrufen, so erhalten wir die unzweideutigsten

Anzeichen von dem, was wir **Widerstand** dagegen nennen. So lernen wir, daß der unbewußte Gedanke vom Bewußtsein durch lebendige Kräfte ausgeschlossen wird, die sich seiner Aufnahme entgegenstellen, während sie anderen Gedanken, den vorbewußten, nichts in den Weg legen. Die Psychoanalyse läßt keine Möglichkeit übrig, daran zu zweifeln, daß die Abweisung unbewußter Gedanken bloß durch die in ihrem Inhalt verkörperten Tendenzen hervorgerufen wird. Die nächstliegende und wahrscheinlichste Theorie, die wir in diesem Stadium unseres Wissens bilden können, ist die folgende: Das Unbewußte ist eine regelmäßige und unvermeidliche Phase in den Vorgängen, die unsere psychische Tätigkeit begründen; jeder psychische Akt beginnt als unbewußter und kann entweder so bleiben oder sich weiter entwickelnd zum Bewußtsein fortschreiten, je nachdem, ob er auf Widerstand trifft oder nicht. Die Unterscheidung zwischen vorbewußter und unbewußter Tätigkeit ist keine primäre, sondern wird erst hergestellt, nachdem die „Abwehr" ins Spiel getreten ist. Erst dann gewinnt der Unterschied zwischen vorbewußten Gedanken, die im Bewußtsein erscheinen und jederzeit dahin zurückkehren können, und unbewußten Gedanken, denen dies versagt bleibt, theoretischen sowie praktischen Wert. Eine grobe, aber ziemlich angemessene Analogie dieses supponierten Verhältnisses der bewußten Tätigkeit zur unbewußten bietet das Gebiet der gewöhnlichen Photographie. Das erste Stadium der Photographie ist das Negativ; jedes photographische Bild muß den „Negativprozeß" durchmachen, und einige dieser Negative, die in der Prüfung gut bestanden haben, werden zu dem „Positivprozeß" zugelassen, der mit dem Bilde endigt.

Aber die Unterscheidung zwischen vorbewußter und unbewußter Tätigkeit und die Erkenntnis der sie trennenden Schranke ist weder das letzte noch das bedeutungsvollste Resultat der psychoanalytischen Durchforschung des Seelenlebens. Es gibt ein psychisches Produkt, das bei den normalsten Personen anzutreffen ist, und doch eine höchst auffallende Analogie zu den wildesten Erzeugnissen des Wahnsinns bietet und den Philosophen nicht verständlicher war als der Wahnsinn selbst. Ich meine die Träume. Die Psychoanalyse gründet sich auf die Traumanalyse; die Traumdeutung ist das vollständigste Stück Arbeit, das die junge Wissenschaft bis heute geleistet hat. Ein typischer Fall der Traumbildung kann folgendermaßen beschrieben werden: Ein Gedankenzug ist durch die geistige Tätigkeit des Tages wachgerufen worden und hat etwas von seiner Wirkungsfähigkeit zurückbehalten, durch die er dem allgemeinen Absinken des Interesses, welches den Schlaf herbeiführt und die geistige Vorbereitung für das Schlafen bildet, entgangen ist. Während der Nacht gelingt es diesem Gedankenzug, die Verbindung zu einem der unbewußten Wünsche zu finden, die von Kindheit an im Seelenleben des Träumers immer gegenwärtig, aber für gewöhnlich verdrängt und von seinem bewußten Dasein ausgeschlossen sind. Durch die von dieser unbewußten Unterstützung geliehene Kraft können die Gedanken, die Überbleibsel der Tagesarbeit, nun wiederum wirksam werden und im Bewußtsein in der Gestalt eines Traumes auftauchen. Es haben sich also dreierlei Dinge ereignet:

1) die Gedanken haben eine Verwandlung, Verkleidung und Entstellung durchgemacht, welche den Anteil des unbewußten Bundesgenossen darstellt;

2) den Gedanken ist es gelungen, das Bewußtsein zu einer Zeit zu besetzen, wo es ihnen nicht zugänglich hätte sein sollen;

3) ein Stück des Unbewußten, dem dies sonst unmöglich gewesen wäre, ist im Bewußtsein aufgetaucht.

Wir haben die Kunst gelernt, die „Tagesreste" und die latenten Traumgedanken herauszufinden; durch ihren Vergleich mit dem manifesten Trauminhalt sind wir befähigt, uns ein Urteil über die Wandlungen, die sie durchgemacht haben, und über die Art und Weise, wie diese zustande gekommen sind, zu bilden.

Die latenten Traumgedanken unterscheiden sich in keiner Weise von den Erzeugnissen unserer gewöhnlichen bewußten Seelentätigkeit. Sie verdienen den Namen von vorbewußten Gedanken und können in der Tat in einem Zeitpunkte des Wachlebens bewußt gewesen sein. Aber durch die Verbindung mit den unbewußten Strebungen, die sie während der Nacht eingegangen sind, wurden sie den letzteren assimiliert, gewissermaßen auf den Zustand unbewußter Gedanken herabgedrückt und den Gesetzen, durch welche die unbewußte Tätigkeit geregelt wird, unterworfen. Hier ergibt sich die Gelegenheit zu lernen, was wir auf Grund von Überlegungen oder aus irgend einer anderen Quelle empirischen Wissens nicht hätten erraten können, daß die Gesetze der unbewußten Seelentätigkeit sich im weiten Ausmaß von jenen der bewußten unterscheiden. Wir gewinnen durch Detailarbeit die Kenntnis der Eigentümlichkeiten des Unbewußten und können hoffen, daß wir durch gründlichere Erforschung der Vorgänge bei der Traumbildung noch mehr lernen werden.

Diese Untersuchung ist noch kaum zur Hälfte beendet und eine Darlegung der bis jetzt erhaltenen Resultate ist nicht möglich, ohne in die höchst verwickelten Probleme der Traumdeutung einzugehen. Aber ich wollte diese Erörterung nicht abbrechen, ohne auf die Wandlung und den Fortschritt unseres Verständnisses des Unbewußten hinzuweisen, welche wir dem psychoanalytischen Studium der Träume verdanken.

Das Unbewußte schien uns anfangs bloß ein rätselhafter Charakter eines bestimmten psychischen Vorganges; nun bedeutet es uns mehr, es ist ein Anzeichen dafür, daß dieser Vorgang an der Natur einer gewissen psychischen Kategorie teilnimmt, die uns durch andere bedeutsamere Charakterzüge bekannt ist, und daß er zu einem System psychischer Tätigkeit gehört, das unsere vollste Aufmerksamkeit verdient. Der Wert des Unbewußten als Index hat seine Bedeutung als Eigenschaft bei weitem hinter sich gelassen. Das System, welches sich uns durch das Kennzeichen kundgibt, daß die einzelnen Vorgänge, die es zusammensetzen, unbewußt sind, belegen wir mit dem Namen „das Unbewußte", in Ermangelung eines besseren und weniger zweideutigen Ausdruckes. Ich schlage als Bezeichnung dieses Systems die Buchstaben „*Ubw*", eine Abkürzung des Wortes „Unbewußt" vor. Dies ist der dritte und wichtigste Sinn, den der Ausdruck „unbewußt" in der Psychoanalyse erworben hat.

# DIE DISPOSITION ZUR ZWANGSNEUROSE

# DIE DISPOSITION ZUR ZWANGSNEUROSE

*Ein Beitrag zum Problem der Neurosenwahl*

Das Problem, warum und wieso ein Mensch an einer Neurose erkranken kann, gehört gewiß zu jenen, die von der Psychoanalyse beantwortet werden sollen. Es ist aber wahrscheinlich, daß diese Antwort erst über ein anderes und spezielleres wird gegeben werden können, über das Problem, warum diese und jene Person gerade an der einen bestimmten Neurose, und an keiner anderen, erkranken muß. Dies ist das Problem der Neurosenwahl.

Was wissen wir bis jetzt zu diesem Problem? Eigentlich ist hier nur ein einziger allgemeiner Satz gesichert. Wir unterscheiden die für die Neurosen in Betracht kommenden Krankheitsursachen in solche, die der Mensch ins Leben mitbringt, und solche, die das Leben an ihn heranbringt, konstitutionelle und akzidentelle, durch deren Zusammenwirken erst in der Regel die Krankheitsverursachung hergestellt wird. Nun besagt der eben angekündigte Satz, daß die Gründe für die Entscheidung der Neurosenwahl durchwegs von der ersteren Art sind, also von der Natur der Dispositionen, und unabhängig von den pathogen wirkenden Erlebnissen.

Worin suchen wir die Herkunft dieser Dispositionen? Wir sind aufmerksam darauf geworden, daß die in Betracht kommenden psychischen Funktionen — vor allem die Sexualfunktion, aber ebenso verschiedene wichtige Ichfunktionen — eine lange und komplizierte Entwicklung durchzumachen haben, bis sie zu dem für den normalen Erwachsenen charakteristischen Zustand gelangen. Wir nehmen nun an, daß diese Entwicklungen nicht immer so tadellos vollzogen werden, daß die gesamte Funktion der fortschrittlichen Veränderung unterliege. Wo ein Stück derselben die vorige Stufe festhält, da ergibt sich eine sogenannte „Fixierungsstelle", zu welcher die Funktion im Falle der Erkrankung durch äußerliche Störung regredieren kann.

Unsere Dispositionen sind also Entwicklungshemmungen. Die Analogie mit den Tatsachen der allgemeinen Pathologie anderer Krankheiten bestärkt uns in dieser Auffassung. Bei der Frage, welche Faktoren solche Störungen der Entwicklung hervorrufen können, macht aber die psychoanalytische Arbeit Halt und überläßt dies Problem der biologischen Forschung.[1]

Mit Hilfe dieser Voraussetzungen haben wir uns bereits vor einigen Jahren an das Problem der Neurosenwahl herangewagt. Unsere Arbeitsrichtung, welche dahin geht, die normalen Verhältnisse aus ihren Störungen zu erraten, hat uns dazu geführt, einen ganz besonderen und unerwarteten Angriffspunkt zu wählen. Die Reihenfolge, in welcher die Hauptformen der Psychoneurosen gewöhnlich aufgeführt werden — Hysterie, Zwangsneurose, Paranoia, Dementia praecox — entspricht (wenn auch nicht völlig genau) der Zeitfolge, in der diese Affektionen im Leben hervorbrechen. Die hysterischen Krankheitsformen können schon in der ersten Kindheit beobachtet werden, die Zwangsneurose offenbart ihre ersten Symptome gewöhnlich in der zweiten Periode der Kindheit (von sechs

---

[1] Seitdem die Arbeiten von W. Fließ die Bedeutung bestimmter Zeitgrößen für die Biologie aufgedeckt haben, ist es denkbar geworden, daß sich Entwicklungsstörung auf zeitliche Abänderung von Entwicklungsschüben zurückführt.

bis acht Jahren an); die beiden anderen, von mir als Paraphrenie zusammengefaßten Psychoneurosen zeigen sich erst nach der Pubertät und im Alter der Reife. Diese zuletzt auftretenden Affektionen haben sich nun unserer Forschung nach den in die Neurosenwahl auslaufenden Dispositionen zuerst zugänglich erwiesen. Die ihnen beiden eigentümlichen Charaktere des Größenwahns, der Abwendung von der Welt der Objekte und der Erschwerung der Übertragung haben uns zum Schlusse genötigt, daß deren disponierende Fixierung in einem Stadium der Libidoentwicklung v o r der Herstellung der Objektwahl, also in der Phase des Autoerotismus und des Narzißmus zu suchen ist. Diese so spät auftretenden Erkrankungsformen gehen also auf sehr frühzeitige Hemmungen und Fixierungen zurück.

Demnach würden wir darauf hingewiesen, die Disposition für Hysterie und Zwangsneurose, die beiden eigentlichen Übertragungsneurosen mit frühzeitiger Symptombildung, in den jüngeren Phasen der Libidoentwicklung zu vermuten. Allein worin wäre hier die Entwicklungshemmung zu finden und vor allem, welches wäre der Phasenunterschied, der die Disposition zur Zwangsneurose im Gegensatz zur Hysterie begründen sollte? Darüber war lange nichts zu erfahren, und meine früher unternommenen Versuche, diese beiden Dispositionen zu erraten, z. B. daß die Hysterie durch Passivität, die Zwangsneurose durch Aktivität im infantilen Erleben bedingt sein sollte, mußten bald als verfehlt abgewiesen werden.

Ich kehre nun auf den Boden der klinischen Einzelbeobachtung zurück. Ich habe lange Zeit hindurch eine Kranke studiert, deren Neurose eine ungewöhnliche Wandlung durchgemacht hatte. Dieselbe begann nach einem traumatischen Erlebnis als glatte Angsthysterie und behielt diesen Charakter durch einige Jahre bei. Eines Tages aber verwandelte sie sich plötzlich in eine Zwangsneurose von der schwersten Art. Ein solcher Fall mußte nach mehr als einer Richtung bedeutsam werden. Einerseits konnte er vielleicht den Wert eines bilinguen Dokuments beanspruchen und zeigen, wie ein identischer Inhalt von den beiden Neurosen in verschiedenen Sprachen ausgedrückt wird. Anderseits drohte er, unserer Theorie der Disposition durch Entwicklungshemmung überhaupt zu widersprechen, wenn man sich nicht zur Annahme entschließen wollte, daß eine Person auch mehr als eine einzige schwache Stelle in ihrer Libidoentwicklung mitbringen könne. Ich sagte mir, daß man kein Recht habe, diese letztere Möglichkeit abzuweisen, war aber auf das Verständnis dieses Krankheitsfalles sehr gespannt.

Als dieses im Laufe der Analyse kam, mußte ich sehen, daß die Sachlage ganz anders war, als ich sie mir vorgestellt hatte. Die Zwangsneurose war nicht eine weitere Reaktion auf das nämliche Trauma, welches zuerst die Angsthysterie hervorgerufen hatte, sondern auf ein zweites Erlebnis, welches das erste völlig entwertet hatte. (Also, eine — allerdings noch diskutierbare — Ausnahme von unserem Satze, der die Unabhängigkeit der Neurosenwahl vom Erleben behauptet.)

Ich kann leider — aus bekannten Motiven — auf die Krankengeschichte des Falles nicht so weit eingehen, wie ich gern möchte, sondern muß mich auf nachstehende Mitteilungen beschränken. Die Patientin war bis zu ihrer Erkrankung eine glückliche, fast völlig befriedigte Frau gewesen. Sie wünschte sich Kinder aus Motiven infantiler Wunschfixierung und erkrankte, als sie erfuhr, daß sie von ihrem ausschließend geliebten Manne keine Kinder bekommen könne. Die Angsthysterie, mit welcher sie auf diese Versagung reagierte, entsprach, wie sie bald selbst verstehen lernte, der Abweisung von Versuchungsphantasien, in denen sich der festgehaltene Wunsch nach einem Kinde durchsetzte. Sie tat nun alles dazu, um ihren Mann nicht erraten zu lassen, daß sie infolge der durch ihn determinierten Versagung erkrankt sei. Aber ich habe nicht ohne gute Gründe behauptet, daß jeder Mensch in seinem eigenen Unbewußten ein Instrument besitzt, mit dem er die Äußerungen des Unbewußten beim anderen zu deuten vermag;

der Mann verstand ohne Geständnis oder Erklärung, was die Angst seiner Frau bedeute, kränkte sich darüber, ohne es zu zeigen, und reagierte nun seinerseits neurotisch, indem er — zum erstenmal — beim Eheverkehr versagte. Unmittelbar darauf reiste er ab, die Frau hielt ihn für dauernd impotent geworden und produzierte die ersten Zwangssymptome an dem Tage vor seiner erwarteten Rückkunft.

Der Inhalt ihrer Zwangsneurose bestand in einem peinlichen Wasch- und Reinlichkeitszwang und in höchst energischen Schutzmaßregeln gegen böse Schädigungen, welche andere von ihr zu befürchten hätten, also in Reaktionsbildungen gegen analerotische und sadistische Regungen. In solchen Formen mußte sich ihr Sexualbedürfnis äußern, nachdem ihr Genitalleben durch die Impotenz des für sie einzigen Mannes eine volle Entwertung erfahren hatte.

An diesen Punkt hat das kleine, von mir neugebildete Stückchen Theorie angeknüpft, welches natürlich nur scheinbar auf dieser einen Beobachtung ruht, in Wirklichkeit eine große Summe früherer Eindrücke zusammenfaßt, die aber erst nach dieser letzten Erfahrung fähig wurden, eine Einsicht zu ergeben. Ich sagte mir, daß mein Entwicklungsschema der libidinösen Funktion einer neuen Einschaltung bedarf. Ich hatte zuerst nur unterschieden die Phase des Autoerotismus, in welcher die einzelnen Partialtriebe, jeder für sich, ihre Lustbefriedigung am eigenen Leibe suchen, und dann die Zusammenfassung aller Partialtriebe zur Objektwahl unter dem Primat der Genitalien im Dienste der Fortpflanzung. Die Analyse der Paraphrenien hat uns, wie bekannt, genötigt, dazwischen ein Stadium des Narzißmus einzuschieben, in dem die Objektwahl bereits erfolgt ist, aber das Objekt noch mit dem eigenen Ich zusammenfällt. Und nun sehen wir die Notwendigkeit ein, ein weiteres Stadium vor der Endgestaltung gelten zu lassen, in dem die Partialtriebe bereits zur Objektwahl zusammengefaßt sind, das Objekt sich der eigenen Person schon als eine fremde gegenübergestellt, aber der **Primat der Genitalzonen noch nicht aufgerichtet ist**. Die Partialtriebe, welche diese **prägenitale** Organisation des Sexuallebens beherrschen, sind vielmehr die analerotischen und die sadistischen.

Ich weiß, daß jede solche Aufstellung zunächst befremdend klingt. Erst durch die Aufdeckung ihrer Beziehungen zu unserem bisherigen Wissen wird sie uns vertraut, und am Ende ist ihr Schicksal häufig, daß sie als eine geringfügige, längst geahnte Neuerung erkannt wird. Wenden wir uns also mit ähnlichen Erwartungen zur Diskussion der „prägenitalen Sexualordnung".

*a)* Es ist bereits vielen Beobachtern aufgefallen und zuletzt mit besonderer Schärfe von E. Jones hervorgehoben worden, welche außerordentliche Rolle die Regungen von Haß und Analerotik in der Symptomatologie der Zwangsneurose spielen.[1] Dies leitet sich nun unmittelbar aus unserer Aufstellung ab, wenn es diese Partialtriebe sind, welche in der Neurose die Vertretung der Genitaltriebe wieder übernommen haben, deren Vorgänger sie in der Entwicklung waren.

Hier fügt sich nun das bisher zurückgehaltene Stück aus der Krankengeschichte unseres Falles ein. Das Sexualleben der Patientin begann im zartesten Kindesalter mit sadistischen Schlagephantasien. Nach deren Unterdrückung setzte eine ungewöhnlich lange Latenzzeit ein, in welcher das Mädchen eine hochreichende moralische Entwicklung durchmachte, ohne zum weiblichen Sexualempfinden zu erwachen. Mit der in jungen Jahren geschlossenen Ehe begann eine Periode normaler Sexualbetätigung als glückliche Frau, die durch eine Reihe von Jahren anhielt, bis die erste große Versagung die hysterische Neurose brachte. Mit der darauf folgenden Entwertung des Genitallebens sank ihr Sexualleben, wie erwähnt, auf die infantile Stufe des Sadismus zurück.

---

[1] E. Jones: Haß und Analerotik in der Zwangsneurose. (Intern. Zeitschrift für ärztl. Psychoanalyse, I, 1913, H. 5.)

Es ist nicht schwer, den Charakter zu bestimmen, in welchem sich dieser Fall von Zwangsneurose von den häufigeren anderen unterscheidet, die in jüngeren Jahren beginnen und von da an chronisch mit mehr oder weniger auffälligen Exazerbationen verlaufen. In diesen anderen Fällen wird die Sexualorganisation, welche die Disposition zur Zwangsneurose enthält, einmal hergestellt, nie wieder völlig überwunden; in unserem Falle ist sie zuerst durch die höhere Entwicklungsstufe abgelöst und dann durch Regression von dieser her wieder aktiviert worden.

*b)* Wenn wir von unserer Aufstellung aus den Anschluß an biologische Zusammenhänge suchen, dürfen wir nicht vergessen, daß der Gegensatz von männlich und weiblich, welcher von der Fortpflanzungsfunktion eingeführt wird, auf der Stufe der prägenitalen Objektwahl noch nicht vorhanden sein kann. An seiner Statt finden wir den Gegensatz von Strebungen mit aktivem und passivem Ziel, der sich späterhin mit dem Gegensatz der Geschlechter verlöten wird. Die Aktivität wird vom gemeinen Bemächtigungstrieb beigestellt, den wir eben Sadismus heißen, wenn wir ihn im Dienste der Sexualfunktion finden; er hat auch im vollentwickelten normalen Sexualleben wichtige Helferdienste zu verrichten. Die passive Strömung wird von der Analerotik gespeist, deren erogene Zone der alten, undifferenzierten Kloake entspricht. Die Betonung dieser Analerotik auf der prägenitalen Organisationsstufe wird beim Manne eine bedeutsame Prädisposition zur Homosexualität hinterlassen, wenn die nächste Stufe der Sexualfunktion, die des Primats der Genitalien, erreicht wird. Der Aufbau dieser letzten Phase über der vorigen und die dabei erfolgende Umarbeitung der Libidobesetzungen bietet der analytischen Forschung die interessantesten Aufgaben.

Man kann der Meinung sein, daß man sich allen hier in Betracht kommenden Schwierigkeiten und Komplikationen entzieht, wenn man eine prägenitale Organisation des Sexuallebens verleugnet und das Sexualleben mit der Genital- und Fortpflanzungsfunktion zusammenfallen, wie auch mit ihr beginnen läßt. Von den Neurosen würde man dann mit Rücksicht auf die nicht mißverständlichen Ergebnisse der analytischen Forschung aussagen, daß sie durch den Prozeß der Sexualverdrängung dazu genötigt werden, sexuelle Strebungen durch andere nicht sexuelle Triebe auszudrücken, die letzteren also kompensatorisch zu sexualisieren. Wenn man so verfährt, hat man sich aber außerhalb der Psychoanalyse begeben. Man steht wieder dort, wo man sich vor der Psychoanalyse befand, und muß auf das durch sie vermittelte Verständnis des Zusammenhanges zwischen Gesundheit, Perversion und Neurose verzichten. Die Psychoanalyse steht und fällt mit der Anerkennung der sexuellen Partialtriebe, der erogenen Zonen und der so gewonnenen Ausdehnung des Begriffes „Sexualfunktion" im Gegensatz zur engeren „Genitalfunktion". Übrigens reicht die Beobachtung der normalen Entwicklung des Kindes für sich allein hin, um eine solche Versuchung zurückzuweisen.

c) Auf dem Gebiete der Charakterentwicklung müssen wir denselben Triebkräften begegnen, deren Spiel wir in den Neurosen aufgedeckt haben. Eine scharfe theoretische Scheidung der beiden wird aber durch den einen Umstand geboten, daß beim Charakter wegfällt, was dem Neurosenmechanismus eigentümlich ist, das Mißglücken der Verdrängung und die Wiederkehr des Verdrängten Bei der Charakterbildung tritt die Verdrängung entweder nicht in Aktion oder sie erreicht glatt ihr Ziel, das Verdrängte durch Reaktionsbildungen und Sublimierungen zu ersetzen. Darum sind die Prozesse der Charakterbildung undurchsichtiger und der Analyse unzugänglicher als die neurotischen.

Gerade auf dem Gebiete der Charakterentwicklung begegnet uns aber eine gute Analogie zu dem von uns beschriebenen Krankheitsfalle, also eine Bekräftigung der prägenitalen sadistisch-analerotischen Sexualorganisation. Es ist bekannt und hat den Menschen viel Stoff zur Klage gegeben, daß die Frauen häufig, nachdem sie ihre Genitalfunktionen aufgegeben haben, ihren Charakter in eigentümlicher Weise verändern. Sie werden zänkisch, quälerisch und rechthaberisch, kleinlich und geizig, zeigen also typische sadistische und analerotische Züge, die ihnen vorher in der Epoche der Weiblichkeit nicht eigen waren. Lustspieldichter und Satiriker haben zu allen Zeiten ihre Invektiven gegen den „alten Drachen" gerichtet, zu dem das holde Mädchen, die liebende Frau, die zärtliche Mutter geworden ist. Wir verstehen, daß diese Charakterwandlung der Regression des Sexuallebens auf die prägenitale sadistisch-analerotische Stufe entspricht, in welcher wir die Disposition zur Zwangsneurose gefunden haben. Sie wäre also nicht nur die Vorläuferin der genitalen Phase, sondern oft genug auch ihre Nachfolge und Ablösung, nachdem die Genitalien ihre Funktion erfüllt haben.

Der Vergleich einer solchen Charakterveränderung mit der Zwangsneurose ist sehr eindrucksvoll. In beiden Fällen das Werk der Regression, aber im ersten Falle volle Regression nach glatt vollzogener Verdrängung (oder Unterdrückung); im Falle der Neurose: Konflikt, Bemühung, die Regression nicht gelten zu lassen, Reaktionsbildungen gegen dieselbe und Symptombildungen durch Kompromisse von beiden Seiten her, Spaltung der psychischen Tätigkeiten in bewußtseinsfähige und unbewußte.

*d)* Unsere Aufstellung einer prägenitalen Sexualorganisation ist nach zwei Richtungen hin unvollständig. Sie nimmt erstens keine Rücksicht auf das Verhalten anderer Partialtriebe, an dem manches der Erforschung und Erwähnung wert wäre, und begnügt sich, das auffällige Primat von Sadismus und Analerotik herauszuheben. Besonders vom Wißtrieb gewinnt man häufig den Eindruck, als ob er im Mechanismus der Zwangsneurose den Sadismus geradezu ersetzen könnte. Er ist ja im Grunde ein sublimierter, ins Intellektuelle gehobener Sprößling des Bemächtigungstriebes, seine Zurückweisung in der Form des Zweifels nimmt im Bilde der Zwangsneurose einen breiten Raum ein.

Ein zweiter Mangel ist weit bedeutsamer. Wir wissen, daß die entwicklungsgeschichtliche Disposition für eine Neurose nur dann vollständig ist, wenn sie die Phase der Ichentwicklung, in welcher die Fixierung eintritt, ebenso berücksichtigt wie die der Libidoentwicklung. Unsere Aufstellung hat sich aber nur auf die letztere bezogen, sie enthält also nicht die ganze Kenntnis, die wir fordern dürfen. Die Entwicklungsstadien der Ichtriebe sind uns bis jetzt sehr wenig bekannt; ich weiß nur von einem vielversprechenden Versuch von Ferenczi, sich diesen Fragen zu nähern.[1] Ich weiß nicht, ob es zu gewagt erscheint, wenn ich den vorhandenen Spuren folgend die Annahme ausspreche, daß ein zeitliches Voraneilen der Ichentwicklung vor der Libidoentwicklung in die Disposition zur Zwangsneurose einzutragen ist. Eine solche Voreiligkeit würde von den Ichtrieben her zur Objektwahl nötigen, während die Sexualfunktion ihre letzte Gestaltung noch nicht erreicht hat, und somit eine Fixierung auf der Stufe der prägenitalen Sexualordnung hinterlassen. Erwägt man, daß die Zwangsneurotiker eine Übermoral entwickeln müssen, um ihre Objektliebe gegen die hinter ihr lauernde Feindseligkeit zu verteidigen, so wird man geneigt sein, ein gewisses Maß von diesem Voraneilen der Ichentwicklung als typisch für die menschliche Natur hinzustellen und die Fähigkeit zur Entstehung der Moral in dem Umstand begründet zu finden, daß nach der Entwicklung der Haß der Vorläufer der Liebe ist. Vielleicht ist dies die Bedeutung eines Satzes von W. Stekel, der mir seinerzeit unfaßbar erschien, daß der Haß und nicht die Liebe die primäre Gefühlsbeziehung zwischen den Menschen sei.[2]

*e)* Für die Hysterie erübrigt nach dem Vorstehenden die innige Beziehung zur letzten Phase der Libidoentwicklung, die durch den Primat der Genitalien und die Einführung der Fort-

---

1) Ferenczi: Entwicklungsstufen des Wirklichkeitssinnes. (Intern. Zeitschr. für ärztl. Psychoanalyse, I, 1913, H. 2.)
2) W. Stekel: Die Sprache des Traumes. 1911, S. 536.

pflanzungsfunktion ausgezeichnet ist. Dieser Erwerb unterliegt in der hysterischen Neurose der Verdrängung, mit welcher eine Regression auf die prägenitale Stufe nicht verbunden ist. Die Lücke in der Bestimmung der Disposition infolge unserer Unkenntnis der Ichentwicklung ist hier noch fühlbarer als bei der Zwangsneurose.

Hingegen ist es nicht schwer nachzuweisen, daß eine andere Regression auf ein früheres Niveau auch der Hysterie zukommt. Die Sexualität des weiblichen Kindes steht, wie wir wissen, unter der Herrschaft eines männlichen Leitorgans (der Klitoris) und benimmt sich vielfach wie die des Knaben. Ein letzter Entwicklungsschub zur Zeit der Pubertät muß diese männliche Sexualität wegschaffen und die von der Kloake abgeleitete Vagina zur herrschenden erogenen Zone erheben. Es ist nun sehr gewöhnlich, daß in der hysterischen Neurose der Frauen eine Reaktivierung dieser verdrängten männlichen Sexualität statt hat, gegen welche sich dann der Abwehrkampf von seiten der ichgerechten Triebe richtet. Doch erscheint es mir vorzeitig, an dieser Stelle in die Diskussion der Probleme der hysterischen Disposition einzutreten.

# ZUR EINLEITUNG DER BEHANDLUNG

# ZUR EINLEITUNG DER BEHANDLUNG

Wer das edle Schachspiel aus Büchern erlernen will, der wird bald erfahren, daß nur die Eröffnungen und Endspiele eine erschöpfende systematische Darstellung gestatten, während die unübersehbare Mannigfaltigkeit der nach der Eröffnung beginnenden Spiele sich einer solchen versagt. Eifriges Studium von Partien, in denen Meister miteinander gekämpft haben, kann allein die Lücke in der Unterweisung ausfüllen. Ähnlichen Einschränkungen unterliegen wohl die Regeln, die man für die Ausübung der psychoanalytischen Behandlung geben kann.

Ich werde im folgenden versuchen, einige dieser Regeln für die Einleitung der Kur zum Gebrauche des praktischen Analytikers zusammenzustellen. Es sind Bestimmungen darunter, die kleinlich erscheinen mögen und es wohl auch sind. Zu ihrer Entschuldigung diene, daß es eben Spielregeln sind, die ihre Bedeutung aus dem Zusammenhange des Spielplanes schöpfen müssen. Ich tue aber gut daran, diese Regeln als „Ratschläge" auszugeben und keine unbedingte Verbindlichkeit für sie zu beanspruchen. Die außerordentliche Verschiedenheit der in Betracht kommenden psychischen Konstellationen, die Plastizität aller seelischen Vorgänge und der Reichtum an determinierenden Faktoren widersetzen sich auch einer Mechanisierung der Technik und gestatten es, daß ein sonst berechtigtes Vorgehen gelegentlich wirkungslos bleibt und ein für gewöhnlich fehlerhaftes einmal zum Ziele führt. Diese Verhältnisse hindern indes nicht, ein durchschnittlich zweckmäßiges Verhalten des Arztes festzustellen.

Die wichtigsten Indikationen für die Auswahl der Kranken habe ich bereits vor Jahren an anderer Stelle angegeben.[1] Ich wiederhole sie darum hier nicht; sie haben unterdes die Zustimmung anderer Psychoanalytiker gefunden. Ich füge aber hinzu, daß ich mich seither gewöhnt habe, Kranke, von denen ich wenig weiß, vorerst nur provisorisch, für die Dauer von einer bis zwei Wochen, anzunehmen. Bricht man innerhalb dieser Zeit ab, so erspart man dem Kranken den peinlichen Eindruck eines verunglückten Heilungsversuches. Man hat eben nur eine Sondierung vorgenommen, um den Fall kennen zu lernen und um zu entscheiden, ob er für die Psychoanalyse geeignet ist. Eine andere Art der Erprobung als einen solchen Versuch hat man nicht zur Verfügung; noch so lange fortgesetzte Unterhaltungen und Ausfragungen in der Sprechstunde würden keinen Ersatz bieten. Dieser Vorversuch aber ist bereits der Beginn der Psychoanalyse und soll den Regeln derselben folgen. Man kann ihn etwa dadurch gesondert halten, daß man hauptsächlich den Patienten reden läßt und ihm von Aufklärungen nicht mehr mitteilt, als zur Fortführung seiner Erzählung durchaus unerläßlich ist.

Die Einleitung der Behandlung mit einer solchen für einige Wochen angesetzten Probezeit hat übrigens auch eine diagnostische Motivierung. Oft genug, wenn man eine Neurose mit hysterischen oder Zwangssymptomen vor sich hat, von nicht exzessiver Ausprägung und von kürzerem Bestande, also gerade solche Formen, die man als günstig für die Behandlung ansehen wollte, muß man dem Zweifel Raum geben, ob der Fall nicht einem Vorstadium einer sogenannten Dementia praecox (Schizophrenie nach Bleuler,

---

[1] Über Psychotherapie, 1905 (Ges. Werke, Bd. V.).

Paraphrenie nach meinem Vorschlage) entspricht und nach kürzerer oder längerer Zeit ein ausgesprochenes Bild dieser Affektion zeigen wird. Ich bestreite es, daß es immer so leicht möglich ist, die Unterscheidung zu treffen. Ich weiß, daß es Psychiater gibt, die in der Differentialdiagnose seltener schwanken, aber ich habe mich überzeugt, daß sie ebenso häufig irren. Der Irrtum ist nur für den Psychoanalytiker verhängnisvoller als für den sogenannten klinischen Psychiater. Denn der letztere unternimmt in dem einen Falle so wenig wie in dem anderen etwas Ersprießliches; er läuft nur die Gefahr eines theoretischen Irrtums und seine Diagnose hat nur akademisches Interesse. Der Psychoanalytiker hat aber im ungünstigen Falle einen praktischen Mißgriff begangen, er hat einen vergeblichen Aufwand verschuldet und sein Heilverfahren diskreditiert. Er kann sein Heilungsversprechen nicht halten, wenn der Kranke nicht an Hysterie oder Zwangsneurose, sondern an Paraphrenie leidet, und hat darum besonders starke Motive, den diagnostischen Irrtum zu vermeiden. In einer Probebehandlung von einigen Wochen wird er oft verdächtige Wahrnehmungen machen, die ihn bestimmen können, den Versuch nicht weiter fortzusetzen. Ich kann leider nicht behaupten, daß ein solcher Versuch regelmäßig eine sichere Entscheidung ermöglicht; es ist nur eine gute Vorsicht mehr.[1]

Lange Vorbesprechungen vor Beginn der analytischen Behandlung, eine andersartige Therapie vorher, sowie frühere Bekanntschaft zwischen dem Arzte und dem zu Analysierenden haben bestimmte ungünstige Folgen, auf die man vorbereitet sein muß. Sie machen nämlich, daß der Patient dem Arzte in einer fertigen Über-

---

[1] Über das Thema dieser diagnostischen Unsicherheit, über die Chancen der Analyse bei leichten Formen von Paraphrenie und über die Begründung der Ähnlichkeit beider Affektionen wäre sehr viel zu sagen, was ich in diesem Zusammenhange nicht ausführen kann. Gern würde ich nach J u n g s Vorgang Hysterie und Zwangsneurose als „Ü b e r t r a g u n g s n e u r o s e n" den paraphrenischen Affektionen als „I n t r o v e r s i o n s n e u r o s e n" gegenüberstellen, wenn bei diesem Gebrauch der Begriff der „Introversion" (der Libido) nicht seinem einzig berechtigten Sinne entfremdet würde.

tragungseinstellung gegenübertritt, die der Arzt erst langsam aufdecken muß, anstatt daß er die Gelegenheit hat, das Wachsen und Werden der Übertragung von Anfang an zu beobachten. Der Patient hat so eine Zeitlang einen Vorsprung, den man ihm in der Kur nur ungern gönnt.

Gegen alle die, welche die Kur mit einem Aufschube beginnen wollen, sei man mißtrauisch. Die Erfahrung zeigt, daß sie nach Ablauf der vereinbarten Frist nicht eintreffen, auch wenn die Motivierung dieses Aufschubes, also die Rationalisierung des Vorsatzes, dem Uneingeweihten tadellos erscheint.

Besondere Schwierigkeiten ergeben sich, wenn zwischen dem Arzte und dem in die Analyse eintretenden Patienten oder deren Familien freundschaftliche oder gesellschaftliche Beziehungen bestanden haben. Der Psychoanalytiker, von dem verlangt wird, daß er die Ehefrau oder das Kind eines Freundes in Behandlung nehme, darf sich darauf vorbereiten, daß ihn das Unternehmen, wie immer es ausgehe, die Freundschaft kosten wird. Er muß doch das Opfer bringen, wenn er nicht einen vertrauenswürdigen Vertreter stellen kann.

Laien wie Ärzte, welche die Psychoanalyse immer noch gern mit einer Suggestivbehandlung verwechseln, pflegen hohen Wert auf die Erwartung zu legen, welche der Patient der neuen Behandlung entgegenbringt. Sie meinen oft, mit dem einen Kranken werde man nicht viel Mühe haben, denn er habe ein großes Zutrauen zur Psychoanalyse und sei von ihrer Wahrheit und ihrer Leistungsfähigkeit voll überzeugt. Bei einem anderen werde es wohl schwerer gehen, denn er verhalte sich skeptisch und wolle nichts glauben, ehe er nicht den Erfolg an seiner eigenen Person gesehen habe. In Wirklichkeit hat aber diese Einstellung der Kranken eine recht geringe Bedeutung; sein vorläufiges Zutrauen oder Mißtrauen kommt gegen die inneren Widerstände, welche die Neurose verankern, kaum in Betracht. Die Vertrauensseligkeit des Patienten macht ja den ersten Verkehr mit ihm recht angenehm; man dankt ihm für sie, bereitet ihn aber darauf vor, daß seine günstige Voreingenommenheit an der ersten in der Behandlung auftauchenden Schwierigkeit zerschellen wird. Dem Skeptiker sagt man, daß die Analyse kein Vertrauen braucht, daß er so kritisch und mißtrauisch sein dürfe, als ihm beliebt, daß man seine Einstellung gar nicht auf die Rechnung seines Urteiles setzen wolle, denn er sei ja nicht in der Lage, sich ein verläßliches Urteil über diese Punkte zu bilden; sein Mißtrauen sei eben ein Symptom wie seine anderen Symptome, und es werde sich nicht störend erweisen, wenn er nur gewissenhaft befolgen wolle, was die Regel der Behandlung von ihm fordere.

Wer mit dem Wesen der Neurose vertraut ist, wird nicht erstaunt sein zu hören, daß auch derjenige, der sehr wohl befähigt ist, die Psychoanalyse an anderen auszuüben, sich benehmen kann wie ein anderer Sterblicher und die intensivsten Widerstände zu produzieren imstande ist, sobald er selbst zum Objekte der Psychoanalyse gemacht wird. Man bekommt dann wieder einmal den Eindruck der psychischen Tiefendimension und findet nichts Überraschendes daran, daß die Neurose in psychischen Schichten wurzelt, bis zu denen die analytische Bildung nicht hinabgedrungen ist.

Wichtige Punkte zu Beginn der analytischen Kur sind die Bestimmungen über Zeit und Geld.

In betreff der Zeit befolge ich ausschließlich das Prinzip des Vermietens einer bestimmten Stunde. Jeder Patient erhält eine gewisse Stunde meines verfügbaren Arbeitstages zugewiesen; sie ist die seine und er bleibt für sie haftbar, auch wenn er sie nicht benützt. Diese Bestimmung, die für den Musik- oder Sprachlehrer in unserer guten Gesellschaft als selbstverständlich gilt, erscheint beim Arzte vielleicht hart oder selbst standesunwürdig. Man wird geneigt sein, auf die vielen Zufälligkeiten hinzuweisen, die den Patienten hindern mögen, jedesmal zu der-

selben Stunde beim Arzte zu erscheinen, und wird verlangen,
daß den zahlreichen interkurrenten Erkrankungen Rechnung
getragen werde, die im Verlaufe einer längeren analytischen
Behandlung vorfallen können. Allein meine Antwort ist: es geht
nicht anders. Bei milderer Praxis häufen sich die „gelegentlichen"
Absagen so sehr, daß der Arzt seine materielle Existenz gefährdet
findet. Bei strenger Einhaltung dieser Bestimmung stellt sich
dagegen heraus, daß hinderliche Zufälligkeiten überhaupt nicht
vorkommen und interkurrente Erkrankungen nur sehr selten.
Man kommt kaum je in die Lage, eine Muße zu genießen,
deren man sich als Erwerbender zu schämen hätte; man kann die
Arbeit ungestört fortsetzen und entgeht der peinlichen, verwirrenden Erfahrung, daß gerade dann immer eine unverschuldete
Pause in der Arbeit eintreten muß, wenn sie besonders wichtig
und inhaltsreich zu werden versprach. Von der Bedeutung der
Psychogenie im täglichen Leben der Menschen, von der Häufigkeit der „Schulkrankheiten" und der Nichtigkeit des Zufalls
gewinnt man erst eine ordentliche Überzeugung, wenn man einige
Jahre hindurch Psychoanalyse betrieben hat unter strenger Befolgung
des Prinzips der Stundenmiete. Bei unzweifelhaften organischen
Affektionen, die durch das psychische Interesse doch nicht aus
geschlossen werden können, unterbreche ich die Behandlung,
halte mich für berechtigt, die frei gewordene Stunde anders zu
vergeben, und nehme den Patienten wieder auf, sobald er hergestellt ist, und ich eine andere Stunde frei bekommen habe.

Ich arbeite mit meinen Patienten täglich mit Ausnahme der
Sonntage und der großen Festtage, also für gewöhnlich sechsmal
in der Woche. Für leichte Fälle oder Fortsetzungen von weit
gediehenen Behandlungen reichen auch drei Stunden wöchentlich
aus. Sonst bringen Einschränkungen an Zeit weder dem Arzte
noch dem Patienten Vorteil; für den Anfang sind sie ganz zu
verwerfen. Schon durch kurze Unterbrechungen wird die Arbeit
immer ein wenig verschüttet; wir pflegten scherzhaft von einer

„Montagskruste" zu sprechen, wenn wir nach der Sonntagsruhe von neuem begannen; bei seltener Arbeit besteht die Gefahr, daß man mit dem realen Erleben des Patienten nicht Schritt halten kann, daß die Kur den Kontakt mit der Gegenwart verliert und auf Seitenwege gedrängt wird. Gelegentlich trifft man auch auf Kranke, denen man mehr Zeit als das mittlere Maß von einer Stunde widmen muß, weil sie den größeren Teil einer Stunde verbrauchen, um aufzutauen, überhaupt mitteilsam zu werden.

Eine dem Arzte unliebsame Frage, die der Kranke zu allem Anfange an ihn richtet, lautet: Wie lange Zeit wird die Behandlung dauern? Welche Zeit brauchen Sie, um mich von meinem Leiden zu befreien? Wenn man eine Probebehandlung von einigen Wochen vorgeschlagen hat, entzieht man sich der direkten Beantwortung dieser Frage, indem man verspricht, nach Ablauf der Probezeit eine zuverlässigere Aussage abgeben zu können. Man antwortet gleichsam wie der Äsop der Fabel dem Wanderer, der nach der Länge des Weges fragt, mit der Aufforderung: Geh, und erläutert den Bescheid durch die Begründung, man müsse zuerst den Schritt des Wanderers kennen lernen, ehe man die Dauer seiner Wanderung berechnen könne. Mit dieser Auskunft hilft man sich über die ersten Schwierigkeiten hinweg, aber der Vergleich ist nicht gut, denn der Neurotiker kann leicht sein Tempo verändern und zu Zeiten nur sehr langsame Fortschritte machen. Die Frage nach der voraussichtlichen Dauer der Behandlung ist in Wahrheit kaum zu beantworten.

Die Einsichtslosigkeit der Kranken und die Unaufrichtigkeit der Ärzte vereinigen sich zu dem Effekt, an die Analyse die maßlosesten Ansprüche zu stellen und ihr dabei die knappste Zeit einzuräumen. Ich teile zum Beispiel aus dem Briefe einer Dame in Rußland, der vor wenigen Tagen an mich gekommen ist, folgende Daten mit. Sie ist 53 Jahre alt, seit 23 Jahren leidend, seit zehn Jahren keiner anhaltenden Arbeit mehr fähig.

„Behandlung in mehreren Nervenheilanstalten" hat es nicht vermocht, ihr ein „aktives Leben" zu ermöglichen. Sie hofft durch die Psychoanalyse, über die sie gelesen hat, ganz geheilt zu werden. Aber ihre Behandlung hat ihre Familie schon so viel gekostet, daß sie keinen längeren Aufenthalt in Wien nehmen kann als sechs Wochen oder zwei Monate. Dazu kommt die Erschwerung, daß sie sich von Anfang an nur schriftlich „deutlich machen" will, denn Antasten ihrer Komplexe würde bei ihr eine Explosion hervorrufen oder sie „zeitlich verstummen lassen". — Niemand würde sonst erwarten, daß man einen schweren Tisch mit zwei Fingern heben werde wie einen leichten Schemel, oder daß man ein großes Haus in derselben Zeit bauen könne wie ein Holzhüttchen, doch sowie es sich um die Neurosen handelt, die in den Zusammenhang des menschlichen Denkens derzeit noch nicht eingereiht scheinen, vergessen selbst intelligente Personen an die notwendige Proportionalität zwischen Zeit, Arbeit und Erfolg. Übrigens eine begreifliche Folge der tiefen Unwissenheit über die Ätiologie der Neurosen. Dank dieser Ignoranz ist ihnen die Neurose eine Art „Mädchen aus der Fremde". Man wußte nicht, woher sie kam, und darum erwartet man, daß sie eines Tages entschwunden sein wird.

Die Ärzte unterstützen diese Vertrauensseligkeit; auch wissende unter ihnen schätzen häufig die Schwere der neurotischen Erkrankungen nicht ordentlich ein. Ein befreundeter Kollege, dem ich es hoch anrechne, daß er sich nach mehreren Dezennien wissenschaftlicher Arbeit auf anderen Voraussetzungen zur Würdigung der Psychoanalyse bekehrt hat, schrieb mir einmal: Was uns nottut, ist eine kurze, bequeme, ambulatorische Behandlung der Zwangsneurosen. Ich konnte damit nicht dienen, schämte mich und suchte mich mit der Bemerkung zu entschuldigen, daß wahrscheinlich auch die Internisten mit einer Therapie der Tuberkulose oder des Karzinoms, welche diese Vorzüge vereinte, sehr zufrieden sein würden.

Um es direkter zu sagen, es handelt sich bei der Psychoanalyse immer um lange Zeiträume, halbe oder ganze Jahre, um längere, als der Erwartung des Kranken entspricht. Man hat daher die Verpflichtung, dem Kranken diesen Sachverhalt zu eröffnen, ehe er sich endgültig für die Behandlung entschließt. Ich halte es überhaupt für würdiger, aber auch für zweckmäßiger, wenn man ihn, ohne gerade auf seine Abschreckung hinzuarbeiten, doch von vornherein auf die Schwierigkeiten und Opfer der analytischen Therapie aufmerksam macht und ihm so jede Berechtigung nimmt, später einmal zu behaupten, man habe ihn in die Behandlung, deren Umfang und Bedeutung er nicht gekannt habe, gelockt. Wer sich durch solche Mitteilungen abhalten läßt, der hätte sich später doch als unbrauchbar erwiesen. Es ist gut, eine derartige Auslese vor dem Beginne der Behandlung vorzunehmen. Mit dem Fortschritte der Aufklärung unter den Kranken wächst doch die Zahl derjenigen, welche diese erste Probe bestehen.

Ich lehne es ab, die Patienten auf eine gewisse Dauer des Ausharrens in der Behandlung zu verpflichten, gestatte jedem, die Kur abzubrechen, wann es ihm beliebt, verhehle ihm aber nicht, daß ein Abbruch nach kurzer Arbeit keinen Erfolg zurücklassen wird, und ihn leicht wie eine unvollendete Operation in einen unbefriedigenden Zustand versetzen kann. In den ersten Jahren meiner psychoanalytischen Tätigkeit fand ich die größte Schwierigkeit, die Kranken zum Verbleiben zu bewegen; diese Schwierigkeit hat sich längst verschoben, ich muß jetzt ängstlich bemüht sein, sie auch zum Aufhören zu nötigen.

Die Abkürzung der analytischen Kur bleibt ein berechtigter Wunsch, dessen Erfüllung, wie wir hören werden, auf verschiedenen Wegen angestrebt wird. Es steht ihr leider ein sehr bedeutsames Moment entgegen, die Langsamkeit, mit der sich tiefgreifende seelische Veränderungen vollziehen, in letzter Linie wohl die „Zeitlosigkeit" unserer unbewußten Vorgänge. Wenn die Kranken vor die Schwierigkeit des großen Zeitaufwandes für die Analyse gestellt werden, so wissen sie nicht selten ein gewisses Auskunftsmittel vorzuschlagen. Sie teilen ihre Beschwerden in solche ein, die sie als unerträglich, und andere, die sie als nebensächlich beschreiben, und sagen: Wenn Sie mich nur von dem einen (zum Beispiel dem Kopfschmerz, der bestimmten Angst) befreien, mit dem anderen will ich schon selbst im Leben fertig werden. Sie überschätzen dabei aber die elektive Macht der Analyse. Gewiß vermag der analytische Arzt viel, aber er kann nicht genau bestimmen, was er zustande bringen wird. Er leitet einen Prozeß ein, den der Auflösung der bestehenden Verdrängungen, er kann ihn überwachen, fördern, Hindernisse aus dem Wege räumen, gewiß auch viel an ihm verderben. Im ganzen aber geht der einmal eingeleitete Prozeß seinen eigenen Weg und läßt sich weder seine Richtung noch die Reihenfolge der Punkte, die er angreift, vorschreiben. Mit der Macht des Analytikers über die Krankheitserscheinungen steht es also ungefähr so wie mit der männlichen Potenz. Der kräftigste Mann kann zwar ein ganzes Kind zeugen, aber nicht im weiblichen Organismus einen Kopf allein, einen Arm oder ein Bein entstehen lassen; er kann nicht einmal über das Geschlecht des Kindes bestimmen. Er leitet eben auch nur einen höchst verwickelten und durch alte Geschehnisse determinierten Prozeß ein, der mit der Lösung des Kindes von der Mutter endet. Auch die Neurose eines Menschen besitzt die Charaktere eines Organismus, ihre Teilerscheinungen sind nicht unabhängig voneinander, sie bedingen einander, pflegen sich gegenseitig zu stützen; man leidet immer nur an einer Neurose, nicht an mehreren, die zufällig in einem Individuum zusammengetroffen sind. Der Kranke, den man nach seinem Wunsche von dem einen unerträglichen Symptome befreit hat, könnte leicht die Erfahrung machen, daß nun ein bisher mildes Symptom sich zur Unerträglichkeit steigert. Wer überhaupt den Erfolg von seinen suggestiven (das heißt Übertragungs-)Bedingungen möglichst ablösen will, der tut gut daran, auch auf die Spuren elektiver Beeinflussung des Heilerfolges, die dem Arzte etwa zustehen, zu verzichten. Dem Psychoanalytiker müssen diejenigen Patienten am liebsten sein, welche die volle Gesundheit, soweit sie zu haben ist, von ihm fordern, und ihm so viel Zeit zur Verfügung stellen, als der Prozeß der Herstellung verbraucht. Natürlich sind so günstige Bedingungen nur in wenig Fällen zu erwarten. Der nächste Punkt, über den zu Beginn einer Kur entschieden werden soll, ist das Geld, das Honorar des Arztes. Der Analytiker stellt nicht in Abrede, daß Geld in erster Linie als Mittel zur Selbsterhaltung und Machtgewinnung zu betrachten ist, aber er behauptet, daß mächtige sexuelle Faktoren an der Schätzung des Geldes mitbeteiligt sind. Er kann sich dann darauf berufen, daß Geldangelegenheiten von den Kulturmenschen in ganz ähnlicher Weise behandelt werden wie sexuelle Dinge, mit derselben Zwiespältigkeit, Prüderie und Heuchelei. Er ist also von vornherein entschlossen, dabei nicht mitzutun, sondern Geldbeziehungen mit der nämlichen selbstverständlichen Aufrichtigkeit vor dem Patienten zu behandeln, zu der er ihn in Sachen des Sexuallebens erziehen will. Er beweist ihm, daß er selbst eine falsche Scham abgelegt hat, indem er unaufgefordert mitteilt, wie er seine Zeit einschätzt. Menschliche Klugheit gebietet dann, nicht große Summen zusammenkommen zu lassen, sondern nach kürzeren regelmäßigen Zeiträumen (etwa monatlich) Zahlung zu nehmen. (Man erhöht, wie bekannt, die Schätzung der Behandlung beim Patienten nicht, wenn man sie sehr wohlfeil gibt.) Das ist, wie man weiß, nicht die gewöhnliche Praxis des Nervenarztes oder des Internisten in unserer europäischen Gesellschaft. Aber der Psychoanalytiker darf sich in die Lage des Chirurgen versetzen, der aufrichtig und kostspielig ist, weil er über Behandlungen verfügt, welche helfen können. Ich meine, es ist doch würdiger und ethisch unbedenklicher, sich zu seinen wirklichen Ansprüchen und Bedürfnissen zu bekennen, als, wie es jetzt noch unter

Ärzten gebräuchlich ist, den uneigennützigen Menschenfreund zu agieren, dessen Situation einem doch versagt ist, und sich dafür im Stillen über die Rücksichtslosigkeit und die Ausbeutungssucht der Patienten zu grämen oder laut darüber zu schimpfen. Der Analytiker wird für seinen Anspruch auf Bezahlung noch geltend machen, daß er bei schwerer Arbeit nie so viel erwerben kann wie andere medizinische Spezialisten.

Aus denselben Gründen wird er es auch ablehnen dürfen, ohne Honorar zu behandeln, und auch zugunsten der Kollegen oder ihrer Angehörigen keine Ausnahme machen. Die letzte Forderung scheint gegen die ärztliche Kollegialität zu verstoßen; man halte sich aber vor, daß eine Gratisbehandlung für den Psychoanalytiker weit mehr bedeutet als für jeden anderen, nämlich die Entziehung eines ansehnlichen Bruchteiles seiner für den Erwerb verfügbaren Arbeitszeit (eines Achtels, Siebentels u. dgl.) auf die Dauer von vielen Monaten. Eine gleichzeitige zweite Gratisbehandlung raubt ihm bereits ein Viertel oder Drittel seiner Erwerbsfähigkeit, was der Wirkung eines schweren traumatischen Unfalles gleichzusetzen wäre.

Es fragt sich dann, ob der Vorteil für den Kranken das Opfer des Arztes einigermaßen aufwiegt. Ich darf mir wohl ein Urteil darüber zutrauen, denn ich habe durch etwa zehn Jahre täglich eine Stunde, zeitweise auch zwei, Gratisbehandlungen gewidmet, weil ich zum Zwecke der Orientierung in der Neurose möglichst widerstandsfrei arbeiten wollte. Ich fand dabei die Vorteile nicht, die ich suchte. Manche der Widerstände des Neurotikers werden durch die Gratisbehandlung enorm gesteigert, so beim jungen Weibe die Versuchung, die in der Übertragungsbeziehung enthalten ist, beim jungen Manne das aus dem Vaterkomplex stammende Sträuben gegen die Verpflichtung der Dankbarkeit, das zu den widrigsten Erschwerungen der ärztlichen Hilfeleistung gehört. Der Wegfall der Regulierung, die doch durch die Bezahlung an den Arzt gegeben ist, macht sich sehr peinlich fühlbar; das ganze

Verhältnis rückt aus der realen Welt heraus; ein gutes Motiv, die Beendigung der Kur anzustreben, wird dem Patienten entzogen.

Man kann der asketischen Verdammung des Geldes ganz ferne stehen und darf es doch bedauern, daß die analytische Therapie aus äußeren, wie aus inneren Gründen den Armen fast unzugänglich ist. Es ist wenig dagegen zu tun. Vielleicht hat die viel verbreitete Behauptung recht, daß der weniger leicht der Neurose verfällt, wer durch die Not des Lebens zu harter Arbeit gezwungen ist. Aber ganz unbestreitbar steht die andere Erfahrung da, daß der Arme, der einmal eine Neurose zustande gebracht hat, sich dieselbe nur sehr schwer entreißen läßt. Sie leistet ihm zu gute Dienste im Kampfe um die Selbstbehauptung; der sekundäre Krankheitsgewinn, den sie ihm bringt, ist allzu bedeutend. Das Erbarmen, das die Menschen seiner materiellen Not versagt haben, beansprucht er jetzt unter dem Titel seiner Neurose und kann sich von der Forderung, seine Armut durch Arbeit zu bekämpfen, selbst freisprechen. Wer die Neurose eines Armen mit den Mitteln der Psychotherapie angreift, macht also in der Regel die Erfahrung, daß in diesem Falle eigentlich eine Aktualtherapie ganz anderer Art von ihm gefordert wird, eine Therapie, wie sie nach der bei uns heimischen Sage Kaiser Josef II. zu üben pflegte. Natürlich findet man doch gelegentlich wertvolle und ohne ihre Schuld hilflose Menschen, bei denen die unentgeltliche Behandlung nicht auf die angeführten Hindernisse stößt und schöne Erfolge erzielt.

Für den Mittelstand ist der für die Psychoanalyse benötigte Geldaufwand nur scheinbar ein übermäßiger. Ganz abgesehen davon, daß Gesundheit und Leistungsfähigkeit einerseits, ein mäßiger Geldaufwand anderseits überhaupt inkommensurabel sind: wenn man die nie aufhörenden Ausgaben für Sanatorien und ärztliche Behandlung zusammenrechnet und ihnen die Steigerung der Leistungs- und Erwerbsfähigkeit nach glücklich beendeter analytischer Kur gegenüberstellt, darf man sagen, daß die Kranken einen guten Handel gemacht haben. Es ist nichts Kostspieligeres im Leben als die Krankheit und — die Dummheit.

Ehe ich diese Bemerkungen zur Einleitung der analytischen Behandlung beschließe, noch ein Wort über ein gewisses Zeremoniell der Situation, in welcher die Kur ausgeführt wird. Ich halte an dem Rate fest, den Kranken auf einem Ruhebett lagern zu lassen, während man hinter ihm, von ihm ungesehen, Platz nimmt. Diese Veranstaltung hat einen historischen Sinn, sie ist der Rest der hypnotischen Behandlung, aus welcher sich die Psychoanalyse entwickelt hat. Sie verdient aber aus mehrfachen Gründen festgehalten zu werden. Zunächst wegen eines persönlichen Motivs, das aber andere mit mir teilen mögen. Ich vertrage es nicht, acht Stunden täglich (oder länger) von anderen angestarrt zu werden. Da ich mich während des Zuhörens selbst dem Ablauf meiner unbewußten Gedanken überlasse, will ich nicht, daß meine Mienen dem Patienten Stoff zu Deutungen geben oder ihn in seinen Mitteilungen beeinflussen. Der Patient faßt die ihm aufgezwungene Situation gewöhnlich als Entbehrung auf und sträubt sich gegen sie, besonders wenn der Schautrieb (das Voyeurtum) in seiner Neurose eine bedeutende Rolle spielt. Ich beharre aber auf dieser Maßregel, welche die Absicht und den Erfolg hat, die unmerkliche Vermengung der Übertragung mit den Einfällen des Patienten zu verhüten, die Übertragung zu isolieren und sie zur Zeit als Widerstand scharf umschrieben hervortreten zu lassen. Ich weiß, daß viele Analytiker es anders machen, aber ich weiß nicht, ob die Sucht, es anders zu machen, oder ob ein Vorteil, den sie dabei gefunden haben, mehr Anteil an ihrer Abweichung hat.

Wenn nun die Bedingungen der Kur in solcher Weise geregelt sind, erhebt sich die Frage, an welchem Punkte und mit welchem Materiale soll man die Behandlung beginnen?

Es ist im ganzen gleichgültig, mit welchem Stoffe man die Behandlung beginnt, ob mit der Lebensgeschichte, der Krankengeschichte oder den Kindheitserinnerungen des Patienten. Jedenfalls aber so, daß man den Patienten erzählen läßt und ihm die Wahl des Anfangspunktes freistellt. Man sagt ihm also: Ehe ich Ihnen etwas sagen kann, muß ich viel über Sie erfahren haben; bitte teilen Sie mir mit, was Sie von sich wissen. Nur für die Grundregel der psychoanalytischen Technik, die der Patient zu beobachten hat, macht man eine Ausnahme. Mit dieser macht man ihn von allem Anfang an bekannt: Noch eines, ehe Sie beginnen. Ihre Erzählung soll sich doch in einem Punkte von einer gewöhnlichen Konversation unterscheiden. Während Sie sonst mit Recht versuchen, in Ihrer Darstellung den Faden des Zusammenhanges festzuhalten und alle störenden Einfälle und Nebengedanken abweisen, um nicht, wie man sagt, aus dem Hundertsten ins Tausendste zu kommen, sollen Sie hier anders vorgehen. Sie werden beobachten, daß Ihnen während Ihrer Erzählung verschiedene Gedanken kommen, welche Sie mit gewissen kritischen Einwendungen zurückweisen möchten. Sie werden versucht sein, sich zu sagen: Dies oder jenes gehört nicht hieher, oder es ist ganz unwichtig, oder es ist unsinnig, man braucht es darum nicht zu sagen. Geben Sie dieser Kritik niemals nach und sagen Sie es trotzdem, ja gerade darum, weil Sie eine Abneigung dagegen verspüren. Den Grund für diese Vorschrift — eigentlich die einzige, die Sie befolgen sollen — werden Sie später erfahren und einsehen lernen. Sagen Sie also alles, was Ihnen durch den Sinn geht. Benehmen Sie sich so, wie zum Beispiel ein Reisender, der am Fensterplatze des Eisenbahnwagens sitzt und dem im Inneren Untergebrachten beschreibt, wie sich vor seinen Blicken die Aussicht verändert. Endlich vergessen Sie nie daran, daß Sie volle Aufrichtigkeit versprochen haben, und gehen Sie nie über etwas hinweg, weil Ihnen dessen Mitteilung aus irgendeinem Grunde unangenehm ist.[1]

---

1) Über die Erfahrungen mit der ψα Grundregel wäre viel zu sagen. Man trifft gelegentlich auf Personen, die sich benehmen, als ob sie sich diese Regel selbst

Patienten, die ihr Kranksein von einem bestimmten Momente an rechnen, stellen sich gewöhnlich auf die Krankheitsveranlassung ein; andere, die den Zusammenhang ihrer Neurose mit ihrer Kindheit selbst nicht verkennen, beginnen oft mit der Darstellung ihrer ganzen Lebensgeschichte. Eine systematische Erzählung erwarte man auf keinen Fall und tue nichts dazu, sie zu fördern. Jedes Stückchen der Geschichte wird später von Neuem erzählt werden müssen, und erst bei diesen Wiederholungen werden die Zusätze erscheinen, welche die wichtigen, dem Kranken unbekannten Zusammenhänge vermitteln.

Es gibt Patienten, die sich von den ersten Stunden an sorgfältig auf ihre Erzählung vorbereiten, angeblich um so die bessere Ausnützung der Behandlungszeit zu sichern. Was sich so

gegeben hätten. Andere sündigen gegen sie von allem Anfang an. Ihre Mitteilung ist in den ersten Stadien der Behandlung unerläßlich, auch nutzbringend; später unter der Herrschaft der Widerstände versagt der Gehorsam gegen sie, und für jeden kommt irgend einmal die Zeit, sich über sie hinauszusetzen. Man muß sich aus seiner Selbstanalyse daran erinnern, wie unwiderstehlich die Versuchung auftritt, jenen kritischen Vorwänden zur Abweisung von Einfällen nachzugeben. Von der geringen Wirksamkeit solcher Verträge, wie man sie durch die Aufstellung der $\psi\alpha$ Grundregel mit dem Patienten schließt, kann man sich regelmäßig überzeugen, wenn sich zum erstenmal etwas Intimes über dritte Personen zur Mitteilung einstellt. Der Patient weiß, daß er alles sagen soll, aber er macht aus der Diskretion gegen andere eine neue Abhaltung. „Soll ich wirklich alles sagen? Ich habe geglaubt, das gilt nur für Dinge, die mich selbst betreffen." Es ist natürlich unmöglich, eine analytische Behandlung durchzuführen, bei der die Beziehungen des Patienten zu anderen Personen und seine Gedanken über sie von der Mitteilung ausgenommen sind. *Pour faire une omelette il faut casser des oeufs.* Ein anständiger Mensch vergißt bereitwillig, was ihm von solchen Geheimnissen fremder Leute nicht wissenswert erscheint. Auch auf die Mitteilung von Namen kann man nicht verzichten; die Erzählungen des Patienten bekommen sonst etwas Schattenhaftes wie die Szenen der „natürlichen Tochter" G o e t h e s, was im Gedächtnis des Arztes nicht haften will; auch decken die zurückgehaltenen Namen den Zugang zu allerlei wichtigen Beziehungen. Man kann Namen etwa reservieren lassen, bis der Analysierte mit dem Arzt und dem Verfahren vertrauter geworden ist. Es ist sehr merkwürdig, daß die ganze Aufgabe unlösbar wird, sowie man eine Reserve an einer einzigen Stelle gestattet hat. Aber man bedenke, wenn bei uns ein Asylrecht, zum Beispiel für einen einzigen Platz in der Stadt, bestände, wie lange es brauchen würde, bis alles Gesindel der Stadt auf diesem einen Platze zusammenträfe. Ich behandelte einmal einen hohen Funktionär, der durch seinen Diensteid genötigt war, gewisse Dinge als Staatsgeheimnisse vor der Mitteilung zu bewahren, und scheiterte bei ihm an dieser Einschränkung. Die psychoanalytische Behandlung muß sich über alle Rücksichten hinaussetzen, weil die Neurose und ihre Widerstände rücksichtslos sind.

als Eifer drapiert, ist Widerstand. Man widerrate solche Vorbereitung, die nur zum Schutze gegen das Auftauchen unerwünschter Einfälle geübt wird.[1] Mag der Kranke noch so aufrichtig an seine löbliche Absicht glauben, der Widerstand wird seinen Anteil an der absichtlichen Vorbereitungsart fordern und es durchsetzen, daß das wertvollste Material der Mitteilung entschlüpft. Man wird bald merken, daß der Patient noch andere Methoden erfindet, um der Behandlung das Verlangte zu entziehen. Er wird sich etwa täglich mit einem intimen Freunde über die Kur besprechen und in dieser Unterhaltung alle die Gedanken unterbringen, die sich ihm im Beisein des Arztes aufdrängen sollten. Die Kur hat dann ein Leck, durch das gerade das Beste verrinnt. Es wird dann bald an der Zeit sein, dem Patienten anzuraten, daß er seine analytische Kur als eine Angelegenheit zwischen seinem Arzte und ihm selbst behandle und alle anderen Personen, mögen sie noch so nahestehend oder noch so neugierig sein, von der Mitwisserschaft ausschließe. In späteren Stadien der Behandlung ist der Patient in der Regel solchen Versuchungen nicht unterworfen.

Kranken, die ihre Behandlung geheim halten wollen, oft darum, weil sie auch ihre Neurose geheim gehalten haben, lege ich keine Schwierigkeiten in den Weg. Es kommt natürlich nicht in Betracht, wenn infolge dieser Reservation einige der schönsten Heilerfolge ihre Wirkung auf die Mitwelt verfehlen. Die Entscheidung der Patienten für das Geheimnis bringt selbstverständlich bereits einen Zug ihrer Geheimgeschichte ans Licht.

Wenn man den Kranken einschärft, zu Beginn ihrer Behandlung möglichst wenig Personen zu Mitwissern zu machen, so schützt man sie dadurch auch einigermaßen vor den vielen feindseligen Einflüssen, die es versuchen werden, sie der Analyse abspenstig zu machen. Solche Beeinflussungen können zu Anfang der Kur

---

[1] Ausnahmen lasse man nur zu für Daten wie: Familientafel, Aufenthalte, Operationen u. dgl.

verderblich werden. Späterhin sind sie meist gleichgültig oder
selbst nützlich, um Widerstände, die sich verbergen wollen, zum
Vorscheine zu bringen.

Bedarf der Patient während der analytischen Behandlung vorübergehend einer anderen, internen oder spezialistischen Therapie,
so ist es weit zweckmäßiger, einen nicht analytischen Kollegen
in Anspruch zu nehmen, als diese andere Hilfeleistung selbst zu
besorgen. Kombinierte Behandlungen wegen neurotischer Leiden
mit starker organischer Anlehnung sind meist undurchführbar.
Die Patienten lenken ihr Interesse von der Analyse ab, sowie
man ihnen mehr als einen Weg zeigt, der zur Heilung führen
soll. Am besten schiebt man die organische Behandlung bis nach
Abschluß der psychischen auf; würde man die erstere voran-
schicken, so bliebe sie in den meisten Fällen erfolglos.

Kehren wir zur Einleitung der Behandlung zurück. Man wird
gelegentlich Patienten begegnen, die ihre Kur mit der ablehnenden
Versicherung beginnen, daß ihnen nichts einfalle, was sie erzählen
könnten, obwohl das ganze Gebiet der Lebens- und Krankheits-
geschichte unberührt vor ihnen liegt. Auf die Bitte, ihnen doch
anzugeben, wovon sie sprechen sollen, gehe man nicht ein, dieses
erste Mal so wenig wie spätere Male. Man halte sich vor, womit
man es in solchen Fällen zu tun hat. Ein starker Widerstand ist
da in die Front gerückt, um die Neurose zu verteidigen; man
nehme die Herausforderung sofort an und rücke ihm an den
Leib. Die energisch wiederholte Versicherung, daß es solches
Ausbleiben aller Einfälle zu Anfang nicht gibt, und daß es sich
um einen Widerstand gegen die Analyse handle, nötigt den
Patienten bald zu den vermuteten Geständnissen oder deckt ein
erstes Stück seiner Komplexe auf. Es ist böse, wenn er gestehen
muß, daß er sich während des Anhörens der Grundregel die
Reservation geschaffen hat, dies oder jenes werde er doch für
sich behalten. Minder arg, wenn er nur mitzuteilen braucht,
welches Mißtrauen er der Analyse entgegenbringt, oder was für

abschreckende Dinge er über sie gehört habe. Stellt er diese und ähnliche Möglichkeiten, die man ihm vorhält, in Abrede, so kann man ihn durch Drängen zum Eingeständnis nötigen, daß er doch gewisse Gedanken, die ihn beschäftigen, vernachlässigt hat. Er hat an die Kur selbst gedacht, aber an nichts Bestimmtes, oder das Bild des Zimmers, in dem er sich befindet, hat ihn beschäftigt, oder er muß an die Gegenstände im Behandlungsraum denken, und daß er hier auf einem Divan liegt, was er alles durch die Auskunft „Nichts" ersetzt hat. Diese Andeutungen sind wohl verständlich; alles was an die gegenwärtige Situation anknüpft, entspricht einer Übertragung auf den Arzt, die sich zu einem Widerstande geeignet erweist. Man ist so genötigt, mit der Aufdeckung dieser Übertragung zu beginnen; von ihr aus findet sich rasch der Weg zum Eingange in das pathogene Material des Kranken. Frauen, die nach dem Inhalte ihrer Lebensgeschichte auf eine sexuelle Aggression vorbereitet sind, Männer mit überstarker verdrängter Homosexualität werden am ehesten der Analyse eine solche Verweigerung der Einfälle vorausschicken.

Wie der erste Widerstand, so können auch die ersten Symptome oder Zufallshandlungen der Patienten ein besonderes Interesse beanspruchen und einen ihre Neurose beherrschenden Komplex verraten. Ein geistreicher junger Philosoph, mit exquisiten ästhetischen Einstellungen, beeilt sich, den Hosenstreif zurechtzuzupfen, ehe er sich zur ersten Behandlung niederlegt; er erweist sich als dereinstiger Koprophile von höchstem Raffinement, wie es für den späteren Ästheten zu erwarten stand. Ein junges Mädchen zieht in der gleichen Situation hastig den Saum ihres Rockes über den vorschauenden Knöchel; sie hat damit das Beste verraten, was die spätere Analyse aufdecken wird, ihren narzißtischen Stolz auf ihre Körperschönheit und ihre Exhibitionsneigungen.

Besonders viele Patienten sträuben sich gegen die ihnen vorgeschlagene Lagerung, während der Arzt ungesehen hinter ihnen sitzt, und bitten um die Erlaubnis, die Behandlung in anderer Position durchzumachen, zumeist, weil sie den Anblick des Arztes nicht entbehren wollen. Es wird ihnen regelmäßig verweigert; man kann sie aber nicht daran hindern, daß sie sich's einrichten, einige Sätze vor Beginn der „Sitzung" zu sprechen oder nach der angekündigten Beendigung derselben, wenn sie sich vom Lager erhoben haben. Sie teilen sich so die Behandlung in einen offiziellen Abschnitt, während dessen sie sich meist sehr gehemmt benehmen, und in einen „gemütlichen", in dem sie wirklich frei sprechen und allerlei mitteilen, was sie selbst nicht zur Behandlung rechnen. Der Arzt läßt sich diese Scheidung nicht lange gefallen, er merkt auf das vor oder nach der Sitzung Gesprochene, und indem er es bei nächster Gelegenheit verwertet, reißt er die Scheidewand nieder, die der Patient aufrichten wollte. Dieselbe wird wiederum aus dem Material eines Übertragungswiderstandes gezimmert sein.

Solange nun die Mitteilungen und Einfälle des Patienten ohne Stockung erfolgen, lasse man das Thema der Übertragung unberührt. Man warte mit dieser heikelsten aller Prozeduren, bis die Übertragung zum Widerstande geworden ist.

Die nächste Frage, vor die wir uns gestellt finden, ist eine prinzipielle. Sie lautet: Wann sollen wir mit den Mitteilungen an den Analysierten beginnen? Wann ist es Zeit, ihm die geheime Bedeutung seiner Einfälle zu enthüllen, ihn in die Voraussetzungen und technischen Prozeduren der Analyse einzuweihen?

Die Antwort hierauf kann nur lauten: Nicht eher, als bis sich eine leistungsfähige Übertragung, ein ordentlicher Rapport, bei dem Patienten hergestellt hat. Das erste Ziel der Behandlung bleibt, ihn an die Kur und an die Person des Arztes zu attachieren. Man braucht nichts anderes dazu zu tun, als ihm Zeit zu lassen. Wenn man ihm ernstes Interesse bezeugt, die anfangs auftauchenden Widerstände sorgfältig beseitigt und gewisse Mißgriffe vermeidet, stellt der Patient ein solches Attachement von selbst her und reiht den Arzt an eine der Imagines jener Personen an, von denen er Liebes zu empfangen gewohnt war. Man kann sich diesen ersten Erfolg allerdings verscherzen, wenn man von Anfang an einen anderen Standpunkt einnimmt als den der Einfühlung, etwa einen moralisierenden, oder wenn man sich als Vertreter oder Mandatar einer Partei gebärdet, des anderen Eheteiles etwa usw.

Diese Antwort schließt natürlich die Verurteilung eines Verfahrens ein, welches dem Patienten die Übersetzungen seiner Symptome mitteilen wollte, sobald man sie selbst erraten hat, oder gar einen besonderen Triumph darin erblicken würde, ihm diese „Lösungen" in der ersten Zusammenkunft ins Gesicht zu schleudern. Es wird einem geübteren Analytiker nicht schwer, die verhaltenen Wünsche eines Kranken schon aus seinen Klagen und seinem Krankenberichte deutlich vernehmbar herauszuhören; aber welches Maß von Selbstgefälligkeit und von Unbesonnenheit gehört dazu, um einem Fremden, mit allen analytischen Voraussetzungen Unvertrauten, nach der kürzesten Bekanntschaft zu eröffnen, er hänge inzestuös an seiner Mutter, er hege Todeswünsche gegen seine angeblich geliebte Frau, er trage sich mit der Absicht, seinen Chef zu betrügen u. dgl.! Ich habe gehört, daß es Analytiker gibt, die sich mit solchen Augenblicksdiagnosen und Schnellbehandlungen brüsten, aber ich warne jedermann davor, solchen Beispielen zu folgen. Man wird dadurch sich und seine Sache um jeden Kredit bringen und die heftigsten Widersprüche hervorrufen, ob man nun richtig geraten hat oder nicht, ja eigentlich um so heftigeren Widerstand, je eher man richtig geraten hat. Der therapeutische Effekt wird in der Regel zunächst gleich Null sein, die Abschreckung von der Analyse aber eine endgültige. Noch in späteren Stadien der Behandlung wird man Vorsicht üben müssen, um eine Symptomlösung und Wunschübersetzung nicht eher mitzuteilen, als bis der Patient knapp davor steht, so daß er nur noch einen kurzen Schritt zu machen hat, um sich dieser Lösung selbst zu bemächtigen. In früheren Jahren hatte ich häufig Gelegenheit zu erfahren, daß die vorzeitige Mitteilung einer Lösung der Kur ein vorzeitiges Ende bereitete, sowohl infolge der Widerstände, die so plötzlich geweckt wurden, als auch auf Grund der Erleichterung, die mit der Lösung gegeben war.

Man wird hier die Einwendung machen: Ist es denn unsere Aufgabe, die Behandlung zu verlängern, und nicht vielmehr, sie so rasch wie möglich zu Ende zu führen? Leidet der Kranke nicht infolge seines Nichtwissens und Nichtverstehens und ist es nicht Pflicht, ihn so bald als möglich wissend zu machen, also sobald der Arzt selbst wissend geworden ist?

Die Beantwortung dieser Frage fordert zu einem kleinen Exkurs auf, über die Bedeutung des Wissens und über den Mechanismus der Heilung in der Psychoanalyse.

In den frühesten Zeiten der analytischen Technik haben wir allerdings in intellektualistischer Denkeinstellung das Wissen des Kranken um das von ihm Vergessene hoch eingeschätzt und dabei kaum zwischen unserem Wissen und dem seinigen unterschieden. Wir hielten es für einen besonderen Glücksfall, wenn es gelang, Kunde von dem vergessenen Kindheitstrauma von anderer Seite her zu bekommen, zum Beispiel von Eltern, Pflegepersonen oder dem Verführer selbst, wie es in einzelnen Fällen möglich wurde, und beeilten uns, dem Kranken die Nachricht und die Beweise für ihre Richtigkeit zur Kenntnis zu bringen in der sicheren Erwartung, so Neurose und Behandlung zu einem schnellen Ende zu führen. Es war eine schwere Enttäuschung, als der erwartete Erfolg ausblieb. Wie konnte es nur zugehen, daß der Kranke, der jetzt von seinem traumatischen Erlebnis wußte, sich doch benahm, als wisse er nicht mehr davon als früher? Nicht einmal die Erinnerung an das verdrängte Trauma wollte infolge der Mitteilung und Beschreibung desselben auftauchen. In einem bestimmten Falle hatte mir die Mutter eines hysterischen Mädchens das homosexuelle Erlebnis verraten, dem auf die Fixierung der Anfälle des Mädchens ein großer Einfluß zukam. Die Mutter hatte die Szene selbst überrascht, die Kranke aber dieselbe völlig vergessen, obwohl sie bereits den Jahren der Vorpubertät angehörte. Ich konnte nun eine lehrreiche Erfahrung machen. Jedesmal, wenn ich die Erzählung der Mutter vor dem Mädchen wiederholte, reagierte dieses mit einem hysterischen Anfalle und nach diesem war die Mitteilung wieder vergessen. Es war kein Zweifel, daß die Kranke den heftigsten Widerstand gegen ein ihr aufgedrängtes Wissen äußerte; sie simulierte endlich Schwachsinn und vollen Gedächtnisverlust, um sich gegen meine Mitteilungen zu schützen. So mußte man sich denn entschließen, dem Wissen an sich die ihm vorgeschriebene Bedeutung zu entziehen und den Akzent auf die Widerstände zu legen, welche das Nichtwissen seinerzeit verursacht hatten und jetzt noch bereit waren, es zu verteidigen. Das bewußte Wissen aber war gegen diese Widerstände, auch wenn es nicht wieder ausgestoßen wurde, ohnmächtig.

Das befremdende Verhalten der Kranken, die ein bewußtes Wissen mit dem Nichtwissen zu vereinigen verstehen, bleibt für die sogenannte Normalpsychologie unerklärlich. Der Psychoanalyse bereitet es auf Grund ihrer Anerkennung des Unbewußten keine Schwierigkeit; das beschriebene Phänomen gehört aber zu den besten Stützen einer Auffassung, welche sich die seelischen Vorgänge topisch differenziert näher bringt. Die Kranken wissen nun von dem verdrängten Erlebnis in ihrem Denken, aber diesem fehlt die Verbindung mit jener Stelle, an welcher die verdrängte Erinnerung in irgend einer Art enthalten ist. Eine Veränderung kann erst eintreten, wenn der bewußte Denkprozeß bis zu dieser Stelle vorgedrungen ist und dort die Verdrängungswiderstände überwunden hat. Es ist gerade so, als ob im Justizministerium ein Erlaß verlautbart worden wäre, daß man jugendliche Vergehen in einer gewissen milden Weise richten solle. Solange dieser Erlaß nicht zur Kenntnis der einzelnen Bezirksgerichte gelangt ist, oder für den Fall, daß die Bezirksrichter nicht die Absicht haben, diesen Erlaß zu befolgen, vielmehr auf eigene Hand judizieren, kann an der Behandlung der einzelnen jugendlichen Delinquenten nichts geändert sein. Fügen wir noch zur Korrektur hinzu, daß die bewußte Mitteilung des Verdrängten an den Kranken doch nicht wirkungslos bleibt. Sie wird nicht die gewünschte Wirkung äußern, den Symptomen ein Ende zu machen, sondern andere Folgen haben. Sie wird zunächst Widerstände, dann aber, wenn deren Überwindung erfolgt ist, einen Denkprozeß anregen, in dessen Ablauf sich endlich die erwartete Beeinflussung der unbewußten Erinnerung herstellt.

Es ist jetzt an der Zeit, eine Übersicht des Kräftespieles zu gewinnen, welches wir durch die Behandlung in Gang bringen. Der nächste Motor der Therapie ist das Leiden des Patienten und sein daraus entspringender Heilungswunsch. Von der Größe dieser Triebkraft zieht sich mancherlei ab, was erst im Laufe der Analyse aufgedeckt wird, vor allem der sekundäre Krankheitsgewinn, aber die Triebkraft selbst muß bis zum Ende der Behandlung erhalten bleiben; jede Besserung ruft eine Verringerung derselben hervor. Für sich allein ist sie aber unfähig, die Krankheit zu beseitigen; es fehlt ihr zweierlei dazu: sie kennt die Wege nicht, die zu diesem Ende einzuschlagen sind, und sie bringt die notwendigen Energiebeträge gegen die Widerstände nicht auf. Beiden Mängeln hilft die analytische Behandlung ab. Die zur Überwindung der Widerstände erforderten Affektgrößen stellt sie durch die Mobilmachung der Energien bei, welche für die Übertragung bereit liegen; durch die rechtzeitigen Mitteilungen zeigt sie dem Kranken die Wege, auf welche er diese Energien leiten soll. Die Übertragung kann häufig genug die Leidenssymptome allein beseitigen, aber dann nur vorübergehend, solange sie eben selbst Bestand hat. Das ist dann eine Suggestivbehandlung, keine Psychoanalyse. Den letzteren Namen verdient die Behandlung nur dann, wenn die Übertragung ihre Intensität zur Überwindung der Widerstände verwendet hat. Dann allein ist das Kranksein unmöglich geworden, auch wenn die Übertragung wieder aufgelöst worden ist, wie ihre Bestimmung es verlangt.

Im Laufe der Behandlung wird noch ein anderes förderndes Moment wachgerufen, das intellektuelle Interesse und Verständnis des Kranken. Allein dies kommt gegen die anderen miteinander ringenden Kräfte kaum in Betracht; es droht ihm beständig die Entwertung infolge der Urteilstrübung, welche von den Widerständen ausgeht. Somit erübrigen Übertragung und Unterweisung (durch Mitteilung) als die neuen Kraftquellen, welche der Kranke dem Analytiker verdankt. Der Unterweisung bedient er sich aber nur, insofern er durch die Übertragung dazu bewogen wird, und darum soll die erste Mitteilung abwarten, bis sich eine starke Übertragung hergestellt hat, und fügen wir hinzu, jede spätere, bis die Störung der Übertragung durch die der Reihe nach auftauchenden Übertragungswiderstände beseitigt ist.

# BIBLIOGRAPHISCHE ANMERKUNG
## ÜBER PSYCHOANALYSE

*In deutscher Sprache:*
- 1910 Im Verlag Franz Deuticke, Leipzig und Wien.
- 1912 Zweite Auflage, im gleichen Verlag.
- 1916 Dritte Auflage, im gleichen Verlag.
- 1919 Vierte Auflage, im gleichen Verlag.
- 1920 Fünfte Auflage, im gleichen Verlag.
- 1922 Sechste Auflage, im gleichen Verlag.
- 1924 In „Gesammelte Schriften," Band IV, Int. Psychoanalytischer Verlag, Leipzig, Wien, Zürich.
- 1924 Siebente Auflage, im Verlag Franz Deuticke, Leipzig, Wien.
- 1930 Achte Auflage, im gleichen Verlag.

*In englischer Sprache:*
- 1910 In „The American Journal of Psychology," Vol. XXI, Nos. 2 and 3.

*In französischer Sprache:*
- 1921 Übersetzt von L. Le Lay, Genève.

*In dänischer Sprache:*
- 1920 Übersetzt von O. Gelsted, Kopenhagen.

*In holländischer Sprache:*
- 1912 Übersetzt von J. van Emden, Leiden.
- 1922 2. Auflage.

*In italienischer Sprache:*
- 1915 Übersetzt von Prof. Levi-Bianchini, Bibliotheca Psicoanalitica Italiana, No. 1, Napoli.

*In japanischer Sprache:*
- 1933 Übersetzt von K. Ohtsuki, in Band X der Shunyodo-Ausgabe, Tokio.

*In polnischer Ausgabe:*
- 1911 Übersetzt von Dr. L. Jekels, Lwow.

*In russischer Sprache:*
- 1911 Übersetzt von E. Ossipow, Moskau.

*In spanischer Sprache:*
- 1923 Übersetzt von Luis Lopez-Ballesteros y de Torres. Im Band II der „Obras Completas," Biblioteca Nueva, Madrid.

*In ungarischer Sprache:*
- 1912 Übersetzt von Dr. S. Ferenczi, Budapest.
- 1915 2. Auflage.
- 1919 3. Auflage.

ZUR SELBSTMORD-DISKUSSION

*In deutscher Sprache:*
- 1910 Erschienen in „Über den Selbstmord, insbesondere den Schülerselbstmord," (Diskussion der Wiener Psychoanalytischen Vereinigung), Verlag Bergmann, Wiesbaden.
- 1925 In „Gesammelte Schriften," Band III, Int. Psychoanalytischer Verlag, Leipzig, Wien, Zürich.
- 1931 In „Schriften zur Neurosenlehre und zur psychoanalytischen Technik," Kleinoktavausgabe, im gleichen Verlag.

BEITRÄGE ZUR PSYCHOLOGIE DES LIEBESLEBENS
I. Über einen besonderen Typus der Objektwahl beim Manne.
II. Über die allgemeinste Erniedrigung des Liebeslebens.
III. Das Tabu der Virginität (siehe Band XII).

*In deutscher Sprache:*
- 1910 erschien Beitrag I im „Jahrbuch für psychoanalytische und psychopathologische Forschungen," Band II, Verlag Franz Deuticke, Leipzig, Wien.
- 1912 erschien Beitrag II im „Jahrbuch für psychoanalytische und psychopathologische Forschungen," Band IV, im gleichen Verlag.
- 1918 unter dem Obertitel „Beiträge zur Psychologie des Liebeslebens" in „Sammlung kleiner Schriften zur Neurosenlehre," IV. Folge, Verlag Hugo Heller, Leipzig und Wien.
- 1922 Zweite Auflage im Int. Psychoanalytischen Verlag, Leipzig, Wien, Zürich.
- 1924 In „Gesammelte Schriften," Band V, im gleichen Verlag.
- 1931 In „Kleine Schriften zur Sexualtheorie und Traumlehre," Kleinoktavausgabe, im gleichen Verlag.

*In englischer Sprache:*
- 1925 Übersetzt von Joan Riviere. In „Collected Papers," Vol. IV, The International Psycho-Analytical Library, No. 10, The Hogarth Press, London.

*In französischer Sprache:*
- 1936 Übersetzt von Marie Bonaparte und Anne Berman. In „Revue Française de Psychanalyse," Band IX/1.

*In japanischer Sprache:*
- 1932 Übersetzt von K. Ohtsuki, in Band IX der Shunyodo-Ausgabe, Tokio.
- 1939 3. Auflage.

*In russischer Sprache:*
- — In Sammelband „Psychologie der Sexualität," Staatsverlag, Moskau.

*In spanischer Sprache:*
- 1929 Übersetzt von Luis Lopez-Ballesteros y de Torres. In Band XIII der „Obras Completas," Biblioteca Nueva, Madrid.

DIE PSYCHOGENE SEHSTÖRUNG IN PSYCHOANALYTISCHER
AUFFASSUNG

*In deutscher Sprache:*
1910  Erschienen in „Ärztliche Standeszeitung" (Festnummer für Prof. L. Königstein), Wien.
1913  In „Sammlung kleiner Schriften zur Neurosenlehre," Dritte Folge, Verlag Franz Deuticke, Leipzig und Wien.
1921  Zweite Auflage, im gleichen Verlag.
1924  In „Gesammelte Schriften," Band V, Int. Psychoanalytischer Verlag, Leipzig, Wien Zürich.

*In englischer Sprache:*
1924  Übersetzt von E. Colburn Mayne, in „Collected Papers," Vol. II, The International Psycho-Analytical Library, No. 8, The Hogarth Press, London.

*In spanischer Sprache:*
1929  Übersetzt von Luis Lopez-Ballesteros y de Torres. In „Obras Completas" Band XIII, Biblioteca Nueva, Madrid.

DIE ZUKÜNFTIGEN CHANCEN DER PSYCHOANALYTISCHEN
THERAPIE

(Vortrag gehalten auf dem II. Privatkongress der Psychoanalytiker zu Nürnberg, 1910)

*In deutscher Sprache:*
1911  Im „Zentralblatt für Psychoanalyse," Band I, Verlag Bergmann, Wiesbaden.
1913  In „Sammlung kleiner Schriften zur Neurosenlehre," Dritte Folge, Verlag Franz Deuticke, Leipzig und Wien.
1921  Zweite Auflage, im gleichen Verlag.
1925  In „Gesammelte Schriften," Band VI, Int. Psychoanalytischer Verlag, Leipzig, Wien, Zürich.

*In englischer Sprache:*
1924  Übersetzt von Joan Riviere. In „Collected Papers," Vol. II, The International Psycho-Analytical Library, No. 8, The Hogarth Press, London.

*In französischer Sprache:*
1953  Übersetzt von Anne Berman. In „De la Technique Psychanalytique". Presses Universitaires de France, Paris.

*In japanischer Sprache:*
1932  Übersetzt von K. Ohtsuki, in Band VIII der Shunyodo-Ausgabe, Tokio.
1936  Zweite Auflage.

*In russischer Sprache:*
—  Übersetzt von Dr. M. Wulff, im Sammelband „Methodik," Staatsverlag, Moskau.

*In spanischer Sprache:*
1927    Übersetzt von Luis Lopez-Ballesteros y de Torres, in Band XIV der „Obras Completas," Biblioteca Nueva, Madrid.

ÜBER „WILDE" PSYCHOANALYSE

*In deutscher Sprache:*
1910    Im „Zentralblatt für Psychoanalyse," Band I, Verlag Bergmann, Wiesbaden.
1913    In „Kleine Schriften zur Neurosenlehre," Dritte Folge, Verlag Franz Deuticke, Leipzig und Wien.
1921    Zweite Auflage, im gleichen Verlag.
1925    In „Gesammelte Schriften," Band VI, Int. Psychoanalytischer Verlag, Leipzig, Wien, Zürich.

*In englischer Sprache:*
1924    Übersetzt von Joan Riviere, in „Collected Papers," Vol. II, The International Psycho-Analytical Library, No. 8, The Hogarth Press, London.

*In französischer Sprache:*
1953    Übersetzt von Anne Berman. In „De la Technique Psychanalytique". Presses Universitaires de France, Paris.

*In japanischer Sprache:*
1932    Übersetzt von K. Ohtsuki, in Band VIII der Shunyodo-Ausgabe, Tokio.
1936    Zweite Auflage.

*In norwegischer Sprache:*
1929    Übersetzt von K. Schelderup, im Sammelband: „Psykoanalysen i Praksis," Oslo.

*In russischer Sprache:*
—       Übersetzt von Dr. M. Wulff, im Sammelband „Methodik," Staatsverlag, Moskau.

*In spanischer Sprache:*
1927    Übersetzt von Luis Lopez-Ballesteros y de Torres, im Band XIV der „Obras Completas," Biblioteca Nueva, Madrid.

EINE KINDHEITSERINNERUNG DES LEONARDO DA VINCI

*In deutscher Sprache:*
1910    Als Heft VII der „Schriften zur angewandten Seelenkunde," Verlag Franz Deuticke, Leipzig, Wien.
1919    2. Auflage, im gleichen Verlag.
1923    3. Auflage, im gleichen Verlag.
1925    In „Gesammelte Schriften," Band IX, Int. Psychoanalytischer Verlag, Leipzig, Wien, Zürich.

*In englischer Sprache:*
1916    Übersetzt von Dr. A. A. Brill, Verlag Moffat, Yard and Co., New York.

1922 Übersetzt von Dr. A. A. Brill, Verlag Kegan Paul, London.
*In französischer Sprache:*
1927 Übersetzt von Marie Bonaparte, in „Les documents bleus," No. 32, Librairie Gallimard, Paris.
*In japanischer Sprache:*
1931 Übersetzt von K. Ohtsuki, in Band VI der Shunyodo-Ausgabe, Tokio.
1937 2. Auflage.
1933 Übersetzt von Sinoda Hideo und Hamano Osamu im Sammelband „Analyse der Kunst," Ars Ausgabe, Tokio.
*In russischer Sprache:*
1912 Moskau.
*In spanischer Sprache:*
1924 Übersetzt von Luis Lopez-Ballesteros y de Torres, im Band VIII der „Obras Completas," Biblioteca Nueva, Madrid.
*In tschechischer Sprache:*
1933 Übersetzt von Dr. Ladislav Krotochvil, Verlag Orbis, Prag.

ÜBER DEN GEGENSINN DER URWORTE

*In deutscher Sprache:*
1910 Im „Jahrbuch für psychoanalytische und psychopathologische Forschungen," Band II, Verlag Franz Deuticke, Leipzig, Wien.
1913 In „Sammlung kleiner Schriften zur Neurosenlehre," III. Folge, Verlag Franz Deuticke, Leipzig und Wien.
1921 2. Auflage, im gleichen Verlag.
1924 In „Gesammelte Schriften," Band X, Int. Psychoanalytischer Verlag, Leipzig, Wien, Zürich.
*In englischer Sprache:*
1925 Übersetzt von M. N. Searl, in „Collected Papers," Vol. IV, The International Psycho-Analytical Library, No. 10, The Hogarth Press, London.
*In französischer Sprache:*
1933 Übersetzt von Mmes Edouard Marty und Marie Bonaparte. In „Essais de Psychanalyse Appliquée". Gallimard, Paris.
*In japanischer Sprache:*
1931 Übersetzt von K. Ohtsuki, in Band VI der Shunyodo-Ausgabe, Tokio.

BRIEF AN DR. FRIEDRICH S. KRAUSS ÜBER DIE „ANTHROPOPHYTEIA"

*In deutscher Sprache:*
1910 Veröffentlicht in „Anthropophyteia," Jahrbuch für folkloristische Erhebungen und Forschungen zur Entwicklungsgeschichte der geschlechtlichen Moral.
1928 In „Gesammelte Schriften," Band XI, Int. Psychoanalytischer Verlag, Leipzig, Wien, Zürich.
1931 In „Kleine Schriften zur Sexualtheorie und Traumlehre," Kleinoktavausgabe, im gleichen Verlag.

BEISPIELE DES VERRATS PATHOGENER PHANTASIEN BEI
NEUROTIKERN

*In deutscher Sprache:*
1911 Im „Zentralblatt für Psychoanalyse," Band I, Verlag Bergmann, Wiesbaden.
1928 In „Gesammelte Schriften," Band XI, Internationaler Psychoanalytischer Verlag, Leipzig, Wien, Zürich.
1931 In „Schriften zur Neurosenlehre und zur psychoanalytischen Technik," Kleinoktavausgabe, im gleichen Verlag.

FORMULIERUNGEN ÜBER DIE ZWEI PRINZIPIEN DES
PSYCHISCHEN GESCHEHENS

*In deutscher Sprache:*
1911 Im „Jahrbuch für psychoanalytische und psychopathologische Forschungen," Band III, Verlag Franz Deuticke, Leipzig und Wien.
1913 In „Sammlung kleiner Schriften zur Neurosenlehre," Dritte Folge, Verlag Franz Deuticke, Leipzig und Wien.
1921 Zweite Auflage im gleichen Verlag.
1924 In „Gesammelte Schriften," Band V, Int. Psychoanalytischer Verlag, Leipzig, Wien, Zürich.
1931 In „Theoretische Schriften," Kleinoktavausgabe, im gleichen Verlag.

*In englischer Sprache:*
1925 Übersetzt von M. N. Searl. In „Collected Papers," Vol. IV, The International Psycho-Analytical Library, No. 10, The Hogarth Press, London.

*In russischer Sprache:*
1912 Übersetzt von M. Wulff, in „Psychotherapia," No. 3.
— Im Sammelband „Psychologische Theorien in der Psychoanalyse," Band III der Psychologischen und psychoanalytischen Bibliothek, Staatsverlag, Moskau.

*In spanischer Sprache:*
1930 Übersetzt von Luis Lopez-Ballesteros y de Torres, im Band XIV der „Obras Completas," Biblioteca Nueva, Madrid.

PSYCHOANALYTISCHE BEMERKUNGEN ÜBER EINEN AUTO-
BIOGRAPHISCH BESCHRIEBENEN FALL VON PARANOIA
(DEMENTIA PARANOIDES)

*In deutscher Sprache:*
1911 Im „Jahrbuch für psychoanalytische und psychopathologische Forschungen," Band III, Verlag Franz Deuticke, Leipzig und Wien.
1913 In „Sammlung kleiner Schriften zur Neurosenlehre," Dritte Folge, im gleichen Verlag.
1921 Zweite Auflage.
1924 In „Gesammelte Schriften," Band VIII, Int. Psychoanalytischer Verlag, Leipzig, Wien, Zürich.

1932    In „Vier psychoanalytische Krankengeschichten," Kleinoktavausgabe, im gleichen Verlag.
*In englischer Sprache:*
1925    Übersetzt von A. and J. Strachey, in „Collected Papers," Vol. III, The International Psycho-Analytical Library, No. 9, The Hogarth Press, London.
*In französischer Sprache:*
1932    Übersetzt von Marie Bonaparte und R. Loewenstein, in „Revue Française de Psychanalyse," Band V, Paris.
1935    In „Cinq Psychanalyses". Denoël & Steele, Paris.
1954    Presses Universitaires de France, Paris.
*In italienischer Sprache:*
1952    Übersetzt von Mauri Lucentini. In „Casi Clinici". Edizioni Scientifiche Einaudi, Turin.
*In spanischer Sprache:*
1932    Übersetzt von Luis Lopez-Ballesteros y de Torres, in „Obras Completas," Band XVI, Biblioteca Nueva, Madrid.
*In tschechischer Sprache:*
1937    Übersetzt von Dr. Otto Friedmann, im Band II der ausgewählten Schriften, Verlag Julius Albert, Prag.

ÜBER NEUROTISCHE ERKRANKUNGSTYPEN
*In deutscher Sprache:*
1912    Im „Zentralblatt für Psychoanalyse," Band II, Verlag Bergmann, Wiesbaden.
1913    In „Sammlung kleiner Schriften zur Neurosenlehre," III. Folge, Verlag Franz Deuticke, Leipzig und Wien.
1921    Zweite Auflage, im gleichen Verlag.
1924    In „Gesammelte Schriften," Band V, Internationaler Psychoanalytischer Verlag, Leipzig, Wien, Zürich.
*In englischer Sprache:*
1924    Übersetzt von E. Colburn Mayne, in „Collected Papers," Vol. II, The International Psycho-Analytical Library, No. 8, The Hogarth Press, London.
*In russischer Sprache:*
1913    In „Psychotherapia," No. 5, Moskau.
*In spanischer Sprache:*
1929    Übersetzt von Luis Lopez-Ballesteros y de Torres, in „Obras Completas," Band XIII, Biblioteca Nueva, Madrid.

ZUR EINLEITUNG DER ONANIEDISKUSSION—SCHLUSSWORT
*In deutscher Sprache:*
1912    In „Diskussionen der Wiener Psychoanalytischen Vereinigung," Verlag Bergmann, Wiesbaden.

1925 In „Gesammelte Schriften," Band III, Int. Psychoanalytischer Verlag, Leipzig, Wien, Zürich.

### DIE BEDEUTUNG DER VOKALFOLGE
*In deutscher Sprache:*
1912 Im „Zentralblatt für Psychoanalyse," Band I, Verlag Bergmann, Wiesbaden.
1928 In „Gesammelte Schriften," Band XI, Internationaler Psychoanalytischer Verlag, Leipzig, Wien, Zürich.
1931 In „Schriften zur Neurosenlehre und zur psychoanalytischen Technik," im gleichen Verlag.

### DIE HANDHABUNG DER TRAUMDEUTUNG IN DER PSYCHOANALYSE
*In deutscher Sprache:*
1912 Im „Zentralblatt für Psychoanalyse," Band II, Verlag Bergmann, Wiesbaden.
1918 In „Sammlung kleiner Schriften zur Neurosenlehre," IV. Folge, Verlag Hugo Heller, Leipzig und Wien.
1922 Zweite Auflage, Int. Psychoanalytischer Verlag, Leipzig, Wien, Zürich.
1925 In „Gesammelte Schriften," Band VI, im gleichen Verlag.
1931 In „Schriften zur Neurosenlehre und zur psychoanalytischen Technik," Kleinoktavausgabe, im gleichen Verlag.

*In englischer Sprache:*
1924 Übersetzt von Joan Riviere, in „Collected Papers," Vol. II, The International Psycho-Analytical Library, No. 8, The Hogarth Press London.

*In französischer Sprache:*
1953 Übersetzt von Anne Berman. In „De la Technique Psychanalytique". Presses Universitaires de France, Paris.

*In japanischer Sprache:*
1932 Übersetzt von K. Ohtsuki, in Band VIII der Shunyodo-Ausgabe, Tokio.
1936 Zweite Auflage.

*In russischer Sprache:*
1913 Übersetzt von M. Wulff, in „Psychotherapia," No. 2, Moskau.
— Im Sammelband „Methodik."

*In spanischer Sprache:*
1930 Übersetzt von Luis Lopez-Ballesteros y de Torres, im Band XIV der „Obras Completas," Biblioteca Nueva, Madrid.

### GROSS IST DIE DIANA DER EPHESER
*In deutscher Sprache:*
1912 In „Zentralblatt für Psychoanalyse," Band II, Verlag Bergmann, Wiesbaden.

ZUR DYNAMIK DER ÜBERTRAGUNG

*In deutscher Sprache:*
1912 Im „Zentralblatt für Psychoanalyse," Band II, Verlag Bergmann, Wiesbaden.
1918 In „Sammlung kleiner Schriften zur Neurosenlehre," IV. Folge, Verlag Hugo Heller, Leipzig und Wien.
1922 Zweite Auflage, Int. Psychoanalytischer Verlag, Leipzig, Wien, Zürich.
1925 In „Gesammelte Schriften," Band VI, im gleichen Verlag.
1931 In „Schriften zur Neurosenlehre und zur psychoanalytischen Technik," Kleinoktavausgabe, im gleichen Verlag.

*In englischer Sprache:*
1924 Übersetzt von Joan Riviere, in „Collected Papers," Vol. II, The International Psycho-Analytical Library, No. 8, The Hogarth Press, London.

*In französischer Sprache:*
1953 Übersetzt von Anne Berman. In „De la Technique Psychanalytique," Presses Universitaires de France, Paris.

*In japanischer Sprache:*
1932 Übersetzt von K. Ohtsuki, in Band VIII der Shunyodo-Ausgabe, Tokio.
1936 Zweite Auflage.

*In russischer Sprache:*
1913 Übersetzt von M. Wulff, in „Psychotherapia," No. 2, Moskau.
— Im Sammelband „Methodik."

*In spanischer Sprache:*
1930 Übersetzt von Luis Lopez-Ballesteros y de Torres, in Band XIV der „Obras Completas," Biblioteca Nueva, Madrid.

RATSCHLÄGE FÜR DEN ARZT BEI DER PSYCHOANALYTISCHEN BEHANDLUNG

*In deutscher Sprache:*
1912 In „Zentralblatt für Psychoanalyse," Band II, Verlag Bergmann, Wiesbaden.
1918 In „Sammlung kleiner Schriften zur Neurosenlehre," IV. Folge, Verlag Hugo Heller, Leipzig und Wien.
1922 Zweite Auflage, Int. Psychoanalytischer Verlag, Leipzig, Wien, Zürich.
1925 In „Gesammelte Schriften," Band VI, im gleichen Verlag.
1931 In „Schriften zur Neurosenlehre und zur psychoanalytischen Technik," Kleinoktavausgabe, im gleichen Verlag.

*In englischer Sprache:*
1924 Übersetzt von Joan Riviere, in „Collected Papers," Vol. II, The International Psycho-Analytical Library, No. 8, The Hogarth Press, London.

*In französischer Sprache:*
1953   Übersetzt von Anne Berman. In „De la Technique Psychanalytique," Presses Universitaires de France, Paris.
*In japanischer Sprache:*
1932   Übersetzt von K. Ohtsuki, in Band VIII der Shunyodo-Ausgabe, Tokio.
1936   Zweite Auflage.
*In russischer Sprache:*
1913   Übersetzt von M. Wulff, in „Psychotherapia," No. 2, Moskau.
—      Im Sammelband „Methodik."
*In spanischer Sprache:*
1930   Übersetzt von Luiz Lopez-Ballesteros y de Torres, in Band XIV der „Obras Completas," Biblioteca Nueva, Madrid.

### DAS INTERESSE AN DER PSYCHOANALYSE
*In deutscher Sprache:*
1913   In „Scientia," 7. Jahrgang, Bologna.
1924   In „Gesammelte Schriften," Band IV, Int. Psychoanalytischer Verlag, Leipzig, Wien, Zürich.
*In französischer Sprache:*
1913   Übersetzt von M. W. Horn, in „Scientia," 7. Jahrgang, Bologna.
*In japanischer Sprache:*
1930   Übersetzt von Kubo Rivei, in Band VI der „Ars Ausgabe," Verlag Ars, Tokio.
*In schwedischer Sprache:*
1924   Im Sammelband „Psikoanalisen," Stockholm.
*In spanischer Sprache:*
1928   Übersetzt von Luis Lopez-Ballesteros y de Torres, in Band XII der „Obras Completas," Bibiloteca Nueva, Madrid.

### ZWEI KINDERLÜGEN
*In deutscher Sprache:*
1913   In „Zeitschrift für ärztliche Psychoanalyse," Band I.
1918   In „Sammlung kleiner Schriften zur Neurosenlehre," IV. Folge, Verlag Hugo Heller, Leipzig, Wien.
1922   Zweite Auflage, Int. Psychoanalytischer Verlag, Leipzig, Wien, Zürich.
1924   In „Gesammelte Schriften," Band V, im gleichen Verlag.
1931   In „Schriften zur Neurosenlehre und zur psychoanalytischen Technik," Kleinoktavausgabe, im gleichen Verlag.
*In englischer Sprache:*
1924   Übersetzt von E. Colburn Mayne, in „Collected Papers," Vol. II. The International Psychoanalytical Library, No. 8, The Hogarth Press, London.

*In französischer Sprache:*
1934 Übersetzt von Paul Jury und Fred Engel in „Revue Française de Psychanalyse," Band VII.
*In japanischer Sprache:*
1932 Übersetzt von K. Ohtsuki, in Band IX der Shunyodo-Ausgabe, Tokio."
1939 Dritte Auflage.
*In spanischer Sprache:*
1929 Übersetzt von Luis Lopez-Ballesteros y de Torres, in „Obras Completas," Band XIII, Biblioteca Nueva, Madrid.

EINIGE BEMERKUNGEN ÜBER DEN BEGRIFF DES UNBEWUSSTEN IN DER PSYCHOANALYSE

*In deutscher Sprache:*
1913 In „Internationale Zeitschrift für ärztliche Psychoanalyse," Band I.
1918 In „Sammlung kleiner Schriften zur Neurosenlehre," IV. Folge, Verlag Hugo Heller, Leipzig und Wien.
1922 Zweite Auflage, im Int. Psychoanalytischen Verlag, Leipzig, Wien, Zürich.
1924 In „Gesammelte Schriften," Band V, im gleichen Verlag.
1931 In „Theoretische Schriften," Kleinoktavausgabe, im gleichen Verlag.
*In englischer Sprache:*
1912 „A Note on the Unconscious in Psycho-Analysis," written in English at the request of the Society for Psychical Research, and published in a special Medical Supplement of their Proceedings, Part LXVI, Vol. XXVI.
1925 In „Collected Papers," Vol. IV, The International Psycho-Analytical Library, No. 10, The Hogarth Press, London.
*In französischer Sprache:*
1937 Übersetzt von Marie Bonaparte und Anne Berman. In „Métapsychologie, "Gallimard, Paris.
*In russischer Sprache:*
1913 Übersetzt von M. Wulff, in „Psychotherapia," No. 5, Moskau.
— Im Sammelband „Psychologische Theorien."
*In spanischer Sprache:*
1922 Übersetzt von Luis Lopez-Ballesteros y de Torres, in „Obras Completas," Band IX, Biblioteca Nueva, Madrid.
*In japanischer Sprache:*
1932 Übersetzt von Hayasi Takasi, im Sammleband „Metapsychology" der Ars Ausgabe, Verlag Ars. Tokio.

DIE DISPOSITION ZUR ZWANGSNEUROSE
(Ein Beitrag zum Problem der Neurosenwahl)

*In deutscher Sprache:*
1913 Vortrag auf dem psychoanalytischen Kongress in München;

erschienen in „Internationale Zeitschrift für ärztliche Psychoanalyse," Band I.
1918 In „Sammlung kleiner Schriften zur Neurosenlehre," IV. Folge, Verlag Hugo Heller, Leipzig und Wien.
1922 Zweite Auflage, im Int. Psychoanalytischen Verlag, Leipzig, Wien, Zürich.
1924 In „Gesammelte Schriften," Band V, Internationaler Psychoanalytischer Verlag, Leipzig, Wien, Zürich.
1931 In „Schriften zur Neurosenlehre und zur psychoanalytischen Technik," Kleinoktavausgabe, im gleichen Verlag.

*In englischer Sprache:*
1924 Übersetzt von Edward Glover und E. Colburn Mayne, in „Collected Papers," Vol. II, The International Psycho-Analytical Library, No. 8, The Hogarth Press, London.

*In spanischer Sprache:*
1929 Übersetzt von Luis Lopez-Ballesteros y de Torres, in „Obras Completas, Band XIII, Biblioteca Nueva, Madrid.

*In französischer Sprache:*
1929 Übersetzt von Ed. Pichon and H. Hoesli, in „Revue Française de Psychanalyse," Band III.

## ZUR EINLEITUNG DER BEHANDLUNG

*In deutscher Sprache:*
1913 In „Internationale Zeitschrift für ärztliche Psychoanalyse," Band I.
1918 Unter dem Obertitel „Weitere Ratschläge zur Technik der Psychoanalyse" in „Sammlung kleiner Schriften zur Neurosenlehre," IV. Folge, Verlag Hugo Heller, Leipzig, Wien.
1922 Zweite Auflage, Int. Psychoanalytischer Verlag, Leipzig, Wien, Zürich.
1925 In „Gesammelte Schriften," Band VI, im gleichen Verlag.
1931 In „Schriften zur Neurosenlehre und zur psychoanalytischen Technik," Kleinoktavausgabe, im gleichen Verlag.

*In englischer Sprache:*
1924 Übersetzt von Joan Riviere, in „Collected Papers," Vol. II, The International Psycho-Analytical Library, No. 8, The Hogarth Press, London.

*In französischer Sprache:*
1953 Übersetzt von Anne Berman. In „De la Technique Psychanalytique," Presses Universitaires de France, Paris.

*In japanischer Sprache:*
1932 Übersetzt von K. Ohtsuki, in Band VIII der Shunyodo-Ausgabe, Tokio.
1936 Zweite Auflage.

*In russischer Sprache:*
    1913    Übersetzt von M. Wulff, in „Psychotherapia," No. 2, Moskau.
    —    Im Sammelband „Methodik."

*In spanischer Sprache:*
    1930    Übersetzt von Luis Lopez-Ballesteros y de Torres, in Band XIV der „Obras Completas," Biblioteca Nueva, Madrid.

# INDEX

Abel, K. 215, 218, 219, 220, 221, 404
"Abendmahl" von Leonardo da Vinci 132f
Ablösung des Kindes von den Eltern 51
Abraham, K. 275 Anm.2, 302 Anm.1, 307 Anm.2, 313, 396 Anm.1, 413 Anm.1, 414 Anm.1
Absenzzustände 7
Abstinenz 323, 330
Abulien 204
Abwehr und Widerstand 435f
Academia Vinciana 201, 201 Anm.1
Adler, Alf. 277, 277 Anm.1
Adonai 348
Affekte, "Eingeklemmte"-, 13f
Affekt, gehemmter—und Symptombildung 13
aktiv-passiv 411, 448
Aktualneurosen 122, 338
aktual-neurotische Komponente der Sehstörung 101
Alexander der Grosse 360
Alkoholismus 300
Allmachtsglauben 415
Amentia 312
Ambivalenz 372
Aminianus Marcellus 157
Amnesia 15, 412
Analerotik 77, 225
Analytiker, Analyse des -s, 382
-Notizen des -s, 378
analytische Technik, Geschichte der -n -, 19
   Therapie 104 -115
Ἀνάγκη 197

"Anatomie ist das Schicksal" 90
Angst neurotische-, 36
-hysterie 122
-träume 36
Anspielung im Assoziationseinfall 28
-mit Auslassung 30
-im Witz 28ff
Anthropophyteia 224f
Antike, Entwertung der Liebe beim Niedergang der -n Kultur 88
Antisemitismus 165 Anm.2
Aphrodite 164
Apostel Paulus 360
Aristoteles 131
Artemidorus 76
Arzt, Einstellung zum-, 228
Askese und Liebe 88
Assoziationsexperiment 31
-gesetze 30
Athene 163
Ätiologie der Neurosen 364
Aufklärung als Neurosenprophylaxe 115
Aufmerksamkeit 233
Aufrechter Gang und riechen 90
Ausdruck der Gemütsbewegungen 14
Autoerotismus 46
Autoritätsfürchtigkeit 195
-sucht und Religion 109, 195
-zuwachs der Psa. 109ff
Azam Dr. 434

Bacon 131
Bain 219
Bandelli, Matteo 132
Bazzi 172

Begabung, künstlerische- 54
Bell, Dr. Sanford- 44
Bernheim 21, 431
Bewusstseinsspaltung 18
Binet 94
Biographik 202, 208
Biologie und Psychoanalyse 407ff
"Bipolarität" 372 Anm.2f
Bismarck 256
Bleuler 30, 45, 45 Anm.1, 232 Anm.1,
   298, 312, 372, 372 Anm.2, 455
Blindheit, hysterische-, s. hysterische
   Blindheit
Böcklin 89
Boltraffio, G. 172
Borgia, Cesare. 135
Botazzi, F. 135 Anm.2, 140 Anm.2
Breuer 3, 3 Anm.2, 4, 5, 6, 8, 9, 10,
   12, 13, 14, 15, 16, 17, 18, 23, 24,
   42, 390, 432
Brill, A. 3 Anm.3, 11 Anm.2, 393
   Anm.1, 396 Anm.1
Bruno, Giordano- 302 Anm.2
Burckhardt, Jacob. 128 Anm.1
Byron 279

Champollion, F. 156
Charakter, "energischer"- 53
   -bildung 449f
   -veränderung, postklimakterische-
   450
Charcot 17, 94, 390, 399
Charing Cross 11
"chimney sweeping" 7
Codex Atlanticus 139 Anm.1
Colonna, Vittoria 137
Conti, Aneglo. 180, 180 Anm.2
Dante 191
Deckerrinnerung an Geier (Leonardo)
   150ff
   -Goethes 153 Anm.1
Defäkation 259f

déjà raconté 378 Anm.1
Dementia paranoides s. Paranoia
   -praecox 400, 455
Demetrios 360
Denken als Probehandeln 233
Denkprozess 233
   -zwang 258
"determinative" Bilder 218
Determiniertheit des psychischen Ge-
   schehens 27, 56
Determinierung der Symptome 9
Diana der Epheser 359ff
Dichter, psychol. Einsicht der- 66
"Dirnenliebe" 68
Disposition, Erschliessung der- 344
Dissoziation, hysterische- 18, 23, 96
double conscience 15
Dreiecksbeziehung 69
Drexler 163
Dritter, geschädigter- 67ff
Dschelaledin Rumi 302 Anm.2
Durchbruch des Verdrängten 305

Eifersucht als Liebesbedingung 68
   -swahn 300
Ekel 47
Ellis, Havelock 46, 151 Anm. 1
Englisch- Kenntnis von Breuers Pa-
   tientin 18
Entmannungswahn 250ff
Entstellung der verdrängten Idee im
   Assoziationseinfall 28
   im Symptom 25
Entwicklungshemmung 327
Ephesos 360
Erkrankungstypen, neurotische- 322-
   330
Erlöserwahn 250ff
Erniedrigung des Liebeslebens s. Liebes-
   leben
Erogene Zonen 46
Erotische Witze 224f

Erotomanie 300
Ersatzbildungen für das Verdrängte 25, 401
-einfall 30
Erziehung u. Lustprinzip 236
Exhibitionismus 46

Familienroman 74
Faust, Geisterchor aus- 307
"Faust, italienischer" 142
Federn, Paul. 198 Anm.1
Fehlleistungen 37ff, 391ff
Fellatio 154
Ferenczi, S. 55, 55 Anm.1, 79 Anm.1, 169 Anm.1, 295, 372, 372 Anm.1, 396 Anm.1, 415 Anm.2, 451, 451 Anm.1
Fetischismus, Fuss- und Schuh- 166
, Zopf- 166
Fixierung 12, 49, 303f
, Zärtlichkeit- an die Mutter 70f
-sstelle 443
Flechsig, Dr. 241, 242, 243, 244, 245, 251, 272, 273, 274, 274 Anm.1, 275, 275 Anm.1, 276
Fliegen 197ff
Fliess 443 Anm.1
Floerke, G. 89 Anm.1
Flucht in die Krankheit 52
Folklore 224f
Fragelust der Kinder 72, 145
Frigidität 85

Geburt und Angst 76
Gedächtnis 233
Gegensatzpaare 373
-sinn der Urworte 214-221, 403f
-übertragung 108
Geier als ägyptische Gottheit 156
Genitalien und Schönheit 90
Geschädigter Dritter 67ff
Geschwätzigkeit, neurotische- 72

Geschwisterkomplex 50
Gesundheit und Krankheit 54
Gleichnis von Analytiker und Chirurg 56f, 380f
-als Spiegel 384
-Äsop's Wanderer 460
-Asylrecht 469 Anm.1
-Bäumlein, das andere Blätter hat gewollt 326
, vom bilinguen Dokument (Hysterie- Zwangsneurose) 444f
vom Heben eines schweren Tisches mit zwei Fingern 461
vom Kampf um ein Kirchlein 369 Anm.1
vom Naturschutzpark 234 Anm.1
von Schädelformation des Neugeborenen 71
von den "Schulkrankheiten" 459
vom türkischen Frauenarzt 110
von Übertragung und Lösungstemperatur 55
von Versammlungsstörung und Verdrängung 22f
von Währung, neurotische- 238
Glück und unsere Kultur 58
Gleichschwebende Aufmerksamkeit 377
Godiva, Lady-. 100
Goethe 135, 153 Anm.1, 256, 279, 469 Anm.1
Griesinger 230
Grimm 326
Grössenwahn 309
Grübelzwang 204
Grundregel 30f, 468
Gruyer 179 Anm.2

Hall, Stanley 2, 24
Halluzination 10
halluzinatorische Befriedigung 231f
Psychose 230
Hamlet 50

Handeln 233
Hartleben, H. 156 Anm.3
Hass und Moral 451
Hathor, 163
Heilungsversuch bei der Paranoia 308
Heirat mit Frau aus niederem Stande 86
Hemmungen 14
Hermes Trismegistus 157
Herzfeld, Marie 130 Anm.1, 136 Anm.2, 136 Anm.3, 140 Anm.3, 143 Anm.2, 173 Anm.5, 174 Anm.3, 182, 182 Anm.1, 196 Anm.2, 197 Anm.1, 200 Anm.2
Hexenkenner (in Hugo's Roman) 344
Homosexualität 48, 171, 277ff
, ideelle- 148
, konstitutioneller Faktor der- 171
und Paranoia 295ff
, Theorien der- 168
homosexuelle Einstellung 47
Horapollo 156 Anm.1, 157, 157 Anm.3, 158
Hugo, Victor- 344
Hydrophobie 8
hypnoide Zustände 15, 16
Hypnose 7, 14f, 19, 55
Hypochondrie 292 Anm.3
Hysterie 5, 451f
Hysterie, Janet's Theorie der- 18
hysterische Blindheit 94ff
-s Erbrechen 433
Lähmung 4
Sehstörung s. Sehstörung

Ich 97
Ich, Lust- und Real- 235, 237
Ideale, Gefährdung der- durch die PsA 111
illegitimes Kind, Phantasie eines- n- es, 159
Imago 80, 366

Impotenz, Psychische- 78ff, 165
infantile Amnesie s. Amnesie
Sexualforschung s. Sexualforschung infantile-
Infantilismus 48
Innervation und Affekt 14
interkurrente Erkrankungen 459
Introversion 81, 323f, 367
-sneurosen 456 Anm.1
Inzestschranke 50
und Objektwahl 80
Isis 163

Janet, P. 17, 18, 23, 94, 96, 230, 230 Anm.1, 390, 399, 432
Jehovah 348
Jenseits, Belohnung im- 236
Jones, E. 11 Anm. 3, 284, 393 Anm.1, 396 Anm.1, 447, 447 Anm.1
Jung, C. G. 269, 269 Anm.1, 285, 285 Anm.1, 295, 307 Anm.2, 313, 323 Anm.1, 324 Anm.2, 366, 367, 367 Anm.2, 400, 413 Anm.1, 414 Anm.1, 415 Anm.1, 456 Anm.1

Kant 268
Kastrationskomplex 165
"Katalytische" Funktion des Analytikers 55
Kathartische Behandlung 13, 390
"Kind als erotisches Spielzeug" 80
Kinder, Fragelust der-, s. Fragelust der Kinder
Kinderlügen s. Lügen
-träume 33f
Kirchenväter 158
Klimakterium s. auch Menopause
, männliches- 281
Klitoris als Leitorgan 452
Knight, Richard Payne 167 Anm.1
"Kokettieren mit der Mutter" 228

Komplex 30, 107, 367 Anm.3f
, Pathogeneität des- 339
-empfindlichkeit 82
-witze 225
Konflikt, psychischer- 231, 401
Konstantinowa, Alexandra. 128 Anm.1, 181, 184 Anm.2
Konversion, hysterische- 14
Kopernikus 131
Koprophile Regungen des Kindes 47
Triebanteile 90
Kraepelin 298, 312
Krafft-Ebing v. 155
Krankheit, Begriff der- 52
und Gesundheit 54
-sanlässe 322ff
Krauss, Dr. Friedrich S., Brief an- 224f
Kuhlenbeck 302 Anm. 2
Kulturanforderungen 58f
-entwicklung 91, 414ff
"Kulturfeindlichkeit" der PsA 57
-geschichte und PsA 414ff
-mensch, psychische Impotenz des -n, 84ff
Kunst u. Lustprinzip 236
u. PsA. s. Psychoanalyse u. Kunst
Künstlerische Begabung s. Begabung
-s Interesse 46

Lächeln der Frauenfiguren Leonardos 179ff
Lanzone 156 Anm.2, 163 Anm.1
Lautumdrehung 221
Leonardo da Vinci's Kindheitserinnerung 127-211
Libido 46
, Quantitätszuwachs der- 328
"Liebe, himmlische und irdische -" 82
Liebesbedingungen 66f
Liebesleben, Erniedrigung des -s, 78-91
, Psychologie des- s, 66-91
, Verbotenes im weiblichen- 87

Lindner 46
Lomazzo 132
Lourdes 360
lucus a non lucendo 220
Ludeln 46
Lügen, Kinder- 422- 427
Luini 172
Lust- Unlust- Prinzip 231ff
Lüsternheit 42
Lustprinzip, Loslösung vom - in der Wissenschaft 67

Macduff 76
Maeder, A. 296 Anm.1, 302 Anm.1, 303 Anm.1, 396 Anm.1
Makropsie 9
Manfred (Byron) 280 Anm.1
Manifestationsalter der Neurosen 443f
Männlich - weiblich, 411
Männlicher Protest 277, 277 Anm.1
Märchenbildung 414ff
Marcheur, un vieux-, 106
Masochismus 46
Masturbation s. Onanie
Melancholie 64
Melzi, Francesco 139, 172
Menopause, Eibidosteigerung in der-, 328
Mereschkowski 139, 139 Anm.2, 149, 173 Anm.4, 173 Anm.6, 175, 175 Anm.1, 183 Anm.1
Merken 233
Metathesis 221 Anm.1
Meyer-Rinteln, W. 221 Anm.1
Meynert 312
Michel Angelo 131, 137
Misogynie 165
Mona Lisa 133
Monument, The-, 11
Montagskruste 460
Moral 49, 451
Moro, il 129, 193, 206

Mosessage 76
Motivierung, mehrfache-, 38
Mourly Vold 198 Anm.1
Müntz, E. 135 Anm.1, 158 Anm.1, 158 Anm.2, 180, 190 Anm.1, 196 Anm.1, 200 Anm.2, 201
Mut, Göttin-, 156, 163, 167
Muther 179, 184, 185, 189, 196
Mutterfixierung s. Fixierung an die Mutter
Mythenbildung 414

"Nachdrängen" 304
Narzissmus 297
Narzissismus 297
Narzisstische Objektwahl s. Objektwahl, narzisstische-,
Naturliebe und -beobachtung 194
Neith von Sais 163
"Nervenkranke" 203
Neurosen, Manifestationsalter der-, 443f
Neurose und Perversion 48
u. Unglück 323
-nwahl 237, 442ff
Neurotische Erkrankungstypen 322-330
Nietzsche 290, 290 Anm.2

Objektwahl 47, 49
nach Anlehnungstypus 80
u. Inzestschranke 80
beim Manne 66-77
, narzisstische-, 170
, primäre kindliche-, 80
, Reihenbildung in der-, 70
, Zwanghaftigkeit der-, 69
Ödipus 50
-komplex 50
, Wiederbelebung des -es in der Vorpubertät, 73

Onanie 331-345
, infantile-, 46, 336
, Pubertäts-, 336
, Säuglings-, 336
, Schädlichkeit der-, 340ff
, weibliche-, 336
-phantasien 74, 81
Oupis 360

Pädagogik u. PsA s. Psychoanalyse u. Pädagogik
Paranoia 240-320
, Regression in- 309f
Paraphrenie 313, 400
Partialtriebe 45f, 51, 98, 409, 449
passiv-aktiv 411, 448
Pater, W. 134 Anm.1, 181. 181 Anm.2, 182
Pathographie 202
Penis, Glaube an weiblichen-, 164
Periodizität im menschl. Leben 328
Perugine 131
Perverse Komponenten des Sexualzieles 83, 85
Perversion 48
u. Neurose 48
Pfister, O. 186 Anm.1ff, 420
Phantasien von Breuers Patientin 7
Phantasie, Kinder-, 151
, Rettungs- s. Rettungsphantasie
-n, pathogene-, 228
Phantasieren 234, 237 f
Philosophie u. Psychoanalyse 405ff
Phobie, Kur von -n, 108f
Plutarch 157, 157 Anm.2
Poetische Freiheit 66
Posthypnotische Suggestion 15
Prägenitale Sexualorganisation 447f
Primat der Genitalzone 47
Prinzipien, Zwei- des psych. Geschehens 230-238
Projektion 299, 302ff

Prüderie 42
Psychanästhetiker 84f
Psychoanalyse u. Biologie 407ff
, Interesse an der-, 389- 420
, Kenntniss der- stört den Krankheitsgewinn, 113
, Kritik an der- 39, 56
u. Kulturgeschichte, 414ff
u. Kunst 416f
u. Pädagogik 419f
u. Philosophie 405ff
u. Soziologie 418f
u. Sprachwissenschaften 403-405
, Widerstand gegen die-, 39f
, wilde-, s. wilde Psychoanalyse
Psychoanalytische Therapie 57f, 376-387, 454-478
, Bekanntschaft von Arzt u. Patient 47f
, Dauer der-n-, 460
, Einleitung der Behandlung 453-478
, elektive Beeinflussung des Heilerfolges, 464
, Geheimhaltung der -n-, 470
, Geldregelung in der-, 458f, 464
, Gratisbehandlung 465
, intellektuelle Aufklärung in der -n-, 475f
, Lage des Patienten in der -n-, 467
, Probehandlung 456
, Symptomhandlungen in der -n-, 472
, Zeitregelung in der- 458f
Psychographie der Persönlichkeit 407
Psychosenforschung der Züricher Schule 31
Pubertät 47
Pudenda 166

Quantitatives Moment in Neurose 328f

Rank, O. 54 Anm.1, 74 Anm.1, 76 Anm.1, 230 Anm.2, 237 Anm.1, 285 Anm.2, 393 Anm.1, 396 Anm.1, 414 Anm.1, 417 Anm.1, 417 Anm.2
Rationalisierung 74, 284
Reaktionsbildungen 401
Realforderungen 324, 327
Realität u. Neurose 52, 230ff
, psychische-, 400
-sprincip 232ff
-sprüfung 324
-sverleugnung 230f
Regression 48, 53, 324, 413
, formale-, 53
in Paranoia 309f
, zeitliche-, 53
Reihenbildung in der Objektwahl 70, 365f
, Ursachen der-, 71, 365f
Reinach, S. 348
Reitler 336, 337
Reitler, Dr. R., 136 Anm.4, ff
"Reizhunger" im Liebesleben 90
Religion s. auch Jenseits
Religionsausfall u. Neurosenzunahme 109
Religiöse Denkhemmung 147, 195
Reminiszenzen als Ursache hysterischer Leiden 11
Rettungsphantasie 70, 74f
Reuter, Gabriele-, 367
Richter, Fr. 158
Richter, J.P. 200
Riklin 315 Anm.1
Römer, v. 157, 163 Anm.2
Roscher 156 Anm.2, 163
Rosenberg, A. 186 Anm.1
Rückert 302 Anm.2

Sadger, I. 169, 169 Anm.1, 296 Anm.2
Sadismus 46

Salaino, Andrea. 172
Sartiaux, F. 361
Scham 47
Schaulust 46
u. Sehen 99
Schauspielerisches Interesse 46
Schilda 59
Schildbürger 59f
Schizophrenie 400
Schlaflosigkeit 244
-zustand 231 Anm.1
Schlangen- Halluzination 10
Schnurren 224f
Schönheit u. Genitalien 90
Schopenhauer 230 Anm.2
Schorn, L. 182 Anm.3, 199 Anm.1
Schreber, Dr. D. G. M. 286
Schreber, Dr. Daniel, Paul 241ff
Schubert, G.H.v. 215 Anm.1
Schulerziehung 62
Schwängerung, Ausdrucksformen des unbew. Wunsches nach-, 405
Schwänke 224f
Scognamiglio 132 Anm.2, 139 Anm.1, 149 Anm.1, 150 Anm.1, 182 Anm.2
Sehen u. Schautrieb 99
Sehstörung, aktualneurotische Komponente der-, 101
-en 94-102
Seidlitz, W. v. 133 Anm.1, 133 Anm.2, 134 Anm.2, 179 Anm.2, 185 Anm.1, 193 Anm.1, 206 Anm.1
Sekundärer Krankheitsgewinn 466
Selbstanalyse des Analytikers 108
-mord 62f
Seligkeit 262ff
Sestoi, Cesare da-, 172
Sexualablehnung 166
-einschränkung 59
-entwicklung 43ff, 49ff
-forschung, infantile-, 145f, 194
-ität, Begriff der-, 49, 120, 408
, infantile-, 43ff, 408ff
-reform 87
-theorien, infantile-, 50
Sexuelle Ätiologie der Neurosen 41ff
Aufklärung 73
Unaufrichtigkeit 42
Sforza, Francesco 133
Sforza, Lodovico 129, 193, 206
Shakespeare 50
Shaw, Bernard 235 Anm.1
Silberer, H. 396 Anm.1
Simulation, Vorwurf der- gegen Neurotiker 6
Sinnliche Komponente des Liebesverhaltens 79ff
Skarabäen 157
Sodoma 172
Solmi, Edm. 132, 132 Anm.1, 136, 136 Anm.1, 139, 140 Anm.1, 141, 142 Anm.1, 143, 173 Anm.1, 173 Anm.3, 175 Anm.1
Somatisches Entgegenkommen 102
Sonnenstein 244
Soziologie u. PsA 418f
Sperber, Hans 404
Spielrein 413 Anm.1
Spieltrieb Leonardo's 199ff
Sprachwissenschaften u. PsA. 403-405
Springer, A. 186 Anm.1
Stegmann, Dr. 281 Anm.1, 287 Anm.1
Steiner, M. 79 Anm.1
Stekel, W. 79 Anm.1, 79 Anm.2, 106, 169 Anm.1, 328, 335, 337, 338, 340, 342, 343, 364, 372 Anm.2, 382, 396 Anm. 1, 451, 451 Anm.2
Stereotypien 400
Storchfabel 146, 198
Strabismus 9
Strabo 157
Sublimierung 25, 58, 145, 323, 420
Suetonius 287 Anm.2

Suggestion, posthypnotische 15
Symbol, aus dem Wasser ziehen als-, 76
, retten als-, 76
, Schwantz als-, 154
, Sonne als-, 290
, Stiege als-, 106
Symbolik im Traum 36
Symptom als Ersatzbefriedigung 324
-e, neurotische-, 98
-bildung 8f, 24f, 52, 302ff
-handlungen 37, 472

Tagtraum 234
-träume von Breuers Patientin 7
"talking cure" 7
Tic, Zungenschnulzen als-, 10f
Tiefenpsychologie 398
Toleranz der Gesellschaft u. PsA. 114
Topik, psychische- u. anatomische Lagerung 398 Anm.1
Toxische Folgerscheinungen neurotischer Störungen 101
Traum, archaischer Charakter des -es, 221
, Darstellung des "nein" im-, 214
, Infantiles im-, 35f
Trauma, psychisches- 9
Traumarbeit 35, 397
Traumatische Erlebnisse 43
Traumdeutung 31ff, 395ff
, Handhabung der-, 349-357
Träume, Bestätigende-, 356
, nachhinkende-, 356
Traumenstellung 34
-gedanke, latenter-, 34
-inhalt, manifester-, 34
Triebkonflikt 97f, 410
-stärke u. Versagung 89
-theorie 410
Trinken, Genuss des- s, 89
Tristan u. Isolde 307 Anm.1
Trunksucht 300

Tussis nervosa 4
Typen in der psa. Theorie 77

Überleistung 54
Überschätzung des Sexualobjekts 81
Übertragung 54ff, 124, 473
, Dynamik der-, 364-374
in der Paranoia 282
, positive u. negative-, 371
-seinstellung, fertige-, 456f
-sneurosen 456 Anm.1
Ubw 439
Unaufrichtigkeit in sexuellen Angelegenheiten 42
Unbewusste Wünsche, Intensität -r-, 57
Zustände 15
-s, Begriff des -n, 430-439
Unglück u. Neurose 323
Unlustersparung durch Verdrängung 25
Urteilsfällung 233
Urworte, Gegensinn der-, 214-221, 403f

Vasari 129, 129 Anm.1, 133, 180, 182, 192, 196, 199, 199 Anm.1, 201, 205
Vaterkomplex Schrebers, 291
Vegetarianismus Leonardo da Vinci's 135
Verdichtung 35, 397, 401
Verdrängtes, Rückkehr des- n, 82
Verdrängung 20, 57, 232 Anm.1, 302ff, 401
, Misslingen der-, 25
u. Verurteilung 57, 97
Verfolgungswahn 299
Verrochio 138, 149
Versagung als Krankheitsanlass 322ff
u. Phantasie 293
, reale-, 81
Verschiebung 35, 394, 397, 401
Verschreiben Leonardo's, 190

Verwandlung eines Mannes in ein Weib 248ff
Vespasianus 287
via regia, Traumdeutung als- zum unbewussten 32
Vinci, Ser Piero da-, 148
Visionen von der Jungfrau Maria, 113
Vokalfolge 348
Vorpubertät u. Ödipuskomplex 72
Voyeurtum 46

Wagner 307 Anm.1
Wahn, Eifersuchts- s. Eifersuchtswahn
Entmannungs- s. Entmannungswahn
Erlöser- s. Erlöserwahn
Grössen- s. Grössenwahn
Verfolgungs- s. Verfolgungswahn
Weber, Dr. 245, 246, 247, 248, 271 Anm.1, 274
Weber 279
Weiblich- männlich, 411
Weltuntergangsphantasien 305f
Widerstand 20, 436
gegen die psa. Kur 107f, 368, 386
gegen die PsA. iii

Wiederkehr des Verdrängten 305
Wilde Psychoanalyse 118-125
Wissbegierde 46, 144, 450
Wissenschaft, Lossagung vom Lustprinzip in der-, 67, 236
-liches Interesse 194, 205
Witz 28f
Witze, bestimmte-,
And where is the Saviour? 29
, Erotische-, 224f
, Komplex-, 225
Wonnesaugen 46

Zänkischwerden alternder Frauen 450
Zärtliche Komponente des Liebesverhaltens 79ff
Zensur 397
Zopfabschneider 166
Zufallshandlungen 37
Züricher Schule 30, 324
Zwang, Denk- s. Denkzwang
, Grübel -s. Grübelzwang
Zwangsneurose, Disposition zur-, 442-452
-neurotische Züge bei Leonardo 176, 204

# INHALT DES ACHTEN BANDES

## Werke aus den Jahren 1909–1913

Seite

Über Psychoanalyse . . . . . . . . . . . . . . . . . . . . . . . 1
Zur Einleitung der Selbstmord-Diskussion . . . . . . . . . . . . 61
Beiträge zur Psychologie des Liebeslebens . . . . . . . . . . . 65
Die psychogene Sehstörung in psychoanalytischer Auffassung . . . 93
Die zukünftigen Chancen der psychoanalytischen Therapie . . . . . 103
Über »wilde« Psychoanalyse . . . . . . . . . . . . . . . . . . . 117
Eine Kindheitserinnerung des Leonardo da Vinci . . . . . . . . . 127
Über den Gegensinn der Urworte . . . . . . . . . . . . . . . . . 213
Brief an Dr. Friedrich S. Krauss über die »Anthropophyteia« . . . 223
Beispiele des Verrats pathogener Phantasien bei Neurotikern . . . . . 227
Formulierungen über zwei Prinzipien des psychischen Geschehens . . 229
Psychoanalytische Bemerkungen über einen autobiographisch beschriebenen Fall von Paranoia (Dementia Paranoides) . . . . . 239
Über neurotische Erkrankungstypen . . . . . . . . . . . . . . . 321
Zur Einleitung der Onanie-Diskussion. Schlusswort . . . . . . . 331
Die Bedeutung der Vokalfolge . . . . . . . . . . . . . . . . . . 347
Die Handhabung der Traumdeutung in der Psychoanalyse . . . . . 349
»Gross ist die Diana der Epheser« . . . . . . . . . . . . . . . . 359
Zur Dynamik der Übertragung . . . . . . . . . . . . . . . . . . 363
Ratschläge für den Arzt bei der psychoanalytischen Behandlung . . . 375
Das Interesse an der Psychoanalyse . . . . . . . . . . . . . . . 389
Zwei Kinderlügen . . . . . . . . . . . . . . . . . . . . . . . . 421
Einige Bemerkungen über den Begriff des Unbewussten in der Psychoanalyse . . . . . . . . . . . . . . . . . . . . . . . . . . . . 429
Die Disposition zur Zwangsneurose . . . . . . . . . . . . . . . 441
Zur Einleitung der Behandlung . . . . . . . . . . . . . . . . . 453

Bibliographische Anmerkung . . . . . . . . . . . . . . . . . . . 479
Index . . . . . . . . . . . . . . . . . . . . . . . . . . . . . . 493
Kunstbeilage:
Leonardo da Vinci: Heilage Anna Selbstdritt . . . . . . . . . 140